RETAIL

MANAGEMENT

리테일 매니지먼트

서용구 노은정

HAKHYUNSA
학현사

머리말

유통은 생산과 소비를 연결하는 핵심적인 경제 활동으로, 오랜 기간 동안 B2B, B2C 경제의 기반 역할을 수행해 왔습니다. 그러나 최근 디지털 기술의 발전과 소비 환경의 급격한 변화는 유통산업의 구조와 역할에 근본적인 변화를 요구하고 있습니다. 이제 리테일은 단순한 상품 거래의 영역을 넘어, 사회와 일상의 흐름을 좌우하는 중요한 인프라로 자리매김하고 있습니다.

이와 같은 환경 변화 속에서 리테일 매니지먼트에 대한 체계적이고 통합적인 이해의 필요성은 그 어느 때보다도 커지고 있습니다. 본 교재는 이러한 문제의식을 바탕으로 집필되었습니다.

기존의 리테일 매니지먼트 관련 교재들이 유통 기능과 소매업 형태, 운영 기법의 설명에 중점을 두었다면, 본서는 그러한 기초 이론을 충실히 다루는 동시에 변화하는 유통 환경을 이해하기 위한 전략적 관점과 사고의 틀을 함께 제시하고자 하였습니다.

최근 리테일 환경은 오프라인과 온라인의 구분이 점차 희미해지고, 옴니채널, 플랫폼 기반 유통, 데이터 중심의 운영 방식으로 빠르게 전환되고 있습니다. 점포는 단순한 판매 공간을 넘어 소비자 경험과 관계가 형성되는 장소로 변화하고 있으며, 기술과 데이터는 리테일 의사결정의 핵심 요소로 작용하고 있습니다.

이러한 변화는 리테일 매니지먼트를 단순한 운영 관리 차원의 학문이 아니라, 경영 전략 전반을 포괄하는 분야로 확장시키고 있습니다.

본 교재는 다음과 같은 방향성을 중심으로 구성되었습니다.

첫째, 리테일 매니지먼트의 기본 개념과 이론을 체계적으로 정리하였습니다. 유통의 역할과 구조, 소매업의 유형, 입지와 상권 분석, 상품 및 가격 관리, 점포 운영과 촉진 전략 등 전통적인 리테일 이론을 충실히 다루되, 학습자의 이해를 고려하여 설명의 흐름과 난이도를 조정하였습니다.

둘째, 이론이 실제 유통 환경에서 어떻게 적용되는지를 이해할 수 있도록 국내외 유통 사례와 산업 동향을 함께 반영하였습니다. 특히 한국 유통산업의 제도적 특성과 시장 환경을 고려하여 현실과의 괴리를 최소화하고자 하였습니다.

셋째, 급변하는 리테일 환경 속에서 독자가 스스로 사고하고 판단할 수 있도록 각 장마다 핵심 키워드와 논의 주제를 제시하였습니다. 이를 통해 리테일 현상을 단순히 암기하는 대상이 아니라, 분석하고 해석해야 할 경영 이슈로 인식할 수 있도록 구성하였습니다.

본 교재는 경영학 및 유통 · 마케팅 관련 전공 학생을 위한 기본 교재로서, 리테일 산업에 대한 이론적 이해와 실무적 시각을 균형 있게 제공하는 것을 목표로 하고 있습니다. 아울러 유통 및 소비재 산업에 종사하는 실무자들에게도 변화하는 리테일 환경을 구조적으로 이해하는 데 유용한 참고 자료가 되기를 기대합니다.

본 교재가 리테일 매니지먼트를 학습하는 독자 여러분께 현상을 넘어 구조를 이해하고, 운영을 넘어 전략을 고민하는 데 있어 의미 있는 출발점이 되기를 바랍니다.

2026년 2월

서용구, 노은정

차례

프랜차이즈 비즈니스

상권분석과 출점 전략

소매믹스 전략 1/2

소매믹스 전략 2/2

새로운 고객경험

다가온 미래 유통

R E T A I L   M A N A G E M E N T

Chapter

I

유통경제와 상인 정신

제1절 유통경제의 의의

제2절 유통산업과 상인 마인드

제1절

유통경제의 의의

1. 생산과 소비의 만남

생산과 소비는 어떻게 만나는 것일까? 만약 생산과 소비가 만날 수 없다면 경제는 어떻게 될까? 이 질문을 풀어서 생각해 보면, 현대인들이 필요한 상품과 서비스의 소유와 사용을 통해 누리고 있는 생활의 풍요는 유통이 없다면 불가능하다는 결론에 도달한다. 아무리 질 좋은 상품이 많이 생산된다 하더라도 소비자에게 전달되지 못한다면, 그리고 소비자가 원하는 시간과 장소, 형태로 제공될 수 없다면 소용이 없는 것이다. 유통이란, 경제의 혈류와 같아 생산과 소비 사이에서 발생할 수 있는 괴리를 줄이면서 생산과 소비를 원활하게 연결하는 것이다. 요약하면 생산은 유통을 통해서 그 부가가치를 보다 높일 수 있고 소비 또한 유통을 통해 폭넓은 선택의 기회가 주어지면서 소비자 웰빙이 창조될 수 있다.

유통이란, 생산과 소비의 결합을 매개로 하는 일련의 비즈니스 과정으로 어떤 제품이나 서비스를 생산자로부터 소비자에게 이전하는 현상 또는 이전시키기 위한 제반 활동으로 정의될 수 있다. 생산은 도매와 소매를 거쳐 소비에 이르게 되는데 이때 거치는 경로를 '유통경로'라고 한다. 그러나 최근에는 소매유통업체가 대형화되면서 생산이 도매를 거치지 않고 바로 소매상과 직거래하는 형태의 유통 비중이 점차 커지고 있다. 유통은 생산에서 소비로 재화와 용역의 물리적 흐름과 관련된 모든 비즈니스와 이와 관련된 사람들의 활동이며, 제품, 가격, 촉진과 함께 마케팅믹스 4P의 한 요소가 된다.

유통은 자급자족의 사회를 넘어 상업활동이 시작되면서 자연 발생적으로 생겨났다. 1960년대 이후 한국 초기 산업사회에 대량 생산이 가능해지며 생산과 소비를 연결해 주는 유통의 역할이 더욱 드러났다. 대량 생산되는 제품을 어떻게 소비자에게 전달하여 대량 소비를 이끌 것인가 하는 고민에서 유통의 역할이 점점 커지게 되었고 1988년 이후 후기 산업사회에 들어서 생산, 소비, 그리고 유통의 개념이 명확히 구분되었다. 초기 산업사회에는 대량 생산에만 초점이 맞추어지고 소비자들의 욕구가 다양하게 표출되지는 않아서 유통의 역할이 단순히 대량 생산된 제품의 재분배 수준으로 나타났다. 하지만 후기 산업사회로 이전되며 소비자들의 욕구는 더 다양해졌고 이에 대응하고자 제조업은 다품종 생산으로 변화하였다. 그러면서 유통의 역할과 기능은 더 세분화되었고 500조 원 이상의 규모를 가진 독립적 산업으로 성장하였다.

2. 유통산업과 국민경제

유통산업은 단순한 상품의 이동을 넘어, 생산자로부터 소비자에게 재화와 서비스를 전달하며 장소적 · 시간적 효용을 창출하는 핵심 산업이다. 「유통산업발전법」에 따르면, 유통산업은 농산물, 축산물, 수산물, 공산품 등의 도매 · 소매뿐만 아니라 이를 지원하는 보관, 배송, 포장, 정보 및 용역 제공을 포함하는 광범위한 산업으로 정의된다. 다시 말해, 유통산업은 공급망 전반에 걸쳐 부가가치를 창출하며, 국민경제 발전과 서비스 산업의 성장에 중요한 역할을 수행하는 고부가가치 산업이다.

대한상공회의소 자료에 따르면, 2023년 기준 유통산업은 부가가치가 약 142조 원으로 전체 GDP의 7.8%를 차지하며, 제조업과 긴밀히 연결되어 신제품 개발 및 기술 혁신을 촉진하는 데 중요한 역할을 한다. 예로, 편의점 산업의 급속한 성장은 소포장 식품, 간편식(HMR), 프리미엄 즉석식품 등의 개발을 활성화했다. 또한, 면세점 산업과 글로벌 수출의 발전은 화장품, 패션, 전자제품 분야에서 혁신을 이끌어 제조업의 성장과 경쟁력을 높이는 데 기여했다.

또한 유통구조의 혁신을 통하여 소비자의 소비 혁신이 이루어지고 있다. 창고형 할인매장, 무인매장, 스마트 스토어, 모바일 쇼핑과 같은 혁신적인 유통채널이 등장하면서 유통단계가 축소되고 운영 효율성이 극대화되었다. 이를 통해 상품 거래 비용 절감과 소매 가격 하락이 유도되며, 결과적으로 소비자 후생 증대와 물가 안정에 기여하는 긍정적인 효과를 가져왔다. 특히 다양한 온라인 유통채널의 급성장은 오프라인 접근의 한계를 극복하며 소비자의 소비 확장성을 높이는 동시에 중소기업 및 지역 특산물의 판로 확대를 적극 지원하여 지역경제 활성화에도 중요한 역할을 하고 있다.

또한, 최신 기술의 발전은 유통산업의 업무 효율성을 극대화하는 데 기여하고 있다. 데이터 분석, 인공지능(AI), 사물인터넷(IoT), 블록체인, 자동화 물류 시스템 등 첨단 기술이 접목되면서 소비자 맞춤형 서비스 제공, 실시간 재고 관리, 예측 기반 상품 공급 등이 더욱 정교해지고 있다. 이를 통해 유통산업은 단순한 상품 유통을 넘어 소비자의 라이프스타일을 반영하며, 보다 편리한 쇼핑 경험을 제공하는 방향으로 발전하고 있다.

한국의 유통산업은 이제 내수시장 공급을 넘어 글로벌 시장으로의 확장과 유통서비스의 수출 산업화라는 새로운 국면을 맞이하고 있다. 대표적인 사례로 GS25 편의점과 롯데마트는 적극적으로 해외 시장에 진출하며 한국형 유통 모델을 세계에 확산시키고 있다. GS25는 베트남, 몽골, 인도네시아 등에서 한국식 편의점 시스템을 도입하여 현지 소비자들에게 K-푸드와 한류 브랜드 상품을 제공하는 플랫폼 역할을 하고 있으며, 롯데마트 또한 인도네시아, 베트남 등에 대형 유통 매장을 운영하며 한국식 유통 노하우와 물류 시스템을 현지화하여 글로벌 시장에서 경쟁력을 확보하고 있다.

이로써 유통산업은 단순한 상품의 이동을 넘어 경제적 부가가치 창출, 일자리 제공, 제조업의 혁신, 소비자 편익 향상, 디지털 전환 촉진 및 글로벌 시장 확장 등 다양한 측면에서 핵심적인 역할을 수행하고 있다.

3. 유통의 관리 영역

유통에서 관리되어야 할 영역은 다음과 같이 크게 3가지로 구분할 수 있다.

첫째, 제조업자 → 도매상 → 소매상 → 소비자로 이어지는 유통경로(marketing channel)를 설계하고 관리하는 영역이 있다. 제조업자 입장에서 자사가 갖고 있는 제품의 특성과 시장환경에 적합한 유통경로를 구축하기 위해 필요한 의사결정 사항을 다룬다.

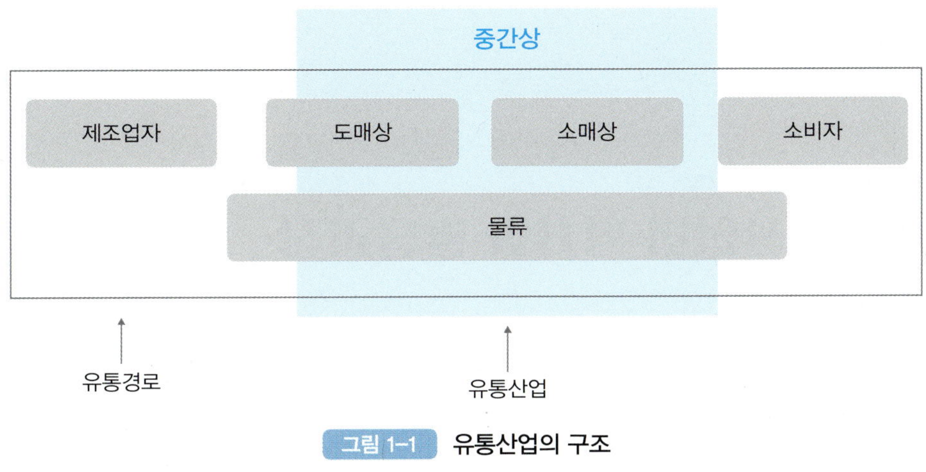

그림 1-1 유통산업의 구조

둘째, 유통경로에 참여하는 구성원들을 효과적으로 통제하고 조정하는 역할을 수행해야 한다. 유통경로의 구성원들은 기본적으로 자신의 이익을 추구하는 성향을 가지고 있기 때문에 이를 효과적으로 통제하기 위해서 힘의 사용과 여기서 발생하는 갈등을 관리해야 경로 성과가 개선된다. 더 나아가 유통경로 구성원들 간의 신뢰를 형성하고 장기적이고 안정적인 거래를 가능하게 하는 관계를 구축하는 관계마케팅도 필요하다.

셋째, 유통경로상 포함되어 있는 유통기관, 즉 중간상(도매상, 소매상), 중간상의 거래지원 기능을 하는 물적 유통기구인 물류업체 등을 관리하고 이들의 전략을 구축하는 영역이다. 본서는 유통경로와 유통생태계를 다루고 있으며 그 가운데서 소매업의 역할과 전략적 중요성을 감안하여 소매업의 비중을 많이 다루고자 한다.

제2절

유통산업과 상인 마인드

1. 유통산업의 역사와 발달과정

1) 재래시장의 역사

시장은 생산자와 소비자 그리고 상인들이 모여 물품을 교환하거나 매매하는 장소이다. 생산력이 발전하여 잉여 생산물이 증가함에 따라 자급자족 사회를 벗어나면서 물물교환의 장소로 시장이 형성되기 시작하였다. 이렇게 유통의 역사는 물물교환 시대 시장이 형성되면서부터 시작되었으며, 그 후 화폐경제의 발전과 함께 진화 · 발전되어 나갔다. 그러나 물물교환의 불편 때문에 창안된 교환 매개물이 바로 화폐라는 점에서 시장은 화폐의 발생 시기보다 앞서거나 최소한 동시에 만들어진 장터임을 알 수 있다.

우리나라 시장의 기원을 보면, 이미 고조선 시대 「팔조금법」에 "사람을 상해한 자는 곡물로써 갚으며, 도둑질한 자는 그 집의 노비로 삼되 속죄하려면 50만 전을 내야 한다"라는 규정이 있다. 이로 미루어 이미 고조선 시대에는 물물교환의 시대가 전개되었음을 짐작할 수 있고, 따라서 시장의 형태는 이미 갖추었다고 본다. 우리나라 시장에 대한 직접적인 기록은 중국 『삼국지(三國志)』 위지동이전(魏志東夷傳) 진한

조(辰韓條)에 "진국에서 철이 많이 생산되어 왜, 예, 낙랑국, 대방군과 철을 교역하였다"고 말하고 있다. 따라서 철을 이용하여 주변국과 교역, 즉 물물교환을 하였음을 알 수 있는 기록이다.

삼한 시대에는 4종류의 시장이 있었다고 전해진다. 읍과 읍 사이 중립지대로 숲이나 강이 형성되는데, 이 중립지역에 형성된 시장인 경계시(境界市), 촌락과 촌락을 연결하는 길목에서 열렸던 가로시(街路市), 읍국의 중심지 성안에서 거리나 광장, 성문 주변의 길가에서 형성되었던 성읍시(城邑市), 마지막으로 고대 국가의 특성을 나타내는 것으로 국가의 제사를 모시는 제단 근처에서 생겨난 제전시(祭典市)가 있었다.

신라, 백제, 고구려 삼국 시대에는 나라마다 서로 다른 특성을 갖추고 있었으나 시장의 전통은 지속되었다. 고구려는 국내외의 상품 교역이 일찍부터 발달하여 경시(京市)와 160여 개의 향시에서 행상을 통한 물품의 교역이 활발하였다. 백제도 160~200여 개의 행시가 있었으며, 관설시장을 두고 도시부(都市部)라는 시사(市司)가 이를 관리 · 감독하게끔 하였다. 신라 시대에는 기록에 "소지왕 12년(490년) 처음 경주에 시장을 열고 화물을 통하게 하였다"고 하니 경시를 통하여 생산품과 잉여생산물이 교환되었다고 볼 수 있다.

삼국통일 이후 신라는 확장된 지역을 포괄하는 상업권을 형성하였으며, 상업의 발달과 함께 경주에서는 이미 통일 이전 운영되던 경시(京市) 이외에도 서시(西市)와 남시(南市)가 추가로 신설되어 성행하였다. 『계림유사(鷄林類事)』에 따르면, "경주 시전의 경우 하루에 두 번 시장이 열렸으며, 시장에 출입하는 사람은 모두 여자이고, 머리에 수건을 둘렀으며 버드나무 상자를 머리에 이거나 등에 메고 다녔다. 거래수단은 도정쌀이고 조그마한 됫박을 들고 다녔다"라는 기록이 남아 있어 당시의 상거래를 짐작할 수 있다. 통일 국가의 번영을 구가했던 신라는 국가에서 시장을 개설하고 운영하였으며, 자연 발생적인 향시의 시장기능을 조정하고, 수요와 공급의 균형을 유지시키는 가운데 상행위의 감독과 시장질서 유지, 세금 징수 등 갖가지 정부의 조정이 이루어졌다.

고려 시대에는 성읍시와 가로시, 2가지 유형의 향시가 있었다고 전해진다. 성읍시는 정치 및 경제의 중심지에서 생활물자를 거래했으며, 가로시는 교통의 요지에서 수요자와 공급자가 물자를 교환했다. 그 밖에 시장과 시장을 순회하며 장사하는 행상과 객주도 일반화되었다. 고려 시대에는 상업이 크게 발달하여 소매점이나 음식점, 술집 등이 보편화되었던 것으로 알려지고 있다.

조선 시대에는 사람이 구름처럼 몰려온다는 의미를 지닌 운종가(雲從街)의 시전 및 육의전을 중심으로 상업이 제도화되고 그 발전이 지속되면서 난전, 향시, 더 나아가 갖가지 형태의 특수시장이 발달하였다. 시전은 궁중과 중앙 행관서, 양반계급을 위한 시장으로 서울, 개성, 평양, 수원 등 대도시에 세워졌다. 그리고 각기 다른 품목을 취급하는 시전이 조합을 구성하여, 선전, 미전, 어물전, 명주전, 면포전, 지전 등 6개의 시전조합 이른바 육의전이 있었으며, 그 조합은 남대문 시장으로 발전하였다. 시가지의 확장과 상품 수요의 증가에 따라 난전이 성행하기도 하였다. 한편 향시는 지방시장으로 전국 각지에서 정기시장 형태로 성장하였다. 그 밖에도 특수시장으로 소의 보급과 매매를 위한 우시장과 같은 가축시장, 각종 약재를 거래하는 약령시, 일본과의 무역거점인 왜관개시를 비롯하여 중강개시(中江開市) 및 책문후시(柵門後市), 그리고 관북개시 등이 있었다. 또한 통일신라 이후 그 성장을 지속하였던 객주와 여각 등은 상품의 대량 집하와 분산기능 수행과 같이 도매시장의 기능을 발휘하였다.

개항을 전후로 하여 조선의 전통적인 시장체계는 점차 변질되었다. 일제 시대에 와서는 식민지 정부의 개입으로 일본인 상인들의 상권침해가 본격화하면서 그들의 요구에 맞게 왜곡되었다. 특히 식민 시대의 시장체계는 자본주의적 생산방식에 따라 생산량 및 생산 품목 등이 변화하고, 육로 교통이 발달하면서 커다란 변화를 겪게 되었다. 1914년 일본은 시장규칙을 제정하여 종래의 시장을 재래시장, 식료품 판매시장, 수산물 · 청과 경매시장 등으로 나누었으며 모든 시장은 시 · 읍 · 면의 허가를 받도록 하였다.

2) 근대 유통산업의 시대별 전개과정

한국의 기업형 유통산업은 선진국에 비해서뿐만 아니라 국내 타 산업과 비교해도

태동이 매우 늦은 편이다. 초기 근대 유통산업이 발달하지 못한 이유는 그 전개과정에서 유통 상업자본이 제대로 형성되지 않아 주체적 역할을 수행하지 못했기 때문이다. 상업자본이 형성되지 못한 배경은 첫째, 상업을 천시하던 농경문화 중심의 풍토, 둘째, 사농공상 계층의식으로 건강한 상인 문화가 형성되지 못한 점, 셋째, 개항 · 일제 통치기에 침투한 일본 상업자본, 넷째, 해방과 6 · 25전쟁 등 사회 격변기 과정에서 유통 기반 구축기회 상실, 다섯째, 1970년대 이후 거대 재벌 산업자본의 부분적 유통시장 과점화에 기인한다. 지난 100년 간 한국의 유통 역사를 다음의 세 기간으로 대별해 보자.

(1) 유통산업의 암흑기(1910~1961)

조선 식민지 치하에서 민족 상업자본을 형성하기는 어려웠다. 상거래는 '시장규칙' 하에 큰 변화 없이 5일장 등의 전통시장을 중심으로 영위되었다. 두드러지는 소매업태의 출현은 '화신'에 의해 주도된 백화점 경영과 연쇄점 사업 운영이다. 한국 내 최초 초기 형태의 백화점은 1906년 일본 미쓰코시(三越)백화점의 경성지점이 현재 신세계 백화점 본점 자리에 오픈한 것이며, 한국인 자본과 경영으로 세워진 최초의 근대식 백화점은 화신백화점이다. 1932년 현재 종로타워 자리인 종로2가에 당시로서는 드물게 서양식 철근콘크리트 건물로 지어졌으며, 엘리베이터, 냉난방 시설, 옥상 정원 등을 갖추어 근대적 쇼핑 문화를 선도했다. 현재의 관점에서 살펴보아도 그 당시의 소매산업 운영 방법은 근대적인 형태였다. 그러나 일제시대와 6 · 25전쟁 등 정치 · 경제적 혼란을 거치면서 우리나라의 근대 유통산업 발전은 크게 지체되었다.

(2) 유통산업의 도입·발전기(1962~1988)

제1 · 2차 경제개발계획 추진과 함께 본격적인 경제발전을 이룩한 시기이다. 경제발전은 수출입무역 확대와 소비구조의 질적 향상을 가져와 유통산업 성장의 원동력이 되었다. 백화점, 슈퍼체인, 연쇄점 등 근대적 업태가 출현한 시기였다. 제1차 오일쇼크 이후, 기존 유통구조의 문제점들이 제기되면서 유통근대화가 활발하게 전개되었고 수입자유화 조치 및 고추 · 배추 등의 작물파동으로 유통근대화 논의가 더욱 가속화되었으나, 유통기본법규의 정비는 미미하였다. 또한 국가의 산업정책 역시 제조업에 치우쳐 유통산업은 여전히 어두운 길을 걷는 시기였다. 그러나 「시장법」 개정과 「소비자 보호법」, 「공정거래법」의 시행으로 유통기본법규의 골격이 만들어지고, 「유통근대화 촉진법」에 의거한 유통근대화 기본계획이 시행되었다. 이로 인해 국가의 유통산업 지원이 늘어났으며, 88올림픽 유치로 인한 유통산업 발전 환경이 그 어느 때보다도 강하게 조성되었다.

(3) 유통산업의 개방·도약기(1989~현재)

1980년대 말까지 '황금알을 낳는 거위'로 불리던 국내 유통산업은 1990년대에 들어서면서 '고객만족(Customer Satisfaction)'을 최우선 가치로 삼고, 서비스의 다양화를 추구하는 방향으로 변화하기 시작하였다. 특히 1996년 국내 유통시장이 전면 개방되면서 네덜란드의 마크로(Makro)를 시작으로 프랑스의 까르푸(Carrefour), 미국의 코스트코(Costco)와 월마트(Walmart), 영국의 테스코(Tesco) 등 글로벌 유통기업들이 속속 진출하며 국내 시장의 경쟁 구도가 급격히 변화하였다. 하지만 외국계 유통업체들은 한국 소비자 특성에 대한 이해 부족을 비롯하여 한국의 지역별 상권 특성을 반영한 상품 진열, 매장 인테리어 등이 이루어지지 못하는 등 현지화(localization)에 실패했고 이마트, 롯데마트, 홈플러스 등 강력한 토종기업과의 경쟁에서 열세를 보이며 대부분 국내 시장에서 철수하였다.

그 후로 대형 할인점, 편의점, 인터넷 쇼핑, 홈쇼핑 등 새로운 유통업태가 등장하면서 소비자들은 더욱 편리한 쇼핑 환경과 경쟁력 있는 가격을 경험하게 되었다. 이러한 유통업태의 다양화 속에서, 국내 유통산업의 효율성 또한 획기적으로 향상되었으나, 기존 소매업체들은 새로운 유통채널과의 치열한 경쟁 속에서 점차 도태되거나 변화할 수밖에 없는 상황에 놓였다. 이러한 업태 간의 경쟁에서 유통산업의 구조는 점차 소비자 중심으로 재편되며, 보다 효율적이고 차별화된 서비스 제공을 중점으로 발전하였다.

2000년대 이후 IT 산업의 발전은 유통산업의 디지털 전환을 더욱 가속화하는 계기가 되었다. 스마트폰의 대중화와 SNS, 어플리케이션, 소셜커머스 등의 확산으로 온라인 및 모바일 쇼핑이 급격히 성장했으며, AI 및 빅데이터를 활용한 맞춤형 추천 서비스, 라이브커머스, 구독 경제 모델 등이 등장하며 소비자 경험은 더욱 개인화되고 정교해졌다.

최근 국내 유통기업들은 기술 발전을 바탕으로 소비자들의 소비 방식에 혁신을 가져오며, 새로운 유통 형태로 유기적으로 발전하고 있다. AI 기반 물류 혁신, 퀵커머스(Quick Commerce), 무인 매장 등 첨단 기술을 활용한 유통 방식이 빠르게 자리 잡으며, 소비자들은 더욱 개인화되고 편리한 쇼핑 경험을 누릴 수 있게 되었다. 특히, 온 · 오프라인을 융합하는 O2O(Online to Offline) 전략을 강화하고, 옴니채널(Omni-Channel) 환경을 구축함으로써 소비자의 니즈를 즉각적으로 반영하는 방향으로 나아가고 있다. 이 과정에서 유통과 소비는 상호작용하며 더욱 정교한 형태로 진화하고 있으며, 변화하는 소비 트렌드에 발맞춰 지속적인 혁신을 이루어가고 있다.

2. 세계 주요 상업의 역사

1) 영국의 동인도 회사

우리나라와 달리, 서양에서는 제조업의 발달과 함께 '소매업의 발달' 또한 빠른 편이었다. 서양의 대표적인 소매산업 역사의 시작은 영국의 '동인도 회사'에서 비롯되었다. 동인도 회사는 17세기 초 영국 · 프랑스 · 네덜란드 등이 동양에 대한 독점 무역권을 부여받아 동인도에 설립한 회사이다.

엘리자베스 여왕 재위 후반기인 서기 1600년에 설립된 동인도 회사는 1657년 크롬웰의 개편으로 영속적인 주식회사의 형태를 갖추게 되었다. 이후 아프리카, 일본 등으로까지 활동영역을 확대하며 17세기 말에 이르러서는 인도의 면직물 사업을 확보하고, 마침내 서세동점(西勢東漸)의 선두에 서기도 했던 동인도 회사는 1858년 세포이 항쟁을 계기로 인도 통치권을 빅토리아 여왕에게 헌납하고 해산하였다. 결국 자본주의가 세계적으로 확산되고 산업자본의 지배가 확립되면서 중상주의 시대의 전근대적 독점상업조직으로서 맹위를 떨치던 동인도 회사는 그 역할을 끝낼 수

밖에 없었지만, 동인도 회사가 독점 무역을 통해 얻었던 이윤은 유럽 여러 나라에서 자본의 본원적 축적(本源的 蓄積)에 크게 공헌하였다. 1978년부터는 영국 문장원의 문장 사용 허가를 얻어 홍차 브랜드로 현재의 동인도 회사가 운영되고 있다.

동인도 회사가 1601년 엘리자베스 1세로부터 받은 동양 무역 특허장을 가지고 처음 아시아로 향했을 때는 겨우 선박 5척의 규모에 불과했다. 그러나 120여 년 만에 세계 최대의 다국적 기업으로 성장한 동인도 회사는 인도에 광대한 영토를 소유하는 역사상 최강의 상사로 발전했다. 동인도 회사는 유럽의 패권과 세계 경영의 주축이 근대 제국주의의 원조인 스페인과 포르투갈 등 남부 유럽에서 영국, 네덜란드 등 중부 유럽으로 넘어가게 된 결정적인 원인이 되었으며, 영국의 인도 점령, 대영제국, 아편전쟁 등 세계의 역사를 새롭게 썼다.

"동방의 어딘가에 멋진 엘도라도(황금의 나라)가 있을 것이다. 향료가 군생(群生)하는 곳으로 가서 후추와 계피를 손에 넣었으면…" 하는 바람에서 출발한 동인도 회사는 '상업혁명'의 중심에서 중추적인 역할을 하였으며, 영국의 인도 식민통치에 엄청난 기여를 하였다. 이런 영국의 해외 경영 시스템은 매우 현대적이고 효율적인 것으로 평가받고 있다.

2) 네덜란드의 국제상인

'사람을 낳으면 서울로, 말을 낳으면 제주도로 보내라'라는 우리나라 속담이 있듯이, '국제상인으로 자식을 키우려면 네덜란드로 보내라'라는 말이 있다. 현대판 '중상주의의 나라' 네덜란드는 스마트한 상인 정신으로 무역입국을 실천하고 있는 나라다.

중상주의(Mercantilism)란 근대 초기(16~18세기)에 유럽 각국에서 전개된 경제사상 및 정책 체계로, 국가의 부와 권력을 확보하기 위해 수출 촉진, 수입 억제, 금 · 은 축적을 중시하였으며, 이 과정에서 식민지 개척 · 무역 독점 · 보호무역이 활발히 이루어졌다. 국토 면적의 3분의 1이 간척지로 육지가 해수면보다 낮은 태생적인 한계를 가지고 있는 네덜란드는 무역에 승부수를 걸었다. 그리고 이를 뒷받침하기 위해 물류와 금융의 성장에 집중해 전 국민뿐 아니라 정부가 적극적으로 지원하는 것은 물론 영어교육과 국제인력의 양성에 매진해 왔다.

17세기, 대영제국보다 앞서 세계 무역을 제패했던 거상들의 후예답게 오늘날에도 1,800만 명이라는 인구 한 사람 한 사람이 네덜란드에서는 국제상인이다. 일찍부터 영어, 프랑스어, 독일어 등을 자유롭게 구사할 수 있도록 교육시켰고, 국제적인 감각과 지식을 두루 겸비하고 있기 때문이다. 이뿐만이 아니다. 네덜란드의 어린이들은 대여섯 살만 되면 여왕 탄신일(Koninginedag)인 매년 4월 30일에 집에서 구운 과자나 쓰던 물건을 길거리에 갖고 나가 장사를 직접 해 보며 돈의 소중함을 배우도록 하고 있는데, 이러한 '롤 플레잉(Role Playing)'을 통해 체득한 '상인 정신'은 초등 교육에서부터 대학 입학 이후에 이르기까지 지속적으로 이어지고 있다. 이 같은 네덜란드인들의 자연스러운 상인 교육은 오늘날의 '국제상인의 요람'을 만들어 내는 계기가 되었을 것이다.

네덜란드는 화이부동(和而不同)의 나라이다. 즉 남들과 의좋게 지내지만 남들과 똑같지 않은 화합과 차별화를 실천하고 있는 나라라는 말이다. 지정학적으로 유럽의 관문에 위치하고 있는 네덜란드는 반경 1,000km 안에 대부분의 유럽 인구가 살고 있다는 점에 착안하여 물류 투자에 있어 과감히 차별화를 감행했다. 그 결과, 항공 물류의 중심인 스키폴 공항과 항만 인프라에 있어 세계 최대인 로테르담항이 탄생하였다. 암스테르담의 스키폴 공항은 세계의 물적 · 인적 자원의 집산처이자 교류지로 자리 잡았으며, 로테르담항은 세계의 모든 물자와 사람이 드나들었던 수백 년의 역사가 지금까지도 이어지고 있다. 대륙행 물류의 60% 이상을 처리하고 있는 로테르담항에서는 언제나 준설선과 수심 계측선이 운항 중이고, 곳곳에서 항만시설 확충사업이 이루어지는 등 끊임없는 투자와 개선활동이 일어나고 있다.

네덜란드인들은 백년 전통의 자국기업에 '로열(royal)'이라는 칭호를 부여하면서 국민적인 애정을 보낸다. 로열더치셸, 필립스, 유니레버 등을 비롯하여 흔히 우리가 독일 회사로 알고 있는 하이네켄, C&A, 악소노벨 DSM 등의 화학업체, 아홀드, 마크로 등의 물류유통업체, ABN 암로, ING 베어링 등의 초대형 은행 모두 이러한 칭호를 받고 있는 네덜란드 국적의 회사이다. 국제적으로 해박한 지식과 이해, 합리적이고 투명한 계산, 철두철미한 약속 등으로 대변할 수 있는 네덜란드의 '상인 정신'

이 바탕이 되어 이러한 세계적인 기업들 역시 성장가도를 달리고 있다.

Key Words

네덜란드 동인도 회사

네덜란드 동인도 회사는 1602년 아시아지역에 대한 무역·식민지 경영·외교 절충 등을 위해 이 방면의 여러 회사를 통합하여 설립한 독점적 특허회사로 자본과 국가 권력이 성공적으로 결합한 최초의 사례이다. 자본금은 약 650만 길드에 최초의 주식회사 형태를 갖추게 되었다. 정부로부터 동양무역의 독점권이 부여된 이외에도 동양 여러 나라와의 조약 체결, 성새(城塞) 축조, 군대 편성, 문관(文官) 임명 등의 권한이 부여되어 이른바 정치적·경제적·군사적 국가 권력의 대행기관이 되었다. 자바섬의 바타비아(자카르타)에 근거지를 만들어 포르투갈의 세력을 내쫓는 한편, 영국 세력을 누르면서 향료무역과 식민지 경영에 성공하여, 17세기 중엽에는 유럽시장을 장악하며 네덜란드 동양무역의 황금시대를 맞이하게 되었다. 동인도 회사의 발전은 네덜란드가 세계 무역에서 우위를 차지하게 된 계기였을 뿐만 아니라 네덜란드의 재정 혁명을 뒷받침하는 기반이 되었다.

3) 미국의 유통혁명과 대중소비사회

1920년대 미국에서는 자동차를 이용하면서 대량 생산과 대량 소비의 사회를 지탱하는 거대한 물류가 확대되었다. 바로 체인점이다. 뉴욕이나 시카고 등 대도시에서는 19세기 말 유럽에서 전해진 백화점이 번창했다. 1929년 백화점의 총매출액은 40억 달러를 넘어섰으며 소매업 총매출액의 9퍼센트에 이르렀다. 울워스는 '5센트, 10센트 스토어'라는 체인점으로 크게 성공했다. 1910년에 600여 개의 점포를 거느렸던 울워스는 1913년 뉴욕에 높이 421미터의 60층짜리 본사 빌딩을 세웠다. 이 빌딩은 거대한 광고탑이었으며 16년간 세계 제일의 높이를 자랑했다.

독립 소매점이나 제조업자는 저가격 전략을 펼치는 체인점에 크게 반발하기 시작하면서 세계공황의 발발과 함께 각지에서 반체인점 운동이 전개되었다. 1932년경에는 28개주의 의회에 689건에 이르는 반체인점 법안이 제출되었다. 여러 주에 걸쳐 수많은 점포를 운영했던 체인점은 경영 위기에 직면하자 점포 수를 축소하고 셀프서비스 방식을 도입하여 인건비 삭감을 꾀했다. 이것이 바로 슈퍼마켓이다. 현재 인건비를 억제하는 방식의 슈퍼마켓은 세계적인 규모로 보급되어 있다.

미국은 '근대 소매업의 발상지'라는 명칭을 가질 정도로, 독특하고 다양한 소매산업이 발달했다. 이러한 미국 소매산업의 다양성은 미국 내 다국가 인종 분포에 따른 다양한 라이프스타일(lifestyle)을 반영한 것으로 보인다. 미국의 소매업 발달사를 살펴보면, 남북전쟁이 끝난 1865년 이후에 전 유럽에서 쏟아져 들어온 이민자들이 그들 조국의 특징을 반영한 독특한 유통방식과 상술을 들여오면서 재래의 영세한 유통구조를 변화시키기 시작하였다. 대도시에 백화점이 등장한 1870년대 이후부터는 미국의 소매업태들이 10년을 주기로 새로운 업태의 출현과 성장, 그리고 기존 업태 쇠퇴 등의 반복현상을 끊임없이 겪고 있다.

미국만의 자유분방하고 다양한 유통산업 특성은 다양한 신업태를 만들어 왔다. 기존 백화점과는 다른 '저가 전략'을 선두로 내걸고, 다양한 상품을 구색하여 고객만족을 최우선하는 할인점으로 종업원과 매출액 세계 최대 기업이 된 '월마트', 그리고 창업 20여 년 만에 세계 최대 기업 월마트의 시장가치를 넘어선 '아마존' 등 미국은 세계 유통산업을 리드하는 혁신 국가라고 평가할 수 있다.

현재 미국의 모든 소매유통 업태는 식료품, 의약품, 건강미용식품, 일반상품 중 한 가지 또는 몇 가지를 동시에 취급하면서 경쟁하고 있는데, 판매량 위주의 할인체인점 업계는 거의 모든 상품을 두루 취급하고 있고, 백화점과 전문점들은 고급 의류 등 일반상품과 건강미용상품, 고급 식품류에 특화된 경향을 보이고 있다. 그러나 유사 업태 간 경쟁의 심화, 업태 간 동화 추진, 새로운 업태와 옴니채널 소매의 등장으로 업태 간 경계가 점점 없어지는 추세이다.

4) 일본의 '오사카상인'

일본 경제가 어려울 때마다 경제 회복의 중심에는 늘 상인 정신이 있었다. 특히 오사카는 일본 상업의 중심지이자 상인 정신의 발원지로, '오사카상인'이라는 이름은 세계적으로도 알려져 있다. 16세기 도요토미 히데요시는 일본 통일 이후 오사카에 일본 최대 규모의 성을 세우고, 교토를 능가하는 상업 중심지를 만들기 위해 전국의 유능한 상인들을 불러모았다. 이때부터 열린 쌀 · 생선 · 채소 시장이 오사카상인의 무대가 되었고, 이후 약 400여 년 동안 일본 상업의 본거지로 성장해 왔다.

오사카 기반 기업으로는 586년 창업한 세계 최고(最古)의 기업 공고구미(金剛組)를 비롯해, 600년 전통의 화과자점 스루가야, 500년 전통의 이불 가게 니시카와, 400년 역사의 히야 제약, 그리고 현대 일본 경제를 대표하는 마쓰시타 그룹(파나소닉), 아사히 맥주, 산토리 위스키, 닌텐도, 다카시마야 백화점 등이 있다. 이들은 대부분 오사카의 재벌 출신들이 일군 노포(老舗) 기업들로, 대대로 가업을 이어오며 고객의 신뢰를 쌓아온 명문 상가이다.

예컨대, 1899년 오사카에서 창업한 산토리 위스키는 종업원 수 약 4만 1천 명, 연매출 3조 4천억 엔에 달하는 일본 최고의 위스키 기업으로 성장했으며, 문화예술 후원에도 앞장서고 있다. 산토리홀, 산토리미술관은 산토리 창업 70주년을 기념해 세워졌으며, 이는 단순한 기업 활동을 넘어 사회적 기여로 이어지는 오사카 상인의 윤리관을 보여준다. 산토리는 지금도 "위스키 한 병의 이익으로 미술관의 벽돌 하나를 쌓는다"는 철학을 실천하고 있다.

이러한 윤리적 경영의 저변에는 일본 상인 철학의 대표적 가치인 산포요시(三方よし) 정신이 자리한다. "파는 사람에게도 좋고, 사는 사람에게도 좋고, 세상에도 좋은(売り手によし、買い手によし、世間によし)" 이 정신은 단순한 이익 추구를 넘어, 사회 전체의 이익을 고려하는 상도덕적 경영의 핵심 원칙이었다. 오사카상인들은 이 같은 철학을 실천하며, 신뢰와 명예를 기반으로 한 장사 철학을 발전시켜 왔다.

실제로 오사카에는 "하늘이 두 쪽 나도 노렌은 지킨다"는 말이 있을 정도로 상점의 노렌(暖簾: 가게 입구에 거는 천막)을 신용의 상징으로 여긴다. 노렌은 단순한 간판이 아닌, 한 점포의 명예이자 상도(商道)이다. 오사카 상인들에게 전해 내려오는 "돈을 남기면 하급, 점포를 남기면 중급, 사람을 남기면 상급 상인"이라는 말은 '제품'이 아니라 '신용'을 파는 상인 정신의 깊이를 보여준다.

이러한 상도덕과 철저한 경영 정신은 단지 오사카에 국한되지 않고, 일본 전체 경제의 기반이 되었다. 일본은 현재 세계 3위의 경제대국이며, 오사카의 경제력만으로도 캐나다 전체 규모에 비견된다. 그 원동력에는 뛰어난 원가 계산 능력, 고객 중심의 서비스, 근검절약, 변화에 대한 민감한 대응력, 그리고 산포요시 정신이 녹아 있는 상인의 도(道)가 있었다. 오사카상인의 정신은 지금도 '일본 경제의 혼'이자 '상인의 기본'으로 이어지고 있다.

전설의 차 판매왕, 지라드 기록… 이대로 깨지나?

12년 연속 자동차 판매왕으로 세계적으로 이름을 떨친 조 지라드의 250법칙이 있다. 조 지라드가 쉐보레 대리점에서 영업일을 시작하기 전 지인의 경조사에 참여하면서 1인당 평균 손님이 약 250명이라는 것을 깨닫게 된다. 즉 어떤 사람이든 관련된 경조사에 참석하는 지인의 수가 250명이라는 것이다. 조 지라드는 이 같은 경험을 바탕으로 '한 사람이 그의 지인 250명에게 영향을 미친다'는 250 법칙을 새기고 한 사람의 고객을 250명 대하듯 귀중하게 모시기 시작한다. 그리고 그에게 자동차를 구입한 고객의 추천으로 새로운 고객이 제 발로 찾아오면서 조 지라드 법칙이 탄생하게 되었다. 그 반대로 불만족을 느낀 고객 1명이 있다면 250명의 고객을 잃는다는 것이므로 1명의 고객이라도 소중히 대해야 한다는 것이다.
이러한 영업 전략을 바탕으로 조 지라드는 40년 이상 동안 타의 추종을 불허하는 판매왕이었다.
세계 최고의 기록을 공인하는 기네스북은 1973년 1,425대의 차를 판 그를 세계 자동차 판매왕으로 인정했다. 그는 이후에도 15년간 1만 3000대의 자동차 판매로 12년 연속 기네스 판매왕에 올랐다. 1년 근무일을 250일로 계산했을 때 하루 약 6대의 차를 팔아 치운 셈이다.
그런데 이 기록이 깨졌다. 알리 레다가 그 주인공이다. 그의 동료들은 그를 '자동차 판매의 마이클 조던'이라고 부른다. 알리 레다는 디트로이트 디어본에 있는 GM의 '레스 스탠퍼드 쉐보레 캐딜락(Les Stanford Chevrolet Cadillac)이라는 딜러사의 세일즈맨이다. 그는 지난 한 해 동안 총 1,582대의 차를 팔았다. 기네스북이 이를 인정하게 되면 레다는 한 해 자동차 판매 부문의 새로운 세계 신기록 보유자가 될 것이다. 레다는 위대한 영업 사원의 기본 전략이 무엇인지에 대한 답으로 다음과 같이 말했다.
"아주 간단합니다. 나는 자동차 세일즈맨이라기보다는 오히려 고객을 위해 도움을 주는 조언자에 가깝다고 할 수 있습니다. 사람들이 자동차 문제로 저를 찾아오면 그 문제를 해결해 주는 게 제 일이니까요."

출처: 이코노믹리뷰(2018.03.10).

5) 중국의 '원저우 상인 정신'

중국 저장성(浙江省)의 원저우(溫州)는 오랜 역사 속에서 상업과 제조업이 발달한 대표적인 지역이다. 도자기, 제지, 조선, 비단, 신발 및 가죽 산업이 번성했던 이곳은 삼면이 산으로 둘러싸인 척박한 지리적 환경에도 불구하고 강한 기업가 정신을 바탕으로 중국 경제에서 중요한 역할을 해 왔다. 특히 개혁개방 이후 원저우 상인들은 자본주의적 경영 방식을 적극적으로 도입하며 세계 시장으로의 성공적인 진출을 이루었다.

원저우 출신 상인들은 '중국의 유대인'이라 불릴 만큼 뛰어난 사업 감각과 강한 네트워크를 갖추고 있다. 현재 원저우 인구 약 750만 명 중 200만 명이 중국 전역과 세계 각지에서 사업을 운영하고 있으며, 중국 500대 기업 중 39개가 원저우 기업일 정도로 강력한 경제적 영향력을 행사하고 있다. 이들은 신발, 의류, 전자제품, 가구 등 다양한 산업에서 국제적인 성공을 거두었으며, 전 세계 주요 도시의 차이나타운을 중심으로 글로벌 상업 네트워크를 형성해 왔다.

원저우가 이러한 상업적 성공을 이룰 수 있었던 배경에는 강한 자립 정신과 혁신적인 기업 문화가 자리 잡고 있다. 원저우는 농업에 적합하지 않은 환경과 정부 지원 부족이라는 어려운 조건 속에서도 상인들이 스스로 생존 전략을 개발하며 기업가 정신을 키워 왔다. 특히 원저우 상인들은 '산반징선(三板精神)'과 '쓰첸징선(四千精神)'이라는 독특한 경영 철학을 통해 성공을 거두었다.

'산반징선(三板精神)'은 원저우 상인들의 사업 운영과 태도를 나타내는 핵심 원칙이다. 첫째, "낮에는 주인이 되어라(白天做老板)"는 강한 책임감과 주인의식을 강조하며, 둘째, "밤에는 마루에서 자라(晚上睡地板)"는 안주하지 않고 끊임없이 노력하는 근면한 태도를 상징한다. 마지막으로 "검은 칠판을 보라(还有看黑板)"는 지속적인 학습과 자기 계발을 통해 시장 변화에 대응해야 한다는 철학을 담고 있다.

'쓰첸징선(四千精神)'은 시장 개척과 도전 정신을 강조하는 4가지 원칙으로 구성된다. 첫째, "천 마디 말과 만 가지 글을 다하여 설명하라(说尽千言万语)"는 고객과의 소통과 설득 능력을 중시하며, 둘째, "천 가지 고통과 만 가지 어려움을 겪어보라(尝尽千辛万苦)"는 어떠한 어려움 속에서도 포기하지 않는 인내와 도전 정신을 나타낸다. 셋째, "천 개의 산과 만 개의 강을 두루 다녀라(走遍千山万水)"는 적극적인 시장 개척과 글로벌 진출의 중요성을 강조한다. 마지막으로 "천 가지 방법과 백 가지 계책을 생각하라(想尽千方百计)"는 창의적인 전략 개발과 문제 해결 능력을 요구한다.

이처럼 원저우 상인들은 끊임없는 도전과 창조적인 전략을 바탕으로 경제적 성과를 이루어 왔다. 비록 농업에 불리한 환경과 정부의 지원 부족이라는 한계를 안고 있었지만, 원저우 상인들은 강한 기업가 정신과 독창적인 경영 철학을 바탕으로 스스로 기회를 창출하며 세계 시장에서 두각을 나타내고 있다. 이러한 원저우 상인 정신은 오늘날에도 중국 내외의 다양한 분야에서 혁신과 성공의 원동력이 되고 있으며, 글로벌 경제에 지속적인 영향을 미치고 있다.

6) 한국의 상인 정신

우리나라 상인 정신은 신라 시대의 '장보고'로부터 비롯되었다. 2005년 〈해신〉이라는 드라마로 구성되어 인기리에 방영되었던 것처럼, 신라 시대 장보고의 역사적 특히 상업사적 의의는 매우 크다. 그는 9세기 후반에 신라와 당나라 그리고 일본을 잇는 해상무역을 일으키고, 아라비아 및 페르시아와 같은 서아시아 지역과 교역도 활발하게 이룩했던 '해상왕'이었다. 사농공상 사상과 더딘 근대화의 역사를 가지고 있는 우리나라 역사 속에서 일찍이 개방화와 세계화의 선봉에 섰던 그의 상인 정신은 한국 유통, 그 상도의 뿌리라고 할 수 있다.

고려 시대 이후 조선 시대에 이르기까지 줄곧 이 땅의 유통업계를 주름잡았던 '개성상인'의 경영 성과는 오늘날의 유통업 종사자들에게 시사하는 바가 크다. 첫째, '사개치부법'으로 불리는 일종의 복식부기법의 개발과 같이 보다 창의적인 경영을 했다. 둘째, 양질의 인삼을 홍삼으로 가공하는 등 유통기술 덕분에 인삼무역의 경영 성과를 거두었다. 셋째, 협동심과 단결력은 더 나은 경영 성과를 얻는 토대가 되었다. 넷째, '개성상인이 앉았던 자리에 풀이 나지 않는다'라는 속담이 있듯이, 그들 개성상인은 근검절약과 합리적인 의사결정을 해 왔다.

홍하상은 그의 저서 『개성상인』에서 개성상인이 오늘날 한국 비즈니스맨의 모델임을 강조한다. 개성 출신 기업인들의 경영 철학은 무차입경영, 신뢰경영, 한우물경영이다. 그중에서도 가장 큰 특징은 탄탄한 재무구조를 중요시한다는 것이다. 신용을 목숨과 같이 여기며 근검절약을 생활신조로 삼는다. 또한 개성상인들은 일단 한 가지 사업을 정하면 최고에 이를 때까지 한우물만 판다. 이것저것 돈이 된다 싶은 사업에 무조건 뛰어드는 문어발식 확장을 지양하고 한 가지 업종에만 역량을 집중한다. 이 기업들이 바로 우리나라의 제조업을 든든히 받치고 있는 것이다. 이처럼 개성상인들은 남의 돈을 빌리지도 빌려주지도 않는다는 철칙을 가지고 있었는데, 요즘 말로 하면 '짠돌이' 경영정신을 잃지 않았던 셈이다. IMF가 한국 경제를 덮쳤을 때 개성상인 출신 경영자들의 기업이 외환 위기를 순조롭게 넘길 수 있었던 것도 대부분 '무차입경영'을 유지했기 때문이라는 분석이다.

조선 시대에 상인의 대모라 불리던 만덕 역시 남다른 유통의 경영철학을 가지고 있었다. 상인들은 첫째, 하늘의 때(天時)를 알고, 둘째, 인심을 꿰뚫었으며, 그리고 나서 한 가닥의 운세를 기다려야 한다고 했다. 다시 말해서 유통의 경영환경을 잘 파악하고 종업원이나 고객에 대한 합리적인 관리를 하며 나아가서 장기적인 안목에서 기업의 경영 의사를 결정해야 한다는 탁월한 경영기법이 바로 그것이다.

만덕은 제주 출신의 여성 상인으로, 천민 출신이었으나 제주특산물을 한양과 교역하는 과정에서 큰 부를 이루었고, 제주에 대기근이 발생했을 때 자신의 곡식을 풀어 수많을 백성을 구제하는 등 사회적 책임을 실천한 자선가이다.

한편 조선 후기 상업사에서 임상옥은 '조선의 거상(巨商)'이라 불릴 만큼 큰 족적을 남긴 인물이다. 임상옥은 평양 · 의주 상권을 넘어 청나라와의 대외 무역을 장악하였는데 인삼, 모피, 곡물, 한약재 등의 특산품을 청나라에 수출하고 비단, 차, 도자기, 서적 등을 수입했다. 당시 조선 상인은 청나라 상인과의 거래에서 불리했는데, 임상옥은 신용(信用)과 공정거래를 무기로 삼아 신뢰를 얻었다. 특히 '거래에서 사기치지 않는다'는 원칙을 철저히 지켜, 청 상인들로부터도 존경을 받았다.

최인호 작가가 쓴 소설 『상도』는 임상옥을 주인공으로 하여 드라마로 방영될 정도로 선풍적인 인기를 얻었다. 『상도』의 주인공 조선 최고 거상 임상옥은 다음과 같이 말했다. "재물은 평등하기가 물과 같고, 사람은 바르기가 저울과 같다." 즉 사업의 유지와 발전을 이룩하는 데 있어서 가장 중요한 덕목은 절제와 균형, 그리고 신뢰라는 것이다. 임상옥은 "장사는 돈을 남기는 것이 아니라 사람을 남긴다"라는 만상의 상도덕을 실천한 조선의 거상이었다. 그는 늘 이윤을 얻기 위하여 사람의 도리를 저버리거나 작은 이익을 탐하느라 커다란 대의를 잃어버리는 일이 없도록 자신을 채찍질했다. 그리고 그는 죽기 전에 그의 모든 재산을 사회에 환원하였다.

미국 유명 작가 다니엘 핑크는 그의 저서 『파는 것이 인간이다(To sell is Human)』

에서 인간의 본성을 "세일즈"로 설명하고 있다. 직업, 연령, 인종에 상관없이 모든 인간은 누구나 무엇인가를 팔아야 한다는 것이 저자의 메시지이다. 미국 한 조사기관은 9,000명의 응답자로부터 의견을 수집하였다. 그 결과 70%의 사람들이 '다른 사람을 설득하고 납득시키는 것'에 일하는 시간의 70%을 할애한다는 것이다. 전체 근로자 9명 중 1명이 전업으로 세일즈 일을 하지만 결국 다른 사람들을 움직이게 하는 데 시간을 쓰고 있는 것이다. 파는 것이 인간이다.

상인일기(商人日記)

김연대

하늘의 해가 없는 날이라 해도
나의 점포는 문이 열려 있어야 한다
하늘에 별이 없는 날이라 해도
나의 장부에는 매상이 있어야 한다
메뚜기 이마에 앉아서라도 전(廛)은 펴야 한다
강물이라도 잡히고
달빛이라도 베어 팔아야 한다
일이 없으면 별이라도 세고
구구단이라도 외어야 한다
손톱 끝에 자라는 황금의 톱날을
무료히 썰어내고 앉았다면
옷을 벗어야 한다
옷을 벗고 힘이라도 팔아야 한다
힘을 팔지 못하면 혼이라도 팔아야 한다
상인은 오직 팔아야만 하는 사람
팔아서 세상을 유익하게 하는 사람
그러지 못하면 가게 문에다
묘지(墓地)라고 써 붙여야 한다

Chapter Summary

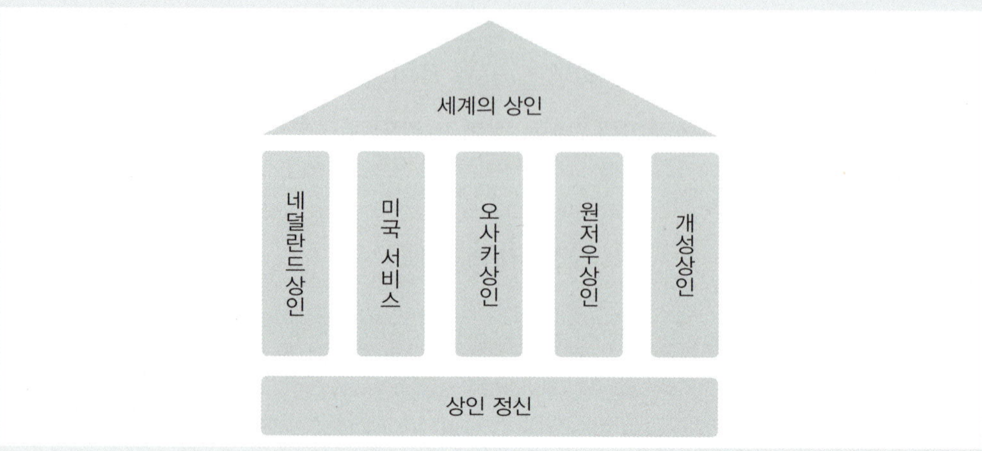

Key Words

유통경제, 전통시장, 상인 정신, 화신백화점, 장보고, 보부상, 동인도 회사, 오사카상인, 원저우상인, 월마트, 아마존, 개성상인, 상인 마인드

Discussions

1. 유통선진국은 경제선진국인지 토론해 보세요.
2. 한국에서 가장 오래된 백화점과 가장 인기 있는 전통시장은 어디인지 설명해 보세요.

Reference

다니엘 핑크(2013). **파는 것이 인간이다(To Sell is Human)**. 김명철 역. 청림출판.

대한상공회의소(2024.02.28.). 2023 유통산업 보고서: 유통산업의 경제적 기여 및 전망.

맹명관(2016). **중국을 팔고 세상을 얻다**. 책드림.

미야자키 마사카츠(2018). **흐름이 보이는 세계사 경제공부**. 어크로스.

박병형, 이재형(2010). **우리나라 유통산업의 특성과 정책과제**. 한국개발연구원.

박은숙(2008). **시장의 역사(교양으로 읽는 시장과 상인의 변천사)**. 역사비평사.

산업자원부(2005). **한국 유통산업 발전사**. 산업자원부.

신세계 편집부(1992). **한국의 시장 상업사**. 신세계.

신세계상업사박물관(http://www.shinsegae.com/museum/develop_korea02.jsp)

이코노믹리뷰(2018.03.10.). “전설의 차 판매왕 지라드 기록 깨졌다”

임외석(2014). 한 · 중 · 일 주요 상인조직의 경영철학에 대한 비교연구. **유라시아연구, 11**(3), 21-44.

최인호(2009). **상도**. 여백미디어.

홍하상(2004). **개성상인**. 국일미디어.

CARDEN, ART and CHARLES COURTEMANCHE(2009). WAL-MART, LEISURE, AND CULTURE. *Western Economic Association International*. pp.450-461.

Chapter

II

유통기관의 개요

제1절 도·소매업의 정의와 역할
제2절 성공적인 소매기관의 5가지 핵심 요소
제3절 물류기관

도·소매업의 정의와 역할

1. 도매업의 정의와 역할

도매업은 유통경로상 제조업체와 소매업체, 또는 산업 · 상업적 사용자 간의 상품거래를 중개하는 기능을 수행하며, 재판매 또는 사업상 이용을 목적으로 상품이나 서비스를 판매하는 산업활동을 의미한다. 그러나 도매기능을 수행하는 유통경로 구성원의 형태가 매우 다양하고, 도매기능과 소매기능을 동시에 수행하는 기업도 증가하고 있어 도매업의 정의를 일률적으로 규정하기는 쉽지 않다.

미국 센서스국의 정의에 따르면, 도매는 "소매기관, 상인, 산업적 사용자에게 상품을 판매하는 사람이나 기관의 행위로, 최종소비자에 대한 직접 판매 비중은 낮아야 한다"고 되어 있다. 한편, Kotler는 도매를 "재판매 또는 사업용 이용을 목적으로 한 서비스나 재화의 판매와 관련된 모든 비즈니스 활동"이라고 정의한다. 「한국표준산업분류」에서는 도매업을 "구입한 새로운 상품이나 서비스를 소매업자, 산업 · 상업 사용자, 단체 · 기관 및 전문 사용자 또는 다른 도매업자에게 판매하는 산업활동"이라고 규정하고 있다.

이러한 다양한 정의를 종합하면, 도매업이란 최종소비자 판매를 직접 목적으로 하지 않으며, 제조와 소매 사이에서 상품의 유통을 효율화하는 비즈니스 활동 전반을 포괄하는 개념이라고 할 수 있다.

전통적으로 도매업은 소매업과 달리 최종소비자가 아닌 사업고객을 대상으로 하며, 입지 · 점포 분위기 · 광고와 같은 소비자 마케팅 요소보다 상품 구색, 가격 경쟁력, 공급 안정성 등이 더 중요하게 작용한다. 또한 도매업은 상대적으로 더 넓은 상권을 대상으로 대량 거래를 수행하는 경향이 있으며, 법적 규제 및 세제 적용에서도 소매업과는 차이를 보인다.

도매업을 수행하는 유통경로 구성원은 일반적으로 '도매상'이라 불리며, 「한국표준산업분류」상으로도 도매업은 상품의 소유권을 가지는 상인도매상부터, 제조업자의 대리점, 판매대리점, 브로커, 커미션 상인 등 다양한 형태로 구분된다.

최근 유통산업의 디지털 전환과 구조 고도화로 인해 소매업과 도매업의 경계는 더욱 모호해지고 있다. 예컨대, 코스트코(Costco)나 하나로클럽과 같은 창고형 할인매장은 도매상과 소매상의 기능을 병행하고 있으며, 이커머스 플랫폼들도 B2B · B2C 기능을 융합하여 도 · 소매 혼합형 모델로 발전하고 있다. 또한 남대문시장, 동대문시장 등 전통시장에서도 다수의 상인이 도 · 소매를 병행함에 따라, 오늘날의 유통환경에서는 도 · 소매의 명확한 구분이 사실상 어려워지고 있다.

유통경로상 도매상의 기능은 다음과 같다.

첫째, 도매업은 재고 보유기능을 통해 소매업체의 재고 부담을 줄이고, 상품의 원활한 공급을 보장한다. 둘째, 물류 대행기능을 통해 상품의 수배송, 보관, 포장 등 물류활동을 대신 수행함으로써 소매업체의 운영 효율성을 높인다. 셋째, 금융기능

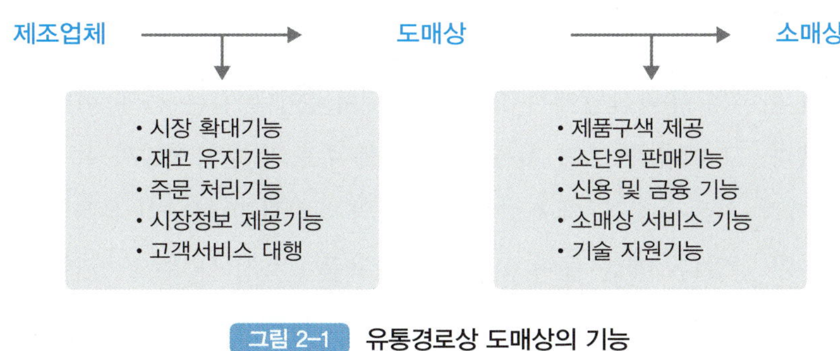

그림 2-1 유통경로상 도매상의 기능

을 통해 소매상에게 외상 판매나 결제 유예 등의 신용을 제공함으로써 자금 운용의 유연성을 지원한다. 넷째, 도매업자는 다양한 브랜드와 품목을 묶어 공급함으로써 소매업체가 보다 손쉽게 상품 구색을 구성할 수 있도록 하는 구색 편의기능을 수행하며, 마지막으로 위험 분산기능을 통해 상품의 재고 리스크나 가격 변동 위험을 부담함으로써 제조업체와 소매업체의 부담을 분산시키는 역할을 한다.

최근에는 디지털 기술을 활용한 도매업의 플랫폼화, 풀필먼트 기반 물류 특화, 수요예측 기반 공급 최적화 등의 고도화가 이루어지고 있으며, 단순 중개기능을 넘어서는 새로운 부가가치를 창출하고 있다. EDI(Electronic Data Interchange) 등 온라인 주문 시스템, 전자 데이터 교환을 통해 거래 효율성을 제고하고 다국적 기업의 해외 조달 및 분산 생산 확대에 따른 글로벌 공급망의 제공, 물류 최적화, 맞춤형 재고관리(VMI), 기술 지원 등의 서비스를 강화하고 있다. 특히 아마존 비즈니스(Amazon Business), 그레인저(Grainger)와 같은 B2B 전자상거래 기업이 새로운 도매 모델을 제시하고 있다.

아마존은 아마존의 플랫폼 모델을 B2B로 확장한 형태로, 가격 경쟁력 · 상품 다양성 · 글로벌 물류에서 강점을 보인다. 다만, 특정 산업재 분야의 전문성은 부족하다. 그레인저(Grainger)는 산업재 도매 전문기업으로서 수백만 가지의 MRO(Maintenance, Repair, Operations: 유지 · 보수 · 운영) 자재를 공급한다. 단순 거래를 넘어 기술지원 · 재고관리 서비스까지 제공하며, 신뢰성 있는 공급망 관리가 강점이다. 특히 디지털 전환에 성공하여 Grainger.com이라는 북미 최대 규모의 B2B 산업재 이커머스 플랫폼을 운영하며 매출의 80% 이상이 온라인 채널에서 발생한다. 이외에도 Zoro.com은 중소기업 및 개인 소비자를 위한 온라인 전용 브랜드를 운영한다.

이와 달리 한국의 유통산업에서 도매기능은 미국이나 일본 등에 비해 충분히 발달하지 못했다. 그 이유를 보면 첫째, 제조업체 주도의 수직계열화 욕구이다. 한국은 재벌 대기업 구조 속에서, 제조업체가 제품의 생산뿐만 아니라 유통까지 직접 관리하는 경우가 많았다. 예를 들어, 식품 · 생활용품 · 가전 등 주요 산업에서 제조업체는 전속 대리점 체제나 직영점 체제를 운영하며 도매기능을 내부화했다. 이는 독립적인 도매업의 성장을 제약하고, 도매기능이 제조업체의 유통망에 종속되는 결과를 초래했다.

둘째, 오랫동안 재래시장과 영세소매점포 중심의 유통구조 속에서 도매상에 대한 전문화, 대규모화 수요가 제한되어 도매업이 체계적 발전을 이루지 못했다.

셋째, 대형 소매업체의 체인화로 소매상 체인본부가 도매상 기능인 조달과 분배 기능을 자체적으로 수행했다.

넷째, 정부정책이 산업정책의 초점을 제조업 육성에 두었으며 도매, 물류산업은 상대적으로 정책적 관심이 부족해 상인도매상 대부분이 영세규모 가족회사로 로지스틱스, 신용거래 등 일부 기능만을 수행하고 있다. 하지만 최근 들어 쿠팡비즈, 배민상회, 마켓보로와 같은 B2B 유통플랫폼이 등장하면서 중소 식당이나 소매점이 클릭 몇 번으로 식자재나 상품을 발주하고, 배송까지 받을 수 있도록 하는 새로운 형태의 디지털 도매업으로 부상하고 있다.

이러한 변화 속에서 도매업은 전통적 유통기능의 제공자에서 유통 플랫폼 사업자 및 공급망 전략 파트너로의 전환을 꾀하고 있으며, 이에 따른 역할과 기능의 재정립이 요구되고 있다.

한편, 도매상은 상품의 소유 여부, 거래 방식, 서비스 범위, 조직의 소속 등에 따라 다양한 형태로 존재하며, 전통적인 분류 외에도 최근에는 디지털 기반 도매 플랫폼과 같은 새로운 형태도 등장하고 있다. 일반적으로는 제조업자도매상, 상인도매상, 대리인, 체인사업자 등으로 구분된다.

1) 제조업자도매상

제조업자도매상은 제조업체가 자사 제품의 유통을 위하여 직접 운영하는 도매 조직을 의미하며, 일반적으로 판매지점, 영업소, 법인형 사무소 등의 형태를 취한다. 이들은 제품에 대한 소유권을 제조업체가 유지한 채 소매업체나 사업체에 판매 활동을 수행한다.

기존에는 중소 소매업체를 대상으로 한 영업소 중심의 판매 방식이 일반적이었으나, 최근에는 대형 소매기업, 프랜차이즈 본부, 온라인 유통플랫폼 등 거래 상대의 집중화에 따라 본사 차원의 B2B 영업조직이 강화되는 추세다. 더불어, 디지털 채널을 통한 비대면 주문, AI 기반 수요예측 발주, 고객 맞춤형 프로모션 연동 등의 기능이 강화되고 있다.

2) 상인도매상

상인도매상(Merchant Wholesaler)은 취급 상품의 소유권을 직접 보유하고, 상품의 매입 · 보관 · 판매를 독립적으로 수행하는 가장 전형적인 형태의 도매상이다. 상인도매상은 제공 서비스의 범위에 따라 크게 완전서비스도매상과 한정서비스도매상으로 구분된다.

(1) 완전서비스도매상

완전서비스도매상은 재고관리, 배송, 신용공여, 마케팅 지원, 고객상담 등 유통경로상 거의 모든 기능을 수행하는 도매상이다. 고객이 되는 소매업체나 사업체에 종합적인 서비스를 제공함으로써 거래 편의성과 유통 효율을 높인다.

완전서비스도매상은 다음과 같이 세분화할 수 있다.

- **일반상품도매상:** 다양한 제품군을 폭넓게 취급하며, 중소 슈퍼마켓이나 편의점 등과 거래
- **한정상품도매상:** 특정 품목군에 집중
- **전문품도매상:** 소수의 특정 제품을 깊이 있게 취급

최근에는 디지털 수요예측 시스템과 풀필먼트 물류 연계, 데이터 기반 영업 등을 활용하여 경쟁력을 높이고 있으며, 특히 B2B 유통플랫폼과의 연계를 통한 하이브리드 전략도 확대되고 있다.

(2) 한정서비스도매상

한정서비스도매상은 유통기능 중 소수의 기능에 전문화되어 있고 소매상 고객에게 제한된 서비스만을 제공하는 도매상이다. 한정서비스도매상의 주요 형태는 현금거래도매상, 트럭도매상, 직송도매상, 진열도매상 등이 있다.

현금거래도매상은 주로 중소소매상을 상대로 배송은 구매자 책임하에 현금거래조건으로 판매하는 도매상이다. 코스코 홀세일클럽과 농협유통의 하나로클럽이 좋은 예이다. 이들은 도매와 소매를 병행하고 있으며 소매상 고객에게는 비즈니스회원 자격을 주고, 도매가격으로 제품을 판매하고 있다. 주 고객으로는 식당이나 일부 독립된 중소편의점이나 슈퍼마켓 등이 있다.

트럭도매상은 트럭중개상이라고도 하며 소매상 고객들에게 직접 제품을 운송한다. 이들은 주로 한정된 제품을 취급하며 고객들의 주문에 의해 구매와 보관, 배송기능을 수행한다. 국내에서의 트럭도매상은 주로 영세 규모이고, 농수산물과 같은 식자재를 주로 취급하고 있으며 그 고객은 주로 슈퍼마켓, 음식점 등이다.

직송도매상은 소매상 고객으로부터 주문이 왔을 때, 해당 상품을 생산자가 직접 구매자에게 배송토록 하는 도매상이다. 이러한 유형은 상품의 보관이 필요 없기 때문에 재고부담이 없는 등 물류비용의 부담이 없는 장점이 있으나 적극적인 판매활동을 통해 고객의 주문을 받지 못하면 경영이 어려워지게 된다. 직송도매상의 주 취급품목은 물류비용이 크고 부피가 큰 무포장 상품이며 목재, 석탄, 건자재 등이 있다. 직송도매상은 자칫 거간과 같은 브로커와 혼동되기 쉬우나 상품의 소유권을 가지면서, 다만 보관기능과 수송기능만을 생산자에게 의존하는 도매상이라 하겠다.

진열도매상은 소매상들에게 매출 비중이 높지 않은 상품들을 주로 공급하며, 상대적으로 이윤이 적고, 매출 비중은 낮지만 회전율이 높은 상품들을 취급한다. 진열도매상은 슈퍼마켓이나 식료잡화점들에게 잡화 및 식품, 전문품들을 주로 공급한다. 소매상들이 진열도매상을 이용하는 주된 이유는, 매출 비중이 낮은 품목들에 대한 직접 진열과 주문이 귀찮기 때문이다.

이러한 한정서비스도매상은 과거보다 규모는 작지만, 특화된 고객군을 겨냥하여 높은 회전율, 낮은 운영비용, 전문화된 서비스를 무기로 여전히 유효한 도매 형태로 활용되고 있다.

3) 대리인

대리인은 거래하는 제품에 대한 소유권을 갖지 않으며, 대신 제조업자 또는 판매자의 위임을 받아 거래를 중개하거나 판매를 대행하는 역할을 수행한다. 소유권을 보유하고 실물 유통을 담당하는 상인도매상과 달리, 대리인은 거래의 성사와 유통경로 조정에 기여하는 것이 핵심 역할이다.

최근 유통산업의 디지털화와 글로벌화에 따라, 대리인의 활동 범위는 오프라인 중심의 영업대행을 넘어 온라인 기반의 유통채널 운영, 무역거래 전문 지원, 고객관리(CRM) 대행 등으로 확대되고 있다.

(1) 제조업자대리인

제조업자대리인은 주로 의류, 가구, 생활소비재 등에서 활용되며, 제조업체와 계약을 맺고 해당 제품을 특정 지역이나 유통채널에 판매하는 역할을 수행한다. 이는 다음과 같은 경우에 주로 활용된다.

- 제조업자가 자체 판매 인력을 고용하기 어려운 경우
- 자사 판매원이 접근하기 어려운 지역 또는 국가에 진출하고자 하는 경우

이 경우 제조업자와 대리인 간에 가격, 판매지역, 주문처리, 배달서비스, 품질보증, 수수료 등에 관한 공식적인 계약이 체결되며, 대리인은 계약 조건에 따라 단일 제조업체의 제품뿐 아니라 비경쟁 관계의 타사 제품도 병행하여 취급할 수 있다.

최근에는 온라인 쇼핑 플랫폼의 확대에 따라, 제조업자대리인이 스마트스토어, 오픈마켓 등에서 복수 브랜드를 위탁 판매하거나, 해외 B2B 플랫폼을 통해 현지 대리점 역할을 수행하는 사례도 증가하고 있다.

(2) 판매대리인

판매대리인은 제조업자로부터 판매에 대한 전반적인 권한을 위임받아, 실질적으로 영업과 계약체결을 수행하는 유통 전문가이다. '판매 에이전트(sales agent)'라고도 하며, 제조업체가 독자적으로 판매조직을 운영하기 어려운 경우에 활용된다.

판매대리인은 단순한 중개가 아니라, 상품의 가격, 품목 구성, 판매 조건에 직접 영향을 미치며, 거래처 개발, 마케팅 활동, 판매전략 수립 등 전문적인 영업 기능을 수행한다. 이러한 역할은 특히 석탄, 산업용 장비, 화학제품, 농산물, 금속재료 등과 같은 비표준 대량 제품군에서 일반적이다.

무역거래에서도 판매대리인의 역할은 중요하다. 수출업체는 해외 시장에서 현지 유통에 대한 전문성을 갖춘 대리인과 판매 대리 계약을 체결하고, 해당 지역 내에서 제품의 유통을 위임한다. 판매대리인은 현지에서 고객 주문을 수취하고, 수출업자가 발송한 제품을 인도하는 일련의 과정을 총괄한다.

최근에는 이러한 무역형 대리인이 단순히 주문 중개에 그치지 않고, 수출입 절차, 물류대행, 현지 인증 및 마케팅 업무까지 포함한 종합적인 유통대행자로 진화하고 있다.

4) 체인사업자

체인사업자는 중소형 소매점들이 공동의 본부를 중심으로 상품 구매, 물류, 정보 시스템, 마케팅 등을 협력적으로 운영하는 유통 형태이다. 정부는 1974년부터 일정 요건을 갖춘 체인사업자에게 자금 및 세제 지원을 통해 유통 경쟁력 강화를 도모해 왔다.

「유통산업발전법」에 따르면, 체인사업은 직영점형, 프랜차이즈형, 임의가맹점형, 조합형 등 4가지 유형으로 나뉜다. 이 중 우리나라는 임의가맹점형과 조합형 중심으로 발전해 왔다. 임의가맹점형은 자발적 연합 방식으로 한국체인사업협동조합 산하 조합원이 대표 사례이며, 조합형은 한국슈퍼마켓협동조합처럼 소매점들이 협동조합을 구성해 공동 구매 · 운영하는 구조다.

최근에는 POS, 온라인 발주, 공동 물류 시스템 도입 등 디지털 전환이 가속화되고 있으며, 지자체와 정부는 동네슈퍼의 체인화 및 친환경 유통구조 구축을 위한 정책형 체인사업도 확대하고 있다. 체인사업자는 이제 단순한 구매 조직을 넘어, 중소유통업체의 생존과 경쟁력 확보를 위한 통합 유통 파트너로 진화하고 있다.

2. 소매업의 정의와 역할

소매업이란 상품과 서비스에 가치를 부가하여 최종소비자에게 직접 판매하는 모든 비즈니스 활동을 의미한다. 전통적으로 점포 기반의 소매가 중심이었으나, 오늘날에는 온라인 쇼핑몰, 라이브커머스, SNS 기반 커머스, 모바일 앱, D2C(Direct-to-Consumer) 플랫폼 등 다양한 디지털 채널을 포함하며, 이러한 활동들은 모두 소매업의 범주에 포함된다.

소매업은 유통에 있어서 소비자와의 접점에 있기에 그 무엇보다 중요한 경제 활동을 담당하고 있다. 소비자와 가장 가까운 지점에 있는 소매업은 소비자가 무엇을 원하는지 파악하고, 그 정보를 생산자에게 전달함으로써 소비자 니즈에 부응하는 제품과 서비스를 제공하는 중개자이자 시장 반응 센서로서 중요한 역할을 수행한다. 최근에는 단순한 접객을 넘어 POS(Point of Sale) 데이터, 앱 행동 분석, 온라인 구매 이력 등 디지털 데이터를 기반으로 소비자 인사이트를 수집하고 분석하는 기능이 점차 강화되고 있다.

소매업은 최종소비자들의 다양한 욕구를 충족시키기 위해 여러 가지 형태로 진화 · 발전하여 왔다. 전통시장, 슈퍼마켓, 백화점, 편의점, 할인점, 전문할인점, 쇼핑센터, 아웃렛 몰 등 다양한 형태가 존재한다. 이제 그 규모가 점차 커지면서 소수 대형소매업체들의 시장지배력 또한 급속히 커지고 있다. 따라서 과거 제조업체가 유통을 지배하던 것에서 이제는 대형 소매업체에게 유통경로의 지배력이 이전되었다. 한편 소매업은 일반적으로 유형의 점포에서 이루어지는 활동으로 생각되지만, 방문판매, 다단계판매, 카탈로그 판매, 인터넷 쇼핑몰, TV 홈쇼핑, SNS 등을 포함한 무점포 소매상에 의해서도 수행된다.

소매상은 소비자가 원하는 상품과 서비스를 적절한 가격에, 원하는 시간과 장소에서 구매할 수 있도록 지원함으로써 소비자 니즈를 만족시키고자 노력한다. 동시에 생산자에게는 제품을 판매할 수 있는 접점을 제공하고, 유통경로의 마지막 단계에서 소비자와 직접 접촉하는 주체로서 제조업체 및 도매상의 판매 성과에 큰 영향을 미친다. 소매상은 상품구색 제공, 소량 분할, 재고 보유, 정보 전달, 서비스 제공 등 유통의 핵심 기능을 수행한다. 소매상이 소비자에게 제공하는 핵심적인 유통기능을 자세히 살펴보면 다음과 같다.

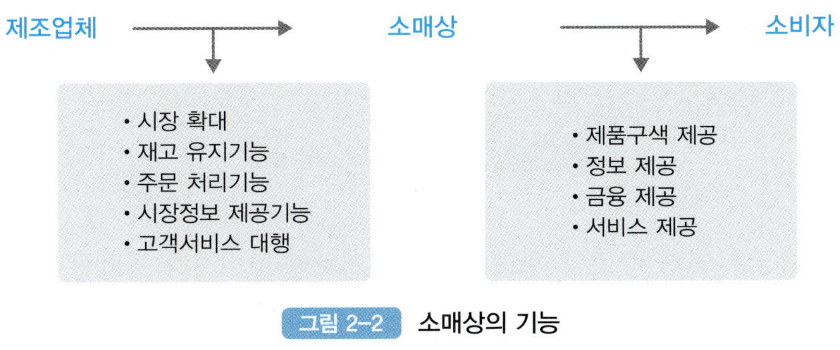

그림 2-2 소매상의 기능

첫째, 소매상은 소비자가 원하는 상품구색(assortment of products and services)을 제공한다. 대형 슈퍼마켓은 평균적으로 약 3만 개의 SKU(stock keeping unit)를 취급하며, 수많은 공급업체로부터 다양한 브랜드, 디자인, 색상, 가격대의 제품을 조달한다. 최근에는 고객 맞춤형 큐레이션 서비스나 AI 추천 기능을 통해 소비자에게 개인화된 상품구색을 제안하는 기능도 강화되고 있다. 소매업태는 취급하는 상품의 구색 폭과 깊이에 따라 구분되며, 전문점은 폭이 좁고 깊이가 깊은 반면, 종합할인점이나 슈퍼센터는 폭이 넓고 깊이가 얕은 구색을 제공한다.

둘째, 소매상은 대량 단위로 공급받은 제품을 소비자에게 적합한 소량 단위로 나누어 판매하는 분할 및 선별 기능을 수행한다. 이 과정은 제조업체의 물류 효율성을 높이고 소비자에게 편의성을 제공하는 중요한 역할이다. 다양한 종류의 제품을 대량으로 구매하여, 이를 소량으로 나누어 판매하는 과정을 '선별공정(sorting process)'이라고 하며, 이는 유통경로 내 비용 절감과 고객 만족을 동시에 달성하는 핵심 기능이다.

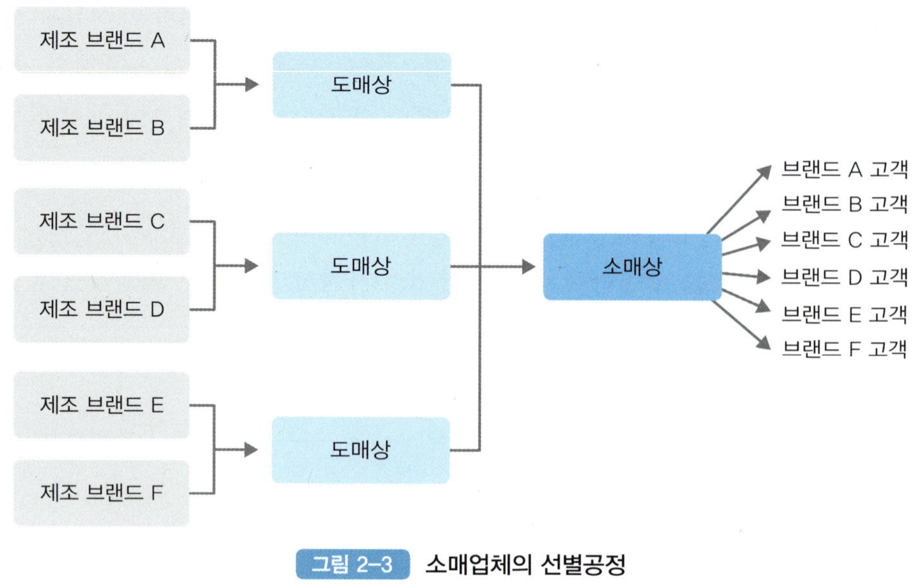

그림 2-3 소매업체의 선별공정

셋째, 소매상은 일정 수준의 재고를 보유함으로써 소비자가 필요할 때 언제든지 제품을 구매할 수 있도록 한다. 이러한 재고 보유는 제조업체 및 도매상의 재고 부담을 분산시키는 효과도 있으며, 소매점으로의 배송 횟수를 줄여 전체 유통경로의 물류비용 절감에도 기여한다.

넷째, 소매상은 제품과 서비스에 관한 정보를 소비자와 생산자 양측에 전달하는 역할을 수행한다. 제조업체는 소비자와 직접 접촉할 기회가 적기 때문에, 소비자 트렌드나 반응에 대한 정보를 소매상을 통해 간접적으로 획득한다. 동시에 소비자는 제품의 비교 · 선택 과정에서 다양한 정보가 필요한데, 이를 소매상이 POP 광고, 매장 설명, 디지털 콘텐츠 등을 통해 제공한다.

다섯째, 소매상은 소비자의 구매 결정과 상품 사용을 돕기 위해 다양한 부가 서비스와 금융 기능을 제공한다. 대표적으로 할부 판매, 포인트 적립, 멤버십 할인 등의 금융적 지원뿐만 아니라, 배송, 설치, 사용법 설명, 애프터서비스 등 전반적인 구매 후 관리까지 포함된다. 특히 고객경험(UX) 기반 서비스, 채팅 상담, 스마트 매장 내 디지털 가이드 등의 기능이 최근 들어 점차 보편화되고 있다.

McKinsey & Company는 「리테일의 미래」라는 보고서에서 플랫폼 제공자(platform provider)로서 소매업의 6가지 전통적 역할을 강조했는데, 디지털 전환과 플랫폼 시대에도 소매업이 수행하는 핵심적 전통 역할은 여전히 유효하며, 이는 플랫폼 제공자의 기능과도 밀접하게 연결된다고 설명하고 있다.

첫째, 수요 집합체(Aggregator of Demand)로서 소매업체는 다수의 소비자 수요를 모아 제조업체에 연결함으로써 거래 효율성을 높인다.

둘째, 상품 큐레이터(Curator of Assortment)로서 수많은 제품 중 소비자에게 적합한 구색을 선정하여 제공한다.

셋째, 결제 처리자(Processor of Payments)로서 소비자와 생산자 사이의 금전 거래를 안전하고 효율적으로 처리한다.

넷째, 믿을 만한 조언자(Trusted Advisor)로서 소매업체는 소비자가 상품을 선택할 때 정보와 조언을 제공하는 역할을 수행한다.

다섯째, 가격 보증자(Guarantor of Price)로서 소매업체는 공정하고 투명한 가격을 제시하여 소비자가 안심하고 거래할 수 있도록 한다.

여섯째, 물류 관리자(Manager of Logistics)로서 소매업체는 상품을 소비자에게 전달하는 물류 · 재고 관리 · 배송을 담당한다. 이는 소비자 만족도와 직결되며, 플랫폼 경쟁력의 핵심 요소로 부상하고 있다.

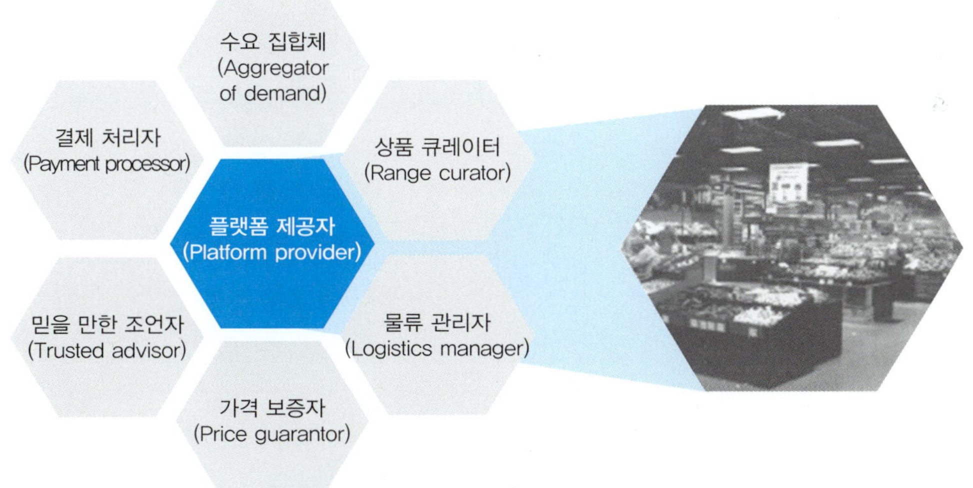

그림 2-4 전통적 의미의 소매업체 역할

이 6가지 역할은 전통적 소매업체와 현대적 플랫폼 기업 모두에게 필수적이다.

전통적 소매업은 오프라인 환경에서 이 역할을 담당해 왔고, 현대 플랫폼 기업은 데이터 · 알고리즘 · 디지털 인프라를 활용해 동일한 역할을 확장 · 혁신하고 있다.

제2절

성공적인 소매기관의 5가지 핵심 요소

Leonard L. Berry 교수는 「하버드 비즈니스 리뷰(Harvard Business Review)」(2001)에서 〈The Old Pillars of New Retailing〉이라는 글을 발표했다. Berry 교수는 수십 개의 소매업체에 대한 방대한 연구를 바탕으로, 최고의 소매업체는 5가지 핵심 요소를 통해 고객에게 가치를 창출한다고 주장했다. 성공적인 소매업 운영의 5개 기둥 중 하나라도 흔들리면 건물은 붕괴된다. 핵심은 전체 고객 경험에 초점을 맞추고 있다. 실제 매장, 카탈로그 비즈니스, 전자상거래 사이트 또는 이 3가지의 결합을 통해 고객에게 요구 사항에 대한 우수한 솔루션을 제공하고 진정한 존중으로 대우하며 정서적 수준에서 고객과 소통해야 한다는 것이다.

1. 고객의 문제 해결

고객은 소매업체가 솔루션을 제공하기를 기대한다. 따라서 제품이나 서비스가 아닌 고객의 문제를 해결해 줄 수 있는 솔루션을 판매하는 것으로 고객의 삶을 개선할 수 있어야 한다. 또한 고객이 실제로 필요로 하는 것과 그것을 충족시킬 수 있는 방법을 충분히 고려해야 한다.

이에 적절한 해결책은 솔루션 비즈니스라고 할 수 있다. 솔루션 비즈니스는 '고객이 가진 고민이나 문제점을 발견하고 제품 · 서비스를 효과적으로 결합, 제공해 이를 해결하는 것'을 말한다. 즉, 경쟁자가 발견하지 못한 고객의 문제점을 해결함으로써 새로운 부가가치를 창출할 수 있고 시장을 선점할 수 있는 블루오션을 만들어 가는 일이다. 고객이 먼저 기업에게 자신의 문제를 해결해 달라는 제안을 하게 만들기 위해서는 기업이 고객과 커뮤니케이션 채널을 확보하고 있어야 한다. 고객관리를 통해 고객의 머릿속에 기업의 업무와 역량에 대해 지속적으로 알려야 한다. 그리고 고객에게 고민이 생기고 어떤 문제가 발생할 때 고객의 머릿속에서는 가장 먼저 해당 기업이 떠올라야 한다. 그래서 다른 곳에서 해결 방안을 찾지 못한 고객이 해당 기업에게 제안하고 그 기업은 그 문제를 해결해 줌으로써 고객을 선점하고 새로운 시장을 선점할 수 있다.

컨테이너스토어는 1977년 오픈한 이래로 미국 36개주 70개 매장에서 수납용기를 전문으로 판매하고 있는 소매업이다. 컨테이너스토어는 업계 평균 두 배 이상의 연봉을 주고 금융 위기 때 한 명도 해고를 하지 않았으며 가장 빠르게 실적을 회복하였다. 틴들 CEO는 '빈 상자'를 판매하는 것을 좀 더 매력적으로 보이도록 하기 위해서 매장을 방문한 고객 한 명에게 여러 제품의 유용성을 설명하도록 하였다. 쿠키를 담기에 좋은 용기가 퍼즐이나 레고 조각을 정리하는 데도 유용하다는 점을 설명하기 위해서는 직원들의 추가적인 노력이 필요할 수밖에 없다. 이 같은 전략은 성공을 거둬 컨테이너스토어에서는 1년에 매장을 4번 방문하는 30%의 고객이 전체 매출의 83%에 해당하는 상품을 구매하고 있다.

컨테이너스토어에서 성장세보다 더 눈길을 끄는 것은 종업원과 회사의 관계다. 컨테이너스토어는 2000년 이후 15년 연속 포춘지가 선정한 '미국에서 가장 일하기 좋은 직장 100곳'에 선정되었다. 종업원의 1년 내 이직률은 10%선에 불과하다. 이 수치가 70%에 달하는 것으로 추정되는 월마트 등 다른 소매업체들과 대비된다. 높은 직원 충성도는 2010년 이후 미국 경제가 회복세에 들어섰을 때 컨테이너스토어가 다른 소매유통사보다 빨리 실적이 오르는 결과로 이어졌다. 회사는 직원들과 유대감을 형성하기 위해 신입직원에게 연간 263시간에 걸쳐 고객 응대 요령부터 회사

경영철학까지 교육한다.

컨테이너스토어는 비록 코로나 팬데믹 이후 주택시장 침체와 소비 위축으로 24년 파산보호신청을 한 상태이지만, 사람들이 무엇을 필요로 하는지 소매업의 본질을 보여주었다고 하겠다.

2. 고객 존중

고객을 존중하기 위해서는 첫째, 고객을 상대할 때 능력, 예의 및 에너지를 발휘하기 위해 직원을 철저히 준비시켜야 한다. 둘째, 나이, 성별, 인종, 외모 또는 구매액에 관계없이 고객에게 공정한 대우를 강조하는 정책을 수립해야 한다. 마찬가지로 가격, 반품 정책 및 광고는 투명하게 해야 한다. 셋째, 고객의 시간을 소중히 하기 위해 신중하게 설계된 매장 내부 및 외부의 물리적 공간을 만들어야 한다.

베스트셀러 『우체부 프레드』의 저자이자 리더십의 권위 있는 전문가인 마크 샌번은 『CEO도 반하는 평사원 리더』에서 자신이 겪은 사례를 통해 고객 응대의 중요성을 강조하였다. 마크 샌번은 금식을 하고 건강검진을 받은 후 허기를 달래기 위해 스타벅스에서 카푸치노를 한 잔 샀다. 그리고 근처 유명 델리 식당을 찾아갔다. 막 마시기 시작한 카푸치노를 들고 식당 안으로 들어가 아침식사를 주문했다. 그런데 식당 종업원이 그의 스타벅스 컵을 보더니 무뚝뚝하게 말했다. “저희 식당에서는 외부 음식과 음료는 반입 금지입니다. 버리시거나 카운터에 맡겼다가 나가실 때 찾아가시죠.” 그는 당연히 커피를 들고 그 식당을 나와 다른 식당으로 갔다. 그가 제시하는 고객 응대의 답은 다음과 같다. “저희는 외부 음식이나 음료의 반입을 금지하고 있습니다. 제가 자리를 안내해 드린 후 손님의 커피를 저희 식당 컵으로 옮겨 드리겠습니다.” 자신의 식당에서 커피를 팔기 위해 ‘외부 음식이나 음료 반입 금지’를 원칙으로 정하는 것은 당연히 이해가 가지만 ‘고객’을 생각했다면 기계적으로 ‘가져온 커피를 버리거나 맡기라’라는 대응은 하지 않았을 것이다. 그랬더라면 식당은 경쟁사의 커피를 테이블에 놓지 않고도 10달러가 넘는 수입을 만들 수 있었고 고객도 자신이 구입한 커피를 아무 문제없이 마셨을 것이다. 고객의 중요성을 항상 인식하고 있느냐가 모든 조직의 성패를 좌우한다. '고객 마인드'가 부족한 매뉴얼식 응대가 찾아온 고객을 영원히 쫓아낼 수도 있다.

3. 고객과의 정서적 감정 교류

훌륭한 소매업체는 합리적인 소비의 관점을 넘어 소비자와의 친밀감, 애정, 신뢰에 대한 감정을 수립하기 위해 노력하고, 다양한 소비자층 또는 특정 소비자층과 정서적 공감대 형성과 자연스러운 교류가 이루어질 수 있는 분위기 조성을 위한 노력이 있어야 한다.

소비자들은 좋은 제품과 서비스, 착한 가격 등 자신만의 구매 이유가 있다. 그들은 특정 브랜드에 의미를 부여하고 자신을 표현하는 상징으로 브랜드를 인식한다. 충성도는 브랜드를 이루는 모든 경험에서 만들어진다. 제품이나 서비스는 물론 브랜드와 톱니바퀴처럼 얽혀 있는 애착, 유대감 등이다. 충성고객들은 자신과 관계, 관여, 유대를 맺은 브랜드를 주저하지 않고 선택하고 옹호하는 행동 패턴을 보인다고 한다.

브랜드 충성도가 높은 기업으로는 스타벅스가 있다. 이미 커피 시장이 포화 상태이지만 스타벅스를 찾는 소비자는 꾸준히 증가하고 있다. 이들은 단순히 커피를 파는 것이 아니라, 스타벅스 매장을 "제3의 공간(Third Place)"이라는 정서적 가치를 제공하고 매장 공간을 편안한 사회적 교류의 장소로 디자인하며 "사람과 사람을 연결하는 브랜드"라는 철학을 강조하고 있다. 이로서 고객들은 커피 가격보다 경험과 감정적 가치를 중시하고 전 세계적으로 강력한 브랜드 충성도를 형성하고 있다.

미국의 식료품체인인 트레이더조(Trader Joe's)는 일상적 식료품 쇼핑에 즐거움과 따뜻한 인간적 교류를 더해 미국 소비자조사에서 항상 최상위권을 유지하고 있다. 매장 직원들이 고객과 적극적으로 대화하고 시식을 권유하며 PB 제품도 재미있는 상품 이름과 스토리텔링으로 고객의 정서적 호기심을 자극하여 "가까운 친구 같은 매장 경험"을 제공하고 있다.

4. 공정한 가격

도매와는 달리 소매는 "일상적인 낮은 가격 정책 대신 일상적인 공정한 가격 책정(Fair Pricing)" 원칙을 따르며 소매에서 이루어지는 고객 경험을 가치로 전환하는 방법과 합법적인 판촉행사로 공정한 가격 정책을 구현할 수 있다. 무리한 가격 인하 책정은 단기적 매출을 증가시키지만 고객의 신뢰를 통한 공정한 가격 책정은 장기적 효과를 가져온다.

일반적으로 제품 또는 서비스의 가격은 이익이 생길 수 없을 정도로 너무 낮아서도 안 되고 수요가 없을 정도로 너무 높아도 안 되므로 양자의 범위 내에서 제품 원가, 대체품의 가격, 제품 고유의 특성을 고려하여 결정해야 한다. 그러나 현재 우리 기업들이 대부분 쓰고 있는 가격 결정방식은 일명 원가 중심 가격 결정법으로, 생산 원가에 일정액의 마진을 가산하여 가격을 결정하는 방식이다. 이 같은 가격 결정법은 시장의 고객반응과 경쟁기업의 가격 등을 무시하고 기업 내부요인, 즉 생산비, 매출 원가 그리고 목표 이익을 중시하여 정하는 생산자 중심의 가격 결정방법이다. 여기에서는 가격이 주로 생산비에 의해서 결정되므로 마케팅 수단으로 활용되지 못한다. 반면 고객지향적 가격 결정 전략은 목표 시장의 고객 특성, 특히 가격에 대한 반응, 선호하는 가격대 그리고 제품에 대해 고객들이 인지하는 가치를 조사하여 가격을 결정하는 방식으로, 가격을 마케팅의 주요 변수로 활용하는 것이다. 처음에 풀무원이 유기질 농법으로 만든 유기농 식품을 시장에 처음 내놓았을 때 제품의 내용 못지않게 화제가 됐던 것은 가격이었다. 기존 제품의 가격보다 훨씬 비싼 가격으로 풀무원 식품이 시장에 진입하자 풀무원 식품의 가격정책에 대한 논란이 적지 않았다. 그러나 고객지향적 가격 전략의 관점에서 보면 풀무원 식품의 가격 전략은 성공했다고 볼 수 있다. 왜냐하면 풀무원 식품이 목표로 했던 표적시장은 가격보다도 건강을 보다 중시하는 그리고 남들과 다른 차별화된 유기농 식품을 먹고 싶어 하는 중산층 이상의 고소득 소비자들을 대상으로 한 것이었기 때문이다. 그래서 제품도 유기농법으로 재배한 원료를 사용하였으며 유통경로도 엄격히 제한하여 백화점의 식품매장 외에는 일반 슈퍼마켓에는 제품을 출하하지 않았으며 가격도 고가격으로 매졌다. 이러한 고가격정책이 목표 고객들에게 고품질의 브랜드 이미지를 심는 데 도움을 주어 단기간 내에 시장에서 위치를 확보할 수 있었다.

5. 고객의 시간

소비자는 늘 시간이 부족하다. 소매점의 혼란스러운 매장 레이아웃에서부터 비효율적인 계산대, 불편한 영업 시간에 이르기까지 수많은 방법으로 소비자의 시간과 에너지가 낭비되고 있다. America's Resesarch Group의 연구에 따르면, 긴 체크아웃 라인으로 인해 여성의 83%, 남성의 91%가 특정 매장에서 쇼핑을 중단한 경험이 있다. 이는 구입에 투자된 시간이 제품의 가치보다 클 수 있다는 것으로, 소비자의 편리성을 위해 매장의 상세 위치, 운영 시간, 전화 및 인터넷을 통한 간편한 방법 등 고객의 시간과 에너지를 절약할 수 있는 방안 모색에 더욱 깊은 관심을 가져야 한다.

식당이나 카페, 팝업스토어 등 대기가 발생하는 오프라인 매장에서 줄을 서지 않고도 입장을 관리해 주는 IT 기반의 대기 관리 솔루션을 이용하면 효율적인 웨이팅 고객 관리가 가능하다. 웨이팅 손님을 일일이 응대하며 대기 안내를 하지 않아도 손님 스스로 태블릿에 전화번호를 입력, 매장의 카카오톡 플러스친구로 발송되는 메시지를 통해 실시간 웨이팅 정돈을 확인할 수 있다. 따라서 웨이팅 손님을 관리하는 데 드는 인적 비용을 줄일 수 있다.

중요한 것은 단지 고객을 기업을 중심으로 한 사고방식에서 벗어나 철저히 고객의 관점에서 파악하는 것이 우선시되어야 한다는 것이다.

제3절

물류기관

1. 물류의 개념

물류(physical distribution 또는 logistics)는 상거래에서 생산자로부터 소비자에게 상품이 이동해 가는 물적 흐름을 위한 제반적인 활동으로 정의된다. 물류는 일반적으로 생산지로부터 소비자에 이르기까지 소유권에 관계없이 상품의 원활한 전달을 목적으로 하고 있다. 가장 효율적인 방법에 의해 최저 물류비용으로 소비자의 만족을 극대화시키는 시스템의 구축이 기업의 입장에서 경쟁력 제고를 위해 그 무엇보다 필요하다.

유통의 기능은 크게 상적 유통(商的流通)과 물적 유통(物的流通)으로 나누어지는데, 물적 유통을 물류(物流)라 한다. 상적 유통(商的流通)은 재화의 소유권(법적 권리)이 생산자로부터 도매상 · 소매상을 거쳐 최종 소비자에게 이전되는 과정이다. 즉, 상품의 실제 이동 여부와 상관없이 '누가 그 재화를 소유하고, 판매할 권리가 있는가'를 중심으로 한 유통 기능이다. 예를 들어, 생산자가 도매상에게 제품을 팔면 물건이 아직 창고에 있더라도 법적으로 소유권은 도매상에게 넘어간다.

물적 유통(物的流通)은 재화 자체의 물리적 이동을 의미한다. 생산된 재화가 공간적으로 생산지에서 소비지로, 시간적으로 필요 시점에 맞추어 전달되도록 하는 일련의 활동이다. 주요 기능으로는 운송, 보관, 하역 및 적재, 포장, 재고관리, 주문처리 및 물류정보관리 등이 포함된다. 즉 상품의 실제 흐름 중심이며 도매상 창고에서 소매점으로 상품을 트럭에 실어 운송하는 과정을 말한다.

한편 물류의 영역을 나누어보면 원자재 및 부품을 다루는 조달물류, 생산업체의 자재창고 출고에서부터 생산공정으로의 운반, 하역, 창고의 입고 및 재고관리를 포함하는 생산물류, 그리고 물류의 최종 단계인 생산업체의 물류창고로부터 제품을 소비자에게 전달하는 일체의 수·배송 및 중간 보관관리에 이르는 작업을 포함하는 판매물류가 있다.

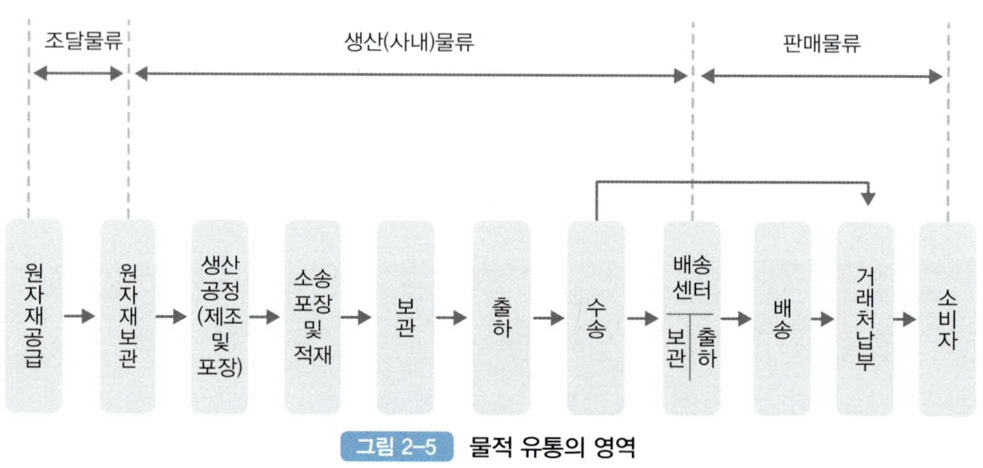

그림 2-5 물적 유통의 영역

2. 물류관리에서의 핵심 개념들

1) 물류 시스템과 물류 정보화

최근 물류는 각 단계별 효율성을 제고시키고 또 각 기능들을 통합적으로 관리하기 위한 물류정보 시스템이 물류관리의 중요한 요소로 주목받고 있다. 물류정보 시스템은 물류활동 과정에서 발생하는 정보를 처리, 가공, 전달하여 물류활동을 효과적으로 통제하기 위해 구축된 시스템이다. 물류정보 시스템은 수송, 배송, 창고관리, 수·발주 등 물류의 모든 기능 영역들을 지원하며 구매, 생산, 판매 등 기업경영의 여러 활동과 광범위한 관계를 가지면서, 물류의 여러 기능 시스템을 연결하고 조직화하여, 조정 및 통제상의 효율성을 강화하는 역할을 한다.

물류 정보화는 기업 차원에서 물류 혁신과 물류 최적화를 위한 의사결정의 필수적인 인프라로서, 물류자원의 효율적 관리와 통제를 통해 기업 전체의 전략적 목표에 일치시킬 수 있는 수단이다. 그러나 물류 정보화의 보다 중요한 의미는 공급체인의 각 단계 또는 협력기업들과 정보 및 자원을 공유함으로써 물류 흐름의 효율성을 제고하는 것이다. 물류 정보화는 기술적으로 POS(Point of Sale)와 RFID(Radio Frequency Identification), 그리고 인터넷, 무선통신 등에 의해 이루어지지만 공급체인 전체의 정보통합이 그 무엇보다 중요하다.

2) 물류의 아웃소싱: 제3자 물류

3자 물류(3PL, Third-Party Logistics)란 기업이 자사의 물류 기능(운송, 보관, 재고관리, 포장, 통관 등)을 외부 전문 물류업체에게 위탁하여 운영하는 방식을 말한다. 다시 말해, 기업이 생산 · 마케팅에 집중하고, 물류는 전문화된 외부업체가 대행하는 아웃소싱 물류 형태이다.

글로벌 경쟁 심화와 고객 요구의 다양화로 인해 물류는 단순 지원 기능을 넘어 경쟁력의 핵심 요소로 부상하였다. 그러나 자체 물류 운영은 높은 비용, 전문성 부족, 비효율을 초래할 수 있다. 이에 따라 기업들은 전문성을 갖춘 3자 물류업체와 협력하여 효율적이고 유연한 물류 체계를 구축한다.

3자 물류의 장점은 다음과 같다.

① 비용 절감 효과

- 물류 인프라 구축에 대한 초기 투자 부담을 줄일 수 있다.
- 물류업체의 규모의 경제와 운영 효율성을 활용하여 단위당 물류비를 절감한다.
- 고정비를 변동비로 전환시켜 자본 효율성을 높인다.

② 전문성 활용

• 물류업체는 운송, 보관, 통관 등 각 분야에서 전문성을 보유하고 있어 서비스 품질이 높다. 최신 IT 시스템 도입을 통해 기업 단독으로는 어려운 첨단 물류 서비스를 제공한다.

③ 핵심역량 집중

• 기업은 생산, 마케팅, 연구개발 등 본업에 집중할 수 있다.
• 물류 관리라는 비핵심 활동을 외부에 위탁함으로써 경영 자원의 전략적 활용이 가능하다.

④ 서비스 수준 향상

• 신속 · 정확한 배송, 재고관리 최적화, 주문처리 속도 향상 등 고객만족도를 높인다.
• 특히 전자상거래 시장에서 고객 맞춤형 배송, 당일 배송 등 고도화된 물류 서비스 제공이 가능하다.

⑤ 유연성·확장성 확보

• 수요 변동에 따라 물류 자원을 탄력적으로 조정할 수 있다.
• 글로벌 시장 진출 시 현지 물류 네트워크를 활용하여 해외 진출 장벽을 낮춘다.

⑥ 위험 분산

• 물류 과정에서 발생할 수 있는 리스크를 물류업체와 분담할 수 있다. 물류 관련 법규 · 통관 절차 변화에도 전문업체가 대응하여 기업의 부담을 줄인다.

오프라인 소매업체가 규모화가 되어 있는 경우, 대체로 자체 물류센터를 보유하고 있다. 따라서 제조업체에서 물류센터로 그리고 물류센터에서 소매매장으로 일정 규모 이상의 물류가 움직이기 때문에 자체 물류 시스템을 구축하고 있는 경우가 많다. 그러나 고객에게 소량의 물량을 개별적으로 배송해야 하는 온라인 소매업체나 소규모 가맹점 매장에 배송을 해야 하는 편의점 등의 프랜차이즈 기업의 경우는 사정이 다르다. 이 경우는 자체 물류 시스템을 구축하기보다는 제3자 물류를 이용하는 것이 보다 효율적인 경우가 많다.

3. IT 발전과 물류 시스템

21세기 경제의 가장 큰 변화는 정보기술(IT)의 혁신에서 비롯되었다. AI, 빅데이터, 클라우드, IoT 등의 기술은 경제 · 사회 전반에 걸쳐 커다란 영향력을 미치고 있으며, 유통산업도 예외가 아니다. 특히 유통과 물류의 결합 과정에서 IT는 혁신의 핵심 역할을 수행하며 경쟁력을 결정짓는 주요 요인으로 자리 잡고 있다.

대표적으로 세계 최대 유통기업인 월마트(Walmart)는 이미 1990년대부터 첨단 IT 기반의 물류정보 시스템과 SCM(Supply Chain Management)을 통해 효율적인 재고 및 유통망 관리를 실현해 왔다. 현재는 AI 기반의 수요 예측과 자율운송 트럭, 로봇 피킹 시스템 등을 도입하여 운영 효율성과 고객 서비스 수준을 동시에 향상시키고 있다.

또한 신제품의 급속한 출시, SKU의 증가, 그리고 소비자 니즈의 다변화로 인해 유통현장에서는 보다 정밀하고 빠른 상품관리 및 재고운영이 요구된다. 이에 따라 공급업체와 소매업체 간의 전략적 파트너십은 필수가 되었으며, IT의 발전은 이러한 협력을 실질적으로 가능하게 만들고 있다.

오늘날 유통기업들은 주문, 수 · 배송, 판매 현황, 재고 데이터 등을 클라우드 기반 시스템에서 공유하고 분석하며, AI 알고리즘을 통해 최적화된 의사결정을 내리고 있다. 소매업체의 머천다이징 전략 또한 공급업체와의 협업을 통해 보다 정교하게 이루어지고 있으며, 이러한 흐름은 유통산업 전반에 걸쳐 광범위한 디지털 전환과 물류 혁신을 촉진하고 있다.

1) 공급사슬관리

SCM(Supply Chain Management)이란 '공급사슬관리' 또는 '유통총공급망관리'라고 하며 원료공급업체에서부터 제조업체, 물류센터, 유통업체 그리고 최종고객에 이르기까지의 공급체인상의 자원, 상품, 정보의 흐름을 총체적인 관점에서 통합·관리함으로써 공급체인 전체의 효율성을 극대화하는 전략적 관리방법이다. 생산에서 최종 판매에 이르기까지 상품정보 그리고 자원의 흐름을 공유해 물류비용을 절감하고 재고최적화와 적기에 상품을 공급하는 등 물류 시스템의 효율성을 높이는 데 그 목적을 두고 있다. 소비자의 실제 수요에 보다 잘 응답할 수 있는 유통공급망을 만들기 위한 기업 간 BPR(Business Process Re-engineering)의 일종이라 할 수 있다. SCM은 정보의 흐름을 신속하고 정확하게 하여, 공급업체와 유통업체가 안전 재고량을 축소하고 유통공급과정상의 배송시간을 단축할 수 있도록 한다. SCM의 성공을 위한 전제조건으로는 SCM에 대한 정확한 이해가 필요하며 기업 내부에 정보화를 통해 거래양식과 교환정보의 표준화가 이루어져야 한다. 또한 SCM에 공동으로 참여하는 업체들 간에 신뢰관계가 형성되어야 할 것이다.

2) 연속적 재고보충

연속적 재고보충(Continuous Replenishment: CR)은 상품을 소비자 수요에 기초하여 유통소매점에 공급하는 방법으로(Pull 방식) 기존에 유통소매점에 재고가 있음에도 불구하고 상품을 공급하는 것(Push 방식)과는 차이가 있다. CR의 초기 단계에서는 유통공급과정에서 상품을 공급받기 위해 유통업체의 물류센터 또는 도매배송업체의 출고데이터를 사용하며, CR의 발전 단계에서는 POS 데이터를 사용하여 상품보충 프로세스를 보다 개선시킬 수 있다.

CR은 상품의 공급체인에 속한 거래업체들 간에 서로 협력하는 업무방식으로, 이는 주문수량에 근거하여 상품을 보충하는 전통적인 상품보충 프로세스로부터 실질적인 상품수요와 예측수요를 근거로 상품보충을 하는 것이다. CR을 구현하게 되면 배송이 신속하게 되어 재고 수준과 운영비를 낮출 수 있다 .

CR에서는 판매데이터와 판매예측을 근거로 한 소비자 수요를 통해 상품보충에 필요한 주문과 배송을 실시하게 된다. 가장 보편적인 형태로 운영되는 공급자 주도형 재고관리(Vendor Managed Inventory: VMI)는 소매업체 본부에서 재고데이터와 점포별 주문데이터를 매일 공급업체에 전송하며, 공급업체는 소매업체 본부가 소매점포의 상품수요를 충족시킬 수 있도록 주문업무를 책임져야 한다.

CR의 근간은 전자문서교환 시스템(EDI)에 있다. EDI는 소매업체가 제조업체에게 상품의 출고요청을 전송할 수 있도록 한다. 초기 단계에서는 소매업체 창고의 출고데이터를 기초로 EDI 문서를 전송하게 되지만, POS 데이터의 통합관리 능력이 증대됨에 따라 점포에서 실제 판매된 판매량에 근거한 EDI 문서 전송이 가능해진다. 이를 통해 각각의 단품별 판매에 따른 제조업체의 단품별 보충이 가능하게 된다.

CR은 전반적인 공급과정에서의 상품에 대한 주문기능을 향상시킨다. 상품보충을 위한 주문수량은 실질적인 소비자 수요와 판촉행사로 인해 예상되는 수요예측에 의해 결정된다. 정보가 컴퓨터에 의해 처리되므로 공급과정상에서 발생되는 수많은 데이터 입력 시점에서의 수작업이 제거되어 비용을 절감할 수 있다. 또한 정보의 흐름이 정보통신망을 통해 전자적으로 처리됨에 따라 상품의 보충주기가 단축되어, 결과적으로 소비자 수요에 대한 반응도를 높일 수 있게 된다.

3) QRDS

QRDS(Quick Response Delivery System: 신속반응배송 시스템)는 소매업체의 리드타임(lead time)을 줄이기 위한 재고관리 시스템이다.

QRDS는 1980년대 중후반 미국 패션 · 의류산업에서 먼저 시작되었다. 적절한 패션상품과 서비스를 소비자가 원하는 시간과 장소에 적정한 가격으로 공급하기 위해 의류제조업체와 패션 소매상들이 공동으로 실시한 물류정보 시스템이다.

그 당시 미국은 개발도상국에서 수입되는 저가 의류가 전체의 절반 가까이 차지하였고 이는 미국 내 섬유 · 의류산업의 경쟁력 약화와 일자리 감소로 이어졌다. 또한 패션상품의 수요불확실성과 재고 비용 증가가 업계를 압박하고 가격인하 판매가 늘어 수익성이 악화됐다. 이로 인해 미국 의류업계의 요청으로 컨설팅사 Kurt Salmon Associates가 1986년에 연구보고서를 발표하여 해외 저임금 생산기지와 경쟁하기 위해서는 단순한 원가 절감이 아니라 신속 대응(Quick Response: QR) 체계가 필요하며 소비자 수요 변화에 실시간으로 반응하는 공급망을 구축해야 한다고 제안한 것이 출발점이다. 이를 위해 정보기술과 SCM 개념을 결합해야 함을 주장하였다. POS(Point of Sale) 시스템으로 매출데이터를 실시간으로 수집하고 바코드, EDI(Electronic Data Interchange)를 활용한 공급망 정보 공유, 생산 리드타임 단축, 적정 재고 유지와 리스크 최소화가 중요하다.

미국 패션, 의류 소매업체가 시범적용했고 ZARA · UNIQLO 같은 글로벌 SPA 브랜드를 통해 상업적으로 확산되었다. OR은 단순히 물류 개선이 아니라 유통, 생산, 판매의 통합전략으로 정의된다. 공급자와 소매업자 간 커뮤니케이션 활성화를 통해 판매시점에 가장 가깝게 수요예측을 하고 소비자 니즈를 반영한 유행폼목에 대해 신속한 재주문으로 기회손실을 방지하게 되어 재주문 시에 재고보충 사이클이 25주에서 6주로 단축되었다고 한다.

최근 글로벌 패션시장에서 돌풍을 일으키고 있는 중국 기반의 쉬인(Shein)은 전통적인 QR을 디지털 기술과 글로벌 소싱을 활용하여 성공시킨 사례로 평가받고 있다. 그 과정을 살펴보면, 쉬인은 앱과 온라인 플랫폼에서 고객의 검색 · 클릭 · 위시리스트 데이터를 실시간으로 수집, 분석하여 소규모 시제품을 즉시 제작한다. 그 후 광둥성, 저장성 등 중국 내 수천 개 협력 공장과 형성된 네트워크를 활용하여 초단기 생산 리드타임을 가져가고 있다. 주문에서 시제품 출시까지 3일, 판매 반응 확인 후 대량생산까지 7일 이내로 진행된다. 이는 전통 패션업계의 리드타임(보통 3~6개월)에 비해 혁신적 단축이라고 볼 수 있다. 입점 이후 판매 반응이 좋지 않은 상품은 즉시 단종하고 반대로 히트 상품은 추가 발주를 통해 신속 재공급하는 QRDS의 "빠른 반응(Quick Response)" 원리를 그대로 활용하고 있다. 전통적인 QRDS가 POS 데이터 기반, 오프라인 매장 중심, 시즌 단위 생산 대응이라 한다면 쉬인은 디지털 플랫폼 기반의 초단기 QR로 진화시킨 사례라 할 수 있다.

4) ECR

ECR(Efficient Consumer Response: 효율적 소비자반응 시스템)은 1990년대 초 미국 식품 · 소매업계에서 출발한 개념으로, 소비자 수요에 효율적으로 대응하기 위해 제조업체와 유통업체가 협력하는 공급망 전략을 말한다.

즉, QRDS가 "산업 내부의 신속 대응"을 강조했다면, ECR은 "산업 간 협력"에 초점을 맞추었다. 재고비용 최소화와 리드타임 단축, 소비자 만족 극대화에 목표를 두었다. 월마트(Walmart)와 P&G가 POS 데이터 공유를 기반으로 한 자동 재고보충 시스템을 구축하여 ECR의 대표적 성공 사례로 회자되고 있다.

핵심 실행 요소로는 소비자가 원하는 상품만 적정하게 구색을 갖춘 효율적 매장관리와 POS 데이터를 기반으로 한 자동보충 시스템. 제조 · 유통업체가 협력하여 불필요한 판촉 낭비를 줄이는 효율적 프로모션이 이루어져야 한다. 또한 시장반응을 분석해 공동 신제품 출시도 포함된다.

5) CPFR

CPFR(Collaborating, Planning, Forecasting, and Replenishment: 협력 · 계획 · 예측 · 보충 시스템)은 2000년대 들어 발전한 공급망 혁신으로, 거래 파트너 간의 협력적 계획 · 수요 예측 · 보충 프로세스를 의미한다. CR이 효율성에 중심을 두었다면, CPFR은 협업(Collaboration)을 강조한다.

주요 목표로는 공급망 전반의 수요 불확실성 해소, 파트너 간 정보 비대칭 해소, 재고비용 절감과 서비스 수준 향상에 있다. 월마트(Walmart)가 HP와 협업하여 수요예측을 공동으로 진행하여 재고 부담을 최소화한 것이 대표적 사례이며 스포츠 용품, 전자제품 업계 등 변동성이 큰 산업에서 확산되었다.

- **협력적 계획(Planning):** 제조 · 유통 · 물류 파트너가 판매 계획 공유
- **협력적 예측(Forecasting):** 공동 수요 예측 모델 수립
- **협력적 보충(Replenishment):** 합의된 예측치에 따라 자동보충 등의 실행 단계를 거침.

표 2-1 물류 시스템의 추이

구분	QRDS	ECR	CPFR
등장 시기	1980s	1990s	2000s
출발 산업	패션 · 의류	식품 · 소매	글로벌 SCM
핵심 개념	신속 대응 (Speed)	효율적 대응 (Efficiency)	협력적 대응 (Collaboration)
주요 도구	POS, EDI	POS, 자동 보충, 카테고리 매니지먼트	인터넷 기반 정보 공유, 공동 예측
사례	ZARA, UNIQLO	Walmart – P&G	Walmart – HP

6) 풀필먼트 시스템

풀필먼트(Fulfillment)란 고객의 주문이 발생한 이후 상품의 보관, 선별, 포장, 출하, 배송에 이르기까지의 전 과정을 통합적으로 수행하는 물류 서비스를 의미한다. 과거의 물류센터가 상품의 저장과 출고라는 기능에 중점을 두었다면, 오늘날의 풀필먼트 센터는 주문 처리 기능까지 포괄하는 진화된 형태의 물류 거점으로 자리매김하고 있다. 이와 같은 변화는 전자상거래 시장의 급속한 성장과 소비자의 배송 기대수준이 고도화됨에 따라 유통기업들에게 필연적인 과제로 떠오르고 있다.

특히 고객이 원하는 상품을 원하는 시간과 장소에 빠르게 제공하기 위해, 유통기업 자체적으로 풀필먼트 센터를 구축하거나 전문 물류기업이 풀필먼트 센터를 운영하며 서비스를 대행해 주기도 한다.

유통기업들은 전국 단위의 풀필먼트 센터를 구축하고, 해당 시설 내에서 상품의 입고부터 피킹, 포장, 출하, 배송, 반품 및 교환처리에 이르는 전 과정을 하나의 시스템으로 통합 · 운영하고 있다. 이러한 통합형 운영체계는 업무의 속도와 정확성을 높이는 동시에, 운영비 절감과 고객 만족을 동시에 실현할 수 있게 한다. 또한 최근에는 고객의 구매 데이터를 분석하여 특정 지역 물류센터에 상품을 미리 배치하는 '수요 예측 기반 사전배치(Pre-positioning)'가 일반화되고 있으며, 이를 통해 주문 즉시 출하가 가능한 구조가 실현되고 있다.

그림 2-6 풀필먼트 서비스 프로세스

전문 물류기업의 풀필먼트 서비스는 제3자 물류(3PL)의 진화된 형태로서, 온라인 주문이 발생한 시점부터 고객에게 상품이 인도되기까지의 전 과정을 통합적으로 대행한다. 특히 전자상거래의 성장으로 다품종 소량 주문, 신속배송, 반품 증가 등 복잡한 물류 요구가 증가하면서 단순 배송이 아니라 통합적 물류 서비스와 고객 경험 관리라는 중요한 전략적 기능을 수행한다. 아마존 풀필먼트(Fulfillment by Amazon: FBA)는 전 세계적으로 가장 대표적인 서비스로, 판매자가 상품을 아마존 물류센터에 보내면 아마존이 보관 · 포장 · 배송 · 고객 서비스까지 전담한다.

풀필먼트 서비스를 이용하면 판매자 측면에서는 상품을 보관할 창고 확보 걱정이 없고, 물류와 관련된 업무를 아웃소싱할 수 있기 때문에 상품 판매에만 집중할 수 있고 유통사가 지정한 풀필먼트 센터에 자사 상품의 재고만 보충하면 된다. 고객 측면에서는 이전에는 여러 판매자들의 상품 배송이 제각각 이루어졌으나 유통사의 풀필먼트 서비스가 주문한 상품을 일괄로 처리해 주니 빠른 배송과 반품이 용이하다. 유통사 측면에서는 고객이 만족도가 높아져 고객 락인(lock-in) 효과를 가져오고, 추가적인 고객 확보와 판매자들에게 서비스 대가로 받는 수수료 수입이 증가하는 3자가 윈윈(win-win)하는 핵심 경쟁력이라고 할 수 있다.

더불어 풀필먼트 시스템은 물류의 자동화 · 디지털화와도 밀접한 관련을 맺고 있다. AI를 활용한 수요예측, 로봇 피킹 시스템, 자동 포장 설비 등은 물류 처리의 효율성과 처리량을 크게 향상시키고 있으며, 주문 단위의 맞춤형 작업이 가능해지고 있다. 또한 반품 및 교환까지 하나의 시스템 내에서 통합 관리가 가능해짐에 따라, 고객 편의성이 증대되고 기업의 운영 효율성도 제고되고 있다.

국내에서는 쿠팡이 대표적인 예로, '로켓배송' 서비스를 실현하기 위해 전국 30여 개의 풀필먼트 물류센터(Fulfillment Logistics Center: FLC)를 구축하고, 주문 발생 이전부터 특정 지역에 상품을 배치하여 빠른 대응이 가능하도록 시스템화하고 있다. 또한 마켓컬리는 신선식품 유통에 특화된 풀필먼트 시스템을 자체적으로 구축하여, 냉장 · 냉동 · 상온 상품을 구분 저장하고 주문 단위로 분류 · 포장해 새벽배송을 안정적으로 운영하고 있다.

이처럼 풀필먼트 시스템의 고도화는 단순한 물류 기능을 넘어서, 고객 수요를 중심으로 한 유통 전략의 실현을 가능하게 하는 기반 인프라로서 기능하고 있다. 이는 공급사슬관리(SCM), 연속적 재고보충(CR), 공급업체주도 재고관리(VMI) 등의 기존 유통물류 시스템과도 긴밀히 연계되어 있으며, 현대 유통산업의 경쟁력을 결정짓는 핵심 요인 중 하나로 평가되고 있다.

7) 디지털 전환과 AI 기반 지능형 물류의 확산

최근 물류(logistics)는 단순한 보조적 유통 기능을 넘어, 리테일 기업의 경쟁우위를 좌우하는 전략적 핵심 영역으로 인식되고 있다. 전통적으로 물류는 보관 · 운송 · 하역 등 물리적 흐름의 효율성을 중심으로 발전해 왔으나, 오늘날에는 옴니채널 유통 환경의 확산, 이커머스와 즉시배송 서비스의 성장, ESG 경영의 확산 등으로 인해 그 역할과 성격이 근본적으로 변화하고 있다. 특히 AI와 데이터 기술의 도입은 물류를 '비용 중심 기능'에서 '가치 창출 기능'으로 전환시키는 핵심 요인으로 작용하고 있다.

옴니채널 리테일 환경에서는 소비자가 온라인 · 모바일 · 오프라인 매장 등 다양한 접점에서 구매를 시도하며, 기업은 어디서 주문이 발생하든 동일한 서비스 수준을 제공해야 한다. 이에 따라 물류는 단순히 상품을 이동시키는 기능을 넘어, 고객 경험(Customer Experience)을 직접적으로 결정하는 요소가 되었다.

예를 들어, 당일배송 · 익일배송 · 매장 픽업(BOPIS) · 매장 반품(BORIS)과 같은 서비스는 모두 물류 시스템의 설계와 운영 수준에 의해 좌우된다. 이 과정에서 물류기관은 단일 대형 물류센터 중심 구조에서 벗어나, 도심형 물류거점, 매장 기반 출고, 분산형 재고 운영 등 보다 유연한 네트워크 구조로 전환하고 있다. 즉, 현대 물류는 '규모의 경제'보다 속도 · 유연성 · 가시성을 중시하는 방향으로 진화하고 있다.

최근 물류 분야에서 주목되는 또 다른 흐름은 자동화와 로봇 기술의 확산이다. 과거의 물류 자동화가 컨베이어 벨트나 자동창고와 같은 고정 설비 중심이었다면, 최근에는 수요 변동에 유연하게 대응할 수 있는 자율주행 이동로봇(AMR), 로봇 피킹 시스템등이 빠르게 도입되고 있다.창고 내에서 작업자를 따라다니거나 상품이 있는 선반 자체를 작업자에게 운반해 주는 'GTP(Goods-to-Person)' 방식이 도입되어 작업 효율성을 획기적으로 높이고 있다. 또한 라스트 마일(Last-mile) 구간에서의 비용 절감을 위해 자율주행 배송 로봇이나 드론을 활용한 무인배송 기술 테스트가 활발히 진행 중이다.

이러한 기술은 단순히 인건비를 절감하는 데 목적이 있는 것이 아니라, 작업 정확도 향상, 안전사고 감소, 물류 처리 속도 개선이라는 질적 성과를 함께 추구한다. 특히 인력 부족과 고령화 문제가 심화되는 상황에서, 자동화 물류는 리테일 산업의 지속 가능성을 뒷받침하는 핵심 인프라로 자리 잡고 있다.

특히 최근 물류 혁신의 핵심은 단순한 자동화를 넘어, AI를 활용한 지능형 의사결정에 있다. 기존 물류관리 시스템이 과거 데이터를 기반으로 한 사후적 통제에 머물렀다면, AI 기반 물류는 예측(predictive)과 최적화(optimization)를 통해 사전적 대응이 가능하다는 점에서 차별화된다.

대표적으로 AI는 수요 예측을 통해 재고 수준을 조정하고, 배송 경로와 운송 수단을 실시간으로 최적화하며, 물류센터 내 작업 순서를 자동으로 재배열하는 데 활용되고 있다. 이를 통해 기업은 재고 과잉이나 품절 위험을 줄이고, 물류 비용과 리드타임을 동시에 관리할 수 있다. 즉, AI는 물류를 단순 실행 기능이 아니라 전략적 의사결정 시스템으로 전환시키는 역할을 수행한다.

또한 기존의 분석 중심 AI를 넘어, 생성형 AI(Generative AI)가 물류 영역으로 확장되고 있다. 생성형 AI는 물류 데이터를 해석하여 관리자나 현장 인력에게 운영 가이드, 의사결정 지원 정보를 제공함으로써 물류 운영의 복잡성을 크게 낮춘다.

예를 들어, 배송 지연이나 재고 부족과 같은 예외 상황이 발생했을 때, 생성형 AI는 문제 원인을 요약하고 가능한 대응 시나리오를 제시함으로써 관리자의 판단 부담을 줄인다. 또한 물류 매뉴얼, 작업 지침, 고객 안내 문구 등을 자동으로 생성함으로써 물류 커뮤니케이션 비용을 획기적으로 감소시키는 효과도 기대된다.

이외에도 물류 분야에서는 비용 효율성뿐 아니라 환경적 지속 가능성이 중요한 이슈로 부상하고 있다. 탄소 배출 저감을 위한 전기 화물차 도입, 친환경 포장재 사용,에너지집약적 물류센터 운영등 ESG 경영 관점에서의 그린 로지스틱스(Green Logistics) 물류 혁신이 강조되고 있다.

4. 소매정보시스템

1) POS

POS(Point of Sale: 판매시점정보관리 시스템) 시스템은 상품이 판매되는 시점(Point of Sale)에서 발생하는 거래 정보를 수집 · 저장 · 처리하는 정보 시스템을 의미한다. 즉, 소매 현장에서 고객이 물품을 구매할 때 발생하는 가격, 수량, 시간, 매장, 고객 정보 등을 자동으로 기록하는 시스템이다. POS는 단순한 계산기나 캐셔시스템을 넘어, 소매업체의 재고관리 · 판매분석 · 마케팅 · 고객서비스를 가능하게 하는 핵심 인프라이다.

1970년대 전자계산기와 바코드 도입가 보급되면서 매장에서 상품 정보를 자동 인식할 수 있게 되었고, POS 시스템의 기초가 마련되었다. 1980~1990년대 대형마트, 편의점, 백화점 등이 도입하면서 매출관리와 재고관리에 혁신을 가져왔고 일본, 미국에서 전 산업적으로 빠르게 확산되었다. 2000년대 이후 POS가 CRM(Customer Relationship Management), SCM(Supply Chain Management)과 연동되며 온라인 쇼핑몰, 모바일 결제 등 O2O(Online to Offline) 환경으로 확장 중이다.

POS 시스템은 크게 판매기능과 관리기능으로 나눌 수 있다. 먼저 바코드 스캐닝 및 가격 자동입력/결제 처리/영수증 발급/프로모션/쿠폰 자동 적용 등의 판매기능

표 2-2 POS시스템으로 수집되는 데이터

데이터 구분	관리목적	데이터의 종류	데이터의 항목
기본 데이터	언제	연, 월, 일 시간대별 데이터	시간별 데이터
	어디서	점별, 부문별 데이터	점별, 부문별 데이터
	무엇을	상품코드별 데이터	상품코드/데이터
	얼마나	판매실적 데이터	판매수량/매출액
	누가	고객별 데이터	고객속성
	어떻게	거래 · 지불방법	영수증 분석
원인 데이터	왜	상권속성, 점포속성, 매장 연출, 매체 연출, 판촉 연출, 상품속성, 기타	경쟁상황, 입지조건, 매장 면적, 취급상품, 광고/POP, 특매행사, 기타
	어디서	매대별 데이터	점포/매대
	누구에게서	담당자별 데이터	매입 · 판매 · 물류 담당자 및 계산원별 데이터
	기타	POS 데이터, POR 데이터, SA 데이터 등	발주, 매입, 재고조사 및 계량 등

을 들 수 있다. 관리기능으로는 매출관리, 재고관리, 고객관리, 마케팅 지원, ERP, SCM, CRM 등과 연동해 경영 전반에 활용된다.

2) 바코드

바코드(Barcode)는 굵기와 간격이 다른 막대와 공백의 배열을 통해 숫자 · 문자 · 기호 등 데이터를 기계가 읽을 수 있도록 표현한 코드 체계이다.

즉, 상품에 부착된 바코드를 스캐너로 인식하면 상품코드를 판독하여 상품명 · 가격 · 제조사 등 정보를 POS 시스템에 자동 입력할 수 있다. 유통 시스템의 핵심 인프라가 되는 중요 요소이다. 미국 표준으로 식료품과 소매업에서 보편적으로 사용하는 UPC(Universal Product Code)와 국제 표준으로 전 세계 유통업체에서 활용하는

EAN(European Article Number) 코드가 있다.

바코드는 POS 시스템에서 상품 정보가 자동으로 기록되어 인력 및 시간 절감이 가능하고 판매 즉시 재고가 차감되어 자동 발주 시스템과 연동 가능하다. 또한 국제 표준(EAN, GS1)을 통해 국가 · 기업 간 호환성이 확보되어 있고 QRDS, ECR, CPFR 등 현대적 공급망 혁신의 기반을 가져온 핵심적인 요소이다. 소매유통, 물류관리, 의료산업, 제조업, 모바일 결제 등에서 폭넓게 활용되고 있다.

한국은 1988년 국제코드관리기관(European Article Number: EAN)에 정식 회원국이 되어 현재 표준화된 바코드인 EAN 코드를 사용 중이다.

바코드는 2027년까지 전 세계 소매점에서 기존 1차원 바코드와 2차원 바코드를 동시에 읽을 수 있는 환경 구현을 목표로 하고 있다. 1차원 바코드는 수평 방향으로만 정보를 담는 선형 코드이다. 막대(bar)와 공백(space)의 굵기와 배열로 숫자 · 문자를 표현하여 표현 데이터 용량 제한되는 반면 저비용으로 효율적이다.

2차원 바코드는 가로와 세로 두 방향으로 데이터를 저장하는 방식이다. 점(dot),

표 2-3 1차원, 2차원 바코드 비교

	1D 바코드 (기존 계산용 바코드)	2D 바코드 (QR코드, 데이터 매트릭스)
이미지 비교	정보없음 / 정보표현 • 선형(1차원 방향으로만 정보 표현)	QR코드 (정보표현 / 정보표현) 데이터 매트릭스 (정보표현 / 정보표현) • 매트릭스형(1 · 2차원 방향 모두 정보 표현)
입력 정보량	• 숫자 13자리 • 숫자 중심, 小용량	• 숫자 최대 7,000자, 문자 4,000자 • 숫자 외 다양한 문자 입력 가능, 高용량
스캔	• 선형·이미지 스캐너로 모두 판독 가능 • 오류 정정 기능 無	• 이미지 스캐너로만 판독 가능 • 오류 정정 기능 有
활용	• 상품 계산용	• 상품 계산용 + 제조·유통관리 + 다양한 정보

출처: 대한상의, 유통물류진흥원.

사각형, 패턴 배열을 통해 대용량 정보를 표현한다. 저장 용량이 확대되어 수천 자의 숫자 · 문자 · 이미지 · URL까지 저장 가능하여 QR 코드, Data Matrix, PDF417 등으로 활용된다. 이미 호주의 소매업체 울워스(Woolworths)는 2D 바코드를 활용하여 식품 소비기한을 자동 관리하고 QR 코드 스캔을 통해 인터넷 주소로 접근하여 영양정보나 생산이력 정보 등 다양한 정보를 제공하고 있다.

3) RFID

RFID(Radio Frequency Identification)는 무선 주파수를 이용해 태그(tag)에 저장된 데이터를 리더기(reader)가 비접촉 방식으로 읽고 기록할 수 있는 자동인식 기술이다. 바코드처럼 시각적 접촉(스캔)이 필요하지 않고, 동시에 다량의 정보를 빠르게 읽을 수 있다는 점에서 차별성이 있다.

상품 및 물체 인식을 위한 무선주파수 수신기인 RFID는 판독기(Reader), RF 태그(Tag), 안테나를 통하여 비접촉 방법으로 상품 및 물체를 인식해 태그에 기록된 정보를 판독하거나 기록한다. 바코드나 스마트카드의 경우 레이저 판독기를 바코드나 스마트카드에 직접 혹은 매우 가까이 접촉시켜야 하지만, RFID는 원거리에서도 쉽게 상품의 정보를 식별할 수 있으며 필요한 정보를 삽입할 수도 있는 장점이 있다.

RFID는 스마트카드에 비해서는 가격이 저렴하고, 바코드에 비해서는 월등히 많은 정보를 축적할 수 있는 장점이 있는 등 응용의 범위나 경제성에 있어서도 많은 장점을 지니고 있다. 소매업에서도 여러 분야에서 활용되고 있다. 먼저 재고관리이다. 매장이나 물류창고의 상품에 RFID 태그 부착하여 리더기로 단 몇 분 만에 전체 재고 파악이 가능하다. ZARA는 RFID 태그로 매장 내 모든 의류의 위치 · 수량을 실시간 파악하여 결품과 과잉재고를 최소화하고 있다. 둘째, 공급망 추적(Supply Chain Tracking)이다. 생산–물류–매장 단계에서 상품 이동 경로 추적이 가능하며 불량품 회수 · 리콜 시 유용하다. 셋째, 결제 및 고객 서비스 측면이다. RFID 태그가 부착된 상품을 계산대에 올리면 동시에 자동 스캔 및 무인 결제(Checkout-Free)가 가능하여 아마존고(Amazon Go) 매장은 RFID와 컴퓨터 비전을 결합해 무인점포를 구현하고 있다. 넷째, 보안 및 도난 방지이다. 매장 출입구에 RFID 게이트를 설치하면 결제되지 않은 상품 태그가 통과할 때 알람이 발생한다. 다섯째, 맞춤형 마케팅이다. 고객이 매장에서 RFID 태그 상품을 잡으면, 인근 디스플레이에 관련 상품 추천 정보가 표시된다. 단점으로는 태그 단가가 많이 하락하였지만 여전히 바코드 대비 비싼 상황이고 표준화 부족, 보안과 프라이버시 우려 등 아직 해결해야 할 과제가 남아 있는 것으로 보인다. 이로 인해 RFID는 고부가가치 · 고가 상품군에서는 효과적이지만, 저가 · 대량 상품군에서는 바코드 · QR을 완전히 대체하지 못하는 상황이라 할 수 있다.

4) NFC

NFC(Near Field Communication)는 13.56MHz 대역의 근거리 무선통신 기술로, 약 10cm 이내 거리에서 양방향 통신이 가능한 기술이다. RFID와 유사하지만, 소비자 스마트폰과 POS 단말기를 직접 연결해 결제 · 정보 교환에 활용되는 점이 특징이다. 소매유통 영역에서는 모바일 결제, 디지털 멤버십, 스마트 라벨, 무인점포 등에서 활용되고 있다. 예를 들어 소비자가 스마트폰을 POS 단말기에 대면 결제가 이루어지며, 플라스틱 카드 대신 NFC 기반 디지털 멤버십이 제공된다. 상품에 NFC 태그를 부착하면 고객이 휴대폰으로 태그를 터치하면 제품 상세 정보, 사용법, 리뷰 확인이 가능하다. 또한 POS 및 게이트 시스템과 결합하여 셀프 결제, 무인점포 구현이 가능하다.

5) 비콘

비콘(Beacon)은 BLE(Bluetooth Low Energy)를 활용해 일정 반경 내의 스마트폰과 통신하는 소형 송신기를 말한다. 매장 내 고객의 위치를 파악하고, 맞춤형 메시지를 푸시 알림 형태로 전송할 수 있다. 매장 내 위치 기반 마케팅(Proximity Marketing) 고객이 특정 매대나 코너에 접근하면 스마트폰으로 쿠폰 · 할인정보를 제공하는 매장 내 위치 기반 마케팅이 가능하다. 예를 들어 이케아(IKEA)나 메이시스(Macy's)백화점에서는 매장 내 비콘을 활용해 개인화된 프로모션을 제공하고 있다. 또한 비콘 데이터를 통해 매장 내 고객 이동경로를 분석하여 매장 레이아웃 및 진열 최적화에 활용할 수 있다. 이외에도 오프라인 매장에서 앱 알림으로 온라인 쇼핑몰과 연결하여 O2O 전략을 강화할 수 있고, 고객이 매장 방문 시 자동 체크인되어 포인트 적립 · VIP 혜택을 제공하는 데도 사용되고 있다.

표 2-4 RFID, NFC, 비콘 비교

구분	RFID	NFC	Beacon
통신 범위	수 cm~수 m (수동/능동형)	약 10cm	수 m~수십 m
핵심 기능	상품 · 재고 관리, 공급망 추적	결제, 라벨 정보 제공	위치 기반 마케팅, 푸시 알림
사례	ZARA 재고관리, 물류추적	Apple Pay, 스마트라벨	Macy's 매장 프로모션, 고객 동선분석
장점	비접촉 다중인식, 실시간 재고관리	편리한 결제, 소비자 친화적	개인화 마케팅, 매장 경험 강화
한계	비용 부담, 프라이버시 문제	단거리만 가능	블루투스 연결 필요, 배터리 소모

| Case View |

인디텍스(Inditex)사 공급망의 디지털화를 통한 효율성

오늘날처럼 점점 더 디지털화되고 연결된 세계에서는 패션 트렌드가 그 어느 때보다 빠르게 확산되고 변화하고 있다. 소비자들은 점점 더 빠르고 저렴하게 옷장을 업데이트하길 원한다. 기본적으로 소비자들은 패션 소매업체와 브랜드가 새로운 트렌드에 즉각적으로 반응하기를 기대한다. 실제로 현재 소비자들은 15년 전보다 의류를 입는 기간이 절반가량 짧아졌다고 추정된다. 앞으로 성공하기 위해 패션 소매업체는 새로운 트렌드를 가능한 한 빠르고 저렴하게 시장에 출시할 수 있어야 한다. 그렇다면 패션 브랜드는 이러한 도전에 어떻게 대응할 수 있을까?

Inditex는 Zara와 Massimo Dutti 같은 브랜드를 보유한 기업으로, 세계에서 가장 성공적인 패스트 패션 회사 중 하나이다. Inditex의 성공은 주로 디지털화를 통한 수요 예측 및 데이터와 공급의 매칭 능력에 기반하고 있으며, 이를 통해 소비자가 저렴한 가격에 새롭고 트렌디한 옷을 빠르게 구매하고자 하는 수요를 충족시키고 있다. 이 전략 덕분에 Inditex는 2007년부터 2016년까지 연평균 10% 이상의 성장률을 기록할 수 있었다.

Inditex가 공급망 디지털화를 활용한 핵심 방법 중 하나는 바로 RFID(무선주파수 인식) 기술의 도입이다. Inditex는 2014년 RFID 기술을 도입했으며, 이를 통해 각 의류 제품을 무선 신호로 개별 식별할 수 있게 되었다. 실질적으로는 의류의 보안 태그 안에 RFID 칩이 삽입되는 방식이다. 개별 제품 식별이 가능해짐에 따라 Zara 같은 Inditex 브랜드는 상품이 판매되자마자 즉시 재고팀에 동일 상품을 보충 주문할 수 있다. 또한 이를 통해 Inditex는 어떤 상품이 가장 인기 있는지 즉각적인 데이터를 확보하고, 이를 생산 및 풀필먼트 시스템으로 전달한다. 그 결과 수요가 높은 상품을 더 많이 생산하여 공급망 낭비를 최소화할 수 있었다.

RFID 기술을 활용한 개별 제품 식별은 매장과 물류창고 모두에서 재고 관리 효율성을 높여 재고 손실을 줄이는 효과도 있다. 나아가 상품이 창고와 매장으로 입고될 때, RFID 시스템은 어떤 제품을 내려야 하는지 즉시 인식한다. 이로써 수작업 노동 시간을 단축하고 물류 프로세스를 간소화한다. 마지막으로, 고객이 요청한 상품은 즉시 해당 매장으로 보내지거나 고객의 집으로 직접 배송할 수 있다.

이러한 RFID 활용은 Inditex가 연간 최대 65,000개의 새로운 디자인을 출시하고, 매장 및 온라인 고객 주문을 2~48시간 내에 공급할 수 있게 만든 주요 동력이다.

출처: HBS(Harvard Business School) Digitial Initiative(2017.12.)

Chapter Summary

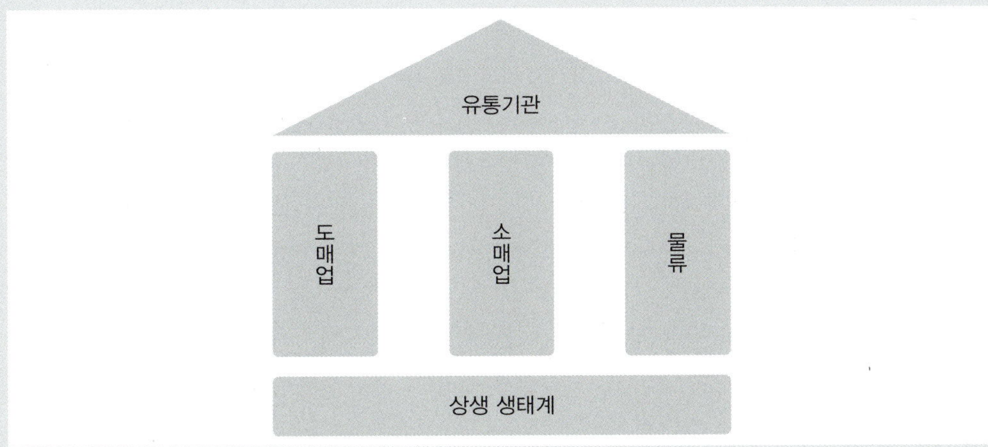

Key Words

소매상, 도매상, 제조업자도매상, 상인도매상, 제3자 물류, 풀필먼트 시스템

Discussions

1. 소매상과 도매상의 차이점에 대해서 토론해 보세요.
2. 제조업자 입장에서 도매상의 성과를 개선할 수 있는 방안에 대해 설명해 보세요.
3. IT 혁명이 유통산업에 미친 영향에 관해 토의해 보세요.

Reference

나영일(2004). **유비쿼터스 실현 RFID**. 컴퓨터 월드.

박진용(2007). **유통관리론**. 박영사.

안광호, 조재운, 한상린(2023). **유통원론**. 학현사.

윤훈남(2016). **소매유통관리론**. 학현사.

임영균, 안광호, 김상용(2006). **고객지향적 유통관리**. 학현사.

전준수(2004). **종합물류의 이해**. 박영사.

필립 코틀러(2008). **Kotler의 마케팅 원리**. 유창조, 전승우, 안광호 역. 시그마프레스.

한국과학기술정보연구원(2004). 물류산업의 트렌드와 기업 물류혁신 전략.

한국물류학회(2021). **물류관리론**. 박영사.

Abernathy, F. H., Dunlop, J. T., Hammond, J. H., & Weil, D. (1999). *A stitch in time: Lean retailing and the transformation of manufacturing—Lessons from the apparel and textile industries*. Oxford University Press.

Ballou, R. H. (2004). *Business logistics/supply chain management: Planning, organizing, and controlling the supply chain* (5th ed.). Upper Saddle River, NJ: Pearson Prentice Hall.

Berman, Berry and Joel R. Evans(2010). *Retail Management* (11th ed.), p.9.

Berry, L. L. (2001). The old pillars of new retailing. *Harvard Business Review, 79*(4), 131-137.

Brown, S. A. (2007). *Revolution at the checkout counter: The explosion of the bar code*. Harvard University Press.

Chopra, S., & Meindl, P. (2016). *Supply chain management: Strategy, planning, and operation* (6th ed.). Boston, MA: Pearson.

Coughlan, A. T., Anderson, E., Stern, L. W., & El-Ansary, A. I. (2014). *Marketing Channels* (7th ed.). Pearson.

Fernie, J., & Sparks, L. (2019). *Logistics and retail management* (5th ed.). Kogan Page.

Finkenzeller, K. (2010). *RFID handbook: Fundamentals and applications in contactless smart cards, radio frequency identification and near-field communication* (3rd ed.). Wiley.

Finne, Sami and Hanna Sivonen(2009). *The Retail Value Chain: How to Gain Competitive Advantage Through Efficient Consumer Response(ECR)*. KOGANPAGE.

Hunter, A. (1990). *Quick Response in Apparel Manufacturing*. Textile Institute

Irania, Zahir, Angappa Gunasekaranb and Yogesh K. Dwivedic(2010). Radio frequency identification(RFID): research trends and framework. *International Journal of Production Research, Vol. 48*, No. 9(May), pp.2485-2511.

Jones, P., Clarke-Hill, C., Shears, P., Comfort, D., & Hillier, D. (2004). Radio frequency identification in the UK: opportunities and challenges. *International Journal of Retail & Distribution Management, 32*(3), 164-171.

Kotler, P., & Keller, K. L. (2016). *Marketing Management* (15th ed.). Pearson.

Kurt Salmon Associates(1993). *Efficient Consumer Response: Enhancing Consumer Value in the Grocery Industry*. Food Marketing Institute.

LaMoreaux, P. E. (2001). Bar code history and applications. *IEEE Annals of the History of Computing, 23*(2), 45-52.

Langley, C. J. (2019). *Third-party logistics study: The state of logistics outsourcing*. Atlanta, GA: Georgia Institute of Technology.

Lowson, R. H., King, R. J., & Hunter, A. (1999). *Quick Response: Managing the supply chain to meet consumer demand*. John Wiley & Sons.

McKinsey & Company(2019). *The future of retail: The age of the platform*. McKinsey Insights.

Mothilal, S., Angappa Gunasekaran, and King-Lun Choy(2012). Industrial logistics systems: theory and applications. *International Journal of Production Research, Vol. 50*(9), pp.2377-2379.

Mothilal, S., Angappa Gunasekaran, S. P. Nachiappan, and Jayanth Jayaram(2012). Key success factors and their performance implications in the Indian third-party logistics(3PL) industry. *International Journal of Production Research, Vol. 50*(9), pp.2407-2422.

Pine, B. J., & Gilmore, J. H. (1999). *The Experience Economy*. Harvard Business Press.

Resenbloom, Bert(2007). The Wholesaler's Role in the Marketing Channel: Disintermediation vs. Reintermediation. *The International Review of Retail, Distribution and Consumer Research*, pp.327-339.

Rosenbloom, B. (2013). *Marketing Channels: A Management View* (8th ed.). Cengage Learning.

Schmitt, B. (2010). *Experiential Marketing: How to Get Customers to Sense, Feel, Think, Act, Relate*. Free Press.

Seifert, D. (2003). *Collaborative Planning, Forecasting, and Replenishment: How to create a supply chain advantage*. AMACOM.

W. W. Grainger, Inc. (2024). Annual Report.

Chapter

III

유통경로의 설계와 통제

제1절

유통경로란

1. 유통경로 설계

유통경로(Distribution Channel)는 제조업체가 생산한 제품이나 서비스가 소비자에게 흘러가는 단순한 경로가 아니라 유통경로 구성원 모두가 만들어가는 새로운 소비가치를 창출하는 시스템으로 이해해야 한다. 어느 한 구성원이 자신의 이익만을 추구하며, 전체 목표에 부응하지 못하면 전체 유통 시스템의 경쟁력을 저해하기 때문이다.

따라서 유통경로가 하나의 시스템으로서 성과를 내기 위해서는 효율적이고 체계적인 유통경로 설계가 필요하다. 유통관리의 성공 여부는 상품이 생산자 혹은 공급자로부터 최종고객에게로 원활히 흐르도록 하는 경로 구성원들이 유통의 기능을 어떻게 효율적으로 수행하고, 조정 · 관리되느냐에 달려 있다. 이를 위해서는 최종이용자의 구매 서비스 가치를 극대화하는 유통경로 구조를 설계, 구축하는 일이 무엇보다 중요하다.

유통경로는 일반적으로 비탄력적 성격을 지닌다. 한 번 구축된 유통망이나 채널구조를 단기간에 바꾸기 어렵다는 뜻이다. 예를 들어, 제조업체가 기존에 대리점 · 도매상을 중심으로 유통망을 구축했다면, 이를 온라인 직판이나 대형 소매체인 중심으로 전환하기 위해서는 막대한 비용과 시간이 소요된다. 때문에 기업은 유통경로의 결정과 관리에 신중해야 한다.

또한 유통경로는 지역적 특성을 가진다. 지역별 소비문화, 법 · 제도, 물류 인프라 수준에 따라 달라진다. 동일한 상품이라도 대도시에서는 대형마트, 편의점, 온라인 유통을 통해 소비자에게 도달하지만, 농어촌 지역에서는 전통시장이나 소규모 소매점을 통한 유통이 주를 이루는 경우가 많다. 즉, 유통경로는 단순히 상품 이동의 경로가 아니라 지역적 특수성이 반영된 사회적 · 경제적 구조라 할 수 있다.

2. 유통경로 설계의 개요

유통경로에는 생산자와 소비자만 존재하는 것이 아니라, 도매상 · 소매상 · 대리점과 같은 다양한 중간상(intermediaries)이 존재한다. 유통경로는 단순히 상품을 이동시키는 경로가 아니라, 생산자와 소비자 사이에서 여러 가지 효용(utility)을 창출함으로써 시장 기능을 완성하는 중요한 역할을 한다.

1) 시간적 효용

유통경로는 소비자가 원하는 시점에 상품을 제공함으로써 시간적 가치를 창출한다.

생산과 소비는 동시에 이루어지기 어렵다. 예를 들어, 농산물은 계절에 따라 생산되지만 소비자는 연중 원하는 시기에 이를 구매하고자 한다. 유통경로는 재고 관리, 저장, 운송 등을 통해 상품을 보관하고 공급 시점을 조정함으로써 소비자의 욕구를 충족시킨다.

2) 장소적 효용

유통경로는 상품을 소비자가 필요로 하는 장소로 이동시켜 가치를 창출한다.

공장에서 생산된 상품이 소비자의 생활공간에 도달해야만 실제 소비가 가능하다. 예를 들어, 제조업체가 지방에 위치해 있어도 대형마트, 편의점, 온라인 배송망 등을 통해 전국 어디서든 소비자가 상품을 구매할 수 있게 된다.

3) 형태적 효용

일반적으로 생산 활동과 관련된 효용으로 보지만, 유통과정에서도 일부 창출된다. 대량 생산된 제품을 소분 · 포장하여 소매점에서 판매하는 과정은 소비자가 사용하기 편리한 형태로 제공하는 것이므로 유통 단계에서 형태적 효용이 발생한다. 예를 들어, 대용량 식품 원재료를 소매점에서 소포장 단위로 판매하거나, 전자상거래 플랫폼이 맞춤형 패키징을 제공하는 경우가 이에 해당한다.

4) 소유적 효용

유통경로는 소비자가 상품을 획득하고 소유할 수 있도록 함으로써 효용을 창출한다. 단순히 상품이 이동하는 것만으로는 충분하지 않으며, 소비자가 구매할 수 있는 지불방식과 편리한 판매접점이 마련되어야 한다. 예를 들어, 온라인몰이 다양한 결제수단을 제공하거나, 오프라인 매장이 체험 후 즉시 구매할 수 있게 하는 것은 소유적 효용을 극대화하는 방식이다.

중간상이 필요한 또 다른 이유는 총거래수(total number of transactions)의 최소화 때문이다. 생산자와 소비자가 직접 연결될 경우, 거래수는 생산자 수 × 소비자 수로 기하급수적으로 늘어난다. 하지만 중간상이 존재하면, 생산자 → 중간상, 중간상 → 소비자라는 두 단계 거래만으로 연결이 가능하다. 예를 들어, 생산자 3명, 소비자 3명이 있다고 가정하자. 직접거래에는 3 × 3 = 9건의 거래가 필요하지만 중간상을 경유할 경우 생산자 3 + 3 = 6건의 거래만 필요하다. 즉, 중간상은 거래의 단순화와 비용 절감을 통해 유통경로의 효율성을 극대화한다.

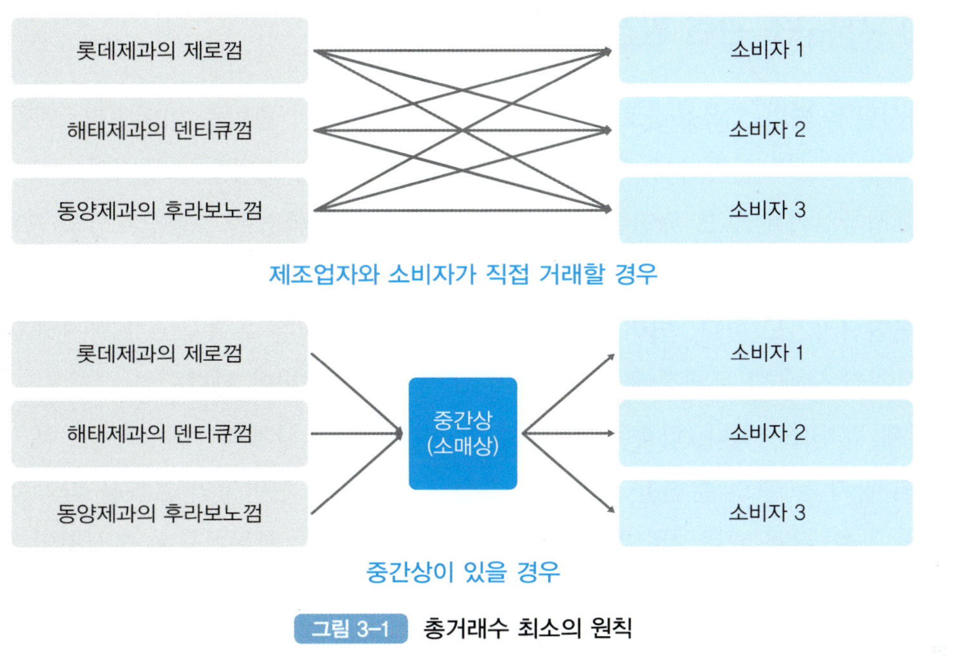

그림 3-1 총거래수 최소의 원칙

출처: 안광호, 조재운, 한상린(2023).

3. 경로구조 설계 프로세스

유통경로의 설계는 다른 마케팅 활동과 마찬가지로 유통경로 전략에 영향을 미치는 다양한 거시경제적 · 기술적 환경을 분석하고, 목표하고 있는 최종소비자의 요구를 이해하는 것부터 시작한다. 다음으로 유통경로에 대한 소비자의 다양한 요구에 기업이 처한 경쟁적 위치, 보유하고 있는 자원과 역량, 기업의 전반적인 목표와 전략적 동기 등을 고려하여 어느 정도 수준에서 대응을 해야 할 것인지에 대한 목표를 세워야 한다.

이 목표에 따라 유통경로 구조를 결정하는 핵심 요소인 유통의 커버리지, 운영의 주체, 유통경로의 길이에 대한 전략을 결정한다. 마지막으로 유통경로 구조 전략에 적합한 파트너를 선정하고, 유통경로 전략에 대한 방침과 제도를 수립해야 하는데, 이 모든 과정이 유통경로 구조 설계 단계에서 고려된다.

1) 유통구조 관련 환경의 이해

거시환경 변화는 유통경로에 대한 소비자 가치지각의 변화로 이어진다. 예를 들어 보자. 시간적 편의성에 대한 고객의 욕구는 편의점과 모바일 쇼핑이라는 소매업태를 성장시키는 주요 동인이 되었다. 유통구조 관련 환경은 유통경로상의 참여자 간의 관계를 변화시킬 수 있을 뿐만 아니라 소비자가 가지고 있는 쇼핑에 대한 가치를 변화시키기도 한다. 이러한 변화를 이해하기 위해서는 유통구조가 당면하고 있는 환경적 상황 및 문제점에 대해 다양한 조사가 선행되어야 한다.

첫째, 문헌조사이다. 학술논문이나 유통 관련 협회나 단체의 신문, 유통전문 주간지 및 잡지 등 관련 문헌을 조사하면 유통구조에 대한 전반적인 흐름을 파악할 수 있다. 둘째, 유통 관련 전문가 인터뷰도 수행할 수 있다. 전문가들은 현실적인 관점에서 유통구조가 당면한 문제점과 경쟁 환경에 대한 시사점을 제공할 수 있다. 관련 전문가로는 현재 유통 관련 비즈니스를 수행하고 있는 매장 관계자, 바이어, 영업사원들이 있다. 유통 관련 워크숍, 증권사 애널리스트 등도 활용할 수 있다. 셋째, 자사 및 경쟁사의 유통구조 조사도 아울러 수행해야 한다. 자사의 문제점 및 강점, 환경에의 적합성 등을 검토하고 동시에 가장 중요한 경쟁사에 대한 심층 분석을 통해 자사가 경쟁우위를 가져가야 할 영역을 찾아낼 수 있다.

유통구조의 상황 및 문제점을 확인하고 분석함으로써 우리는 기존 유통구조의 형태를 파악할 수 있다. 이를 통해 기존 유통구조가 소비자들에게 어떻게 가치를 창출하고 있으며, 부가가치나 수익모델을 창조하는지 그리고 향후 개선 방향도 도출할 수 있다. 또한 기존 유통의 마켓 커버리지, 운영방식 등을 파악하여 현재 및 미래의 기회 및 위협 요소를 파악할 수 있다.

결론적으로 유통 관련 환경을 분석함으로써 기존의 유통구조에서의 기회를 모색하고 이에 따라 장기적인 변화를 모색해야 한다.

2) 목표 고객의 요구 조사

일반적인 마케팅 관리과정에서 핵심 사안은 전체 시장을 세분화하고, 세분시장들

중에서 매력적인 시장을 선정하고, 선정된 시장에서 차별적인 포지셔닝을 구축하는 일이다. 좀 더 자세히 설명하면 전체 고객을 시장세분화 기준, 예를 들면 추구효익이나 인구통계학적 기준으로 고객을 여러 집단으로 묶는데, 이것을 시장세분화라고 한다. 시장세분화는 고객군별로 추구하는 가치를 파악하고, 이에 대한 적절한 전략 대안을 창출하는 데 매우 유용하다.

일반적인 마케팅에서와 마찬가지로 유통경로에서도 가장 매력적인 세분시장을 선택해야 한다. 세분시장의 매력도를 결정하는 요인은 세분시장의 시장잠재력과 시장의 규모와 같은 외형적 요인, 경쟁 강도, 자사와의 적합도, 우호적인 거시환경이다. 외형적 요인은 해당 세분시장이 가지고 있는 시장규모와 성장성, 수익성 등과 관련된 요소를 말한다. 경쟁 강도는 목표하고 있는 세분시장에 참여하고 있는 경쟁자의 수와 강력한 경쟁자의 유무, 경쟁자들의 성향을 분석한다. 적합도 요인은 자사의 역량과 자원에 부합하는 세분시장인지 확인하는 것이다. 예를 들면, 취급 제품의 다양성과 깊이를 선호하는 집단을 목표 시장으로 했다면 이를 운영할 수 있는 충분한 매장과 공급자를 확보할 수 있어야 한다는 것이다. 마지막으로 유통구조 관련 거시환경이 우호적인 세분시장을 선택해야 한다.

목표 시장이 선택되었다면 그 다음으로 유통경로에 대한 목표 고객의 요구를 정량적 · 정성적으로 조사해야 한다.

소비자들이 유통경로로부터 기대하는 서비스의 종류는 매우 다양하지만 일반적으로 다음의 5가지 항목으로 분류될 수 있다. 서비스 산출물은 유통에 대한 고객 선호도를 결정하는 기준이 된다.

① 배송 및 대기시간

배송 및 대기시간(waiting and delivery time)은 배송이 얼마나 빨리 이루어질 것인지, 정확하게 이루어질 것인지에 대한 고객의 기대이다. 어떤 고객들은 비용이 더 들더라도 빠르고 정확한 배송을 원하지만, 또 다른 고객들은 비용을 절감할 수 있다면 느긋하게 기다리고자 한다. 목표 고객의 배송 및 대기시간에 대한 기대를 파악할 수 있다면 고객의 만족과 비용의 최적화가 가능할 것이다. 최근, 고객들은 어떤 제품을 주문하고 이를 획득하는 데 최소시간 배송을 원하는 경향이 강해지고 있다. 예를 들면 익일배송, 새벽배송, 1시간 내 배송으로 주문에서 배달까지 걸리는 시간이 점점 단축되고 소비자들의 스피드에 대한 니즈가 증가하는 상황에서 아마존, 쿠팡과 같은 시장 선도업체들은 배송 및 대기시간 단축을 위해 물류, IT 등에 막대한 투자를 하고 있다.

② 제품구색의 다양성과 깊이

고객이 선택할 수 있는 제품의 깊이와 다양성(product assortment and variety)에 대한 소비자의 기대도 매우 중요한 요소이다. 제품구색이 다양해지고 깊어질수록 소비자 측면에서는 원스톱 쇼핑이 가능하고, 정보 탐색 노력과 쇼핑 비용이 감소하기 때문이다. 삼성전자의 디지털플라자나 LG전자의 베스트숍 대비 하이마트가 경쟁력을 갖게 된 주요한 근거가 바로 취급 제품의 구색과 깊이이다. 삼성이나 LG의 전속 대리점들은 자사 제품 위주의 제품구색인 반면, 하이마트는 삼성, LG, 필립스 등 다양한 브랜드의 제품을 한곳에서 쇼핑할 수 있다. 그러나 제품구색 수준이 다양화될수록 재고관리 비용이 증가하고 점포 공간이 훨씬 더 많이 소요되므로 무작정 제품구색과 깊이를 늘려줄 수 없는 것이 현실이다. 비용과 고객의 편의를 동시에 고려해 제품구색과 깊이에 대한 의사결정이 이루어져야 하는 이유이다.

③ 시공간적 접근성

고객이 원하는 시간이면 언제라도 유통 서비스를 제공하는 것을 시간적 접근성이라 하고, 고객이 접근하기에 용이하게 지리적으로 가까운 곳에서 유통 서비스를 제공하는 것을 공간적 접근성이라고 한다. 고객들이 자사 제품의 유통경로에 대해 갖는 기대가 먼 위치에 있어도 기꺼이 구매하려고 하는지, 아니면 가까운 곳에서 구매하기를 원하는지를 이해해야 한다. 고객들이 지각하는 시간적 효용의 크기가 증가하고 있는 것이다. 24시간 편의점은 언제든지 접근할 수 있는 시간적 접근성과 주택가는 물론 상업지구 등 지역적으로 골고루 분포하며 공간적 접근성을 확보하면서 경쟁력을 확보하고 있다. 시공간적 접근성(access)은 고객의 쇼핑시간을 단축시키고 정보 수집에 따른 비용을 감소시킨다.

④ 구매단위

소량구매에 대한 기대를 파악하는 것은 고객이 작은 단위로 구매하는 것을 원하는지 큰 단위로 구매하고자 하는지, 그 구매단위(lot-size)를 이해하는 것이다. 예를 들면, 1인 가구의 증가로 인해 소량구매에 대한 소비자의 기대 수준은 점점 높아질 것으로 예상할 수 있다. 1인 가구의 소비자 입장에서 구매할 수 있는 제품의 최소단위를 작게 하면 할수록 소비자에게 제공되는 서비스의 수준은 높아진다고 볼 수 있다.

반대의 경우도 있다. 도매상이나 자영자와 같은 기업고객들의 경우에는 좀 더 큰 용량의 제품을 구매하면서 가격적인 혜택을 누리고자 한다. 회원제 도매 클럽인 코스트코나 이마트의 트레이더스와 같은 유통업체들은 이에 대한 기대에 부응하고 있다.

⑤ 기타

이상에서 설명한 서비스 산출물에 대한 기대 외에도 신용 제공, 품질 유지, 제품 및 점포에 대한 신뢰성, 정보 제공 수준, 안정적인 공급, 점원 서비스 등 다양한 영역에서 소비자가 유통경로에 대해 가지고 있는 기대가 있다.

제2절

이상적 유통구조 설계

1. 이상적 유통구조의 설계

이상적 유통구조의 설계란 이전의 모델이나 개념을 잊고 완전히 새로 시작한다는 마음으로 혁신적이고 이상적인 유통구조를 찾는 작업이다. 이 과정에서 우리는 다음 2가지에 대해 파악해야 한다. 앞서 설명했던 서비스 산출물에 대해 ① 자사 제품의 관점에서 세분시장의 고객군에 상관없이 나타나는 공통적인 요구사항이 무엇인가? ② 이러한 요구사항에 대해 개별 세분시장은 어떠한 차이를 보이는가를 확인해야 한다. 이를 기초로 공통적 요구사항과 개별 세분시장의 요구사항을 구분해 유통경로를 설계해야 한다. 어떠한 유통경로를 설계하더라도 공통 요구사항을 충족시킬 수 있도록 해야 하며, 2차적으로 개별 세분시장의 요구사항을 반영하는 방식으로 접근해야 한다. 예를 들어 패션제품에 대한 고객의 공통적인 요구사항이 제품구색의 깊이와 다양성, 신뢰라고 가정하자. 온라인 유통망이나 오프라인 유통망과 같이 서로 다른 유통경로라도 모두 공통 요구사항을 충족해야 한다는 것이다. 그 다음으로 개별 유통경로의 요구사항을 반영해야 한다.

이상의 고객 요구사항이 규명되면 소매점포에 실제로 이를 적용할 수 있는지 확인해야 한다. 소매점포는 유통경로 시스템의 최종 종착지이자 고객이 피부로 유통망을 인지하는 매개체이기 때문에 소매점이 유통경로 설계의 기본 출발점이 된다. 고객의 요구사항이 반영된 소매점포를 실현하기 위해서는 소매점포뿐만 아니라 유통시스템 전체에 대한 분석과 역할이 규명되어야 한다. 예를 들면 제품구색과 가격은 공급업체의 경쟁력에서 나오는 경우가 많기 때문에 유통경로의 각 부분에 대한 평가가 필요한 것이다.

이를 위해 제조업자에서 최종고객까지 이어지는 유통경로를 파악하고, 각 경로별 물류기능 및 유통기능의 분담 정도를 파악해야 한다. 이를 토대로 개별 유통경로는 물론 유통경로 전체 관점에서 유통경로의 경제성을 파악한다. 경제성을 분석할 때는 비용구조, 할인 정도, 수익성 및 판매량 등의 세부항목을 분석한다.

이 단계에서는 목표 고객이 느끼는 만족의 감소 없이 제거할 수 있는 마케팅, 유통활동을 파악해 제거해 주어야 하며, 유통경로 전체적인 관점에서 유통비용을 최소화하기 위해 제거될 수 있는 중복된 마케팅 및 유통활동도 파악해 조정해야 한다. 고객의 서비스 산출물의 기대에 대한 최적화 작업을 통해 이상적인 유통구조가 도출된다.

표 3-1 유통경로의 기능과 관련 비용

유통의 기능(흐름)	관련 비용 분석
상품	보관 및 배달비용
소유권	재고 및 운반비용
촉진	광고, 판촉, 홍보, 인적 판매비용
협상	시간비용 및 법적 비용
위험	가격보증, 품질보증, 보험, 시설, 수선 및 A/S비용
재무	신용기간, 판매기간 및 조건
주문	주문과정에 드는 제비용
지불	수집, 회수불능 손실 등

2. 유통경로의 목표 설정

고객의 요구사항을 반영한 이상적인 유통구조를 도출하였다 하더라도 기업 입장에서 목표 고객이 유통경로에 대해 가지고 있는 모든 요구를 다 충족시킬 수는 없다. 소비자들에게 제공되는 서비스 수준이 증가할수록 기업이 유통경로에 투여되는 비용과 같은 제약이 증가하기 때문이다. 기업은 서비스를 제공함으로써 얻게 되는 이익과 비용을 함께 고려해 유통경로의 서비스 수준을 결정해야 한다. 이때, 자사의 마케팅 역량, 재무적 역량, 유통경로를 통해 달성하고자 하는 전략적 목표는 물론 경쟁사의 서비스 제공 수준, 거시적인 경제환경을 함께 고려해야 한다. 예를 들어, 고객이 원하더라도 자사의 재무적 역량을 넘어서는 요구에 적극적으로 대응하기는 어려울 것이다. 또한 경쟁상황을 고려할 때 중요도가 낮은 요구사항에 대한 대응은 비효율성을 초래한다. 유통구조의 목표를 설정하기 위해 경로관리자는 구체적으로 다음 사항을 고려해야 한다.

▶ 기업의 목표와 자원

- 유통구조가 가진 가치가 기업 전체의 목표와 부합되는가?
- 유통구조 구축이 기업의 재무적 자원을 고려할 때 적절한가?
- 유통구조의 모습이 기존의 마케팅 믹스와 조화가 되는가?

▶ 취급하는 제품의 특성

- 취급제품의 특성과 유통구조가 부합되는가?

▶ 비용(cost)

- 고객의 서비스 산출에 대한 기대를 충족시키기 위해 비용이 얼마나 드는가?
- 비용투입 대비 효과는 어떠한가?

▶ 경쟁력(competitiveness)

- 서비스 산출이 충족되었을 경우 경쟁우위를 창출할 수 있는가?

▶ 진입의 용이성(ease of entry)

- 잠재 경쟁사가 동일한 서비스 산출물을 제공할 가능성이 있는가?

표 3-2 상품의 종류

구 분	특 징
편의품 (convenience goods, 便宜品)	• 제품에 대하여 일정 수준 지식이 있으므로 최소한의 노력으로 적합한 제품을 구매하려는 행동의 특성을 보이는 제품 • 식료품 · 생활필수품 • 구매할 필요가 생기면 빠르고 쉽게 구매를 결정하며, 선호하는 브랜드가 없더라도 기꺼이 다른 브랜드 제품으로 대체 • 편의품을 판매하는 소매점의 특성은 별로 중요하지 않으며, 판로의 수가 많을수록 좋음
선매품 (shopping goods, 選買品)	• 제품을 구매하기 전에 가격 · 품질 · 형태 · 니즈에 대한 적합성을 충분히 비교하여 선별적으로 구매하는 제품 • 편의품에 비하여 구매 단가가 높고 구매 횟수가 적은 것이 보통 • 선매품을 취급하는 상점들이 서로 인접해 하나의 상가를 형성하며 발전 • 의류, 가구, 구두
전문품 (specialty goods, 專門品)	• 비교적 가격이 비싸고 특정한 상표만을 수용하려는 상표 집착(brand insistence)의 구매행동 특성을 나타내는 제품 • 자동차, 악기, 카메라, 전자제품, 고가제품 • 적은 수의 판매점을 통해 유통되어 제품의 경로는 다소 제한적일 수도 있으나, 빈번하게 구매되는 제품이 아니므로 마진 高

유통구조의 목표는 기업 전체의 목표와 부합해야 하며, 취급하는 제품의 특성에 맞는 유통구조이어야 한다. 예를 들면, 편의품을 주로 취급하는 제품이라면 유통망의 수와 밀도를 말하는 커버리지가 극대화되어야 한다. 유통구조를 구축하기 위한 비용과 그 효과는 물론, 유통구조가 구축되었을 때 경쟁우위를 제공할 수 있는지의 여부, 잠재경쟁자가 구축된 유통구조를 쉽게 제공할 수 있는지의 여부를 고려하여 최종적인 유통구조의 목표를 설정한다.

한 예로 애플은 프리미엄 브랜드 이미지와 고객경험 관리를 목표로 하기 때문에 대규모 도매상을 통한 대량 유통 대신 자체 애플스토어, 공식 리셀러, 온라인 공식몰에 집중한다. 브랜드 파워나 자본력, 매장 운영 역량이 충분하기 때문에 직접 유통망을 운영할 수 있고, 이를 통해 가격 통제와 고객경험의 일관성을 유지할 수 있다.

3. 유통경로 구조 결정

유통경로는 소비자 입장에서는 합리적인 비용으로 제품과 서비스를 용이하게 획득할 수 있도록 설계되어야 하고, 기업 입장에서는 수익과 비용 사이의 관계를 분석하여 적절한 수준으로 설계되어야 한다.

유통경로 구조를 결정하는 핵심 요소로는 유통망의 수와 밀도를 말하는 유통 커버리지(coverage), 직영점으로 운영할 것인지 아니면 외부에 위탁해 운영할지와 관련된 운영주체의 문제, 몇 단계를 거쳐 최종소비자에 도달할 수 있을 것인지에 대한 유통망의 길이가 있다. 이 3가지 요소는 유통경로의 구조적 모습을 나타내기 때문에 유통경로 구조의 핵심 요소이고, 이것에 대한 결정은 궁극적으로 유통경로 구조의 전략을 결정짓는 작업이다. 그림 3-2는 제품 유형에 따른 일반적인 유통경로의 구조를 설명한 것이다.

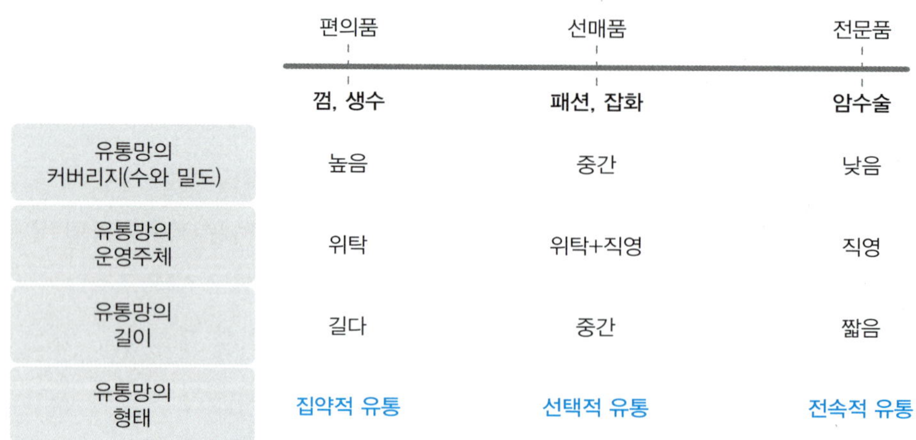

	편의품 껌, 생수	선매품 패션, 잡화	전문품 양수술
유통망의 커버리지(수와 밀도)	높음	중간	낮음
유통망의 운영주체	위탁	위탁+직영	직영
유통망의 길이	길다	중간	짧음
유통망의 형태	집약적 유통	선택적 유통	전속적 유통

그림 3-2 제품 유형에 따른 유통경로 구조, 전략

1) 경로 커버리지 결정

경로 커버리지(channel coverage)란 얼마나 많은 수의 경로 구성원을 활용할 것인가를 결정하는 것이다. 다시 말해 경로 구성원의 수와 밀도를 지칭하며, 유통집약도

(distribution intensity)라고도 한다. 즉 특정 지역에서 자사제품을 취급하는 점포의 수를 말한다. 유통집약도가 높으면 그만큼 더 많은 고객들에게 소구할 수 있지만 비용이 상승하기 때문에 이에 관한 의사결정은 유통구조를 결정하는 중요한 요소이다. 경로 커버리지 전략은 3가지 유형으로 구분된다.

(1) 집중적 유통

집중적 유통(intensive distribution)은 가능한 한 많은 중간상들을 활용해 제품이나 서비스를 공급하는 전략이다. 관여도가 높지 않아서 접근 가능성이 성과를 결정짓는 편의품이나 일상용품의 유통에 적합한 경로 커버리지 유형이다. 집중적 유통경로는 노출이 극대화되어 많은 지역과 고객을 커버하지만, 유통비용의 증가 및 유통경로에 대한 통제력 약화를 가져올 수 있다는 단점을 가지고 있다는 점을 주의해야 한다.

또한 "유통경로의 커버리지 극대화 = 매출의 지속개선"이 아니라는 점도 기억해야 한다. 처음에는 유통경로의 수와 밀도가 늘어나게 되면 그만큼 노출이 증가하여 매출이 상승하지만 어느 시점에 다다르면 더 이상 매출이 증가하지 않는다. 유통 커버리지와 매출 간에는 유통 커버리지가 늘어나도 어느 순간에는 정체에 접어드는 S자형 함수관계가 있기 때문이다. 그 이유로는 첫째, 시장포화 상태를 들 수 있다. 제품이 이미 시장에 널리 퍼져 있다면 유통망을 확장해도 새로운 고객층을 유입하기

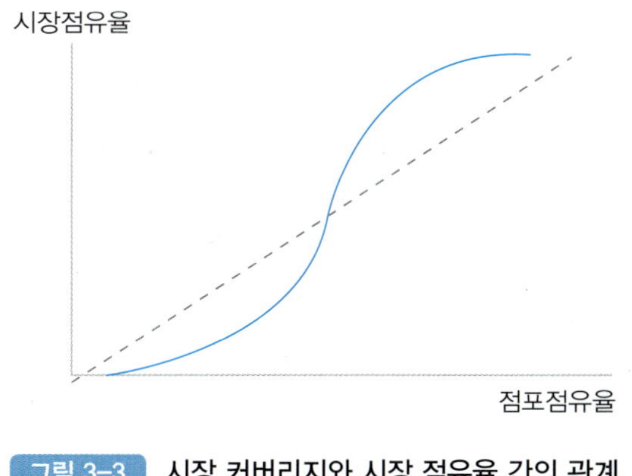

그림 3-3 시장 커버리지와 시장 점유율 간의 관계

어렵다. 둘째, 수요 부족이다. 유통망이 넓어진다고 해서 소비자 수요가 자동으로 증가하지는 않는다. 셋째, 경쟁과열이다. 유통 커버리지가 늘어나면서 경쟁사도 같은 전략을 취할 가능성이 높다. 넷째, 브랜드 이미지와 제품 품질이 뒷받침되지 않을 경우, 유통 커버리지가 늘어나더라도 매출 성장에는 한계가 있다. 다섯째, 효율성 부족이다. 유통망이 확장됨에 따라 관리와 운영의 복잡성이 증가할 수 있으며, 적절한 관리가 이루어지지 않으면 추가 비용이 발생할 수 있기 때문이다.

(2) 전속적 유통

전속적 유통(exclusive distribution)은 특정 지역에서 하나의 중간상이 자사제품을 독점적으로 취급하도록 하는 전략이다. 편의품과는 달리 고객이 제품 구매에 많은 노력을 투입하는 고가품이나 전문품과 같이 제품 취급에 전문성을 요하거나 차별성이 있어 먼 곳의 고객을 흡인할 수 있는 경우 선택하는 유통 커버리지 유형이다. 중간상에게 요구되는 마케팅 기능이 특화되거나 고객정보 제공이 많이 필요한 제품일 경우가 해당된다. 전속적 유통경로의 장점은 전속되어 있어 소매점에 대한 통제가 용이하고 동일 지역 내 자사제품을 취급하는 유통업자들 간 경쟁을 배제해 제조업자와 유통업자 간의 긴밀한 협조체제가 형성되므로 거래 비용이 감소할 뿐 아니라 제품 이미지 제고가 가능하다는 점이다. 하지만 자사제품만을 다루어야 하기 때문에 명품 브랜드 매장들처럼 제품 카테고리에서 충분한 전문성과 차별성을 가지고 있어 매장 운영 수익성이 확보된 경우에 가능한 전략이다.

(3) 선택적 유통

선택적 유통(selective distribution)은 집약적 유통과 전속적 유통의 중간 형태라고 볼 수 있다. 자격을 갖춘 소수의 중간상을 활용하는 전략이다. 제조회사가 일정 수준 이상의 평판과 규모, 입지, 경영능력을 가지는 소매점만을 선별하고 이들에게만 제품을 취급할 수 있는 권리를 부여하는 방식과, 일부 지역에서는 커버리지를 증대시키기 위해 집중적 유통망을 동시에 사용하는 전략이다. 삼성전자나 LG전자의 경우, 일부 지역에서는 전속대리점을 사용하지만 고객들에게 제품 노출을 극대화하기 위해 하이마트와 같은 위탁점을 통해 제품을 판매하기도 하는 것이 선택적 유통경로의 예이다. 선택적 유통경로는 집약적 유통과 전속적 유통경로의 장점을 취한다. 노출 측면에서는 집중적 유통경로를, 제품 이미지 구축과 중간상 통제라는 관점에서는 전속적 유통경로의 장점을 선택적으로 취하는 전략을 사용한다. 선택적 유통경로에 적합한 제품은 집중적 유통경로의 편의품보다는 관여도가 높고 전속적 유통경로의 전문품보다는 관여도가 낮은 패션, 잡화, 화장품 같은 선매품이다.

2) 유통경로의 길이 결정

제조업자로부터 최종소비자로 이어지는 유통경로에는 중간상이 존재한다. 이 과정에서 몇 단계를 거쳐 최종소비자에게 제품이 전달되는가와 관련된 유통경로의 길이에 대한 의사결정도 필요하다. 기본적으로 경로의 길이가 짧아지게 되면 그만큼 의사소통이 잘될 가능성이 높고, 통제력이 높아진다. 반면 경로의 길이가 길어질수록 의사소통에 있어 왜곡이 발생할 가능성이 높아지며 통제력도 낮아지지만, 다양한 유통경로를 활용할 수 있어 유통 커버리지가 확장되는 효과가 있다.

유통경로의 길이를 결정할 때 고려해야 하는 요인은 크게 시장요인, 제품요인, 기업요인, 경로 구성원 요인으로 구분할 수 있다.

첫째, 시장요인이다. 거래되는 규모가 클수록, 지리적 집중도가 높을수록, 구매빈도가 높을수록, 평균 주문규모가 많을수록 짧은 유통경로가 선호된다. 시장규모가 클 경우 규모의 경제가 발생하기 때문에 구태여 다른 중간상이 개입하지 않아도 되며, 지리적 집중도가 높다면 자원의 효율적 집행이 가능해져 중간상을 사용하는 것보다 최대한 유통구조를 단순화시키는 것이 바람직하다. 또한 빈번한 거래가 일어나는 거래상황에서 몇 단계의 유통망을 거치는 것보다는 짧은 유통망을 통해 신속하게 대응하는 것이 유리하다.

둘째, 제품요인이다. 제품의 부피가 크고 무거울수록, 부패와 진부화 속도가 빠를수록, 단가가 비쌀수록, 표준화 정도가 낮을수록, 기술적 복잡성이 높을수록 짧은 경로를 선택하는 것이 바람직하다. 제품이 전달되는 과정에서 난이도와 복잡성이 증대되고, 신속함이 중요한 경우 당연히 짧은 유통경로가 효율적일 것이다.

셋째, 기업요인이다. 기업의 규모와 재정능력이 클수록, 경영전문성이 높을수록, 유통경로를 통제하고자 하는 통제욕구가 강할수록 유통경로는 짧아진다. 유통경로가 길어진다는 것은 그만큼 통제가 되지 않는다는 의미이다. 따라서 어느 정도 규모를 갖추고 자원이 풍부한 기업들은 자사제품이나 서비스가 일정한 품질을 유지하기 희망하기 때문에 짧은 유통경로를 통해 원하는 대로 유통경로를 통제하고자 한다.

넷째, 경로 구성원 요인이다. 마땅한 유통경로 구성원이 존재하지 않거나 있더라도 비용이 많이 소요되는 경우, 중간상이 충분한 서비스 품질을 유지할 수 없는 경우 유통경로를 짧게 해 스스로 유통경로를 운영하고자 하는 욕구가 강해진다.

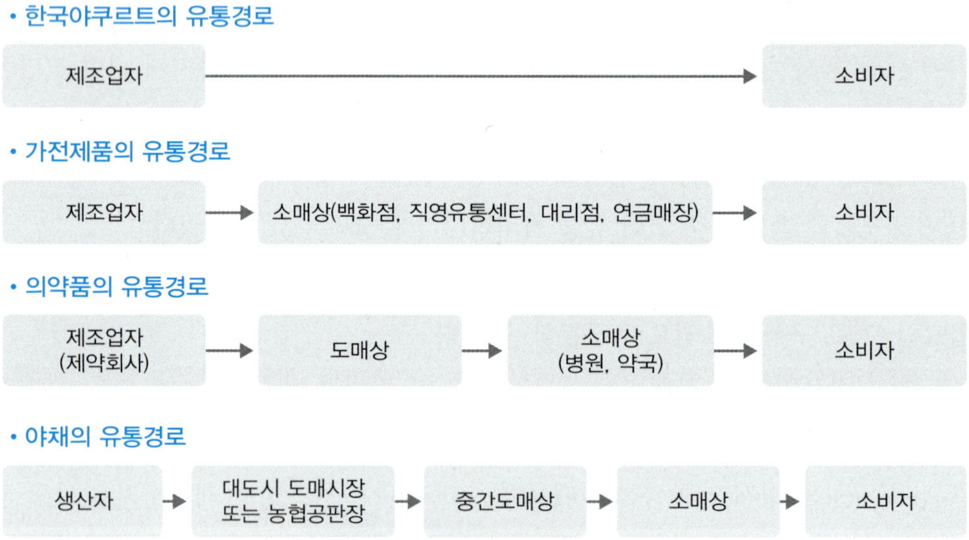

• 한국야쿠르트의 유통경로

제조업자 → 소비자

• 가전제품의 유통경로

제조업자 → 소매상(백화점, 직영유통센터, 대리점, 연금매장) → 소비자

• 의약품의 유통경로

제조업자(제약회사) → 도매상 → 소매상(병원, 약국) → 소비자

• 야채의 유통경로

생산자 → 대도시 도매시장 또는 농협공판장 → 중간도매상 → 소매상 → 소비자

그림 3-4 제품별 유통경로

유통경로 길이 결정과 관련된 주요 이론들은 다음과 같다.

(1) 연기-투기이론

Louis P. Bucklin(1965)은 유통경로의 구조와 길이를 결정짓는 핵심 원리로 연기(Postponement)와 투기(Speculation) 개념을 제시했다. 그는 제품의 생산, 가공, 재고 배치가 언제 어디서 이루어지는가에 따라 유통 효율성과 불확실성 관리가 달라진다고 보았다. 연기(Postponement)는 제품의 생산 · 가공 · 포장 · 재고 배치를 가능한 한 최종 수요지점에 가까운 단계까지 지연시키는 전략이다. 수요 불확실성에 대응하고 재고 리스크를 최소화할 수 있는 장점이 있는 반면 규모의 경제를 충분히 활용하지 못하고, 초기 단계 비용이 높을 수 있다는 단점이 있다. 예를 들어, Dell의 주문 후 생산(Assemble-to-Order)이나 나이키 맞춤형 신발 등이 있다.

투기(Speculation)는 생산 및 재고 결정을 앞당겨 선행적으로 실행하여, 대규모 생산 · 물류에서 비용 절감을 추구하는 전략이다. 규모의 경제 확보, 단가 절감, 빠른 시장 점유 가능이 가능하지만 수요 예측이 빗나가면 과잉재고나 재고 부족의 위험이 있다. 예를 들어, 코카콜라나 FMCG 같은 생활용품의 전국 일괄 생산 · 대량 유통 등이 있다. 연기 전략은 최종소비자와 가까운 곳에서 생산, 가공이 완료됨으로써 유통경로를 짧게 하는 경향이 있다. 투기 전략은 초기 단계에서 완제품화한 후 다층적 도매상, 소매상을 거쳐 유통됨으로써 유통경로를 길게 만드는 경향이 있다.

(2) 기능위양이론

기존 연구들이 경로 구조에 초점을 맞추었다면, Bruce E. Mallen(1973)은 유통경로는 정태적 구조물이 아니라, 기능(Function)의 변화에 따라 동적으로 진화한다는 점을 강조하였다. 유통경로 참여자가 수행하던 특정 기능이 전문화되면서 독립된 조직이나 기업으로 분리되는 현상으로, 이는 단순한 기능 이동(Functional Shift)이 아니라, 새로운 중간상(Intermediary)의 탄생을 의미한다. 예를 들면, 원래 제조업체/도매상이 수행하던 물류 기능을 전문 물류업체(3PL, 풀필먼트 센터)가 대행하고 있고, 소매업체가 자체적으로 신용거래를 제공하던 것이 카드사, 핀테크 기업으로 스핀오프되고 있다. 또한 소매업체가 자체 조사하던 판매나 소비자 데이터가 닐슨이나 칸타와 같은 전문 리서치 회사로 스핀오프되고 있다. 프로모션(promotion)은 제조업체가 직접 수행하던 광고 등이 광고대행사, 디지털 플랫폼으로 분리되고 있다. 유통경로와의 관계는 각 유통기관은 비용우위를 갖는 마케팅 기능만을 수행하며, 기타 기능들은 이를 보다 저렴하게 수행할 수 있는 경로 구성원들에게 위양함에 따라 경로 길이가 달라진다는 것이다. 제조업자가 직접 수행하면 경로 길이가 짧아지고 다른 경로 구성원에게 위양할 경우 경로 길이가 길어진다.

오늘날 이커머스 플랫폼 환경에서 Mallen의 이론은 더욱 중요해지고 있다. 물류는 쿠팡 풀필먼트나 아마존 로지스틱스, 결제는 네이버페이나 카카오페이, 데이터나 마케팅은 데이터 분석 스타트업이나 디지털 광고 플랫폼으로 위양되고 있다.

(3) 거래비용 이론

Oliver E. Williamson(1979)은 시장과 조직 간의 선택이 거래비용(transaction costs)의 크기에 의해 결정된다고 보았다. 거래비용의 관점에서는 내부에서 직접 운영할 것인지, 외부에 위탁해서 할 것인지 결정하게 된다. 예를 들어, 제조업체가 직영 영업소를 직접 운영하는 것과 중간상에 위탁하는 것을 임대료, 인건비, 수수료 등 다양한 비용의 관점에서 비교하여 수직적 통합을 통해 내부조직화 할 것인지 외부에 맡길 것인지에 따라 경로 길이가 결정된다는 것이다. 내부화한다면 고객 서비스 강화, 신제품 촉진 및 확산에 용이하고 통제력을 강화할 수 있다는 장점이 있고 시장대응 유연성 저하, 고정비 부담, 전문성 저하 등의 단점을 고려해야 한다.

3) 유통경로의 길이 대안에 대한 평가

(1) 핵심 요인 평가법

핵심 요인 평가법(Key Factor Rating Method)은 직영점, 대리점, 복수채널 운영 등 여러 유통경로 대안 중에서 가장 적합한 경로 길이와 구조를 선택하기 위해, 기업에 중요한 평가 요인을 도출하고 이들 요인에 가중치를 부여하여 각 대안을 체계적으로 비교 · 분석하는 방법이다.

의사결정자의 주관적 판단과 객관적 수치를 결합하고 복잡한 요인을 계량화해 비교 가능한 점수로 환산한다. 최적 경로 대안의 선택 프로세스는 다음과 같다.

① 핵심 평가 요인 도출

비용, 시장 커버리지, 통제 가능성, 유연성, 서비스 수준, 브랜드 이미지 적합성 등 유통경로를 평가할 때 중요한 기준을 설정한다.

② 가중치 부여

각 요인이 기업 전략에서 차지하는 상대적 중요도를 반영한다. 가중치 전체 합계는 보통 1(100%)로 설정한다.

③ 대안별 점수 산정

각 유통경로 대안을 요인별로 평가한다.

④ 가중치 적용 후 총점 산출

점수 × 가중치를 합산해 대안별 총점을 계산하고 가장 높은 총점을 얻은 대안을 우선적으로 고려한다.

표 3-3 핵심 요인 평가법 대안평가

평가 요인	가중치(%)	대안 A: 직영점 중심	대안 B: 대리점 중심	대안 C: 복수채널
비용 효율성	0.30	3(0.90)	5(1.50)	4(1.20)
시장 커버리지	0.25	4(1.00)	5(1.25)	4(1.00)
경로 통제력	0.20	5(1.00)	3(0.60)	4(0.80)
서비스 품질	0.15	5(0.75)	3(0.45)	4(0.60)
유연성	0.10	3(0.30)	4(0.40)	5(0.50)
총점	1.00	3.95	4.20	4.10

위의 사례에서는 대리점 중심 경로 B안이 가장 높은 총점을 받아 우선 대안이 된다. 하지만 이는 단순 합산 결과일 뿐, 경영 전략과 정성적 요소를 함께 고려해야 한다.

핵심 요인 평가법은 유통경로 길이를 평가할 때 비용, 효율성 중심의 단순 계산을 넘어 기업이 전략적으로 중시하는 요소들을 반영할 수 있다는 장점이 있으나, 가중치와 점수 산정이 주관적이고 정량화과정에서 현실의 복잡성이 단순화되는 단점이 있다.

(2) 수익성 분석방법

수익성 분석방법(Profitability Analysis Method)은 유통경로 길이의 여러 대안을 비교 · 평가할 때 각 대안이 기업의 수익성에 미치는 영향을 계량적으로 분석하는 방법이다. 즉, 단순히 비용이나 효율성을 따지기보다, 총수익(매출) – 총비용 = 이익 관점에서 유통경로의 경제적 효과를 평가한다. 핵심은 "어떤 경로 구조가 기업의 이익을 극대화하는가?"에 초점이 있다. 수익성 분석방법의 프로세스는 다음과 같다.

① 대안별 매출 추정

유통경로에 따라 판매 커버리지, 서비스 수준, 고객 접근성 등이 달라져 매출 규모가 달라진다. 예를 들어, 직영점 위주의 경로는 높은 통제력과 브랜드 관리로 프리미엄 가격이 가능하며, 대리점 위주의 경로는 시장 확대로 판매량 증가가 가능하다.

② 대안별 비용 산정

- **직접비용:** 점포 임대료, 물류비, 인건비 등
- **간접비용:** 관리비용, 마케팅비, 리스크 비용 등

③ 대안별 이익 계산

예상 매출 – 총비용 = 예상 이익

이익 규모가 가장 큰 경로 대안이 우선 고려 대상이 된다.

④ 민감도 분석

수요 변동, 비용 상승, 경쟁 상황 변화에 따라 이익 구조가 어떻게 달라지는지 시나리오별로 분석한다.

표 3-4 대안별 수익성 분석 비교

구분	대안 A: 직영점 중심	대안 B: 대리점 중심	대안 C: 복수채널
예상 매출액	1,000억 원	1,200억 원	1,150억 원
총비용	850억 원	1,050억 원	1,000억 원
예상 영업이익	150억 원	150억 원	150억 원
ROI(투자수익률)	12%	10%	11%

위의 경우, 세 대안의 절대적 이익 규모는 150억 원으로 동일하지만 투자수익률을 고려하면 직영점 중심인 A안이 가장 유리하다고 판단할 수 있다. 그러나 시장 확대성과 장기 성장성은 대리점이나 복수채널이 더 적합할 수 있음을 고려해야 한다.

수익성 분석방법의 장점은 매출, 비용 요소를 구체적으로 비교하여 기업의 목표인 이익 극대화와 직접적으로 연결할 수 있다는 점이다. 단점으로는 단기적 수익성에 치중해 브랜드 가치나 고객관계 등 장기적 전략 요소를 간과할 위험이 있고, 경로 통제력이나 파트너 관계 등 비계량적 요인 반영의 어려움이 있다.

| Case View |

Alibaba, 물류 자회사 완전 인수 계획 — 해외 시장 경쟁 대비

- 유통경로의 수직적 통합과 물류 인프라 내부화에 나서는 알리바바-

알리바바가 물류 자회사를 분할·상장하는 대신 완전 인수하기로 한 계획은, 중국의 거대 기업이 해외 시장에서 전자상거래 경쟁사인 Shein과 Temu의 도전에 더 본격적으로 대응하려는 신호일 수 있다고 애널리스트들이 말했다.
이 회사는 화요일 성명에서 1년 전 상장 계획을 발표했음에도 불구하고 홍콩 증시 침체 등을 이유로 차이나오(Cainiao) 상장을 하지 않기로 결정했다고 밝혔다. 동시에 미국을 포함한 주요 시장에서 배송 시간을 5일에서 3일로 단축하기 위해 차이나오의 글로벌 네트워크에 대한 추가 투자를 계획한다고 덧붙였다.

알리바바는 국내 거시경제 침체에도 불구하고 해외에서 급성장하는 전자상거래 시장 속에서 핵심 사업으로의 재집중을 선언했다. 중국 내에서는 1위 입지를 확고히 했지만, 해외에서는 여전히 압도적인 위치와는 거리가 있다.

알리바바의 조 사이(Joe Tsai) 회장은 화요일 애널리스트들과의 컨퍼런스콜에서 이렇게 말했다.

"시장에서 매우 공격적으로 나오는 플레이어들이 많습니다. 하지만 앞으로는 시장이 지금보다 훨씬 더 커질 것이고, 우리는 그 안에서 반드시 참여하고 싶습니다."

알리바바는 자사 글로벌 마켓플레이스(AliExpress, Lazada 등)를 어떻게 더 경쟁력 있게 만들지 고심해 왔다. 과거의 선점 이점은 최근 몇 년 사이 PDD 홀딩스(나스닥 상장) 산하 Temu와 Shein 같은 경쟁자들의 매출 성장에 가려지면서 희미해졌다.

전 알리바바 임원이자 『The Tao of Alibaba』 저자인 브라이언 웡(Brian Wong)은 "차이나오의 글로벌 인프라에 투자하고 이를 활용하는 것이 경쟁자를 따라잡을 수 있는 방법 중 하나일 것"이라고 말했다.

차이나오는 알리바바 창업자가 설립한 물류의 중추이며 현재 알리바바가 67% 지분을 보유하고 있다. 상장이 진행되었더라면 지분율은 50% 이상으로 줄어들었을 것이다. 이 회사는 인도네시아부터 벨기에까지 광범위한 지역에 창고를 운영하고 있으며, 다른 물류 업체에도 공급망 관리 솔루션을 제공하고 있다.

웡은 이렇게 덧붙였다.

"국제 시장 개발에 있어 매우 전략적입니다. Temu와 Shein은 자체 물류 인프라를 보유하지 않기 때문에 이것이 차별화 요소가 될 수 있으며, 해외 시장 경쟁에서 알리바바가 우위를 점하는 발판이 될 수 있습니다."

알리바바가 자체적으로 고객 데이터와 간편한 반품 프로세스를 보유할 수 있다는 점도, 향상된 배송 시간과 더불어 큰 이점이 될 수 있다. 현재 Temu의 미국 배송 표준 시간은 6일에서 22일이며, Shein은 미국 주문의 75%가 10일 이내에 도착한다고 웹사이트에 명시되어 있다.

신흥시장 수석 애널리스트는 알리바바가 지분 축소 대신 차이나오를 완전 인수하기로 한 것은 해외 시장에서의 전략적 의지를 보여주는 신호라고 평가했다.

출처: Reuters(2024.03.28.).

Chapter Summary

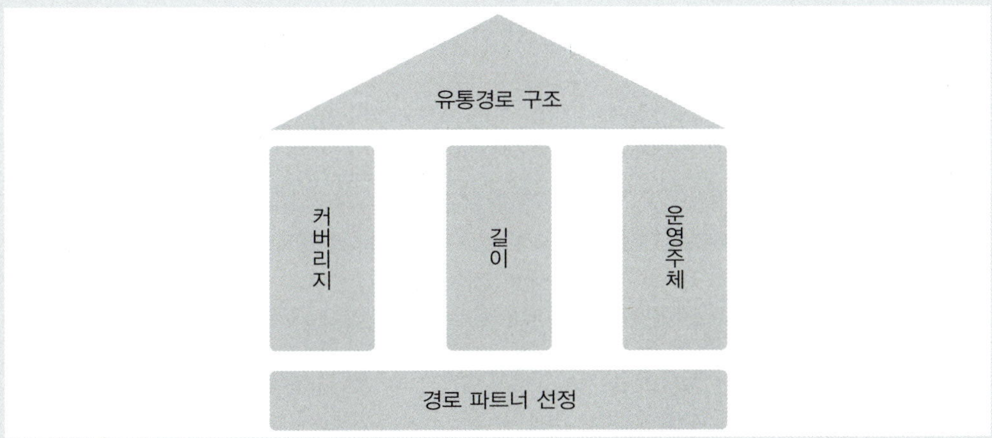

Key Words

유통경로, 유통경로 설계, 유통 커버리지(coverage), 유통경로의 길이, 수직적 마케팅 시스템(vertical marketing system), 유통집약도(distribution intensity), 힘(Power), 의존성

Discussions

1. 제조업자의 입장에서 전문품, 선매품, 편의품 중 브랜드나 제품을 하나 골라 유통경로의 구조를 결정짓는 주요 요소들을 선별해 보세요.
2. 우리 주변에서 볼 수 있는 수직적 마케팅 시스템의 사례에 대해 토론해 보세요.

Reference

안광호, 조재운, 한상린(2023). **유통원론**. 학현사.

오세조, 송상호, 김상덕(2017). **유통관리론**. 박영사.

채서일(2007). **마케팅**. B&M북스.

Bucklin, L. P. (1965). Postponement, speculation and the structure of distribution channels. *Journal of Marketing Research, 2*(1), 26-31.

Coughlan, Ann T., Erin Anderson, Louis W. Stern, and Adel I. El-Ansary(2001). *Marketing Channels*. Upper Saddle River, NJ: Prentice Hall.

Dahl, R. A. (1957). The concept of power. *Behavioral Science, 2*(3), 201-215.

Kotler, P., Keller, K. L., Ancarani, F., & Costabile, M. (2017). *Marketing management* (15th ed.). Pearson.

Mallen, B. E. (1973). Functional spin-off: A key to anticipating change in marketing structure. *Journal of Marketing, 37*(3), 18–25.

Reuters(2024, March 28). With Cainiao buyback, Alibaba takes aim at rivals' overseas advance.

Rosenbloom, B. (2012). *Marketing channels: A management view* (8th ed.). Mason, OH: South-Western Cengage Learning.

Rosenbloom, Bert(2011). *Marketing Channels: A Management View*. The Dryden Press.

Stern, L. W., El-Ansary, A. I., Coughlan, A. T., & Anderson, E. (2006). *Marketing channels* (7th ed.). Upper Saddle River, NJ: Prentice Hall.

Williamson, O. E. (1979). Transaction-cost economics: The governance of contractual relations. *Journal of Law and Economics, 22*(2). 233–261.

Chapter

IV

경로갈등과 관계마케팅

제1절

경로갈등 관리

사회학, 법학, 저널리즘 분야에서 자주 쓰이는 라쇼몽 효과(Rashomon Effect)라는 개념이 있다. 라쇼몽 효과는 같은 사건을 목격했음에도 불구하고 각 개인이 서로 다르게 기억하고 서술하는 현상을 말한다. 즉, 진실은 하나지만 사람의 인식 · 관점 · 이해관계에 따라 여러 개의 "진실처럼 보이는 이야기"가 만들어지는 상황을 가리킨다.

라쇼몽이라는 용어는 일본 영화감독 구로사와 아키라의 영화 〈라쇼몽(羅生門)〉에서 유래했는데, 영화 속에서 한 무사의 살해사건을 목격한 여러 인물이 각각 전혀 다른 방식으로 증언하면서, 관객은 실제로 무엇이 진실인지 알 수 없게 된다. 이런 차이는 서로의 이해관계 때문에 사람들이 객관적 사건을 절대적으로 동일하게 경험하지 못한다는 인간 인식의 한계를 드러낸다고 볼 수 있다.

유통경로갈등도 마찬가지이다. 유통경로는 둘 이상의 구성원으로 구성되어 있다. 이들의 상호작용을 통해 유통경로 내 시스템을 형성하며, 각 경로 구성원은 자신의 목표 달성을 위해 구성원과 상호 의존적인 협력관계를 가진다. 이러한 유통경로 시스템 내에서 각 경로 구성원 간의 상호작용은 필연적으로 갈등을 유발하게 된다. 유통경로상에서 발생하는 경로갈등은 경로 성과를 감소시킬 수 있으므로 전략적 갈등 관리가 필요하다.

한 기업이 이상적인 유통경로 구조를 설계하기 위해서는 생태계(Eco System) 내 구성원들이 상호 협력하여 최종소비자의 가치를 극대화시켜야 한다. 그런데 전통적 유통경로 구조는 참여 구성원들이 서로 다른 이해관계를 갖고 있기 때문에 갈등이 필연적이다. 문제점은 각 구성원들이 모두 자기중심적 편향적 사고를 한다는 것이다. 자기중심적 편향이란 "잘 되면 내 탓, 못 되면 남 탓"과 같이 어떤 일이 성공적이면 그 성공 요인은 본인에게 있다고 생각하는 반면, 실패 요인은 타인이나 외부에서 찾고자 하는 것과 같이 본인에게 유리하게 사고하는 방식을 의미한다.

1. 유통경로갈등

경로갈등이란 유통경로에서 한 구성원이 자신의 목표 달성에 방해가 되는 상대 구성원의 행동을 지각한 상황에서 나타나는 긴장 상태를 말한다. 유통경로의 한 구성원이 다른 구성원에게 손해를 입히거나 방해하는 것, 자신의 목적을 성취하기 위해 자신에게 적대적 행위를 한다고 인식하고 여기서 욕구 불만인 상태에 있거나 이를 표출하는 행위로 정의된다.

갈등의 종류로는 수평적 갈등, 업태 간 갈등, 수직적 갈등이 있다.

먼저, 수평적 갈등은 유통경로에서 동일한 계층에 있는 중간상 사이에서 발생하는 갈등을 말한다.

소매업태의 경쟁에서 발생하는 업태 간 갈등은 유통경로상 동일 계층에 있는 상이한 업태 간에서 발생하는 갈등을 의미한다. 예를 들면, 할인점과 백화점 혹은 슈퍼마켓 사이의 갈등이다.

수직적 갈등은 유통경로 내의 상이한 계층에 종사하는 유통기관들 사이에서 발생하는 갈등을 뜻한다. 수직적 갈등은 주로 제조업체와 유통업체 간의 갈등이며 2가지 형태의 갈등이 있다. 먼저, 동일한 제조업체와 거래하는 다양한 유통채널 간의 갈등이 있다. 제조업체가 여러 유통업체와 동시에 거래하기 때문에 발생하는 경우이다. 이는 제조업체가 전속대리점, 자사 직접판매조직, 그리고 대형 유통업체 등 다양한 경로를 통해 제품을 공급하는데, 이때 유통경로별로 다른 공급가격의 차이로 인해 제조업체와 유통업체 간에 발생하는 갈등이다.

세 번째 유형인 수직적 갈등은 특정한 유통채널과 제조업체 간에 발생하는 갈등이다. 이러한 갈등의 근본 원인은 유통경로상 거래에서 발생하는 힘의 논리에 있다. 실제, 대형 유통업체의 등장과 함께 유통경로상의 힘이 제조업체에서 대형 유통업체로 이동하면서 이러한 갈등이 발생하고 있다. 대형 유통업체의 최저가격보상제와 같은 최저가격의 실시에 대해 제조업체는 유통업체의 마진 축소분을 제조업체에 전가하고 있다고 반발하면서 갈등을 보인 것이 이러한 갈등의 한 예라 하겠다. 또한 유통경로상에서 대량 거래로 인한 거래의 우월적 지위를 이용해 유통업체의 판촉행사와 이에 따른 비용 부담 요구, 매장의 판촉사원 파견 요구 등 제조업체 비용을 증가시키면서 수직적 갈등도 빈번하게 발생하고 있다.

2. 갈등의 발생과정: 갈등과정 모형

경로갈등이란 각 구성원들의 목표와 그들이 수행해야 할 역할에 대한 경로 구성원들 간의 의견 불일치를 말한다. 갈등이 발생하는 과정을 설명하는 여러 메커니즘 중 가장 일반적인 것이 다음에서 설명하는 갈등과정 모형(Channel Conflict Process Model)이다. 갈등과정 모형은 다음과 같은 과정을 거쳐 갈등이 발생한다고 설명한다.

1) 침해에 대한 인식

갈등의 시작은 거래 상대방이 자신의 이익과 권리를 어떤 방식으로든 침해하고 있다는 인식(frustration)에서 촉발된다. 예를 들면, 상대방이 자신의 의견에 대해 반대 의견을 제시하거나, 협조 요청을 거절하거나, 약속이나 협정 또는 계약을 위반하거나 하는 경우이다. 보다 적극적으로는 거래를 방해하거나 거래규범을 파기하거나, 상대방의 감정을 무시하는 경우는 물론 상대방이 자신을 무시하거나 자신의 지위를 격하하는 등의 행위가 발생할 때 침해에 대한 인식이 생긴다. 이렇게 상대방이 나를 침해한다는 인식이 생기면 침해의 원인과 대안을 찾게 되는 단계로 갈등이 진행된다.

2) 개념화

개념화(conceptualization)는 상대방의 침해를 머릿속에서 정교화하는 과정이다. 상대방의 침해행위가 발생된 원인을 찾고 여기서 발생된 갈등을 해결할 수 있는 대안을 찾는 것을 개념화과정이라고 한다. 상대방의 침해 행위가 반대 의견 제시인지 약속 위반 때문인지에 따라 구체적인 원인을 파악하게 된다. 이를 위해 거래 쌍방뿐만 아니라 중립적인 위치에 있는 제3자의 의견을 경청하기도 한다. 일반적으로 거래를 하는 당사자는 자신의 이익을 추구하기 때문에 갈등의 원인에 대해 자신의 입장을 고수하려는 경향을 보인다.

3) 행위: 해결책

침해받는 이는 개념화를 통해 상대방의 침해 행위의 원인을 분석해 도출된 갈등 해결의 대안을 실제 행위로 표출하게 되는데 이를 행위(behavior) 단계라고 한다. 기본적인 행위 패턴은 다음과 같은 5가지로 나타난다.

첫째, 경쟁지향적 행동(competitive orientation)은 상대의 이익보다 자신의 이익을 우선시하고 상대방을 경쟁의 대상으로 간주해 승리하려 하는 행동을 나타낸다. 감정적인 대응으로 경로 성과를 저해할 가능성이 높은 행위 패턴이다. 당장 승리했다 하더라도 장기적으로 어떤 식으로든 거래 상대방의 보복 행위를 유발할 수 있다.

둘째, 순응지향적 행동(accommodative orientation)은 경쟁적 행동과는 달리 상대방의 이익을 먼저 고려해 협조적인 행위를 보인다. 순응 전략은 상대방과의 관계나 거래를 지속하기 위해 상대방의 요구를 따르는 방법이다. 이는 순응하는 입장에서 희생이 요구되지만, 거래 파트너와의 관계가 훼손되는 것보다 희생하는 것이 더 이익이라고 판단될 때 나타나는 경우가 많다. 이는 갈등의 해결이라기보다는 자기 자신의 가치관을 변화시켜서 강자에게 대응하려는 비용 경감(cost reduction) 형태라 할 수 있다. 하지만 순응 전략은 잠재적인 갈등이 남아 있게 되며, 공격 전략과 마찬가지로 향후 거래에서 갈등을 증폭시킬 가능성이 있다.

셋째, 공유지향적 행동(sharing orientation)은 경쟁과 순응적 행동의 중간으로 거래 쌍방이 양보와 타협을 시도하는 행위를 말한다. 서로의 이익만을 주장하기보다는 양보와 협상을 통해 타협점을 찾고자 하는 것이다. 하지만 적절한 해결대안이 도출되지 않고 각자의 이익이 맞선다면 공유지향적 행동으로 인해 갈등이 오히려 증폭되는 경향을 보일 수 있다.

넷째, 협력지향적 행동(collaborative orientation)은 공유지향적 행동보다 훨씬 적극적으로 양자 간의 최대 만족을 이끌어내기 위해 통합된 행위를 하는 것을 말한다. 협력지향적 행동은 갈등에 대한 경로 구성원 모두의 의견과 관점을 서로 공유하고, 토론함으로써 갈등을 해결하고자 하는 동기를 강화시킨다. 갈등에 대한 이러한 자세는 구성원들이 문제 해결능력, 상호 이해와 함께 효과적인 문제 해결을 유도한다.

다섯째, 회피지향적 행동(avoidance orientation)은 갈등 해결을 회피하는 것으로 거래관계에서 이탈하거나 고립, 무관심, 체념 등의 태만 행위를 하는 경우를 말한다. 갈등 해결에 있어, 회피 행동(avoiding behavior)은 갈등을 표면적으로 최소화시키는 전략으로 생산적 상호작용을 줄이고, 정확하고 질 높은 정보의 수집과 사용을 방해하고 자유로운 의사소통과 정보 교환을 억제한다. 결과적으로 유통경로 구성원들은 갈등을 해결하려 하기보다는 이기적인 관심사에 더 집중하는 경향을 보인다. 회피 행동은 서로의 차이점을 감춰 표면적으로는 갈등을 피하고, 조화를 꾀하는 것처럼 보일 수도 있지만 이는 갈등이 해소된 것이 아니라 잠재되어 있는 상태이기 때문에 장기적인 관계를 해칠 수 있다.

이와 같이 유통경로에서 구성원들의 관계는 갈등을 개념화하며 이에 대한 행위를 어떤 식으로 표출하느냐에 따라서 결과물이 달라진다. 만일 구성원들의 행동이 경쟁이나 회피로 유도된다면 불신과 불만을 초래하여 종국적으로 관계가 종식될 수 있음을 명심해야 한다. 마케팅 관리자가 선택할 수 있는 전략 중 협력 행동이 가장 이상적인 전략이며, 회피 행동이 가장 나쁜 전략이라고 할 수 있다.

4) 상대방의 반응

경로 구성원 일방이 보인 행위에 대해 다른 상대방은 반응을 나타낸다. 반응은 크게 심리적 · 정서적 반응과 행위적 반응으로 나타난다.

일반적으로 유통경로 구성원이 자신의 이익이나 관심사를 만족시키기 위해 노력하는 정도가 높고(자기중심성) 상대방의 관심사를 만족시키기 위해 노력하는 정도(협동성)가 낮을수록 경쟁 행동이 유발된다. 또한 낮은 자기중심성과 낮은 협동성은 회피(avoiding) 행동을 유발하며, 중간 수준의 자기중심성과 협동성은 타협(compromising) 행동을, 낮은 자기중심성과 높은 협동성은 수용(accommodating) 행동으로 나타난다. 마지막으로 높은 자기중심성과 높은 협동성은 협력(collaborating) 행동을 유발한다.

여기서 주의해야 할 것은 상대방은 반응 행위를 결정하기 전에, 자신의 행위에 의해 초래될 단기적 혹은 장기적 결과를 판단해 반응을 보이게 된다는 점이다. 예를 들면, 자신의 궁극적인 목표 달성을 위해 상대방의 회피적 행동을 무시할 수도 있고, 경쟁적 행동을 취하더라도 장기적으로 자신의 목표를 달성하기 위해 경로 이탈과 같은 극단적인 행동을 자제하기도 한다.

5) 결과

갈등 발생 메커니즘을 과정으로 살펴보면 침해를 인식하고, 이를 개념화하고, 행동을 결정해 행동하고, 이에 대한 상대방의 반응을 보고 다시 이를 개념화하고 행동에 나서는 순환과정을 거친다. 이 과정에서 1차적으로 갈등이 마무리되면 그 결과가 산출되는데 이 단계를 결과 단계라고 한다. 일시적으로 갈등이 종식되었더라도 갈등의 결과물은 경로 구성원 간의 관계에 단기적 혹은 장기적으로 영향을 미친다. 갈등이 극복 불가능한 경우에는 관계가 종식될 수도 있고, 근본적인 침해의 원인이 극복되지 않고 갈등이 종식된 경우에는 잠재적 갈등의 형태로 다음 단계의 사안에서 양자의 관계에 영향을 미친다. 이를 '갈등의 여파'라고 하는데 갈등 전과 후를 비교할 때 거래 상대방에 대한 자신의 신념이나 태도 등에 있어 변화를 보일 수도 있다.

3. 갈등의 원인과 결과

1) 갈등의 원인

갈등의 원인은 다음 5가지로 대별할 수 있다.

(1) 목표 불일치

목표 불일치는 공동의 활동에 협력해야 하는 두 경로 구성원들이 서로 상이한 목표를 추구할 때 발생한다. 목표가 일치할 때에도 목표 달성 방법에서의 차이에 의해서도 갈등이 발생할 수 있다. 유통경로 구성원들의 자기 이익 추구 성향으로 자신의 이익과 목표에 부합되지 않은 다른 경로 구성원의 행위에 대해 반감을 나타내며, 행동으로 불일치를 해소하려고 하는 과정에서 갈등이 발현되는 것이다. 예를 들면, 상대방에게는 중요한 문제이나 자신에게는 상대적으로 중요성이 덜한 문제에 관해 경로 구성원들 간의 규범과 원칙을 이행하지 않거나 이행하더라도 최선을 다하지 않는 모습을 보여준다면 갈등이 발생한다. 일반적으로 목표가 상충되는 정도와 상충되는 목표의 중요성에 따라 갈등의 폭과 깊이가 달라진다.

(2) 힘의 불균형과 사용

전통적으로 유통경로 구성원들 간의 힘의 불균형은 유통경로갈등을 유발시키는 주요한 원인으로 주목받아 왔다. 힘이 불균형하다는 것은 거래 조건이 어느 한쪽이 일방적으로 불리하도록 힘이 행사될 가능성이 높다는 것을 의미하기 때문에 갈등이 증폭된다. 갈등이 증폭되는 경우 이를 해소하기 위해 힘이 행사되는데 이는 또 다른 잠재적 갈등의 원천이 된다. "힘의 불균형 → 힘의 행사 → 갈등의 증폭 → 힘의 행사 → 잠재적 갈등"으로 이어지는 악순환 고리가 형성되는 것이다. 특히, 강압적인 힘의 사용은 갈등을 유발하는 원천이다. 하지만 강압적인 힘의 사용이나 비강압적인 힘의 사용 모두 잠재적인 갈등의 형태로 관계를 구축하는 데 작용하여 경로 성과를 저해하는 요소로 작용하므로 힘의 사용은 신중해야 한다.

(3) 의사소통 장애

유통경로의 구성원들은 끊임없이 의사소통을 하며 비즈니스를 발전시켜 나간다. 예를 들면, 제조업자는 신제품 관련 트렌드, 판매촉진 캠페인, 기술동향, 시장상황에 대한 다양한 정보를 제공한다. 유통업자도 고객들의 만족 · 불만족 사안, 판매 데이터, 경쟁구도 등에 대한 소비자 관련 정보를 제공한다. 이 과정에서 비효율적이거나 왜곡된 의사소통은 두 파트너들 간의 오해를 발생시켜 욕구불만을 이끌어낸다. 모호한 개념이나 아이디어의 사용, 비밀주의, 정보 전달에 대한 동기 부족과 표준화된 정보처리 절차 부족 등은 경로상에서 자주 나타나는 의사소통 장애 현상이다. 비효과적 의사소통은 상당 부분 경로 구성원이 경로 전체의 관점보다는 자신의 입장에서 상황을 지각하거나, 상대방과의 의사소통 절차와 방법이 적절하지 않은 경우에 발생한다. 이는 부적절한 의사소통을 불러일으키고 결국 갈등을 발생시키는 원인으로 작용하게 된다.

(4) 인식 차이

동일한 사안에 대해 서로 다르게 지각하는 인식 차이는 경로갈등의 주요 원인으로 지목되어 왔다. 각 경로 구성원은 그들의 역할, 개성, 접하고 있는 환경적 요인과 현실 상황을 자신의 입장에서 지각하기 때문이다. 경로 구성원은 개별적으로 상이한 시각으로 시장환경, 경쟁 전략, 고객관리 방안을 바라볼 수 있다. 예를 들면, 중간상은 그들이 활동하지 않은 다른 시장 상황에는 관심을 두지 않으며 국지적 관점에서 시장 수요와 경로 간의 경쟁에 관심을 둔다. 그러나 제조업자는 광범위한 시장 수요와 경로 간 경쟁을 강조하여 중간상과의 경로 관계에 대한 상충된 의견을 보이게 된다. 이러한 상충된 생각은 결국 갈등 가능성을 높인다.

(5) 역할 모호성

역할이란 경로 구성원이 마땅히 취해야 할 행동을 명시해 주는 일련의 행동규범이다. 역할은 자신이 다른 경로 구성원에게 기대하는 자신의 권리나 상대방이 달성해야 하는 성과에 대한 기대뿐만 아니라 자신이 해야 할 의무를 규정한다. 경로갈등은 유통경로의 각 구성원이 서로에게 갖는 의무와 역할, 의무가 불균형하고 불공정하다고 인식될 때 발생한다. 경로 구성원이 자신의 규정된 역할로부터 벗어나 다른 구성원이 기대하는 만큼 역할을 수행하지 못하는 경우에도 갈등이 발생한다. 특히, 유통경로에 참여하는 경로 구성원들 간의 역할이 명확하게 명문화되어 있지 않은 경우나 명문화되어 있더라도 경로 구성원의 어느 일방이 자신의 역할을 명확히 인지하지 못할 경우 갈등이 심화된다. 결론적으로 경로 구성원 간의 역할이 명확히 명문화되어 있고, 개별 구성원들이 자신의 역할을 명확히 인지할수록 갈등 발생 가능성은 줄어든다.

2) 갈등의 결과

갈등은 유통경로 관계에서 반드시 부정적인 역할만 초래하는 것은 아니다. 갈등은 역기능과 순기능을 함께 지니고 있다. 일반적인 갈등의 역기능으로는 ① 비용과 시간, 노력의 낭비 ② 경로 구성원의 만족, 신뢰, 몰입 감소 ③ 정보 공유 기피에 의한 최적 의사결정의 어려움 ④ 관계에서 발생하는 갈등은 불만족이나 적개심 등 부정적 감정을 유발하여 협조와 공동 목표를 향한 노력을 제한할 수 있다는 점이다.

이렇듯 기본적으로 갈등은 경로 성과를 저해한다. 그러나 갈등이 무조건 부정적 효과만 유발하는 것은 아니다. 예를 들면, 경로갈등이 낮은 이유가 서로에 대한 무관심에서 비롯된 것이라면 이는 바람직하지 않다. 한 연구결과에 의하면, 갈등이 매우 낮은 거래관계의 경우 성과가 가장 낮은 것으로 나타났다. 지나친 갈등은 불화와 긴장이 심화되어 경로 성과를 해치지만 지나치게 갈등과 긴장이 없는 상태도 바람직하지 않다는 것이다. 따라서 경로관리자는 갈등이 적절한 수준을 유지하도록 관리해야 하며 갈등이 순기능적 역할을 할 수 있도록 적극적으로 유도해 주어야 한다.

갈등으로 인한 긍정적인 긴장을 통해 갈등이 순기능적인 효과를 보이는 경우는 다음과 같다.

① 경로 구성원 간의 의사소통 기회를 늘리고 정보 교환이 활발해져 스스로 문제

점을 되돌아보게 하고 서로를 더 잘 이해하게 만든다. 상호 이해를 바탕으로 거래 쌍방은 갈등 해결을 위해 노력하게 되는데, 향후 발생 가능한 갈등을 해결할 수 있는 표준화된 방법을 개발할 수 있도록 유도한다. 예를 들면, 갈등 발생 시 해결 매뉴얼이나 분쟁조정기관을 만들 수 있다.

② 갈등은 만족 등과 같은 심리적인 영역에서는 부정적이지만 성과에는 긍정적인 영향을 미칠 수 있다. 갈등이 당사자의 긴장감을 고조시켜 인지적 능력을 개선시키고, 경쟁을 유발하여 동기를 부여하기 때문이다. 또한 갈등 해결과정에서 생기는 공평함에 대한 인식은 거래에 대한 몰입과 높은 동기부여를 가능하게 하기도 한다.

③ 갈등 해결을 위해 동맹체 결성과 같은 수단이 활용되는 경우, 힘이 강한 구성원에 의한 불공정한 힘의 행사를 억제하고 경로 구성원 간의 힘의 균형을 이루게 해 준다. 결과적으로 협력적인 관계 구축이 가능해진다.

4. 갈등 해결 전략

유통경로 갈등의 상당 부분은 유통경로 구성원들 각자의 이해가 상충하기 때문에 본원적으로 갈등의 원천을 제거하기는 어려우나 갈등의 효율적인 관리를 통해서 유통경로의 효율성을 증대시킬 수는 있다. 이러한 갈등 해소 방안은 다음과 같다.

1) 갈등의 원인 제거

갈등의 근본 원인을 제거하는 것이 가장 이상적인 갈등 해결 전략이다. 예를 들어 채널 간의 영역 중복으로 유통채널 간 갈등이 발생하는 경우는 채널별 제공가치의 차별화가 갈등 해결의 방법이다. 유통채널 간 갈등은 제조업체가 전속대리점과 대형 유통업체와 동시에 거래하면서 전속대리점과 제조업체 사이에서 주로 많이 발생한다. 제조업체가 대형 유통업체와의 거래가 늘어나면서 보다 좋은 가격으로 공급하도록 요구받고 있고 이에 대해 대형 유통업체와 경쟁관계에 있는 전속대리점이 반발하는 과정에서 갈등이 발생할 수 있다. 이러한 경우, 제조업체는 유통채널의 성격에 맞는 변형된 제품이나 브랜드 도입을 통해 갈등을 해소할 수 있을 것이다. 예를 들면, 대형 유통업체를 위한 벌크 제품의 개발이나 대형 유통업체의 PB 제품 공급과 같이 유통채널별로 차별화된 공급을 하는 것이다.

2) 힘의 행사와 균형화

갈등 발생 시 경로 구성원들은 상대방의 행위를 변화시킴으로써 자신의 목표를 달성할 수 있도록 다양한 힘을 행사한다. 그 유형으로는 ① 상대방을 위협하거나 ② 제3자와의 동맹을 모색하거나 ③ 당위성을 호소하는 전략이 있다.

여기에서 위협 전략은 처벌할 수 있는 힘을 가진 경로 구성원이 거래조건이나 행위와 관련된 다양한 부분에서 상대방을 위협하는 행위를 말한다. 제3자와의 동맹 전략은 상대방과의 갈등 상황을 자신에게 유리하게 해소하기 위해 이해관계가 있는 제3자와의 동맹을 통해 갈등 원인자에게 대항하는 방법이다. 마지막으로 당위에 대한 호소는 경로 구성원들이 공유하고 있는 가치를 말하는데, 약자 보호의 가치, 거래 공정성의 가치 등을 내세워 일반 대중이나 정부와 같은 기관에 호소하는 전략이다.

힘의 균형화를 통해 갈등을 해소할 수도 있다. 유통채널상에서 힘의 불균형으로 주로 발생하는 제조업체와 대형 유통업체 간에 발생하는 갈등을 해결하는 데 유용한 전략이다. 먼저 제조업체의 유통채널에 대한 힘 유지 및 강화 전략을 고려할 수 있다. 파워 브랜드를 소유한 제조업체의 경우는, 대형 유통업체와 갈등이 상대적으로 크지 않다. 그 이유는 브랜드의 힘이 있으면 유통채널상에서 비록 규모로 인해 채널의 힘이 대형 유통업체 쪽으로 기울어진다 하더라도 대형 유통업체의 힘의 행사가 어려워지기 때문이다. 결국, 브랜드 파워를 가진 제조업체는 유통채널과의 갈등을 주도적으로 관리할 수 있게 된다.

채널 포트폴리오를 통한 채널 간의 경쟁 유지도 제조업체 측면에서의 갈등 관리방법이다. 제조업체가 채널 간 적절한 포트폴리오를 구성하여 특정 채널이 지나치게 힘을 가지는 것을 방지하는 것이다. 최근에는 제조업체가 D2C(Direct to

Customer)채널을 강화하면서 자사몰을 통한 판매에 적극 나서는 것도 이러한 움직임 중 하나라고 볼 수 있다. 그러나 이렇게 제조업체가 주도적으로 갈등을 관리하기 위해서는 그에 상당하는 힘이 필요하다. 따라서 한편으로, 전략적 제휴를 통한 유통채널 간 공생의 방법을 찾는 것도 필요하다. 그 최선의 대안이 유통채널과의 협력이다. 최근 많은 주목을 받고 있는 SCM과 카테고리 매니지먼트 등이 한 예이다. 제조업체에게는 대형 유통업체와 이러한 협력 시스템을 구축하기 위한 기술력을 갖추는 등 보다 적극적인 대비와 노력이 요구되고 있다.

3) 정치적 해결: 제3자의 개입을 통한 조정과 중재

정치적 해결은 협상과 비슷하지만 제3자를 갈등 해결 과정에 개입시킨다는 점에서 차이가 있다. 갈등은 기본적으로 서로의 이익을 추구하는 거래 쌍방 간에 발생한다. 갈등의 원인이 구조적인 문제에 기인하거나 감정적인 문제일 경우 갈등은 쉽게 해결되지 않는다. 이런 경우에는 제3자를 통한 조정이나 중재를 통해 문제를 해결할 수 있다. 조정은 제3자가 공정한 해결책을 제시하는 것으로 구속력은 없지만, 중재는 중재자의 해결방안을 받아들여야 하는 구속력을 가지고 있다. 갈등 해결을 위해 고려할 수 있는 제3자로는 경로 리더를 고려할 수 있다. 경로 리더의 영향력을 활용하는 방법으로는 경로 구성원들에 대한 영향력을 확보하고 있거나, 신뢰를 획득하고 있는 경로 리더가 중재에 나서는 방법이 있다. 다음으로 중재를 위한 상설기관이나 기구를 설립해 유통경로상의 갈등이 발생했을 때 공정한 해결방안을 제시하도록 하는 방법도 사용된다. 이는 기업형 경로, 계약형 경로, 관리형 경로와 같은 수직적 마케팅 시스템에서 중요한 갈등 해소방법이다. 마지막으로 정부기관이나 사법기관 등의 권위 있는 기관을 활용해 갈등을 해결하는 방법을 사용할 수 있다.

4) 정보 공유와 상호 인식 교류

정보 공유(information exchange)는 유통경로 구성원 각자의 정보가 파트너에게 제공되어, 서로의 입장에 대한 이해도를 높여 갈등을 해결하고자 하는 전략이다. 예를 들어, 갈등이 발생할 경우, 유통경로 구성원들이 갈등의 원인과 해결방법에 대한 상대방의 의견을 듣고, 공유하고, 서로 존중하는 자세를 취한다면 갈등의 해결 가능성이 높아진다. 경로 구성원은 공유한 정보를 공동으로 분석하고, 해석하고, 이해하는 과정을 통해 점진적인 갈등 해소를 이룰 수 있다. 갈등의 원인을 함께 분석하고 토의하며 공동의 목표에 부합하는 해결방법을 찾기 위해 노력할 수도 있다. 구성원들은 갈등 해결에 대한 파트너의 기대를 파악하고, 특정 책임 분야가 무엇인지, 어떻게 행동해야 하는지를 알게 되는 것이다.

보다 적극적으로 갈등 해결에 대처하는 방법은 인적 교류이다. 경로 구성원 간에 인력을 교환하거나 정기적인 만남과 같은 제도적 장치를 통한 인적 교류를 모색하는 방법이 그것이다. 그 밖에 의견을 공유하는 협회에 공동으로 가입하거나 거래 상대방에 대해 교육 프로그램을 도입하고 자사의 정책을 적극적으로 선전하는 방법도 병행하면서 갈등에 대처할 수 있다.

5) 협상

거래 쌍방 간의 의존도가 낮은 유통경로 형태에서 갈등 해결을 위해 가장 보편적으로 활용되는 방법이다. 힘의 행사만으로는 갈등을 해결하기 어렵기 때문에 양보도 함께하는 방식이다. 협상의 성공 여부는 경로 구성원 간 신뢰의 정도와 의사소통 경로의 특성에 의해 결정된다.

협상 전략은 경로 구성원 자신의 이익이 거래 상대방의 손실을 의미하는 상황에서 자신의 목표를 거래 상대방이 수용할 수 있는 대안을 찾는 것으로 두는 과정이다. 일반적으로 3가지 접근방식이 있다.

첫째, 문제 해결 전략은 갈등 상태에 있는 거래 파트너 모두의 요구를 통합하여 보다 상위의 공동 성과를 극대화하기 위한 방안을 모색하는 것이다. 자신의 목표에 대한 관심도 포기하지 않지만 상대방의 목표, 상호 목표 등에도 관심을 가지면서 궁극적으로 상호 만족할 수 있는 해결책을 찾는 전략이다. 이를 위해 상호 간에 욕구,

목표, 우선순위에 대한 정보를 교환한다. 과거의 약속이나 잘잘못을 주장하기보다는 현재 처한 환경에 맞게 과거의 약속을 유연하게 조정하면서, 새로운 대안들을 탐색한다. 문제 해결 전략은 거래 파트너 상호 간 관계 강화에 긍정적인 영향을 주고, 갈등 해결 후 협력적인 분위기를 조성하게 하는 기반이 된다.

둘째, 타협 전략은 거래 파트너가 사전에 체결한 계약을 바탕으로 일련의 쟁점에 대한 절충안을 개발하면서 갈등을 해결하는 전략이다. 타협 전략은 거래 파트너 간에 상대방에 대한 이해가 필요하지 않다는 점에서 문제 해결 전략과 구분된다. 또한 거래 파트너가 동일한 쟁점에 대해 동등한 수준으로 호혜적인 양보를 이끌어낼 수 있도록 유도한다. 예를 들어, 가격, 촉진, 마진폭과 같은 쟁점들에 대해 거래 파트너 간에 동등한 수준으로 양보하여 중간 합의점에 도달할 수 있다. 타협 전략은 거래 파트너 기업에 대한 신뢰를 강화하며 상호 간의 관계를 강화하게 한다.

셋째, 공격 전략은 강압적 위협이나 처벌 등을 일방적으로 제시해 갈등을 해결하려는 방법이다. 어느 한 일방이 힘의 우위를 가지고 있을 때 주로 사용된다. 공격 전략은 파트너로부터 일방적인 순응과 양보를 이끌어내고자 하는 것이 목표가 된다. 파트너의 욕구나 목표 등은 무시하게 되고, 오직 자신의 목표만을 주장하며 양보하지 않는 방법이다. 이 때문에 공격 전략은 갈등의 근본 원인을 제거하려는 의지를 감소시키고, 오히려 더 많은 문제를 야기시킨다. 경우에 따라 중요한 쟁점에서 매우 큰 이득을 볼 수 있을지 몰라도 장기적으로 갈등을 증폭시킬 가능성이 크다는 점을 명심해야 한다.

제2절

관계마케팅

앞에서 살펴본 유통경로 간의 갈등을 해결하기 위한 방안으로 구매자와 판매자 사이의 협력적 관계 구축을 통한 경쟁우위 확보 전략이 각광받고 있다. 이러한 패러다임을 관계마케팅(Morgan and Hunt, 1994)이라고 한다.

유통경로를 적절하게 설계하고, 통제하고, 갈등을 관리하는 것에서 더 나아가 유통경로 구성원 간의 관계를 효율적으로 구축하는 것이 기업의 경쟁력을 창출하는 중요한 요소라는 것이다. 예를 들면, 힘의 사용으로 갈등이 일시적으로 해소되었더라도 다음 사안에 영향을 미치며 유통경로 성과를 저해한다. 이때, 거래 당사자 간의 신뢰를 구축하고, 거래에 대한 몰입을 높이는 관계마케팅 활동은 유통경로의 성과를 개선할 뿐만 아니라 혁신도 유발하는 주요한 동인(動因)으로 수많은 연구들이 주목하고 있다. 더군다나 오늘날 학계는 물론 현업 관리자들도 새로운 고객을 창출하는 것보다는 기존 고객을 유지하는 것이 기업을 지속 성장으로 이끄는 성장 엔진이라는 것을 이해하고 있다.

1. 장기적 협력

1) 힘의 사용과 수직적 마케팅 시스템

경로 구성원 중 가장 영향력이 큰 경로 주도자는 힘의 행사를 통해 협력과 일관적인 가치를 창출하려는 시도를 해 왔다. 그러나 힘의 사용으로 일시적인 성과 개선은 가져왔지만 그 부작용으로 오히려 경로 성과를 저하시킨다는 주장이 꾸준히 제기되어 왔다. 일시적으로 힘에 의해 유통경로 구성원들의 행동이 변화되었다 하더라도 잠재적 갈등은 유통경로의 성과에 부정적인 영향을 미친다.

이에 대응하기 위해 제도적으로 경로를 통제하려는 시도로 앞서 설명했던 수직적 마케팅 시스템이 시도되었다. 소유, 계약, 관리에 의한 수직적 통합을 통해 통제력을 확보하려 한 것이다. 경로 주도자에 의해서 계획된 프로그램에 의해 경로 구성원들을 전문적으로 관리 · 통제하는 네트워크 형태의 경로조직이 도입되고 현재까지 가장 보편화된 유통경로 통제방식으로 자리 잡고 있다. 수직적 마케팅 시스템은 전통적 유통경로보다 안정적이며 경로 시스템 전체의 관점에서 마케팅 관련 의사결정을 할 수 있다.

2) 관계적 거래 패러다임과 장기 협력 관계

최근에는 제도적인 통제력 강화와 함께 본질적인 측면에서 관계의 질(Quality of Relationship)을 강화하여 장기적인 협력을 이끄는 것이 경로 성과를 좌우한다는 주장이 제기되고 있다.

이를 관계적 거래 패러다임이라고 하는데 이의 특징을 보면 다음과 같다. 첫째, 거래 당사자들이 현재와 미래의 성과 모두에 관심을 가지며 과업 수행에 따른 책임은 거래 쌍방에게 공동으로 부여된다는 측면에서 전통적인 유통경로와는 차이가 있다. 둘째, 거래 상대방에 대한 신뢰가 높아 헌신적인 협력을 유발할 수 있다. 셋째, 경로 구성원의 이탈 방지와 기회주의 감소, 거래의 효율성 제고 등과 같은 경쟁적

이점을 창출할 수 있다.

최근 들어 관계적 거래 패러다임은 장기 협력 관계로 발전되고 있다. 장기 협력 관계는 최종고객이 요구하는 것을 경로 구성원들이 공동으로 만족시켜주기 위해 장기적으로 각자의 활동을 상호 조정하는 한편, 자신의 성공이 상대방에게 달려 있다는 동반자적 사고가 지배하는 거래관계를 말한다. 장기 협력 관계가 주목받고 있는 이유는 다음과 같다.

첫째, 최근 들어 유통경로상에서 한 업체가 상대하는 공급업체의 수가 현저히 줄고 있다. 공급자 감축은 제조업체의 잔존 공급자에 대한 의존도를 높이고 있으며 장기적인 거래를 통해 거래의 안정성을 추구하고자 하는 경향이 심화되었다.

둘째, 아웃소싱의 증가이다. 아웃소싱을 통해 자사의 고정비를 줄이고, 전문 기능을 아웃소싱함으로써 전문화를 추구하는 장점을 획득하고자 하는데 이 과정에서 장기적인 관계의 형성은 서로에 대한 이해를 높여 거래비용 감소를 유도할 수 있다.

종합하면 경로 구성원들의 관계가 장기적으로 구축될 경우 다음과 같은 장점이 있다. 제품의 안정적인 공급이 가능해지고 상대방의 제품, 거래정책, 거래조건 및 선호사항 등 상대방의 요구에 대한 이해도가 높아진다. 서로 간의 의존성이 강화되면서 공동의 목표 달성을 위한 노력이 강화된다.

그러나 장기지향적 패러다임은 다음과 같은 단점도 존재한다. 첫째, 특정 제조업자 혹은 공급업자와 종속됨으로써 경영환경 변화에 유연하게 대응하지 못할 수 있다. 예를 들면, 종속적인 거래 상대자 이외에 더 바람직한 대안이 나타났을 경우 이 기회를 활용하기 어렵다. 둘째, 과도한 거래의 특유 투자가 존재하는 경우 이를 유연하게 변경 · 교환하기 힘들고 장기적으로 비용이 수익을 초과할 수 있다. 셋째, 거래 상대방 간의 높아진 의존성을 악용하는 거래 상대방이 나타날 수 있다. 예를 들면, 공급에서 특정 업체의 비중이 지나치게 높아지면 이를 무기로 과도한 가격 인상 요구나 거래조건 요구를 시도하는 업체가 나타날 수 있다. 넷째, 한 업체의 경영 효율성 저하나 경영 실패 상황이 도래할 경우 긴밀하고 장기적으로 연결된 기업인 거래 상대방에게도 악영향을 미칠 가능성이 있다.

2. 신뢰

장기적이고 협력이 잘되는 관계를 구축하는 데 있어 핵심 요소는 무엇일까? 대부분의 관계마케팅 영역 연구들은 '거래 상대방과의 신뢰'에 주목한다. 신뢰는 거의 대부분의 관계적 변수를 조절하거나 매개하는 변수이다. 따라서 어떻게 하면 신뢰를 구축할 수 있는지, 어떤 조건에서 신뢰가 효과적인지에 대해서 알아보는 것이 매우 중요하다.

1) 신뢰

신뢰는 관계마케팅 영역에서 가장 중요한 변수이다. 신뢰가 형성되면 관계의 질은 물론 정량적인 성과가 대폭 개선되기 때문이다. 신뢰는 상대편의 의도에 대한 긍정적인 해석의 단서로 작용하여 갈등은 줄이고 협업은 증가시키며, 상대방의 기회주의를 감소시키며, 감시비용도 줄여준다. 관계마케팅에서 거의 모든 성과 변수들을 매개하는 핵심이다. 실무에서도 고객들과 관계를 개선하는 데 있어서 신뢰의 중요성은 두말할 필요가 없을 것이다.

Dwyer, Schurr and Oh(1987)는 신뢰는 거래 상대방이 쌍방관계에서 협력을 원하고 의무와 임무를 다할 것이라는 기대를 의미한다고 했다. 신뢰가 거래상의 불확실성을 완화시켜 거래비용을 줄이고, 협력을 유발하는 효과를 내는 것이며, 유통경로상의 힘과 갈등에 관한 연구를 하나로 연결하는 개념으로 간주하였다.

또한 신뢰는 경로 구성원의 행동을 해석할 수 있는 핵심 단서 역할을 한다. 신뢰는 '진정성'을 전제로 하기 때문이다. 예를 들면, 서로 간에 신뢰가 있는 경우에는 상대방의 갈등 행위를 액면 그대로 받아들이고 다른 불순한 의도가 있다고 느끼지 않을 것이다. 상대방이 의견을 관철시키기 위해 영향력을 행사할 때에도, 그 의견에서 긍정적인 요소를 찾아내고자 할 것이다.

신뢰는 이를 구성하는 다양한 차원과 관점이 있다. 신뢰의 차원은 신뢰를 강화하기 위한 전략적 차원이자 도구로서의 의미와 중요성을 가진다.

첫째, 가장 중요한 신뢰의 차원을 제시한 것은 David Maister의 신뢰 방정식(Trust Equation)이다. 신뢰(Trust)는 전문성과 정직함에서 오는 신용(Credibility), 약속과 이행의 반복에서 오는 예측 가능성(Reliability), 그리고 감정적인 믿음인 친밀감(Intimacy)을 합한 값을 자기중심성(self-interest)으로 나눈 수치라는 것이다.

$$\text{Trustworthiness} = \frac{C + R + I}{S}$$

Maister의 신뢰 방정식은 신뢰를 구성하고 있는 요소 중 분모에 나타나고 있는 자기중심성을 강조하고 있는 점에 주목할 필요가 있다. 자기중심성이 강할수록 모든 신뢰가 반감되기 때문에 신뢰를 형성하는 최우선 요소라는 것이다.

둘째, 유통의 관계마케팅 영역에서 가장 빈번하고 중요하게 고려되는 신뢰의 하위 차원으로는 배려와 호의(benevolence)나 진실성(trustworthness), 전문성(expertisement), 정직성(honesty)의 차원이 있다. 위의 변수들이 잘 관리되는 상태가 신뢰가 형성된 관계라고 볼 수 있으므로 신뢰의 하위 차원에 대한 전략적 관리가 필요하다.

셋째, 신뢰를 계산적 신뢰와 관계적 신뢰로 구분할 수 있다. 계산적 신뢰는 이해타산과 이성적인 판단에 의해 형성되는 신뢰를 말한다. 또한 관계적 신뢰란 정서적인 관점에서 서로에 대한 이해와 감정 공유에 의해서 형성되는 신뢰를 말한다. 관계 초기에는 계산적(calculative) 신뢰가 강한 반면, 어느 정도 신뢰가 형성된 후에는 관계적(relational) 신뢰 또는 인식 기반(identification-based) 신뢰가 강해진다. 따라서 거래 초기에 신뢰를 얻기 위해서는 자신이 다른 대안보다 우수하다는 점을 강조하고 신뢰 형성 이후에는 상대편을 이해해 주며, 정서적 공감을 이끌어 내주는 커뮤니케이션을 강조하는 전략이 효과적이다.

넷째, 최근의 연구에서는 이를 더욱 단순화하여 파트너기업의 선의에 대한 신뢰(goodwill trust)와 역량에 대한 신뢰(competence trust)의 두 차원으로 크게 분류하고 있다. 여기서 선의에 대한 신뢰란 파트너가 이기적인 동기에 의해 기회주의적으로 행동하기보다는 모두의 이익을 위해 최대한 배려하고 도덕적 의무와 책임을 다할 것이라는 기대에 기초하여 형성되는 신뢰를 말한다. 반면, 역량 신뢰는 합의를 이행할 수 있는 파트너의 능력에 대한 신뢰를 의미한다.

2) 거래 상대방의 특성 관련 요소

기존의 유통의 관계마케팅 영역의 연구를 종합해 빈번하게 등장하는 중요한 신뢰 결정 요인을 살펴보자. 신뢰의 선행 요인은 매우 다양하게 제시되고 있는데 그중 중요한 몇 가지를 소개하면 다음과 같다.

첫째, 상대방의 평판과 규모이다. 평판은 상대방이 정직하고, 고객에 대한 관심이 있다고 믿는 정도로 정의된다. 상대방에 대한 호의적인 평판은 나 자신에게도 쉽게 전이되어 나의 평판을 개선시킬 수 있다. 예를 들면, 애플과 같은 평판이 우수한 기업에 부품을 공급한다는 것만으로 공급자의 평판이 개선될 수 있다. 또한 상대방의 기업 규모도 신뢰를 형성시키는 중요한 단서가 될 수 있다. 규모가 크다는 것은 시장점유율이 높다는 의미이고, 시장점유율이 높다는 것은 많은 고객들이 그 기업을 신뢰한다는 단서로 작용한다. 신뢰가 없다면 그만큼의 성과를 내지 못했을 것이라는 추론에 기인한 신뢰 형성의 요소라 할 수 있다.

둘째, 선호성과 유사성이 있다. 선호성은 상대방의 친절, 우수성, 커뮤니케이션 능력을 말한다. 초기의 신뢰는 상대방의 말이나 친절과 같은 요소에 영향을 받기 때문에 향후 거래에 대한 믿음을 제공한다. 다음으로 유사성은 얼마나 상대방과 나와의 관계에서 흥미나 가치를 공유하느냐를 말한다. 가치를 공유하게 되면 상대방에 대한 이해가 높아지고, 상대방 행동에 대한 예측이 가능해지기 때문에 신뢰가 개선된다.

셋째, 그밖에 상대방의 기회주의 성향도 신뢰에 영향을 미친다. 기본적으로 부정적인 영향인데 기회주의적 성향이 높아지면 앞 장에서 설명했던 것처럼 거래비용을 유발하고, 갈등이 발생하기 때문에 신뢰에 악영향을 미친다. 또한 상대방이 거래에서 차지하는 중요도와 비중도 영향을 미친다. 중요도와 비중이 높아진다는 것은 그

만큼 상대방에 의존하게 된다는 의미이다. 즉, 상대방이 자사의 생존과 성장에 지대한 영향을 미쳐 최선을 다할 것이라고 믿기 때문이다.

3) 상호 행동 관련 요소

첫째, 관계규범은 거래관계를 맺고 있는 거래 당사자들에 의해 수용되는 행동의 규칙과 거래 당사자들이 수행해야 할 행위에 관한 공유된 기대(expectation)로 정의된다. 관계규범은 다차원적인 개념으로 학자에 따라 다소 차이가 있다. 관계규범의 하위 차원을 보면 결속규범, 유연성, 정보 교환, 상호 활동에 대한 통제, 상호 호혜성 등으로 구분된다. Kaufmann and Stern은 관계규범 차원을 다음과 같은 3가지로 명료하게 구분한다.

① 결속(solidarity): 거래 쌍방이 관계를 지속하는 것이 중요하고 가치가 있다고 믿는 정도를 말한다.
② 역할 수행의 성실성(role integrity): 경로 구성원 간 약속된 역할을 유지하고자 하는 기대된 가치이다.
③ 상호성(mutuality): 편익과 부담의 공정한 배분을 뜻하며, 정보 교환을 아우르는 개념이다.

둘째, 거래의 평등성(equality) 혹은 공정성(fairness)이 있다. 평등성과 공정성은 거의 같은 용어로 사용되며 자신의 이익을 위해 상대방의 희생을 일방적으로 강요하지 않고 공정하고 평등하게 거래를 수행해야 한다는 뜻이다. 이는 유통경로에서 신뢰를 창출하는 데 매우 중요한 역할을 하는 것으로 알려져 있다. 공정성은 분배적 공정성과 절차적 공정성으로 구분된다. ① 분배적 공정성(distributive fairness)은 거래 상대방으로부터 제공되는 이익 및 혜택의 공정성을 말한다. 노력하고 기여한 것만큼 보상이 얼마나 적절한가를 기준으로 평가하게 된다. ② 절차적 공정성(procedural fairness)은 거래나 경쟁의 수단 및 절차, 과정의 공정성을 말한다. 과정의 공정성은 분배적 공정성보다 거래관계에 대한 만족, 신뢰, 갈등에 크게 영향을 미친다. 거래 상대방이 공정하다고 인식할수록 당사자의 거래 상대방에 대한 관계지향적 성향과 만족이 증가하고, 거래 상대방이 불공정하다고 인식할수록 거래 상대방에 대한 불만족이 증가한다.

셋째, 약속 이행과 도덕성도 신뢰의 선행 요건으로 작용한다. 먼저 약속의 성실한 이행은 거래를 계속 유지시키고 신뢰를 쌓으며 갈등을 해소한다. 겉으로 드러난 명시적 약속이건 거래 쌍방 간의 암묵적 약속이건 약속의 성실한 이행은 신뢰와 갈등에 영향을 미치게 된다. 다음으로 도덕성은 의무의 도덕성과 배려의 도덕성으로 구분된다. 의무적 도덕성(morality of duty)은 하지 말아야 할 의무조항을 강조하고 거래 상대방이 취해야 할 최소한의 의무 이행과 행위 기준을 제시하는 것이다. 처벌이 강조되는 관점이다. 배려의 도덕성(morality of aspiration)은 상대방에 대한 긍정적이고 낙관적인 가능성과 최선의 행위를 강조한다. 의무 이행을 위해 보상과 격려, 관용, 존경과 예우가 중시된다. 장기 거래관계에서는 의무의 도덕성보다 배려의 도덕성이 중요하다.

4) 관계의 특성 관련 요소

첫째, 관계를 통해 발생되는 경제적 만족과 비경제적 만족이 있다. 경로 구성원들의 거래관계를 유지하는 기본적인 목표는 거래를 통해 이윤을 창출하고 더 나은 성과를 창출하고자 하는 것이다. 따라서 거래관계의 가장 기초가 되는 요소가 경제적 만족이다. 다른 유통경로에 비해 더 많은 성과와 경제적 이득을 준다고 인식할 경우 자신이 속해 있는 경로 파트너들을 신뢰하게 된다는 것이다. 다음으로 비경제적 만족은 경로 구성원들과의 관계에서 경제 외적 요인에서 발생하는 갈등과 불편부당, 공정성 인지, 상대방과의 거래에 대한 자부심과 이에서 비롯되는 브랜드 위상 강화 등을 말한다. 경제적 만족이 큰 차이를 보이지 않을 때 비경제적 분야에서의 만족도는 경로에 대한 이탈 가능성을 방지해 주고 장기적인 관점에서 성과를 창출하는 근본 요소이다.

둘째, 거래특유투자가 있다. 거래특유투자는 특정한 거래의 형성, 유지, 그리고 통제를 위한 투자로서 다른 거래관계로의 이전이 어렵거나 불가능한 투자로 정의된다. 유통경로 관계에서의 거래특유투자의 예로는 특정한 제조업체의 제품을 판매하는 데 따른 판매원의 교육, 주문처리 시스템의 채택, 전문화된 시설투자, 그리고 판매촉진을 위한 제조업체와의 연계가 있고 이들에 대한 투자는 거래를 유지하고자 하는 동기를 만든다.

셋째, 관계해지비용이 있다. 관계해지비용이란 현재 파트너와 관계를 해지할 경우 입게 되는 모든 손실을 의미한다. 관계종결비용은 연속비용, 계약비용, 학습비용, 탐색비용, 설치비용, 그리고 매몰비용 등을 포함한다. 연속비용은 현재 파트너와의 관계를 유지하는 데 들어가는 비용이고, 계약비용, 학습비용, 탐색비용, 그리고 설치비용은 현재의 파트너와의 거래를 해지할 때 수반되는 전환비용을 의미한다. 또한 매몰비용은 현재 파트너와의 관계를 해지할 때 그 가치를 잃어버리는 비용을 의미한다. 전환비용은 기존의 파트너를 새로운 파트너로 전환하는 것에 수반되는 비용이며 화폐적인 비용과 함께 비화폐적 비용도 포함된다. 여기서 전환비용은 경제적 비용뿐만 아니라 사회적 또는 정서적 비용과 같은 심리적 비용을 포함한다. 구매자와 판매자의 관계를 볼 때, 현재의 판매자와의 관계에서 관계종결비용이 높을수록 현재 파트너와의 관계에 의존하고 신뢰하게 되는 것이다.

넷째, 기타 요인으로 관계의 지속기간과 거래 상대방이 보유한 판매원의 역량 요소가 있다. 관계의 지속기간은 거래관계가 지속될수록 서로에 대해 금전적 · 정서적 투자를 하게 되고, 상대방의 행동에 대한 예측 가능성이 높아지기 때문에 신뢰가 개선된다는 특징이 있다. 판매원의 역량 요소로 판매원이 해당 과업을 충실히 이행할 수 있다는 확신을 통해 신뢰가 형성된다.

3. 몰입

몰입은 거래 쌍방이 지속적으로 거래할 것임을 명시적 혹은 묵시적으로 약속하는 것, 관계 유지를 위한 노력의 정도를 말한다. 좀 더 쉽게 말하면 몰입은 거래 당사자가 거래 상대방과의 지속적인 거래관계를 유지하기 위해 최대의 노력을 하는 것이 중요하다고 생각하는 정도이다. 유통경로에서 몰입은 미래의 장기지향적 관계를 유지하기 위해 단기적 희생을 감수하려는 의지로 정의된다.

몰입하는 관계인지 아닌지를 판단하려면 심리적 유대감(psychological attachment)을 가지고 있는지로 판단할 수 있다. 심리적 유대감은 금전적 동기부여보다 더 강력한 힘을 발휘한다. 심리적 유대감은 거래 상대방과의 의사소통을 원활하게 하고, 기회주의를 감소시키며, 거래의 안정성을 강화시킨다. 특히, 환경 불확실성이 높고, 경쟁 강도가 강한 산업에서 금전적 이득만을 추구하게 된다면 단기적 성과는 개선될지 몰라도 장기적인 관점에서의 성과를 창출하지 못하는 경우가 많다.

다음으로 몰입이 어떻게 형성되는지 살펴보도록 하자. 몰입은 다음 조건으로 더 빨리 형성된다. 첫째, 당사자의 몰입 수준은 거래 상대방의 몰입 수준이 높다고 인식할수록 높아진다. 상대방의 행동을 통해 의도를 추론하기 때문이며, 거래에서 공정성을 추구하는 경향 때문에 자신도 상대방의 몰입 수준에 대응하는 수준의 몰입 수준을 보인다. 둘째, 상대방이 나 이외의 다른 대안을 선택하지 않고, 나와의 전속적인 거래를 선호한다고 인지할수록, 거래해 왔던 기간이 길수록, 상대방에 대한 지속적인 투자를 보일수록 몰입의 수준이 높아진다. 마지막으로 거래 쌍방이 상대편에 대한 최선을 다한다고 선언하는 행위나 서약과 같은 족쇄적 행위(self-binding actions)가 몰입 수준을 증가시키기도 한다. 거래기간이 길고, 거래 상대방에 의한 특유투자가 많으며, 거래 상대방과의 계약이 관대한 것으로 인식할수록 거래 당사자의 몰입 수준은 증가한다.

Meyer and Allen(1991)은 몰입을 구성원이 소속 집단에 대해 갖는 긍정적인 태도라고 하였다. 이는 다시 감정적(affective), 지속적(continual), 규범적(normative) 몰입으로 구분된다. 감정적 몰입은 관계 파트너에 대한 전반적인 호의적 감정에 기반한 몰입을, 지속적 몰입은 관계를 이탈하였을 때 발생하는 비용에 기반하는 몰입을, 규범적 몰입은 개인적 책임감에 기초한 몰입 상태를 말한다.

몰입은 감정적 몰입, 심리적 애착, 동일시(identification) 등의 용어와 같은 의미로 사용되는 경우가 많고, 안정적인 장기관계를 구축하고 유지하기 위해 쌍방에 의한 지속적인 의도를 말하기도 한다.

몰입 수준을 알아보려면 다음과 같은 질문에 긍정적인 대답이 도출되는가를 살펴보면 된다. 상대편이 나와의 거래에 몰입하고 있다면 이 관계는 향후 성과를 창출할 수 있는 기본 조건을 갖추는 것이기 때문에 상대편의 몰입 상태를 확인하는 것이 중요하다. 예를 들면, 제3자가 나를 비난할 때, 거래 상대방이 나를 옹호하는 행위를 한다면 나와의 관계를 중시하고 있고 그만큼 몰입하고 있다는 뜻이 된다.

4. 관계 성과

신뢰를 통한 몰입의 증가는 거래관계를 보다 장기지향적 특성을 가질 수 있도록 유도해 경로 성과를 개선한다. 수많은 연구들이 신뢰와 몰입은 더 많은 협력을 유도하고, 거래관계에서 발생할 수 있는 갈등을 제거해 경로 성과를 개선하는 데 핵심 변수임을 밝혀 왔다. 따라서 유통경로의 관리자는 신뢰와 몰입을 체계적으로 관리할 수 있어야 한다. 기본적으로 단기적 거래에서 거래 상대방은 개별적인 거래에 대한 성과나 만족을 기준으로 구매를 결정한다. 반면에 장기지향 거래에서의 상대방은 상대방에 대한 신뢰와 몰입, 충성도를 바탕으로 구매 의사결정을 하는 경향이 있다. 만족은 개별적인 거래의 성과에 영향을 받지만 신뢰는 오랜 시간 동안 반복적인 거래를 통해 형성된다. 거래하는 당사자들의 관계 구축은 신뢰와 몰입에 대한 체계적인 관리를 통해 장기적인 관계를 형성하고, 장기적인 관계의 장점을 기반으로 성과를 창출한다.

| Case View |

쿠팡서 사라진 '햇반'…제조사 vs 이커머스 가격 주도권 갈등 '재점화'

가격 책정을 둘러싼 쿠팡과 주요 소비재 업체 간 갈등이 다시 불붙고 있다. 햇반, 비비고 등을 보유한 CJ제일제당의 발주를 쿠팡이 끊으면서다. 이커머스 절대강자로 탄탄한 유통망을 가진 쿠팡과 신라면, 비비고 등 강력한 브랜드 파워를 앞세운 제조사가 각각 가격 결정권을 가져가려는 '샅바싸움'으로 풀이된다.

핵심은 '가격 결정권'이다. 쿠팡의 주요 경쟁력은 로켓배송에서 나온다. 로켓배송을 하려면 거래처로부터 물건을 떼오는 직매입이 필수다. 가격을 최대한 '싸게' 책정해 가격경쟁력을 유지하는 것이 쿠팡에 유리하다. 제조사 입장은 다르다. 수십 년간 키워온 브랜드 제품의 가격경쟁력을 가급적 유지하고 싶기 때문이다.

특히 발주 중단 배경에 대해 서로가 '갑질'을 일삼았다며 입장이 엇갈린다. 앞서 CJ제일제당은 햇반과 비비고 등 주요 제품 가격을 인상해 왔다. 제품 가격 인상분 반영을 요구하며 당초 계약한 공급 물량보다 훨씬 적은 물량을 발주했다는 게 쿠팡 측 주장이다. 반면 CJ제일제당은 쿠팡 측이 과도한 마진율을 요구했다고 반박하고 있다.

CJ제일제당 관계자는 "발주 물량을 지키지 않았다는 것은 햇반 등 일부 품목에 대한 얘기로 보인다"며 "올해 햇반은 판매량이 크게 늘면서 전 유통채널에서 재고 확보를 위해 발주량을 늘리고 있고, 발주량만큼 생산량이 미치지 못해 쿠팡뿐 아니라 대부분 채널에 공급이 다소 부족한 상황이다. 쿠팡의 경우 오히려 타 채널에 비해 발주량 대비 공급량 비율이 높은 편"이라고 설명했다.

반면 쿠팡 측은 "연초부터 CJ제일제당은 수차례 가격 인상을 요구하는 한편, 발주 약속 물량을 터무니없이 공급하지 않는 등 '갑질'을 해왔다"면서 "쿠팡은 고물가 시대에 소비자들에게 합리적인 가격 제시를 위해 대기업들과 협상을 진행하고 있고, 재벌과 대기업이 장악했던 유통시장에 많은 중소기업이 성장하도록 기회를 제공하고 있다"고 반박했다.

제조사 간 갈등은 이번이 처음은 아니다. 앞서 농심, LG생활건강과도 비슷한 마찰이 있었다. 농심 '백산수'의 경우 로켓배송 서비스는 막혔고, 여전히 쿠팡 내에서 일반배송으로 판매된다. 직매입이 안 되고 있다는 의미다. 또한 신라면, 너구리 등 주요 제품 역시 로켓배송이 가능해도 단품 구매가 불가능하다.

이에 대해 소비재 업계는 쿠팡이 '절대 갑(甲)'이라고 입을 모은다. 한 업계 관계자는 "쿠팡과 거래를 틀려면 몇 가지 까다로운 조건이 필수적이었다. 입점비용이 SSG닷컴 등 타 이커머스 업체보다 월등히 높았고, 1+1 등 온갖 할인·프로모션 행사 참여도 필수적이었다"며 "온라인 시장 성장으로 쿠팡과 거래를 안 할래야 안 할 수가 없는 상황"이라고 피력했다.

유통사로부터 '독립'하려는 제조사들의 움직임이 거세지는 것도 이 때문이다. 온라인 유통사를 거치지 않고 직접 자사몰을 키우려는 D2C(직접판매) 전략의 일환이다. 실제 CJ제일제당은 지난 2019년 CJ더마켓을 열어 구독서비스 론칭 등 자사몰 육성에 힘을 쏟고 있다. '자사몰 후발주자'에 속하는 농심도 지난 8월 '농심몰'을 선보이고 주요 제품을 판매 중이다.

업계는 당분간 양측 갈등 봉합이 순조롭지 않을 것으로 본다. 농심과 CJ제일제당 등 톱티어 소비재 기업들은 신라면, 비비고 등 강력한 브랜드 파워를 갖고 있어 협상력에서 크게 뒤지지 않기 때문이다. 한 업계 관계자는 "영세한 업체들이야 '울며 겨자먹기' 식으로 쿠팡의 요구를 다 들어줘야겠지만, 농심과 CJ제일제당 정도면 쿠팡이 발주를 하진 않아도 타격이 그렇게 크지 않을 것"이라고 했다.

출처: 이투데이(2022.12.01.).

Chapter Summary

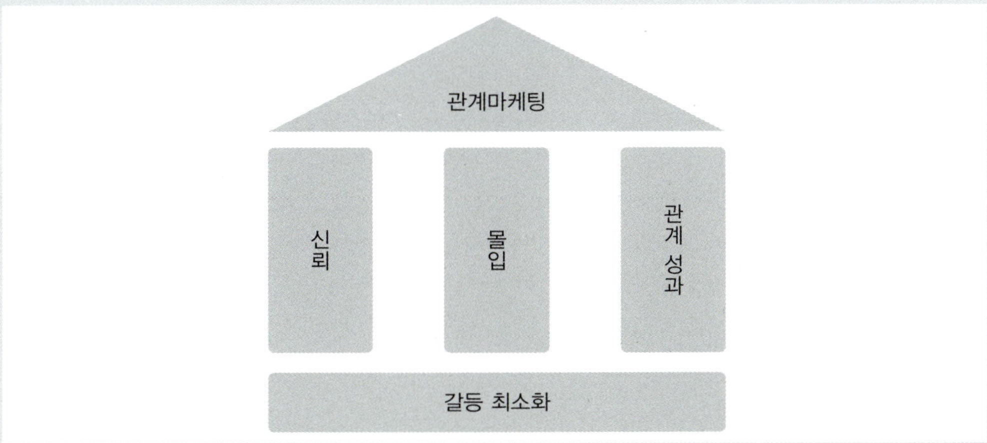

Key Words

갈등(Conflict), 기회주의(Opportunism), 조정, 중재, 협상, 타협, 단속적 거래, 관계형 거래, 관계마케팅, 장기지향성, 신뢰, 몰입, 관계 성과

Discussions

1. 유통경로에서 '기회주의'란 무엇이며, 이를 극복하는 대안에는 어떤 것들이 있는지 설명해 보세요.
2. '몰입'하고 있다는 증거나 지표를 개발하여 설명해 보세요.

Reference

Brown, James R., Chekitan S. Dev, and Dong-Jin Lee(2000). Managing Marketing Chanel Opportunism: The Efficacy of Alternative Governance Mechanism. *Journal of Marketing, 64*(April), 51-65.

Coughlan, Ann T., Erin Anderson, Louis W. Stern, and Adel I. El-Ansary(2001). *Marketing Channels*. Upper Saddle River, NJ: Prentice Hall.

Dant, Rajiv P. and Patrick L. Schul(1992). Conflict Resolution Processes in Contractual Channels of Distribution. *Journal of Marketing, 56*(1), 38-54.

David, Maister, Green, C. and Galford, R. (2000). *The Trusted Advisor*. New York: Touchstone.

Doney, Patricia M. and Joseph P. Cannon(1997). An Examination of the Nature of Trust in Buyer-Seller Relationships. *Journal of Marketing, 61*(April), 35-51.

Dwyer, R. F., Schurr, P. H. & Oh, S. (1987). Developing Buyer-Seller Relationships. *Journal of Marketing, 51*(2), 11-27.

Emerson, R. M. (1962). Power-dependence Relations. *A merican Sociological Review, 27*(1), 31-1.

French, J. R. P., Jr., & Raven, B. (1959). The Bases of Social Power. In D. Cartwright (Ed.), *Studies in social power* (pp.150-167). Ann Arbor: University of Michigan Press.

Ganesan, Shankar(1994). Determinants of Long-Term Orientation in Buyer-Seller Relationships. *Journal of Marketing, 58*(April), 1-20.

Gaski, John F. (1984). The Theory of Power and Conflict in Channels of Distribution. *Journal of Marketing, 48*(3), 9-29.

Green, C. H. (2006). *Trust-based selling*. New York: McGraw-Hill.

Gundlach, Gregory T., Ravi S. Achrol, and John, T. Mentzer(1995). *The Structure of Commitment in Exchange, of Marketing, 59*(January), 78-92.

Heider, K. G. (1988). The Rashomon Effect: When ethnographers disagree. *American Anthropologist, 90*(1), 73-81.

Jap, Sandy D. (1999). Pie-Expansion Efforts: Collaboration Processes in Buyer-Supplier Relationships. *Journal of Marketing Research, 36*(November), 461-75.

Kaufmann and Stern(1992). Relational Exchange, Contracting, and Conflict in Industrial Exchange. Advances in Distribution Channel Research. Greenwich, CT, JAI Press.

Kumar, Nirmalaya, Lisa K. Scheer, and Jan-Benedict E.M. Steenkamp(1995). The Effects of Supplier Fairness on Vulnerable Resellers. *Journal of Marketing Research, 32*(February), 54-65.

Maister, D. H., Green, C. H., & Galford, R. M. (2000). *The Trusted Advisor*. New York: Free Press.

Meyer, J. P. and N. J. Allen(1991). A three-component Conceptualization of Organizational Commitment. *Human resource management review, 1*(1), 61-89.

Morgan, Robert M. and Shelby D. Hunt(1994). The Commitment-Trust Theory of Relationship Marketing. *Journal of Marketing, 58*(July), 20-38.

Narayandas, Narakesari and Manohar U. Kalwani(1995). Long-Term Manufacturer-Supplier Relationships: Do They Pay Off for Supplier Firms?. *Journal of Marketing, 59*(January), 1-16.

Payan, J. M. and McFarland, R. G. (2005). Decomposing Influence Strategies: Argument Structure and Dependence as Determinants of the Effectiveness of Influence Strategies in Gaining Channel Member Compliance. *Journal of Marketing, 69*(3), 66-79.

Wathne, Kenneth H. and Jan B. Heide(2000). Opportunism in Inter-Firm Relationships: Forms, Outcomes, and Solutions. *Journal of Marketing, 64*(October), 36-51.

Williamson Oliver E. (1981). The Economics of Organization: The Transaction Cost Approach. *The American Journal of Sociology, 87*(3), 548-577.

Chapter

V

소매업 발전 이론과 성장 전략

제1절

소매업 발전과 혁신에 관한 이론들

1. 소매업 수레바퀴 이론

소매업의 변화를 설명하는 데 가장 널리 알려진 이론은 McNair 교수의 소매바퀴(Wheel of Retailing) 이론이다.

McNair 교수가 발표한 이 이론(1975)에서는 소매업의 몇 분야에서 바퀴처럼 쉬지 않고 순환하는 구조를 지닌 일련의 사이클이 존재한다고 하였다. 이는 미국이 소매산업 발전을 설명하기 위해 시작된 이론인 만큼, 미국의 소매업이 크건 작건 간에 뚜렷한 사이클, 즉 소매기관은 '다소 제한된 원' 안에서 변화하며, 그 원이라는 것은 매우 새롭고 혁신적인 개념으로 시작하여, 나중에는 쇠퇴하게 되는데, 이 기존 혁신 소매업이 쇠퇴일로를 걷게 될 때, 또 그 혁신의 자리에는 다른 새로운 아이디어를 지닌 차세대 소매업태가 등장한다는 것이다.

소매바퀴 이론은 진입 단계(entry phase), 성장 단계(trading up phase), 쇠퇴 단계(vulnerability phase)의 세 단계로 구성되어 있다. 우선 진입기에는 혁신적 형태의 소매업태가 최저가격과 최저비용 운영이라는 특징을 가지고 새로운 경쟁자로서 시장에 진입하게 된다. 이 새로운 경쟁자는 기존에 자리 잡고 있는 소매업태들에 비하여 저가라는 이점을 소비자에게 제공하게 된다. 이러한 새로운 형태의 소매업태가 고

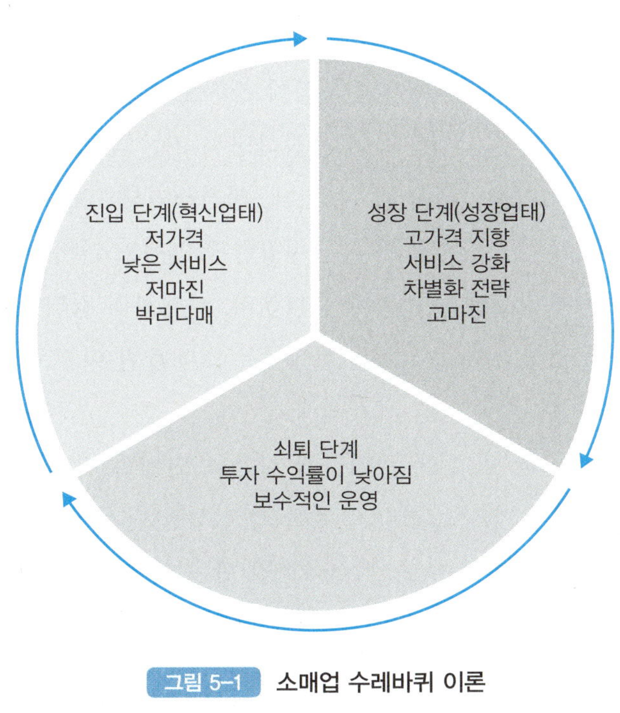

그림 5-1 소매업 수레바퀴 이론

객들에게 수용되고 나면 본격적으로 성장기에 접어들게 된다. 성장기에서는 새로운 형태의 소매업태가 가격 소구를 바탕으로 하여 성공적으로 시장 진입을 했기 때문에 경쟁자들과 모방자들이 출현하게 된다. 또한 성장기에서는 초기 혁신적 형태의 소매업태가 더 높은 수준으로 자신의 소매업의 격을 높이고자 변화를 꾀하게 된다. 뿐만 아니라 높아진 운영비를 감당하기 위해 마진이 높은 상품이나 패션 상품 등을 취급하기 시작하는 것이다. 성장 단계의 말기에 이르게 되면 저가격, 저마진과 같은 초기의 혁신적인 특징들은 사라지고 고가격, 고마진의 특징을 가진 전통적인 형태의 소매업태로 발전하게 된다. 성장기를 거쳐 쇠퇴기에 접어들게 되면 소매업태들은 시장에서 안정적이고 보수적인 대형 소매업태로 발전하게 되며, 투자 수익률 또한 현저히 낮아진다. 결국 초기에 혁신적 개념을 지녔던 소매업태는 경쟁력이 취약한 소매업태로 변화하여 저원가에 바탕을 둔 혁신적인 사고를 지닌 또 다른 새로운 형태의 소매업태에게 주력 업태로서의 자리를 내주게 된다. 다른 소매업태의 새로운 출현은 하나의 소매업태 형태의 주기가 끝났으며 새로운 소매업태의 주기가 새로이 시작되었다는 것을 의미하게 된다.

선진국 시장의 사례를 보면, 과거 백화점이 소규모 전문점들을 대체하는 혁신적인 소매업태로 등장하였다가 할인점이 등장하면서 기존의 백화점은 소매바퀴에서 다소 취약한 단계로 접어들었음을 알 수 있다. 선진국에서 1960~70년대 고도 성장하였고 우리나라에서는 1990년대 이후 급성장한 할인점도 이미 선진국 시장에서는 포화 상태에 접어들어 창고형 클럽이나 슈퍼센터, 카테고리 킬러 등에 의해 다시 취약한 상태로 접어들고 있는데, 이 모든 현상들은 소매바퀴 이론으로 설명이 가능한 현상들이다.

McNair 교수가 제시한 이 이론은 다음과 같은 측면에서 비판을 받고 있다. 혁신업태가 저가라는 이점을 가지고 진입 단계를 거쳐 성장 단계에서 점포 설비 및 진열이 세련되고 서비스가 강화되며 보다 적극적인 판촉 활동으로 기존 업태를 위협하는 성장을 한다고 주장한다. 하지만 가격만을 소매업 변화의 주원인으로 보고 나머지 소비자 특성은 간과해서 처음부터 저가 전략이나 낮은 서비스 수준으로 진입하지 않은 경우에는 설명력이 부족하다. 예를 들어, 편의점 업태의 경우 고가격이지만, 24시간 영업의 편의성, 근거리 입지 등 비가격적인 요소에 소구하고 있어 소매바퀴 이론의 혁신업태로 설명이 불가하다.

하지만 이런 비판에도 불구하고 소매바퀴 이론은 소매업태의 발전을 설명하고자 한 최초의 연구로 미국의 소매업태 발전 과정을 이론적으로 설명하고자 접근하였다는 점에서 소매업의 발전 연구에 지대한 공헌을 하였다.

2. 아코디언 이론

아코디언 이론(Accordion Theory)은 Hollander(1966)가 처음 제안한 개념으로 소매바퀴 이론만으로는 설명되지 않는 현상을 보완한 이론이다.

소매업의 형성과 진화에 대해 기존의 소매바퀴 이론은 저가, 저서비스로 시작해 고가, 고서비스로 발전하는 단선적 패턴만 설명했으나, 현실에서는 소매업이 다시 저가 중심으로 회귀하거나 서비스 차별화와 비용 절감을 오가며 진화하는 모습이 관찰되었다.

이를 설명하기 위해 단선적 진화 대신 서비스 수준과 가격 정책의 순환적 반복을 강조한 이론이다. '아코디언(Accordion)'이라는 이름은 아코디언 악기가 열렸다 닫히는 것처럼, 소매업이 고서비스 · 고마진 → 저서비스 · 저마진 → 다시 고서비스 · 고마진의 형태로 주기적인 확장과 수축을 반복한다는 데서 유래한다.

예를 들어, 서비스 다양화, 고급스러운 시설 등의 백화점이 성장하다가 경쟁 심화와 소비자 가격 민감도 증가로 인해 저가 소매업태가 성장하는 식이다. 미국 소매업의 발전 단계를 보더라도 백화점 → 할인점 → 창고형 클럽스토어 → 온라인 리테일로 이동하면서 서비스와 가격 정책이 교차적으로 변화하는 것을 볼 수 있다.

하지만 모든 소매업이 동일한 확장과 수축 패턴을 따르는 것은 아니어서 반복 주기의 시점과 전환 요인을 명확히 설명하지 못한다는 한계점을 지닌다.

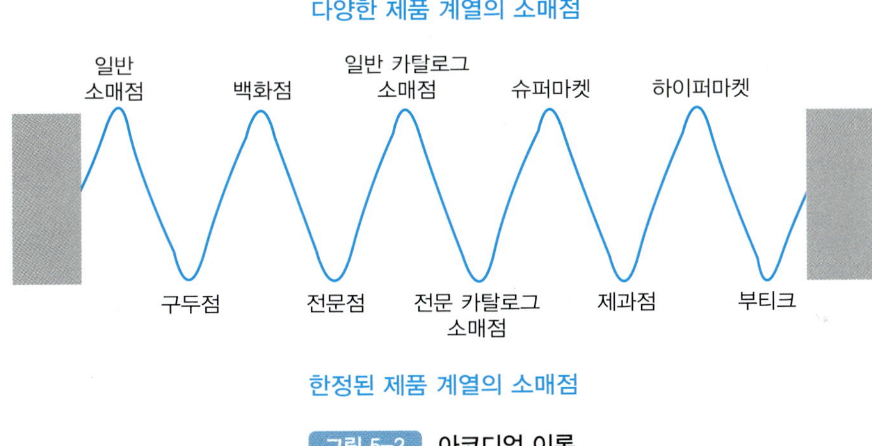

그림 5-2 아코디언 이론

3. 변증법적 발달 이론

변증법적 이론은 2개의 서로 다른 경쟁적인 소매업태가 하나의 새로운 소매업태로 합쳐지는 소매업태 혁신의 합성 이론이라고도 할 수 있다. 변증법이란 이름은 소매업태가 발전해 나가는 모습이 마치 Hegel의 변증법처럼 정-반-합의 원리와 비슷하다고 하여 붙여진 이름이다. 즉 정(thesis: 기존의 소매업태)과 반(antithesis: 혁신적인 소매업태)이 합쳐져 합(synthesis: 두 형태가 합쳐진 새로운 소매업태)이 된다. 새롭고 좋은 장점을 가진 새로운 경쟁자가 출현하는 경우, 기존의 소매업태는 혁신적인 소매업태를 완전히 모방하는 것이 아니라 전략이나 전술만을 받아들이고, 새로운 혁신 소매업태로 변화를 거듭하게 된다. 두 형태의 소매업태가 서로의 장점을 받아들인 결과, 두 소매업태가 제공하는 상품이나 부대 시설, 보완적인 서비스, 가격 등에서 매우 유사해지거나 구분이 모호한 새로운 소매업태가 형성된다. 곧 '합'의 단계에 이르게 된 것이다. 이러한 새로운 소매업태는 또다시 혁신적인 상품믹스를 가진 경쟁자를 접하게 되고, 또다시 계속하여 변증법의 단계를 거치게 된다.

1990년대 중반 미국에서 월마트(Wal-Mart)가 주도하여 슈퍼마켓과 할인점을 결합하여 개발한 '슈퍼센터(supercenter)'라는 신업태는 변증법적 이론에 의해 설명될 수 있다. 슈퍼마켓은 전통적으로 식품 부문에 강점을 가지고 있으며 할인점은 비식품 부문의 생활 용품에 저가격이라는 강점을 가지고 있다. 이러한 강점을 모두 갖춘 소매업태가 슈퍼센터이다. 즉 슈퍼센터는 슈퍼마켓(정)과 할인점(반)의 복합 형태(합)로서 폭넓은 식품 부문의 제품구색과 생필품 등 비식품부문에서의 가격 할인을 특색으로 가진다. 요약하면 변증법적 발전 이론은 슈퍼센터가 슈퍼마켓과 할인점의 강력한 경쟁 상대로서 향후 소매업의 주력 업태로 등장하고 있는 사례를 통해 잘 설명될 수 있다. 또한 최근에 성장하고 있는 카테고리 킬러의 등장에 대해서도 위와 같이 변증법 이론을 적용하여 설명할 수 있다.

4. 빅미들 이론

Levy et al.(2005)에 의해 제안된 “Big Middle” 이론에 따르면, 소매업체들은 다음과 같은 2개의 입구와 1개의 출구를 포함하여 총 3개의 출입구를 가진 큰 중간시장 점유를 위해서 싸우고 있다. 특정 소매업태와 기업은 빅미들(Big Middle) 영역, 저가격(low price) 영역, 혁신(innovative) 영역, 쇠퇴(in trouble) 영역 중 하나에 속하게 된다는 것이다.

여기서 혁신 영역(innovation)을 점유한 소매업체는 온라인이나 모바일 등 혁신기술 또는 브랜드 프리미엄을 제공하는 품질지향적인 시장에 초점을 맞춘 업체들이고, 저가격(low price) 영역을 점유한 소매업체는 다이소나 인터넷 쇼핑몰처럼 가격에 민감한 소비자를 위해 저가격을 소구하는 소매업체이다. 가장 핵심이 되는 빅미들(Big middle)이란, 대규모 소매업체들이 장기간 경쟁하고 있는 주류 핵심 시장을 의미한다. 이 시장은 그 한복판에 있는 대규모의 잠재적 고객들이 포함된 거대시장이다. 따라서 대규모 소매업체들이 오랫동안 이 시장에 머무르는 것이 가능해진다.

저가격이나 혁신 영역을 점유하는 소매업체는 빅미들 주류 시장으로 진입하기 위해서 주류 고객들을 향한 마케팅을 계속하게 된다. 한편 빅미들에 위치한 소매업체도 진입 초기 자신의 무기였던 저가격과 혁신성을 강조해 빅미들에 진입했지만 이후에는 대규모 고객집단을 목표로 혁신성 + 저가격으로 만들어진 기업 명성과 개성을 바탕으로 경쟁사들보다 더 나은 가치를 제공하는 전략을 추구하게 된다. 반대로 쇠퇴(in trouble) 영역에 위치한 소매업체는 빅미들 영역 진입에 실패하거나 빅미들 시장에 오랜 기간 있었지만 주류 고객들에게 쇼핑 매력도를 상실하여 상대적으로 낮은 고객 가치를 제공하면서 빅미들에서 사라져간다.

빅미들 영역을 점유한 소매업체는 자신의 위치를 지속적으로 유지하기 위하여 그들이 가지고 있는 가치를 끊임없이 개선해 나간다. 가치를 개선하지 못하면 어느새 쇠퇴 영역으로 들어가기 때문이다. 빅미들 영역에 진입하거나 빅미들 영역에서 퇴출되는 것은 전적으로 소비자가 지각하는 가치에 달려 있기 때문이다.

Levy et al.(2005)는 소비자가 지각하는 가치를 지속적으로 개선시킬 수 있는 5가지 핵심 동인을 제시한다. ① 혁신적인 머천다이징 ② 소비자 편익 ③ 기술 ④ 공급사슬관리(SCM) ⑤ 최적화된 가격과 점포 이미지가 소매업체들이 빅미들 영역으로의 진입을 가능하게 하는 원동력이며, 빅미들 영역에서 자신의 위치를 공고히 하는 전략이라는 것이다.

빅미들 이론을 적용해 보면 다이소는 초저가 가격을 무기로 혁신 영역에 위치하다 빅미들 시장으로 진입하고 있는 업체이며, 혁신적 테크(tech)를 활용한 비즈니스 모델로 시장을 선점한 쿠팡 등은 빅미들의 가장 정점에 위치한 주류 소매업자(major retailer)로 볼 수 있다.

미국의 경우 1960년대와 1970년대에는 전통적인 백화점들이 빅미들업태였다. 이들은 원스톱 쇼핑이라는 장점을 부각하여 어떤 경쟁자의 도전도 받지 않았다. 1980년대로 넘어서면서, 백화점이 더 이상 빅미들에서 지배적인 업태가 될 수 없었다. 전문점과 할인점의 성장뿐만 아니라 교외 지역의 대형 쇼핑몰이 성장하였고, 이들이 빅미들로 진입하게 된 것이다. 1980년대 빅미들에는 월마트(Wal-Mart)와 타깃(Target)이 선두였다면 1990년대에는 갭(The Gap), 홈디포(Home Depot) 그리고 베스트바이(Best Buy)의 혁신적인 카테고리 킬러들이 빅미들에 진입하게 되었다. 2000년대 이후에는 유니클로, 자라와 같은 SPA 브랜드 숍들도 급성장하면서 빅미들에 진입했고, 최근에는 아마존같은 온라인 쇼핑몰, ALDI같은 하드디스카운트스토어(HDS) 업체들이 빅미들을 주도하고 있다고 평가할 수 있다.

5. 플랫폼(양면시장) 이론

최근 리테일 산업은 전통적인 단면시장(one-sided market) 방식에서 플랫폼 중심의 양면시장(two-sided market) 방식으로 전환하고 있다. 플랫폼 이론은 Evans와 Schmalensee(2007)에 의해 체계화된 개념으로, 상호 의존적인 2개 이상의 집단 간의 거래를 촉진하고 상호작용을 조율하는 시장 환경을 설명한다. 이 이론의 핵심은 서로 다른 두 시장 참여자 그룹이 플랫폼을 통해 연결되고, 이러한 연결을 통해 부가가치를 창출한다는 것이다.

양면시장에서는 플랫폼 운영자가 2개의 서로 다른 고객 그룹을 동시에 확보해야만 플랫폼의 가치를 극대화할 수 있다. 예를 들어, 소매유통 분야에서는 고객(구매자)과 공급자(판매자) 간 상호작용을 매개하는 온라인 쇼핑몰, 배달 애플리케이션, 중고거래 플랫폼 등이 대표적인 사례이다. 플랫폼은 두 그룹의 참여를 독려하고 균형을 맞추는 데 있어 다음과 같은 전략적 도구를 사용한다.

첫째, 가격 전략이다. 플랫폼은 주로 네트워크 효과(Network Effect)를 극대화하기 위해 특정 그룹에 보조금(subsidy)을 제공하거나 무료 서비스(freemium)를 제공하여 참여자를 유인한다. 예컨대 배달의 민족이나 쿠팡이츠 같은 배달 플랫폼은 초기 이용자 확보를 위해 소비자에게 할인 쿠폰을 지급하고, 입점 업체에 대해서는 초기 수수료를 낮추는 전략을 사용하였다.

둘째, 기술적 혁신을 통한 사용자 경험 개선이다. 플랫폼은 사용자가 직관적이고 원활한 사용자 경험을 느낄 수 있도록 기술 개발에 집중한다. 네이버 쇼핑이나 아마존과 같은 플랫폼은 고급 알고리즘을 사용하여 개인 맞춤형 추천을 제공함으로써 소비자의 재방문율을 높이고 있다. 특히 쿠팡은 빠른 배송과 편리한 반품 정책을 통해 소비자에게 차별화된 사용자 경험을 제공하며 시장 점유율을 빠르게 확대하였다.

셋째, 상호 보완성의 활용이다. 플랫폼은 참여자 간 상호작용을 활성화하기 위해 보완적 제품이나 서비스를 제공하는 제3자를 끌어들인다. 예를 들어, 카카오 플랫폼은 금융 서비스, 택시 서비스, 콘텐츠 서비스 등 다양한 연계 서비스 제공자들을 플랫폼 내에 끌어들여 고객의 체류 시간을 증가시키고 있다. 애플 또한 앱스토어를 통해 다양한 앱 개발자와 소비자를 연결하면서 아이폰과 같은 하드웨어의 가치를 극대화하고 있다.

그러나 양면시장은 초기 고객 확보에 대한 높은 비용과 경쟁 플랫폼과의 치열한 경쟁이라는 도전 과제도 안고 있다. 성공적으로 안착한 플랫폼들은 강력한 네트워크 효과를 창출하여 시장 지배력을 확보하지만, 그렇지 못한 경우 쉽게 쇠퇴할 수 있다. 예컨대 초기 성공한 국내 소셜커머스 플랫폼 티몬은 경쟁력 있는 비즈니스 모델을 유지하지 못해 급격히 시장 점유율을 잃고 오아시스에 인수되었다.

결론적으로, 양면시장 이론은 현대 소매업에서 플랫폼 비즈니스 모델이 가지는 잠재적 가치와 전략적 접근법을 제시한다. 이 이론을 통해 소매기업들은 소비자와 공급자 양측을 효과적으로 연결하며, 지속 가능한 경쟁력을 구축할 수 있는 전략적 통찰력을 얻을 수 있다.

"누가 아마존과 싸울 수 있나"
유통업계 '빅미들(Big Middle)'링의 최후 승자는....

(전략)
서 교수는 "우리나라를 포함한 글로벌 유통업계는 온라인 기반 플랫폼과 첨단 기술로 구현한 '혁신'과 '(낮은)가격'을 경쟁력으로 지닌 기업들을 중심으로 구조가 재편되고 있다"고 분석했다.

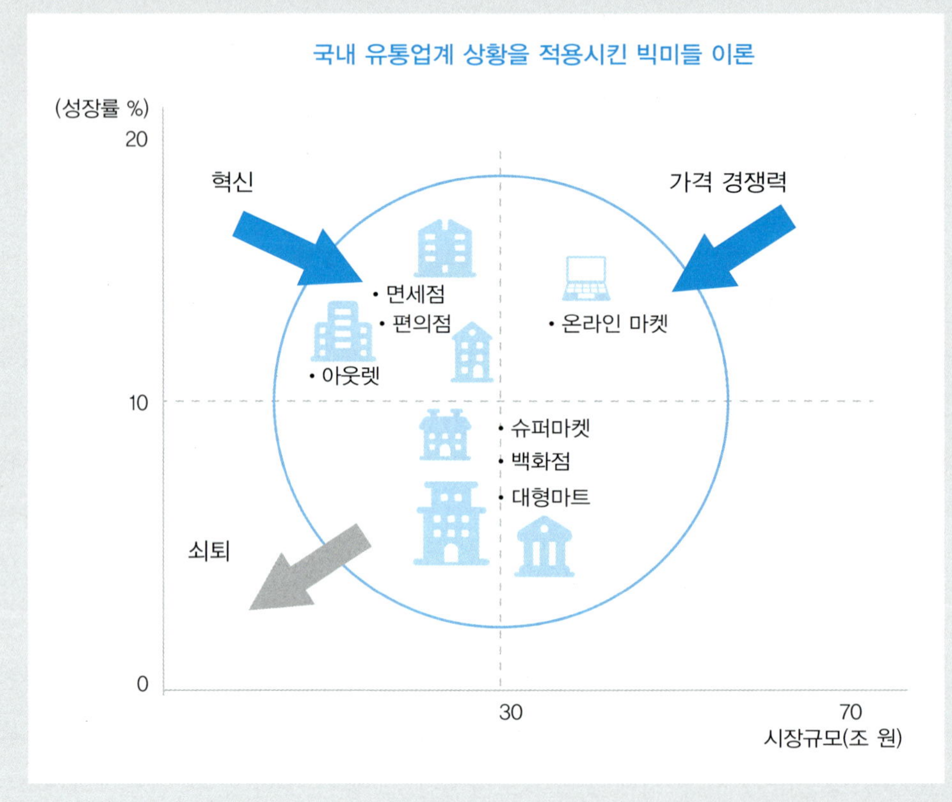

우리나라 소매업태별 성장률, 시장규모

(단위: %, 조 원)

구분	2014년	2015년	2016년	3년 평균 성장률	시장규모 (2017년, 조 원)
대형마트	-6	-2.8	0.5	-2.8	29
백화점	-2.4	-0.6	3.3	0.1	30
편의점	8.7	29.6	18.4	19	22
슈퍼마켓	2.2	2.4	2	2.2	38
아웃렛	27.4	11.8	10.6	16.6	13
온라인 쇼핑	17.7	19	17.8	18.2	75
면세점 (공항 제외)	21.8	10.7	33.2	21.9	14

출처: BNK 투자증권.

'빅미들(Big Middle)'은 세계 유통학 석학인 마이클 레비(Michael Levy)의 저서 『소매 경영(Retailing Management)』에 나오는 소매업계 경쟁 이론이다. 이 이론에서 각 소매 업체들은 '혁신'과 '저가격'이라는 무기를 들고 '빅미들'이라는 이름의 링에 오르는 싸움꾼들이다. 빅미들에 진입한 소매 업체들은 업태 간 치열한 경쟁 속에서 혁신과 저가격으로 생존(지속 성장)을 도모한다. 서 교수는 국내 유통업계를 7개 분야(대형마트, 백화점, 편의점, 슈퍼마켓, 아웃렛, 온라인 쇼핑, 면세점)로 나눠 각 분야의 성장률과 시장 규모를 반영해 유통이라는 빅미들에서 차지하는 위치를 다음과 같이 표현했다.

성장이 정체되고 있는 슈퍼마켓, 대형마트, 백화점 등 오프라인 유통을 대표하는 업계는 '쇠퇴'라는 빅미들의 출구에 가까이 있다. 반면, 플랫폼 비즈니스를 추구하는 온라인 쇼핑은 높은 성장률과 가장 큰 시장규모로 출구에서 가장 먼 곳에 위치해 있다.

출처: 이코노믹리뷰(2018.04.12.).

제2절

전략적 소매계획과 성장 전략

소매 전략이란 소매기업이 목표 시장에 차별화된 가치를 제공하고 장기적 경쟁우위를 확보하기 위해 수립하는 종합적 행동계획이다. 이는 표적시장의 선정, 점포 입지, 상품 구성, 가격 정책, 촉진활동, 서비스 수준, 유통채널 선택 등 다양한 의사결정을 포함하며, 단기적인 매출 증대뿐만 아니라 장기적인 경쟁우위 창출을 목적으로 한다.

Levy & Weitz(2019)는 소매 전략은 소매업자가 자사의 목표 시장을 식별하고, 지속적인 경쟁우위를 확보하기 위해 필요한 자원과 활동을 개발 · 활용하는 전체적인 계획을 의미한다고 했고, Berman & Evans(2018)는 목표 고객을 정의하고, 그들에게 차별화된 가치 제안을 제공하기 위한 소매업자의 장기적 접근법으로 정의했다.

소매 전략은 일반적으로 다음과 같은 요소를 포함한다. 먼저 목표 시장(Target Market)을 결정하고 그 시장에 맞는 상품(Product), 가격(Price), 점포 입지 및 유통경로(Place), 촉진(Promotion), 서비스(Service), 인적 자원(People), 물리적 환경(Physical Evidence) 등을 포함한 소매 믹스(Retail Mix)를 설계한다. 다음으로는 단순한 가격 경쟁이 아닌 차별화된 가치를 통해 지속적 경쟁우위(Sustainable Competitive Advantage, SCA)를 확보하는 것이 중요하다.

1. 전략적 소매계획과정

1) 소매시장 전략의 핵심 개념

(1) 표적시장의 선정

표적시장(Target Market)은 소매기업이 자사의 마케팅 활동을 집중하고자 선택한 특정 고객 집단을 의미한다. 이는 전체 시장을 모두 포괄하는 대신, 세분화(segmentation)과정을 통해 자사 자원과 역량에 가장 적합한 고객층을 선택하는 전략적 의사결정이다. 표적시장을 선정하면 제한된 자원을 가장 효과적으로 활용할 수 있고 특정 집단의 욕구와 선호를 충족시킴으로써 경쟁우위를 확보할 수 있으며, 고객과 장기적 관계를 형성하여 지속적인 수익을 창출할 수 있다.

표적시장 선정과정은 첫째, 시장 세분화(Market Segmentation)이다. 인구통계적 · 지리적 · 심리적 · 행동적 기준으로 소비자를 그룹화한다. 둘째, 각 세분시장을 평가(Evaluation)한다. 시장 규모, 성장성, 경쟁 정도, 기업의 역량과 적합성 등을 검토해 세분시장이 경쟁력이 있는지 판단한다. 셋째, 장기적 성과와 경쟁우위 창출 가능성이 높은 집단을 선택하여 최종 표적시장을 선정(Selection)한다.

(2) 소매업태의 선정

소매업태(Retail Format)는 표적시장에 접근하기 위해 소매기업이 선택하는 구체적 운영 방식과 서비스 제공 형태를 의미한다. 이는 상품 구성, 가격 전략, 점포 디자인, 입지, 서비스 수준 등 소매 믹스(Retail Mix)를 포함한다. 상품구색(Merchandise Assortment)은 상품의 폭과 깊이를 어느 정도로 가져갈지 결정하는 것이다. 예를 들어, 전문점처럼 상품의 폭은 좁지만 상품의 깊이를 깊게 가져갈 것인지, 슈퍼마켓처럼 상품의 폭을 넓게 취급할 것인지 결정한다. 가격은 EDLP(Everyday Low Price)나 Hi-Lo 전략, 균일가 등 다양한 가격 전략을 고려할 수 있다. 서비스 수준(Service Level)은 비용효율적 측면의 셀프서비스를 선택할 것인지 대면을 통한 풀서비스로 고객을 만족시킬 것인지 선택할 수 있다. 점포 형태(Store Type)도 기본 형태인 오프

룰루레몬 요가 체험

라인 점포 외에, 온라인 몰, 옴니채널 등 다양한 형태를 고려할 수 있다. 이외에도 최근에는 물리적 판매기능을 넘어 체험요소(Customer Experience)가 중요하기 때문에 어떤 브랜드 경험을 제공할 것인지도 전략적으로 접근해야 한다.

예를 들어, 캐나다의 요가 전문점 룰루레몬은 건강과 웰빙에 관심이 많은 30대 전문직 여성을 타깃으로 요가에서 영감을 받은 프리미엄 스포츠웨어를 통해 신체적 · 정신적 웰빙을 지원하며 사람들이 더 건강하고 행복한 삶을 살도록 영감을 주는 것을 미션(mission)으로 삼고 있다. 이를 위해 전문점 포맷(format)으로 고급스러운 매장을 구성하고 매장 안에서의 요가 경험, 펠로톤과 협업해 고객에게 홈피트니스 콘텐츠를 제공하는 등 차별화된 가치를 구현하고 있다. 표적시장과 소매업태는 상호 보완적이며, 일관된 전략을 통해 장기적 경쟁우위를 확보한다.

(3) 지속적 경쟁우위의 구축

지속적 경쟁우위(SCA)란 소매기업이 장기간 동안 경쟁자들이 쉽게 모방하거나 대체할 수 없는 독특한 강점을 보유하여 시장에서 우월한 위치를 유지하는 것을 의미한다. 이는 일시적인 판매 증진이나 단기적 이익이 아니라, 차별화된 가치와 고객 충성도를 통해 장기간 유지되는 성과 기반을 말한다. 소매업체가 지속적인 경쟁우위를 확보하는 원천이 되는 요소들은 고객충성도, 독특한 점포 입지, 효율적 공급망 관리, 독점적 인적 자원, 독창적 상품구색, 기술과 데이터 활용 등을 들 수 있다.

① 고객 충성도(Customer Loyalty)

차별화된 서비스 경험과 브랜드 신뢰를 통해 고객과 강한 관계를 구축할 수 있다. 다양한 스타벅스 리워드 프로그램은 가격이 높아도 고객이 반복 구매하는 원천이 되고 있다.

② 독특한 점포 입지(Location Advantage)

우수한 입지는 경쟁자가 쉽게 모방하기 어려운 전략이다. 예를 들어, 편의점의 경우 주거밀집지역이나 대학가 근처 출점은 경쟁력을 제고할 수 있다.

③ 효율적 공급망 관리(Supply Chain Efficiency)

월마트의 ECR(Effective Customer Response) 시스템은 가격 경쟁력 확보에 핵심적인 역할을 하며 비용 절감과 빠른 재고 회전율을 통해 경쟁력을 가져가고 있다.

④ 독점적 인적 자원(Human Resource Advantage)

미국의 고급 백화점인 노드스트롬(Nordstrom)은 서비스 마인드가 강한 우수 인재를 확보하고 체계적인 교육훈련과 강력한 조직문화로 서비스 만족도가 높은 곳으로 선호되고 있다.

⑤ 독창적 상품구색 및 브랜드 자산(Merchandise & Brand Equity)

프라이빗 브랜드(Private Brand)나 차별화된 상품군으로 모방 불가한 가치를 제공할 수 있다. 코스트코(Costco)의 Kirkland Signature는 가격 대비 높은 품질로 고객 충성도를 높이고 있다.

⑥ 기술과 데이터 활용(Technology & Data)

빅데이터, AI, RFID, CRM(Customer Relationship Management)을 활용한 맞춤형 경험이 중요한데 Amazon의 추천 알고리즘은 고객별 구매경험을 차별화하여 경쟁우위 유지에 공헌하고 있다.

2) 전략적 소매계획과정

전략적 소매계획(Strategic Retail Planning Process)은 소매기업이 경쟁적인 환경 속에서 장기적인 성과와 지속적인 경쟁우위를 달성하기 위해 체계적으로 수립하는 의사결정과정이다. 이 과정은 일련의 단계적 절차를 통해 소매기업의 미션 설정에서부터 성과 평가 및 조정까지 이어지며, 순환적 · 피드백적 성격을 지닌다.

1단계: 사업 사명 정의(Define the Business Mission)

- 소매기업의 존재 목적과 장기적 방향성을 명확히 규정하는 단계이다.
- 기업의 비전(vision)과 가치(value)를 반영한다.

2단계: SWOT 분석(Conduct a SWOT Analysis)

- 내부 환경(강점 · 약점)과 외부 환경(기회 · 위협)을 종합적으로 분석한다.
  -내부 분석: 자원, 역량, 재무 상태, 조직문화
  -외부 분석: 경쟁사 동향, 소비자 트렌드, 규제, 기술 변화
- 이 단계는 이후 전략적 기회의 발굴을 위한 기반 자료로 활용된다.

3단계: 전략적 기회 식별(Identify Strategic Opportunities)

- SWOT 분석을 토대로 소매기업이 활용할 수 있는 전략적 대안을 탐색한다.
- 신시장 진출, 점포 확장, 디지털 전환, 신규 포맷 개발 등이 해당된다.

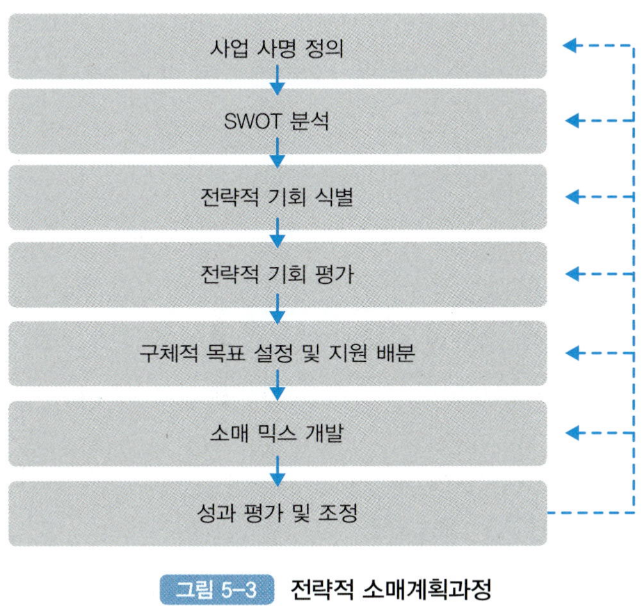

그림 5-3 전략적 소매계획과정

4단계: 전략적 기회 평가(Evaluate Strategic Opportunities)

- 단기 성과와 장기적 지속 가능성을 동시에 고려하여 식별된 전략적 대안들을 경제성, 실행 가능성, 위험도, 기업 목표와의 적합성 측면에서 평가한다.

5단계: 구체적 목표 설정 및 자원 배분(Establish Specific Objectives and Allocate Resources)

- 측정 가능하고 구체적인 목표를 설정하고, 달성을 위한 재무 · 인적 · 기술적 자원을 배분한다.

6단계: 소매 믹스 개발(Develop a Retail Mix to Implement Strategy)

- 상품, 가격, 점포 입지, 촉진, 서비스, 인적 자원, 기술 등 선택된 전략을 실행하기 위해 소매 믹스(Retail Mix)를 구체화한다. 표적시장과 소매업태에 최적화된 믹스를 구성하는 것이 핵심이다.

7단계: 성과 평가 및 조정(Evaluate Performance and Make Adjustments)

- 평가 전략 실행 결과를 매출, 점유율, 고객만족도, 투자수익률 등을 기준으로 평가성과지표(KPI)를 통해 평가하고, 목표 대비 차이를 분석하여 조정하고 필요시 전략의 수정 · 보완을 통해 계획을 재순환한다.

전략적 소매계획과정은 선형적(linear) 절차가 아니라 순환적(cyclical) 구조를 지닌다. 성과 평가에서 도출된 피드백은 다시 SWOT 분석과 전략 기회 발굴 단계로 연결되어, 전략적 유연성을 확보한다.

2. 소매업 성장 전략

소매업체는 경쟁 심화, 소비자 요구의 변화, 디지털 전환, 글로벌화 등 다양한 외부 압력 속에서 지속적인 성장을 위해 기존 시장에서의 경쟁 심화를 극복하고 새로운 기회를 모색해야 한다. 이때 중요한 전략적 선택 틀로 활용되는 것이 바로 Ansoff(1957)가 제시한 성장 매트릭스(Growth Matrix)이다. 이 매트릭스는 기업이 새로운 시장과 새로운 제품(혹은 업태)을 어떻게 결합해 성장할 수 있는지를 4가지 방향으로 제시한다. 소매업 맥락에서는 시장 침투(market penetration), 시장 확장(market expansion), 소매업태 개발(retail format development), 다각화(diversification)로 구체화할 수 있다(Levy, Weitz, & Grewal, 2019). 각각은 자원의 배분, 위험 수준, 기대되는 성과가 다르며, 소매업체는 환경과 내부 역량을 고려하여 선택해야 한다.

1) 시장 침투

시장 침투(market penetration)는 소매업체가 이미 존재하는 시장 내에서 기존 상품과 서비스로 점유율을 확대하는 전략이다. 새로운 시장을 공략하거나 새로운 제품을 도입하지 않고, 현 시장에서 현 고객의 구매 강도를 높이는 것에 집중한다. 즉, 지속적 다점포나 영업시간을 확대하거나 고객의 구매 빈도를 높이고, 거래당 평균

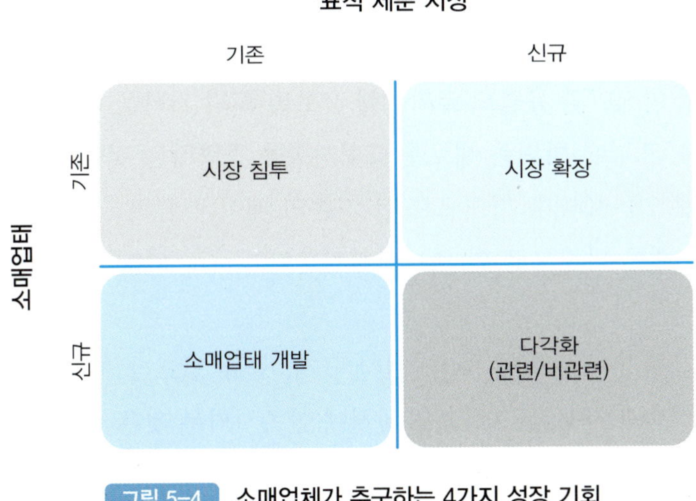

그림 5-4 소매업체가 추구하는 4가지 성장 기회

구매액을 증대시키며, 경쟁사의 고객을 자사로 유인하는 것이다.

실행 방식으로는 판촉이나 광고를 강화해 기존 고객의 소비심리를 자극함으로써 구매량을 늘린다. 또한 멤버십 제도, 포인트 적립, 개인화 마케팅 등을 통해 고객충성도를 강화하여 반복 구매를 유도하기도 한다. 그 외에도 서비스 품질 개선, 매장 접근성 강화, 새로운 상품 카테고리의 확장 등을 통해 고객만족도를 높이기도 한다. 예를 들어, 월마트는 EDLP(EveryDayLowPrice) 전략으로 경쟁사 대비 가격 신뢰도를 확보해 시장 침투를 실현하였다. 스타벅스는 모바일 주문·결제 시스템과 리워드 프로그램을 결합해 고객의 방문 빈도를 크게 높였다.

시장 침투는 초기에는 효과적이지만, 시장이 성숙 단계에 접어들면 한계에 부딪힌다. 지나친 가격 인하 경쟁은 수익성 악화로 이어질 수 있으며, 점유율 확보를 위한 마케팅 비용이 장기적으로 부담이 될 수 있다. 따라서 시장 침투는 다른 성장 전략과 병행할 필요가 있다.

2) 시장 확장

시장 확장(market expansion)은 기존 상품과 서비스를 새로운 시장에 도입하는 전략이다. 여기서 새로운 시장은 해외 진출, 지방소도시 진출 등의 지리적 확장뿐 아니라, 기존 시장 내의 새로운 고객 세그먼트를 포함한다. 코스트코는 북미에서의 성공을 바탕으로 아시아와 유럽으로 확장해 글로벌 회원 기반을 확보하여 지속적으로 성장하고 있다. 또다른 방법은 새로운 표적시장을 공략하는 것이다. 미국의 의류 브랜드 갭(Gap)은 20~30대를 타깃으로 한 기존의 베이직한 의류 외에도 패션성을 선호하는 30~40대를 타깃으로 한 바나나리퍼블릭(Banana Republic) 브랜드로 시장을 확장한 바 있다.

하지만 시장 확장은 문화적 차이, 현지 규제, 물류 인프라 제약 등 위험이 크다. 또한 기존 고객층과 새로운 고객층을 동시에 만족시키는 것은 쉽지 않다. 따라서 현지화 전략과 차별화된 가치 제안(Value Proposition)이 필수적이다.

3) 소매업태 개발

소매업태 개발(Retail Format Development)은 기존 시장에서 새로운 소매업태나 서비스 방식을 도입하는 전략이다. 이는 고객에게 새로운 쇼핑 경험을 제공하고, 기존 시장 내에서 경쟁우위를 확보하려는 시도이다. 점포 형태를 창고형 매장, 무인매장, 체험형 매장, 팝업스토어 등으로 다양하게 시도해 볼 수 있고 오프라인 중심에서 다양한 온라인 형태로 고객접점을 확대할 수 있다. 예를 들어, Amazon Go는 Just Walk Out 기술을 활용한 무인 결제 매장을 통해 오프라인으로 업태를 확장했으며 이마트는 대형 할인점에서 창고형 매장인 트레이더스, 슈퍼마켓인 에브리데이 등 다양한 업태를 전개하고 있다.

업태 개발은 초기 투자 비용이 높고, 고객 수용성 확보에 시간이 걸린다. 그러나 성공적으로 자리 잡을 경우 기존 시장 내 새로운 경쟁 기준을 제시하게 된다. 특히 디지털 기술의 활용은 업태 개발의 핵심 동력이 되고 있다.

4) 다각화

다각화(Diversification)는 새로운 시장에 새로운 업태나 비즈니스를 동시에 도입하는 전략이다. 이는 4가지 성장 전략 중 가장 위험이 크지만, 장기적으로 가장 큰 성장 잠재력을 제공한다. 다각화에는 관련다각화와 비관련다각화가 있다. 관련다각화는 기존 핵심 역량을 활용하여 인접 산업으로 진출하는 것으로 예를 들면, 식품 소매업체가 직접 식음료 제조업에 진출하는 형태이다. 비관련다각화는 기존 역량과 직접적 연계가 없는 새로운 산업에 진출하는 형태로 예를 들면, 소매업체의 금융 서비스 진출 등이 있다. 아마존은 온라인 서점에서 출발해 AWS 클라우드 서비스, 서드파티 셀러 서비스, 광고 서비스, 스트리밍서비스 등 다양한 분야로 지속적인 다각화 전략을 구사하고 있다. 롯데그룹은 유통을 기반으로 호텔, 화학, 식음료 등으로 다각화해 복합기업으로 성장하였다.

하지만 다각화는 경영 자원의 분산과 핵심 역량 약화라는 위험을 동반한다. 특히 전문성이 부족할 경우 실패 확률이 높다. 따라서 다각화는 철저한 역량 분석과 전략적 파트너십을 바탕으로 추진되어야 한다.

소매업체의 성장 전략은 단일한 선택이 아니라 포트폴리오적 접근을 통해 설계해야 한다. 단기적으로는 시장 침투와 시장 확장이 효과적일 수 있지만, 장기적인 경쟁우위 확보를 위해서는 소매업태 개발과 다각화 전략이 중요하다. 결국 소매업체의 성공은 변화하는 환경에 대한 민첩한 대응과 균형 잡힌 전략 실행에 달려 있다.

| Case View |

편의점이나 잘하지. GS리테일은 왜 '딴짓'에 열심인가?

한국에서 가장 시가총액이 큰 유통 회사는 어디일까요. 그룹으로 하면 롯데, 신세계가 될 것 같은데요. 개별 회사로 하면 '의외로' 이곳이 나옵니다. 바로 GS리테일입니다. GS리테일의 시가총액은 2조 3,509억 원인데요. 롯데의 유통 계열사 롯데쇼핑이나 신세계의 핵심 계열사 이마트보다 더 큽니다. 아, 물론 시가총액이 40조 원쯤 하는 쿠팡이 있긴 합니다만 쿠팡은 뉴욕증시에 상장돼 있으니까 제외하고요. 투자자들은 GS리테일의 주력 사업인 편의점을 좋게 보고 있는 것 같습니다. 같은 돈을 벌어도 백화점이나 대형마트보다 프리미엄을 쳐주고 있어요.

그런데 GS리테일은 편의점만으론 만족이 안 되는 것 같습니다. 자꾸 다른 것을 해 보려고 시도하고 있어요. 문제는 의도한 대로 잘 안 된다는 데 있죠. 쿠팡처럼 온라인쇼핑을 야심차게 했다가 접기도 했고, 올리브영같은 화장품 유통에 도전했다가 처참하게 깨지기도 했습니다. 그런데도 이런 새로운 시도를 계속합니다. 경쟁사인 CU가 편의점 이외에 일절 사업을 벌이지 않는 것과는 차이가 있어요. GS리테일은 왜 편의점만으론 만족을 못 하는 것일까요. 예를 들어 GS리테일이 올리브영 한번 잡아보겠다고 홍콩의 왓슨스를 들여왔는데요. 이게 잘 안 되니까 왓슨스 간판 떼고 '랄라블라'란 이름으로 직접 하기도 했어요. 랄라블라는 한때 매장 수가 200개 가까이 했었는데 2022년에 다 접었습니다.

GS리테일이 쿠팡이나 컬리처럼 새벽배송도 했었다는 것 아시나요. 모바일 앱 이름이 'GS프레시몰'이었어요. 신선식품을 주로 했고 생활용품도 일부 했었는데요. 이 서비스도 작년에 다 접었습니다. 적자가 너무 많이 났거든요. 사실 이런 게 한두 개가 아닙니다. 가장 최근에 컸던 게 요기요 투자인데요. 요기요는 배달의 민족같은 음식배달앱이잖아요. 순위로 하면 2등이고요. 쿠팡, 컬리 같은 거 하려다가 잘 안되니까 눈을 돌린 게 요기요입니다. 요기요를 통해서 퀵커머스, 그러니까 오토바이로 GS25 편의점이나 GS더프레시 슈퍼마켓 상품을 가져다 준다는 개념이죠.

이건 지금도 하고 있는데요. 문제는 요기요의 기본 사업인 음식배달이 흔들리고 있다는 것이죠. 1등 배민에는 한참 못 미치고, 3등 쿠팡이츠는 치고 올라오고. 중간에서 입지가 애매해서 점점 이용자 수가 줄고 있다고 해요. GS리테일이 요기요지분 30% 사는 데 3,000억 원가량 썼는데요. 이 지분에 대한 가치평가를 다시 하면서 작년 말에 1,200억 원 가까이를 손실 처리합니다. 지금까지 봐선 요기요 투자도 실패로 끝날 가능성이 커 보여요.

이 밖에도 너무나 많은데요. 2021년에 약 500억 원을 투자한 퀵커머스기업 부릉은 hy에 넘어갔고요. 160억 원을 투자해서 2013년에 인수한 온라인쇼핑몰 텐바이텐도 20억 원에 최근 처분했어요. 또 375억 원을 투자한 반려동물 관련 온라인몰 펫프렌즈도 대규모 적자로 경영난을 겪고 있습니다.

물론 이런 초기 투자는 10개 실패해도 한두 개 터지면 된다는 심정으로 하는 것이긴 한데요. 그럼에도 불구하고 성공 사례가 거의 안 보이니까 너무 투자를 남발한 것은 아닌가 하는 비판을 받습니다.

그럼 GS리테일은 왜 이렇게 투자에 진심일까요. 편의점에서 미래가 잘 안 보이는 것 같아요. 한국의 편의점 숫자는 2021년에 이미 5만 개를 넘겼습니다. 인구 1,000명당 편의점 1개를 넘어서 지금은 인구 900명당 1개 수준에 다다르고 있어요. 편의점 왕국인 일본과 편의점 숫자는 거의 비슷한데, 인구는 일본이 두 배 이상 되니까요. 한국 편의점이 인구수로 보면 두 배 이상 많다는 의미가 됩니다.
물론 일본 편의점과 한국 편의점을 단순 비교하긴 힘든데요. 일본 편의점의 규모가 훨씬 크고, 파는 물건도 다양하죠. 그럼에도 불구하고 편의점이 과도하게 많다는 데 거의 모든 사람이 동의합니다. 지금도 편의점 숫자는 계속 늘어나고 있어요. 2021년에 GS25 점포가 1만 5,499개였는데 작년엔 1만 7,390개까지 늘었습니다. CU도 비슷하고요.
GS리테일이 성장을 하기 위해서 현재 할 수 있는 건 3가지로 보입니다.
우선 객단가를 높이는 게 필요하겠죠. 편의점을 더 늘릴 수 없다면 각 편의점에서 매출을 더 일어나게 하는 겁니다. 요즘 편의점 가보면 빵을 대대적으로 밀고 있는데요. 이게 객단가를 높이기 위한 방안 중 하나예요. 파리바게뜨, 뚜레쥬르 시장도 일부 가져오고 싶어 해요. 또 커피도 팔아서 메가커피, 맘모스커피같은 저가 커피 시장도 노리고 있고요.
또 하나는 매장을 늘릴 수 있는 해외로 나가는 것인데요. 베트남, 몽골 같은 나라에 이미 나가서 매장을 늘리고 있어요. 근데 해외 진출은 정말 쉽지 않아요.
마지막으로 편의점 말고 다른 사업을 하면 되는 것이죠. GS리테일은 객단가 높이기, 해외 진출 다 하고 있고요. 여기에 더해서 다른 사업도 열심히 찾고 있는 겁니다. 편의점이 성장을 다했는지 판단하긴 어렵지만 GS리테일의 사업 확장에 대한 의지만큼은 높이 사줄 만한 것 같습니다. 혹시 또 아나요. 어딘가에서 쿠팡같은 회사가 나올지요. 중요한 건 꺾이지 않는 마음, 아니 투자일 수도 있습니다.

출처: 한경비즈니스(2024.03.06).

Chapter Summary

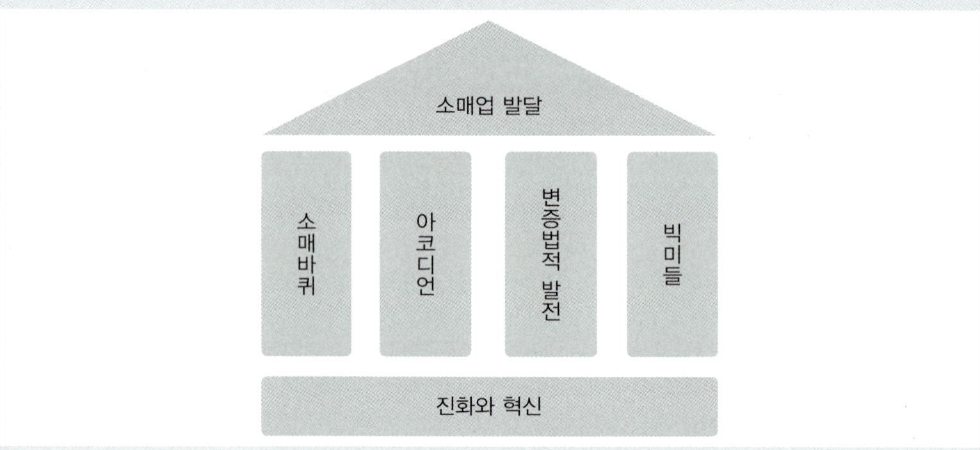

Key Words

소매혁신, 소매바퀴 이론, 아코디언 이론, 변증법적 이론, 빅미들, 시장 침투, 시장 확장, 소매업태 개발, 다각화

Discussions

1. 대형마트와 인터넷 쇼핑몰의 성장 그리고 쿠팡과 같은 소매업체의 성장을 소매업 발전 이론을 적용하여 설명해 보세요.
2. 향후 빅미들로 갈 수 있는 유통업체는 누구인지, 왜 그런지 설명해 보세요.
3. 소매업의 성장 전략을 가장 잘 구사하고 있는 소매업체는 어디인지 토론해 보세요.

Reference

Ansoff, H. I. (1957). Strategies for diversification. *Harvard Business Review, 35*(5), 113-124.

Arnould, Eric(2005). Animating the Big Middle. *Journal of Marketing, 81*(Feburuary), pp.89-96.

Berman, B., & Evans, J. R. (2018). *Retail management: A strategic approach* (13th ed.). Boston, MA: Pearson.

Berman, Barry and Joel R. Evans(2010). *Retail Management* (11th ed.), Prentice Hall.

Brown, J. R., Dant, R. P. Ingene, C. A and Kaufmann, P. J. (2005). Supply chain management and the evolution of the Big Middle. *Journal of Retailing, 81*(2), 97-105.

Brown, S. (1987). Approaches to retail change: The dialectic. *European Journal of Marketing, 21*(6), 5–16.

Dunne, Patrick M. and Robert F. Lusch(2008). *Retailing*(6th ed.). Thomson South-Western.

Evans, D. S., & Schmalensee, R. (2007). The industrial organization of markets with two-sided platforms. *Competition Policy International, 3*(1), 151-179.

Hollander, S. C. (1966). Notes on the retail accordion. *Journal of Retailing, 42*(2), 29–40.

Hollander, Stanley C. (1960). The Wheel of Retailing. *Journal of Marketing, Vol. 21*(July), pp.37-42.

Levy, M., Grewal, D., Peterson, R. A., & Connolly, B. (2005). The concept of the "Big Middle". *Journal of Retailing, 81*(2), 83–88.

Levy, M., Weitz, B. A., & Grewal, D. (2019). *Retailing management* (10th ed.). McGraw-Hill Education.

Levy, Michael, Dhruv Grewal, Rovert A. Peterson and Bob Connolly(2005). The Concept of the Big Middle. *Journal of Retailing, Vol. 81*(February), pp.83-88.

McNair, M. P. (1958). Significant trends and developments in the postwar period. In A. B. Smith (Ed.), *Competitive distribution in a free high-level economy and its implications for the university* (pp. 1–25). University of Pittsburgh Press.

Sethuraman, R. and Parasuraman, A. (2005). Succeeding in the Big Middle through technology. *Journal of Retailing, 81*(2), 107-111.

Varley, R., & Rafiq, M. (2014). *Principles of retailing* (2nd ed.). London: Palgrave Macmillan.

Chapter

VI

소매업태 유형

제1절

점포 소매업

소비자가 상품을 구매하는 매장을 일컬어 '소매점'이라 한다. 소매점은 소비자와의 접점으로 실시간으로 변하는 소비자의 욕구에 맞춰 계속 변화하고 있다.

소매업은 소비자에게 최종 상품과 서비스를 제공하는 유통 단계로서, 그 형태와 성격은 매우 다양하다. 일반적으로 소매점은 업종(merchandise line)과 업태(retail format)라는 2가지 관점에서 분류된다. 업종은 취급 상품의 성격에 따른 분류이며, 업태는 영업 방식과 운영 형태에 따른 분류이다. 이 2가지는 상호 보완적으로 사용되어 소매업체의 전략적 포지셔닝의 기초가 된다.

소매점을 취급 상품에 의해서 분류해 보면 식료품점, 의료품점, 전기용품점, 화장품 판매점 등으로 나눌 수 있으며, 상품 판매방법의 특징에 따라서는 백화점, 슈퍼마켓, GMS, CVS, 할인점 등으로 분류할 수 있다. 이 밖에 점포의 유무에 따른 무점포 판매와 점포 판매, 경영방식에 따른 단독점과 체인점, 점포의 규모에 따른 대규모점과 소규모점 등으로 분류하기도 한다.

오늘날에는 소비자들의 다양한 욕구를 충족시키기 위해 새로운 형태의 소매업태들이 등장하고 있는 추세이다. 이러한 다양한 소매점을 여러 가지 분류를 통해 나누어 볼 수 있겠으나 본 장에서는 소매점을 점포의 유무에 따라 분류한 '점포 소매업'과 '무점포 소매업'으로 대별하고 이 분류 안에서 업태를 살펴보기로 한다.

1. 대형마트

1) 개념

대형마트는 본래 할인점에서 파생된 업태이다. 해외에서는 식품과 비식품 취급 비중, 매장 형태에 따라 디스카운트 스토어, 하이퍼마켓, 창고형 할인매장 등 다양한 용어로 구분되는데 국내에서는 매장 면적 3,000㎡ 이상의 대규모 소매점을 「유통산업발전법」상 대형마트로 정의하여 사용하고 있다. 전통적인 대형마트는 의류, 일용잡화, 내구소비재의 비중이 높았으나 점차 식품 비중이 높은 하이퍼마켓이나 슈퍼센터형으로 전환되어 가고 있는 추세이다. 국내의 대형마트는 식품 비중이 높아 비식품의 비중이 높은 디스카운트 스토어라기보다 하이퍼마켓에 가깝다. 프랑스 까르푸, 영국 테스코 등이 유럽형 하이퍼마켓의 대표 주자들이라고 할 수 있다.

2) 현황 및 특징

대형마트는 1990년대 중반부터 급성장을 시작하였다. 국내 최초의 대형마트는 1993년 개점한 이마트 창동점이며, 이후 1995년 뉴코아가 회원제 도매클럽 형태인 킴스클럽을 운영하면서 자생적으로 발전하였다. 1996년 유통시장이 전면 개방되자 까르푸, 월마트, 코스트코 등의 외국계 대형마트가 국내에 진출하였으며, 외환위기 이후 합리적 소비가 대두되면서 대형마트는 빠르게 시장에 안착하고 성장하였다.

대형마트의 등장은 제조사와의 직거래를 통한 유통 단계 축소 및 소매시장의 가격 결정권이 제조사에서 대형 유통사로 넘어온 점에서 의의가 크다. 또한 대량 직매입과 표준화된 집기 및 오퍼레이션, 전국 다점포화를 통한 EDLP를 실현하며 소비자 물가 하락에 크게 기여하는 등 국내 유통시장의 획기적인 전환점을 마련하였다.

2000년부터 2002년까지 매년 40개 이상의 점포가 출점되며 외형 중심의 급격한 성장이 이루어졌지만, 2000년대 중반 이후부터는 출점 규제, 소비 패턴 변화, 내수 경기 둔화 등의 요인으로 성장세가 둔화되었다. 특히 2010년 이후에는 「유통산업발전법」 개정에 따라 의무휴업일과 영업시간 제한이 시행되면서 성장이 제한되었고, 온라인 유통의 부상과 코로나19 팬데믹 이후 비대면 소비가 확산되며 대형마트 산업은 구조적 전환기를 맞아 고전하고 있다.

2020년대에 들어서면서 대형마트는 단순한 저가 전략이나 물량 공세만으로는 경쟁력을 유지하기 어려운 상황에 직면하였다. 이에 따라 주요 대형마트 기업들은 디지털 전환과 온라인 연계 전략을 강화하고 있다. 예를 들어, 이마트는 SSG닷컴과의 통합 플랫폼 운영을 통해 온라인 쇼핑과 오프라인 매장을 연결하고 있으며, 롯데마트는 롯데ON과의 연계를 통해 옴니채널 전략을 추진 중이다. 홈플러스는 점포 구조를 개편하고 소형 매장 및 특화 매장을 확대하면서 변화하는 소비자 니즈에 대응하고 있다.

대형마트의 핵심 경쟁력은 여전히 낮은 마진과 대량 판매에 기반한 원가우위 전략이다. 자사 물류센터 운영을 통한 물류비 절감, 직매입 구조를 통한 구매비용 최소화, 그리고 자체 브랜드(PB) 상품 확대 등을 통해 이익률 제고를 도모하고 있다. 또한, 디지털 기술을 활용한 재고관리 시스템 고도화, 무인 계산 시스템 도입, AI 기반 수요 예측 등 효율성 개선 노력도 병행하고 있다.

향후 대형마트는 단순 유통채널을 넘어 '생활 플랫폼'으로서의 기능을 강화해 나갈 것으로 전망된다. 오프라인 점포는 물류 거점 및 체험형 매장으로 재구성되며, 온라인과의 통합 운영을 통해 옴니채널 경쟁력을 확보하는 것이 핵심 전략이 될 것이다. 특히, 지역사회 기반의 ESG 활동 강화와 고객 맞춤형 서비스 제공을 통해 지속 가능한 유통 모델로 전환해 갈 것으로 기대된다.

3) 세부 유형

(1) 하이퍼마켓, 슈퍼센터

하이퍼마켓(Hypermarket), 슈퍼센터(Supercenter)는 할인점 특성상 식품, 비식품의 원스톱 쇼핑(one-stop shopping)이 가능하다는 점은 공통적이나, 전통적인 식료품 중심의 슈퍼마켓 기능에 일반 할인점의 비식품을 결합한 형태로 식품 비중이 비교적 크며, 생활밀착형 구매에 최적화되어 있다. 소비자가 자주 찾는 식품을 기반으로 트래픽을 확보하고 비식품 판매로 이익을 창출하는 형태이다.

일반적으로 저마진 · 고회전 전략을 사용하며 매장은 교외 대형 부지에 위치하여 대규모의 주차장의 편의성을 제공한다.

Sainsbury, Tesco, Carrefour, Auchan, 월마트슈퍼센터, 이마트 등과 같은 업체가 이에 해당된다.

(2) 할인점

할인점(Discount Store)은 비식품 중심으로 생활필수품, 의류, 잡화, 가전 등을 저가에 제공한다. 점포 형태는 하이퍼마켓보다 작고, 식품 비중은 제한적이다.

철저한 셀프서비스에 의한 대량 판매방식을 통해 시중가보다 20~30% 정도 저렴하게 판매한다. EDLP(Everyday Low Price)과 대량 구매를 통한 원가 절감에 초점을 두고 있으며 최근에는 온라인 · 오프라인 결합(O2O) 형태로 발전 중이다. 대표적인 업체로는 Walmart, Target, Tesco 등이 있다. 월마트는 최근 리테일 채널을 활용한 구매시점 광고를 유통업체의 새로운 수익원으로 활용하고 있다. 고객의 구매이력, 행동 데이터를 기반으로 오프라인 채널을 활용해 고객이 구매하는 시점에 맞춤형 광고를 노출함으로써 오프라인 매장의 수익 다변화를 꾀하는 것이다. 월마트는 자체 미디어그룹 "월마트 커넥트"를 통해 광고사업을 운영하고 있으며 전국 매장을 미디어(media)화 하고 있다.

(3) 창고형 할인매장

Costco, Sam's Club 등과 같이 회원 가입을 통해 연회비를 받고 저렴한 가격의 제품을 판매하는 회원제 창고형 할인점(Membership Wholesale Club)이다. 대용량 · 대포장(discount bulk buying) 판매 방식, 창고 형태의 간소한 매장 디자인, 서비스 최소화로 운영 비용을 절감하고 저마진을 통해 도매 수준의 가격 제공이 가능하다. 소비자뿐 아니라 중소 소매상, 외식업자 등 소규모 사업자도 주요 고객층이다. 대표적인 업체로는 Costco, Sam's Club, 이마트 계열의 트레이더스가 있다.

2. 백화점

1) 개념

백화점은 다양한 유형의 상품과 깊이 있는 구색을 갖추어 놓고 고객에게 다양한 서비스를 제공하는 대표적인 소매업태이다. 상품의 종류를 체계적으로 분류하여 층별로 다양하게 갖추고 있는 백화점은 마치 여러 개의 전문점을 종합해 놓은 것 같은 모습을 띤다. 백화점은 매장 면적 4,000㎡ 이상으로 다양한 상품 외에도 쾌적한 쇼핑공간과 문화 및 여가기능을 제공하는 가장 고급화된 하이엔드(High-End)업태로 볼 수 있다. 세계 최초의 백화점은 19세기 중엽의 프랑스의 봉 마르쉐 백화점으로 최초의 정찰제, 환불, 교환제 도입, 대면 서비스 도입, 의류, 생활용품 등 다양한 상품을 한 건물에서 원스톱 쇼핑(One-stop shopping)으로 제공하는 등 혁신적인 판매방식을 선보였다.

봉 마르쉐는 단순한 상점이 아니라 근대 소비문화의 발상지였다. 봉 마르쉐는 여성들이 자유롭게 쇼핑하고 사회적 교류를 할 수 있는 공간으로 기능하였다. 이는 소매업태가 시장, 전문점 중심에서 대규모 조직화된 소매점으로 전환되는 상징적 사건이었다.

봉 마르쉐 백화점

2) 현황 및 특징

한국 최초의 백화점은 현 신세계백화점 본점 자리에 개점한 일본 미쓰코시 백화점의 경성지점이다. 그 이후 한국 순수 자본이 세운 최초의 백화점은 1930년에 조선화학공업이 종로에 세운 화신백화점이다. 당시로서는 혁신적이던 엘리베이터 설치, 대형 쇼윈도 운영, 현대적 매장 시설을 갖추고 고정가격제와 현대식 광고판촉도 적극적으로 도입하였다. 해방 이후 1950년대까지는 주로 임대업 형태의 백화점이 주류였으나, 1969년 신세계백화점이 국내 최초로 직영 체제의 백화점 운영을 시작하면서 근대적 백화점 시대가 열렸다. 이어 1973년 미도파백화점이 직영 체제로 전환하였고, 1979년 롯데백화점이 개점하면서 롯데, 신세계, 미도파로 이어지는 3강 구도가 형성되었다. 1985년에는 현대백화점이 압구정 본점을 개점하면서 대형 백화점 중심의 경쟁 구도가 확고해졌다.

1990년대 초까지 백화점은 경제성장과 국민 소득 증가에 힘입어 연평균 20%의 급성장을 지속하였다. 그러나 1997년 외환위기 이후 내수 소비가 급격히 위축되어 백화점 업계는 매출이 20% 이상 감소하는 위기를 맞이하였고, 당시 전국 108개 점포 중 약 40%인 45개 점포가 도산하거나 합병되는 구조조정을 겪었다. 이로 인해 백화점 산업은 자본력이 풍부한 대형 3사 위주로 재편되었으며, 업계 집중화가 더욱 심화되었다.

2010년대 초반까지는 중국인 관광객 증가와 내수 소비의 양극화로 인해 명품과 고급 브랜드 중심의 백화점 매출이 크게 증가하였다. 특히, 명품 브랜드 입점 확대와 고급화 전략은 백화점 업계 성장의 주요 동력이 되었다. 하지만 2017년 이후 사드 사태와 외부 요인에 따른 중국인 관광객 급감, 코로나 팬데믹 사태로 백화점 업계는 침체의 어려움을 겪었다.

2020년대 들어 백화점 업계는 오프라인 매장 중심에서 벗어나 디지털 전환과 온라인몰 강화, 옴니채널 전략을 적극적으로 추진하고 있다. 또한, 단순한 쇼핑 공간을 넘어 백화점 내 F&B매장 강화, 프리미엄 식품관 확대, 고객경험 요소 확대를 통한 복합문화 공간으로서 고객에게 차별화된 경험을 제공하고 있다.

3. 슈퍼마켓

1) 개념

슈퍼마켓은 근린 지역을 중심으로 식료품, 생필품, 가공식품 등을 셀프 서비스(Self-service) 방식으로 판매하는 소매점포를 말한다. 일반적으로 매장 면적은 300~2,500㎡ 수준이며, 저비용 · 저마진 · 고회전을 특징으로 한다. 하이퍼마켓이 대규모 점포 형태라면, 슈퍼마켓은 생활 밀착형 점포로서 근거리 소비자에게 신속하고 편리한 쇼핑을 제공한다.

2) 현황 및 특징

한국의 슈퍼마켓은 1980년대 이후 급성장했으나, 2000년대 이후 대형마트와 편의점, 온라인 장보기 서비스의 확산으로 상대적 성장세가 둔화되었다. 해외의 경우 슈퍼마켓이 오프라인 유통을 대표하는 업태로서 자리 잡은 데 비해, 국내의 경우는 대형마트가 그 역할을 대신하면서 부진한 실적을 보여 왔고 롯데슈퍼, 이마트 에브리데이, 홈플러스 익스프레스 등이 편의점과 대형마트 사이의 포지셔닝을 가지고 기업형 슈퍼(SSM)를 다점포화하며 슈퍼마켓 시장을 리드하고 있다. 한편 동네 구멍가게들은 슈퍼마켓 연합체 주도의 나들가게로 재편되고 있다.

미국은 1930년대 이후 크게 발달하여 특히 크로거(Kroger), 알버트슨(Albertsons) 등 전통 슈퍼마켓 체인이 여전히 강세이지만 월마트, 코스트코와 같은 대형 리테일러와 아마존 프레쉬 같은 O4O(Online for Offline) 기반의 신흥 슈퍼마켓들과 경쟁이 치열해지고 있다.

트레이더조

4. 대형전문점

1) 개념

전문점은 본래 모든 종류의 상품을 판매하는 대형마트나 백화점과는 달리 취급 상품을 전문화시킨 소매업태이다. 즉 소비자의 라이프스타일의 변화에 따라 기존 종합소매점이 취급하는 품목 중 한 계열의 품목만을 전문적으로 취급하는 소매업태라 할 수 있다. 특정 상품군(Category)에 집중하여 압도적인 규모와 전문성, 가격 경쟁력을 통해 경쟁자를 압도하고 해당 카테고리 시장을 사실상 장악한다고 해서 "카테고리 내 경쟁자를 죽인다"는 의미의 카테고리 킬러(Categorykiller)라고 불리기도 한다.

전자제품을 전문적으로 취급하는 Best Buy, 주택용 하드웨어와 DIY 용품을 취급하는 Home Depot, 사무용품을 전문으로 취급하는 Office Depot, 서적류를 취급하는 Barns and Nobles 등이 대표적인 전문매장이다.

2) 현황 및 특징

1970년대 말 미국에서 처음 등장한 카테고리 킬러는 1980년대에 빠르게 성장하며 세계 시장으로 확산되었고, 특히 1990년대 이후 글로벌화와 함께 국제적인 브랜드로 자리 잡았다. 대표적인 사례로 완구 분야의 토이저러스(Toys "R" Us)가 꼽히며, 최근 들어서는 가구 분야에서 스웨덴 브랜드 이케아(IKEA)가 전 세계적인 성공을 거두며 대표적인 카테고리 킬러로 자리매김하였다.

오늘날 카테고리 킬러는 기존의 창고형 매장 형태에서 벗어나 소비자 경험 중심의 매장 디자인과 디지털 기술을 적극적으로 활용한 옴니채널 전략을 채택하여 경쟁력을 높이고 있다. 예를 들어, 이케아는 단순히 가구를 판매하는 것이 아니라 소비자들이 직접 생활공간을 체험할 수 있는 쇼룸 형태로 매장을 설계하고, 온라인과 오프라인의 유기적 연계를 통해 소비자의 쇼핑 편의성을 극대화하고 있다. 또한 ABC마트는 소비자의 라이프스타일과 최신 유행을 반영한 상품 기획과 멀티브랜드 전략으로 젊은 층의 호응을 얻고 있으며, 국내 가전 전문매장인 하이마트는 체험형 매장을 통해 고객들이 최신 전자제품을 직접 경험할 수 있도록 하고 있다.

국내에서 해외의 카테고리 킬러와 가장 유사한 형태는 유진그룹이 2019년 미국 에이스 하드웨어와 라이선스 계약으로 진출한 에이스 하드웨어이다. 공구, 페인트, 도장 자재, 인테리어 자재 등 집수리 관련 상품이 중심이며 온라인 주문과 픽업, 배달 등 다양한 서비스를 제공 중이다.

특히 최근에는 기존의 글로벌 브랜드뿐 아니라 국내 브랜드들이 적극적으로 이 시장에 진출하여 특정 소비자 세그먼트를 집중적으로 공략하는 전략을 펼치고 있어 앞으로도 카테고리 킬러의 시장 영향력은 더욱 확대될 것으로 전망된다.

5. 편의점

1) 개념

편의점(Convenience Store: CVS)이란 말 그대로 편의성을 파는 소매점으로 1960년대부터 70년대에 이르는 동안에 급속히 발달한 미국식 구멍가게 형태의 소매업태를 말한다. 편의점은 슈퍼마켓의 보완책으로 생겨난 소매업태의 일종이다.

편의점은 제한된 종류와 구색의 상품만을 취급하며 상품을 신속하게 살 수 있는 곳이다. 넓은 공간 속에서 여기저기 찾아다니고 긴 줄에 서서 기다려야 하는 불편을 없애 소비자들이 신속하고 빠르게 상품을 구입할 수 있다. 연중무휴로 24시간 영업하는 시간의 편리성, 아파트 단지나 주택밀집지역 내 위치한 공간의 편리성, 소용량 제품을 취급하는 상품의 편의성 등이 장점이다. 편의점에서 취급되는 상품의 절반 이상은 구매 후 30분 이내에 소비되는 제품들이다. 편의점은 제한된 종류의 상품만을 취급하기 때문에 슈퍼마켓에 비해서 가격이 비싸다.

2) 현황 및 특징

편의점은 식료품을 중심으로 고객과 대면하며, 셀프 서비스 방식을 채택한 종합소매업의 하나이다. 최근에는 일반 상품 외에도 생활밀착형 서비스를 함께 제공하면서 업태의 끊임없는 진화를 모색하고 있다. 소비자의 소비 행태가 개인화되고 시간 효율성을 중시하는 방향으로 변화하면서, 편의점은 이러한 트렌드에 민감하게 반응하며 성장해 왔다.

편의점은 오프라인 업태 중 잘파세대의 변화하는 트렌드를 가장 신속히 반영한 콜라보 상품 도입으로 영층의 내점 빈도를 촉진하고 있다.

한국형 편의점은 1981년 (주)뉴코아가 서울 반포에 처음 개점했으나 별다른 성과 없이 슈퍼마켓으로 업태를 전환하였다. 본격적인 편의점 시대는 1989년, 동화산업이 세븐일레븐 올림픽선수촌점을 개점하면서 시작되었으며, 이후 CU, GS25, 세븐일레븐 등 브랜드 중심의 기업형 편의점 체계가 정착되었다.

2018년 이후 편의점 수는 지속적으로 증가하여, 2023년 기준 10년간 연평균 10.4%의 성장을 이어가는 등 오프라인 소매업태 가운데 가장 높은 신장률을 보이고 있다. 하지만 최근 들어 편의점 포화가 이슈화되고 있으며 일본은 점포 수가 인구 천 명당 0.45개인 반면 한국은 천 명당 1.07개로 일본보다도 점포 포화 수준이 높다. 또한 편의점 간 근접출점이 격화되며 점당 손익구조가 하락하는 구조적 문제에 노출되고 있는 상황이다.

6. 초저가숍

1) 개념

초저가숍(Hard Discount Store)은 평균 850㎡의 소형 매장에 1500SKU의 한정된 품목, 압도적으로 높은 PB상품 비중, 간소한 매장 · 집기와 서비스,지속적 초저가로 정의되는 식품 · 생활필수재 중심 소매 포맷이다. 대표 주자는 독일계 Aldi와 Lidl로, 적은 SKU와 팔렛 · 박스 진열, 최소 인력 운영, 단순한 점포 디자인, 신속한 회전율과 강력한 원가 통제를 통해 구조적 저가를 실현한다. 전통 슈퍼마켓이나 하이퍼마켓에 대비해서 폼목의 깊이와 서비스는 낮지만 가격, 회전율, 생산성은 높은 업태로 볼 수 있다.

2) 현황 및 특징

코로나 팬데믹 이후 전 세계적인 물가 상승 시기에 가장 높은 성장세를 보이는 업태이다. 미국 · 영국 등 주요 시장에서 Aldi와 Lidl은 공격적 출점을 지속하고 있으며 인플레이션과 관세 부담이 큰 국면에서 PB가 가격 방어 역할을 하며 성장의 발판이 되고 있다.

일본의 돈키호테, 한국의 다이소와 노브랜드숍이 순수 초저가숍 포맷은 아니나

ALDI

Lidl

초저가숍과 유사한 형태로 운영 중이다. 특히 한국에서는 1992년 아성산업이 일본의 다이소를 도입하였으나 이후 2023년에 한국 다이소가 일본 측 지분을 전부 인수하여 완전 국내 기업으로서 폭발적 성장세를 보여주고 있다. 노브랜드는 이마트의 초저가 PB상품으로 시작하여 단독점포로 확대하였으나 현재는 대형마트 내 숍인숍의 형태로 출점 형태의 다변화를 시도하고 있다.

7. 쇼핑센터와 복합쇼핑몰

1) 개념

국제쇼핑센터협회(International Council of Shopping Centers: ICSC)의 정의에 따르면 쇼핑센터(Shopping Center)는 계획적 · 체계적으로 설계 · 운영되는 소매점 · 서비스 점포 집합체로, 상권 특성과 고객 수요에 맞춰 규모 · 테넌트 구성 · 주차시설 등을 조정한 상업 단지를 말한다. 쇼핑센터가 상대적으로 네이버후드쇼핑센터(NSC)의 소규모 근린형 범주를 포함하는 개념이라면, 복합쇼핑몰은 문화 · 레저 · 엔터테인먼트를 포함한 거대형 · 체류형 모델을 지칭하는 경우가 많다. 복합쇼핑몰(Shopping Mall Complex)은 대규모 상업 공간 안에 다양한 업태를 집적하여 원스톱 쇼핑 · 레저 · 문화 경험을 제공하는 복합 상업시설을 의미한다.

미국의 Mall of America, 영국의 Westfield London, 싱가포르의 Marina Bay

Sands Shoppes, 한국의 스타필드, 롯데타임빌라스, IFC몰 등이 해당된다.

2) 현황 및 특징

2010년대 중반 이후 신세계가 오픈한 스타필드가 본격적인 복합쇼핑몰의 시대를 연 이후 롯데의 타임빌라스, 현대의 더커넥트현대 등이 대형 복합쇼핑몰 시대를 앞당겼다. 소득 수준이 3만 달러를 넘어서며 고객들의 소비행태가 시간소비형으로 바뀐 데다 쇼핑보다 여가 · 놀이 · 외식 등을 원하는 소비자들이 쇼핑센터에 체류하는 시간이 늘어나면서 성장의 배경이 되고 있다. 최근에는 지방으로 복합몰이 확산되면서 대전 신세계 Art&Science, 부산 롯데몰, 더커넥트 현대 등이 지역 랜드마크로 자리 잡고 있다.

제2절

무점포 소매업

마케팅의 진화를 설명하는 프레임워크인 마케팅 1.0~5.0은 산업 · 기술 · 소비자 가치관 변화에 따라 기업의 마케팅 방식이 어떻게 변화했는지를 보여준다. 마케팅 1.0이 제품 중심(product-centric)에서 시작해, 마케팅 2.0은 소비자 중심(customer-centric), 마케팅 3.0은 가치 중심(value-driven), 마케팅 4.0은 디지털 중심(digital-centric), 그리고 마케팅 5.0은 인간 중심 기술(human-centric technology)으로 발전하고 있다. 이러한 흐름은 단순히 기업의 마케팅 전략에만 국한되지 않고, 소매유통(retailing) 산업 전반의 패러다임 변화와 긴밀히 맞물려 있다.

소비자의 기대치가 진화함에 따라, 리테일 또한 1.0에서 5.0으로 단계적으로 발전해 왔다. 리테일 1.0은 상품 접근성을 보장하는 근대적 유통의 출현이었다. 백화점, 아케이드, 슈퍼마켓과 같은 근대적 소매 형태를 통해 대중에게 새로운 소비 경험을 제공하였다. 소비자들은 이전보다 훨씬 다양한 상품을 한 공간에서 접할 수 있었고, '쇼핑'이라는 활동이 사회적 경험으로 자리 잡기 시작했다.

리테일 2.0은 저가격과 효율성 중심의 대량 판매와 할인점의 성장으로 이어졌다.

20세기 중반, 대량 생산 · 대량 소비가 본격화되면서 리테일은 규모의 경제와 저가격 전략으로 진화하였다. 체인스토어와 할인점, 쇼핑몰이 본격적으로 성장하였으며, '싸고 많은 상품'을 공급하는 것이 핵심 경쟁력이었다. 이 시기의 소비자는 저렴한 가격과 원스톱 쇼핑을 통해 생활 효율성을 높였다.

리테일 3.0은 온라인 쇼핑을 통해 소비자에게 무한한 선택과 편의성을 제공했다. 1990년대 후반부터 2000년대 초반에 이르는 시기는 인터넷과 이커머스의 등장으로 특징지어진다. 소비자들은 물리적 매장에 가지 않고도 온라인에서 손쉽게 상품을 구매할 수 있게 되었으며, 이는 소매업의 패러다임을 크게 바꾸었다.

리테일 4.0은 옴니채널과 개인화 경험을 통해 소비자 중심의 맞춤 서비스를 강화했다. 2010년대 이후, 스마트폰과 빅데이터 기술의 확산은 소매업을 O2O(Online to Offline) 및 옴니채널(omni-channel)로 이끌었다. 소비자는 이제 오프라인과 온라인을 자유롭게 넘나들며 구매 경험을 누리고, 기업은 데이터 기반 개인화 서비스를 제공하게 되었다. 소비자는 개인 맞춤형 추천을 받고, 오프라인 매장에서 모바일로 결제하거나 반대로 온라인 주문 후 오프라인에서 수령하는 등 경계 없는 경험을 하게 되었다.

리테일 5.0은 AI · ESG · 메타버스와 같은 신기술과 지속 가능성을 결합하여, 단순히 거래를 넘어서 사회적 · 윤리적 가치 창출을 지향한다. 2020년대에 들어서면서 리테일은 단순한 개인화와 편리성을 넘어, AI, IoT, 메타버스, ESG와 같은 새로운 화두를 중심으로 진화하고 있다. 이 시기의 핵심은 기술과 인간적 가치의 결합(Human-centric Technology)이다.

소비자들은 단순히 '편리하고 저렴한 상품'이 아니라, 지속 가능성(sustainability), 윤리적 소비(ethical consumption), 체험 중심(experiential retail)을 중시한다.

따라서 리테일의 진화는 단순히 점포 형태의 변화가 아니라, 마케팅 진화와 보조를 맞추며 소비자 가치(Value Proposition)의 변화를 반영하는 소매업의 패러다임 전환으로 이해할 수 있다.

본 절에서 다루는 무점포 소매업은 리테일 1.0~2.0에 해당하는 유점포 소매업에 비해 리테일 3.0~4.0에 해당되며 리테일 5.0은 마지막 장 뉴커머스와 리테일의 미래에서 다룰 예정이다. 무점포 소매업은 물리적 판매 공간 없이 소비자에게 상품과 서비스를 제공하는 형태로, 최근 가장 빠르게 성장하고 있는 형태는 인터넷 · 모바일 쇼핑을 중심으로 한 온라인 소매업태이다. 상품 탐색, 비교, 결제, 배송 확인까지 전 과정이 디지털 환경에서 이루어지며, 소비자 맞춤형 추천 알고리즘, 실시간 리뷰

표 6-1 리테일 1.0~5.0 단계별 주요 특징

구분	시기/맥락	주요 특징	고객 가치 초점	대표 사례
리테일 1.0	19세기 후반~ 20세기 초	근대적 백화점, 슈퍼마켓 등장 대량생산 · 대량판매 기반	상품 접근성– 물건을 구입할 수 있는 장소 제공	봉 마르쉐(Le Bon Marché, 1852), 메이시스(Macy's)
리테일 2.0	20세기 중반	체인스토어 · 할인점 · 쇼핑몰 확산 규모의 경제, 저가격 경쟁	가격 · 효율성 – EDLP(Everyday Low Price), 원스톱 쇼핑	월마트(Walmart), 까르푸(Carrefour)
리테일 3.0	1990년대~ 2000년대	인터넷 · 이커머스부상 온 · 오프라인 이원화	편리성 · 선택 다양성– 언제 어디서나 구매 가능	아마존(Amazon), 이베이(eBay)
리테일 4.0	2010년대	O2O(Online to Offline), 옴니채널 빅데이터 · 모바일커머스 확산	개인화 경험– 고객 맞춤형 추천 · 크로스 채널 경험	알리바바(Alibaba), 쿠팡(Coupang), 스타벅스 리워드 앱
리테일 5.0	2020년대~ 현재	AI · IoT · 메타버스 · 지속 가능성 고객경험 + ESG 통합 사람 중심 기술 (Human-centric Tech)	지속 가능성 · 공감 · 인간적 가치– 개인화 + 윤리적 소비, 체험 중심	무인매장(Amazon Go), 이케아(ESG 캠페인), 틱톡라이브커머스

시스템, AR을 활용한 가상 피팅 등 다양한 기술이 접목되어 몰입형 쇼핑 경험을 제공하고 있다.

무점포 소매업의 성장은 단순한 기술 발전의 결과를 넘어, 소비자 라이프스타일의 변화와 유통 서비스에 대한 기대 수준의 고도화를 반영한 흐름이라 할 수 있다. 특히 인터넷 · 모바일 쇼핑은 단순한 구매를 넘어, 정보 탐색, 비교, 콘텐츠 소비까지 아우르는 소비자 중심의 상호작용 플랫폼으로 자리 잡고 있으며, 향후에도 지속적인 확장이 기대된다.

1. TV 홈쇼핑

1) 개념

TV 홈쇼핑은 방송 채널을 통해 상품 정보를 제공하고, 소비자가 이를 시청하며 구매하는 미디어 기반 무점포 소매업의 대표적인 형태다. 과거에는 소비자가 방송 시간에 맞춰 TV 프로그램을 시청하고 전화로 주문을 하는 방식이 일반적이었지만, 최근에는 모바일 앱, 웹사이트, 스마트 TV 등 다양한 디지털 채널을 통한 실시간 주문이 주를 이루고 있다.

기존 TV 홈쇼핑의 한계로 지적되었던 '방송 시간에 상품을 기다려야 한다'는 점도 기술적 발전으로 상당 부분 해소되었다. T커머스는 양방향 기능을 통해 시청자가 리모컨으로 상품을 선택하고 즉시 주문할 수 있도록 하며, 대부분의 홈쇼핑사는 자체 모바일 앱을 통해 VOD 서비스, 실시간 방송 연동, 추천 알고리즘 기반 개인화된 쇼핑 경험을 제공하고 있다.

또한 TV 홈쇼핑은 단순한 상품 판매 채널을 넘어 엔터테인먼트와 쇼핑을 결합한 콘텐츠 커머스로 진화 중이다. 예능형 구성, 전문가 리뷰, 실시간 댓글 참여 등을 통해 시청자의 흥미를 유도하며, 특히 라이브커머스와의 연계를 통해 방송 기반과 디지털 기반의 시너지 효과를 추구하고 있다.

상품 구성 또한 고도화되고 있다. 과거에는 주로 보석류, 의류, 건강기구 등이 주력이었다면, 최근에는 프리미엄 가전, 해외 명품, 지역 농특산물, 스타와 협업한 한정판 상품 등 다양성과 독점성을 강화하고 있다. 국내 대표 홈쇼핑 기업인 CJ온스타일, GS샵, 현대홈쇼핑 등은 단순 판매를 넘어 콘텐츠 기획력과 브랜드 협업을 통해 차별화된 상품 전략을 전개하고 있다.

2) 현황 및 특징

국내 TV 홈쇼핑 산업은 1995년 CJ홈쇼핑(당시 39쇼핑)과 GS홈쇼핑(당시 LG홈쇼핑)

의 개국을 기점으로 시작되었다. 초기인 1996년 시장 규모는 335억 원에 불과했으나, 케이블TV 보급 확대와 신용카드 사용의 보편화, 중소기업 제품 판로 확보에 대한 수요가 맞물리면서 1998년 이후 연평균 70% 이상의 고속 성장을 기록하였다. 2000년에는 매출 1조 원을 돌파하였고, 2001년에는 현대홈쇼핑, 우리홈쇼핑(현 롯데홈쇼핑), 농수산홈쇼핑(현 공영홈쇼핑) 등이 진입하면서 시장 경쟁이 본격화되었다. 2012년에는 중소기업 전용 채널인 홈앤쇼핑이 설립되어 현재까지 총 6개 주요 홈쇼핑사가 운영 중이다.

최근 국내 TV 홈쇼핑 시장 규모는 약 5조~6조 원대 수준에서 정체를 보이고 있으나, 단순한 매출 확대보다 플랫폼 전환과 콘텐츠 중심의 경쟁력 확보로 방향을 전환하고 있다. 과거 고속 성장은 케이블 · 위성방송 가입자 수 증가와 더불어, 오프라인 유통 대비 저렴한 가격, 중간 유통단계 생략, 신속한 상품 노출이라는 효율성이 소비자의 선택을 이끌어낸 것이 주요 배경이었다.

TV 홈쇼핑은 생산자와 소비자를 직접 연결하는 구조를 통해 중간 유통 마진을 절감하고, 가격 경쟁력을 확보하여 실속형 소비자들에게 적합한 유통채널로 인식되었다. 특히 중소기업 제품의 입점 비율이 전체의 90% 이상을 차지할 만큼, TV 홈쇼핑은 국내 중소기업의 판로 확대 및 홍보 수단으로 기능해 왔다. 아이디어 상품이나 기술력은 우수하지만 자본력이나 마케팅 채널이 부족한 중소기업에게 홈쇼핑은 저비용 고효율의 기회를 제공하였다.

하지만 쿠팡, 네이버 쇼핑, 마켓컬리, SSG.com 등 온라인 플랫폼의 성장으로 인해 TV 홈쇼핑의 상대적 매력이 떨어지고, 소비자 TV 시청 시간 감소, 고령층 의존, 송출 수수료 인상 등으로 인해 성장세는 지속적으로 하락하고 있다. 이에 따라 TV 홈쇼핑은 정체기에서 새로운 전환점을 모색하는 단계에 있다. 방송형 판매 구조의 한계를 극복하기 위해 각 홈쇼핑사는 T커머스와 라이브커머스, 모바일 전용 방송 채널을 강화하고 있으며, 자체 앱을 통한 실시간 시청 · 주문 · 후기 제공 등 디지털 전환 기반의 통합 쇼핑 경험을 제공하고 있다. 특히 CJ온스타일, GS샵, 현대홈쇼핑 등은 MZ세대를 겨냥한 콘텐츠형 방송 기획, 유명 브랜드 및 셀럽과의 협업 상품 확대 등으로 새로운 소비층 확보에 나서고 있다.

향후 TV 홈쇼핑은 기존의 '방송을 통한 상품 판매' 개념에서 나아가, 미디어 콘텐츠와 커머스가 융합된 플랫폼으로의 전환을 통해 경쟁력을 확보해야 한다. 또한 중소기업의 지속 가능한 성장 지원이라는 공공적 역할을 유지하면서, 다채널 전략과 온·오프라인 연계 커머스를 통해 새로운 소비자 접점을 창출해 나가는 것이 핵심 전략이 될 것이다.

2. 인터넷과 모바일 쇼핑

1) 개념

인터넷 쇼핑몰은 전자 네트워크 기반 플랫폼을 통해 판매 제품 또는 공급 기업의 상품을 전시하고, 소비자들의 주문, 결제, 배송, 애프터서비스까지 전 과정을 중개하는 디지털 기반 무점포 소매업태이다. 이들은 고객과 온라인상에서 실시간으로 소통하며, 문의 응대, 후기 관리, 맞춤형 프로모션 등을 통해 고객 만족도를 높이고 있다.

인터넷 쇼핑몰의 가장 큰 장점은 시간과 장소의 제약 없이 상품을 탐색하고 구매할 수 있는 편의성에 있다. 소비자는 언제든지 원하는 상품의 가격, 리뷰, 사양을 비교하며 합리적인 소비 결정을 할 수 있으며, 최근에는 AI 추천 알고리즘과 검색 최적화 기술을 통해 개인화된 쇼핑 경험이 더욱 강화되고 있다.

이러한 흐름은 모바일 중심의 소비 환경으로 급속히 전환되고 있다. 모바일 쇼핑은 스마트폰을 기반으로 한 앱 또는 웹 환경에서 상품 탐색, 결제, 배송 추적, 교환·반품까지 모든 과정을 처리할 수 있도록 고도화되었으며, 쿠팡, 네이버, SSG닷컴, 마켓컬리 등의 플랫폼들이 대표적인 모바일커머스 채널로 자리 잡고 있다.

또한, 모바일 기반 커머스는 단순 거래를 넘어 라이브커머스, 구독형 커머스, 챗봇 기반 응대 서비스 등으로 확장되며, 실시간 소통과 콘텐츠 중심 쇼핑으로 진화하고 있다. 이러한 변화는 소비자에게 더욱 직관적이고 몰입감 있는 쇼핑 경험을 제공하며, 기업 입장에서는 고객 데이터 기반의 맞춤형 마케팅 전략을 강화할 수 있는 기회를 제공하고 있다.

인터넷·모바일 쇼핑몰은 오늘날 유통 산업에서 가장 빠르게 성장하고 있는 영역 중 하나로, 전통적 오프라인 소매업과의 경쟁을 넘어 옴니채널 전략과 통합 소비자 경험 관리 측면에서도 핵심적인 역할을 수행하고 있다.

2) 현황 및 특징

국내에서 인터넷 쇼핑몰이 처음 등장한 것은 1996년 6월, 인터파크와 롯데닷컴의 개설을 통해서이다. 당시만 해도 연간 거래 규모는 10억 원 수준에 불과했으나, 이후 인터넷 인프라 확산과 전자상거래 시스템의 발달, 소비자 수용성 증가 등에 힘입어 빠른 성장을 이어왔다.

2000년대 초반까지만 해도 인터넷 쇼핑몰이 전체 소매유통에서 차지하는 비중은 2%에 불과했지만, 이후 20여 년간 모든 유통 업태 중 가장 높은 성장률을 기록하며, 소매시장 내 50% 가까운 점유율을 보여주고 있다. 2014년부터는 대형마트를 제치고 국내 소매유통 시장 점유율 1위 업태로 올라섰다. 이와 같은 급성장은 무엇보다도 인터넷·모바일 사용 인구의 폭발적 증가, 그리고 디지털 기기 보급의 일상화에 기인한다. 1996년 730만 명 수준이던 인터넷 사용자 수는 현재 전체 인구 대비 97% 이상이 온라인에 접근 가능한 수준으로 확대되었으며, 한국은 세계에서 가장 높은 수준의 모바일 쇼핑 이용률을 보이는 국가 중 하나로 평가받고 있다.

인터넷 쇼핑몰 산업은 경쟁 강도가 매우 높고, 이용자 전환이 자유로워 브랜드 충성도 유지가 어려운 구조적 특성을 지닌다. 이러한 특성 때문에 시장 선점을 위한 초기 투자와 물량 확보, 빠른 배송 인프라, 그리고 가격 경쟁력이 핵심 성공 요인으로 작용한다. 특히, 오프라인 유통망을 기반으로 한 대기업 계열 온라인 쇼핑몰들은 구매 협상력과 광고 집행력, 물류 시스템을 앞세워 경쟁에서 우위를 점해 왔다.

초기에는 TV 홈쇼핑 기반 온라인몰들이 브랜드 인지도와 마케팅 자본을 활용해 빠르게 성장하는 모습을 보였다.

그러나 최근에는 쿠팡, SSG닷컴, 마켓컬리, 오아시스마켓 등 플랫폼 기반의 순수

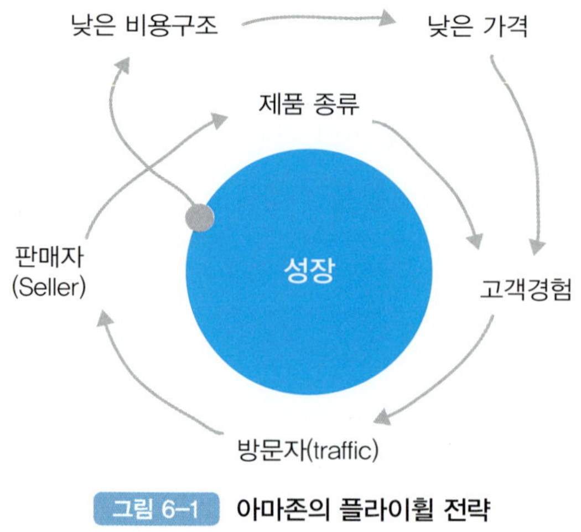

그림 6-1 아마존의 플라이휠 전략

온라인 커머스 기업이 빠르게 부상하고 있다. 이들은 무료 배송, 당일 · 새벽 배송, 리뷰와 커뮤니티 활성화, 개인화 추천 알고리즘, 콘텐츠 기반 쇼핑 경험 등을 통해 고객을 플랫폼으로 모으고 높은 트래픽(traffic)이 발생하여 셀러(Seller)들이 모이는 아마존의 플라이휠(flywheel) 전략을 구사하고 있다. 특히 쿠팡은 전국 단위의 로켓배송, 간편결제 시스템을 통해 시장지배력을 강화하며 온라인 시장을 평정하고 있다.

네이버 쇼핑은 검색 포털과의 연계를 통해 사용자 유입을 극대화하고 있다. 넷플릭스, CJ대한통운 등 타 업종과의 합종연횡을 통한 멤버십 생태계를 확장하며, 2025년에는 쇼핑 기능만을 별도로 구축한 네이버플러스 스토어를 오픈하여 쿠팡과의 경쟁에서 우위를 차지하기 위한 전략을 전개하고 있다.

3. 버티컬커머스

1) 개념

버티컬커머스(Vertical Commerce)는 특정 상품 카테고리 혹은 타깃 고객군에 집중하여 전문화된 온라인커머스 모델을 의미한다. 이는 다양한 상품군을 폭넓게 다루는 쿠팡이나 아마존같은 종합형 커머스와 대비되는 개념으로, 특정 분야에서 깊이 있는 제품 라인업, 전문 콘텐츠, 맞춤형 서비스를 제공함으로써 차별화된 가치를 창출한다. 이 모델은 소비자의 전문성에 대한 신뢰와 커뮤니티적 소속감을 강화하여 충성 고객을 확보하는 데 강점을 가진다. 예를 들어, 올리브영과 화해는 뷰티 전문이며, 무신사는 패션 전문, 오늘의 집은 리빙, 인테리어 전문 분야의 버티컬커머스라 할 수 있다.

버티컬커머스는 오픈 초기 다양한 콘텐츠 업로드를 통해 정보를 공유하고 이를 통해 취향이 비슷한 고객들의 커뮤니티가 형성되며 플랫폼으로 발전했다는 특징을 지닌다. 최근에는 초기의 전문화된 분야에서 그 외의 다양한 카테고리로 확장하는 전략을 취하고 있어 그 경계가 다소 흐려지는 경향이 있다.

2) 현황 및 특징

글로벌 시장의 버티컬커머스를 대표하는 업체로는 Warby Parker(안경), Glossier(화장품), Casper(매트리스) 등의 D2C 기반 버티컬 브랜드가 빠르게 성장하였다. 버티컬커머스의 주요 특징 중 하나는 제조업체가 중간 유통업체를 거치지 않고 소비자에게 직접 판매하는 D2C(Direct to Customer) 형태를 취하고 있다는 점이다.

소비자와의 직거래를 통해 유통업체 영향력에서 벗어난 브랜드 관리, 수수료 절감, 고객 데이터 축적 및 활용이 가능하여 패션, 식품, 리빙, 뷰티 등 카테고리 전반으로 직거래 형태가 확산하고 있다.

최근에는 대형 종합 커머스 플랫폼이 카테고리별 전문 서비스를 강화하면서, 버티컬커머스의 경쟁력 유지가 점점 어려워지고 있다. 단순히 전문몰만으로는 차별화가 부족해, 콘텐츠 · 커뮤니티 · 데이터 기반 개인화 서비스가 필수화되고 있다. 또한 초기에는 빠른 성장세를 보였으나, 물류 · 마케팅 비용 증가와 낮은 진입장벽으로 인해 수익성 확보에 어려움을 겪는 사례가 많다. 이 외에도 특정 카테고리에 강점을 가진 만큼, 고객 충성도가 높은 장점이 있으나, 한편으로는 소비자가 종합 플랫폼으로 이동할 가능성도 크다. 한편 최근 소비자들은 단순한 카테고리 전문성보다 지속 가능성, 윤리적 소비, 브랜드 가치를 중요시한다. 이에 따라 버티컬커머스

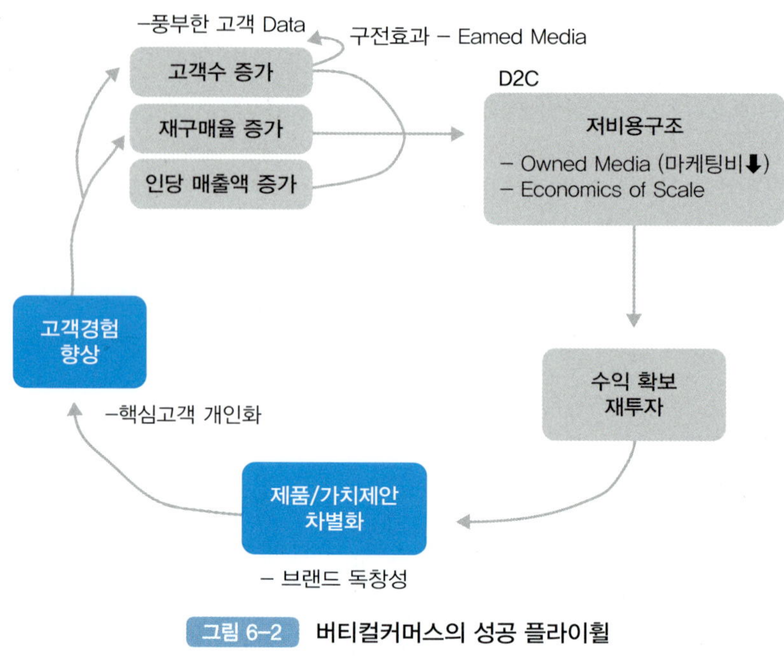

그림 6-2 버티컬커머스의 성공 플라이휠

출처: AT커니 report.

기업도 친환경 포장, ESG 캠페인 등이 차별화 요소로 활용될 전망이다.

4. 소셜커머스

1) 개념

소셜커머스(Social Commerce)는 전자상거래의 한 유형으로, 소셜 네트워크 서비스(SNS)나 온라인 커뮤니티의 사회적 상호작용을 기반으로 상품 · 서비스의 구매를 촉진하는 방식을 의미한다. 단순히 온라인에서 물건을 판매하는 것을 넘어, 사용자 리뷰, 추천, 공유, 공동구매, 실시간 소통 등의 요소를 통해 소비자 의사결정에 영향을 준다.

초창기 한국에서의 소셜커머스는 쿠팡, 티몬, 위메프와 같은 소셜 공동구매 플랫폼 형태로 시작하였으나 최근에는 인스타그램, 페이스북, 유튜브, 틱톡, 위챗 등 SNS 플랫폼 자체가 전자상거래 기능을 탑재하면서, 소셜미디어와 이커머스의 경계가 사실상 사라지고 있다. 그 외에도 I2C 커머스(Influencer-to-Customer), 즉 인플루언서나 크리에이터가 직접 소비자에게 상품을 소개하고 판매하는 모델까지 생겨나면서 소셜커머스는 소셜 네트워크를 통한 "커뮤니케이션 + 커머스 기능"의 융합으로 정의된다. 소셜커머스는 단순한 온라인 구매 채널을 넘어, 소셜 네트워크 속 상호작용 · 신뢰 · 콘텐츠 경험이 구매 의사결정의 핵심 요소로 작용하는 새로운 상거래 패러다임이다.

2) 현황 및 특징

중국은 소셜커머스가 급속히 발전하고 있다. 공동구매 모델을 통해 급성장한 핀둬둬와 중국판 인스타그램으로 불리는 샤오홍슈, 틱톡의 중국판으로 불리는 도우인 등을 통해 콘텐츠커머스, 라이브커머스 형태로 폭발적 성장을 기록 중이다.

미국에서는 메타(인스타그램, 페이스북), 유튜브, 틱톡이 쇼핑 기능을 강화하고 있다.

국내는 유튜브, 페이스북, 인스타그램이 커머스 기능을 강화하며 빠르게 성장세를 보이고 있다. 또한 쿠팡파트너스, 네이버 쇼핑 커넥트가 어필리에이트(affiliate) 마케팅의 형태로 일반 소비자나 인플루언서를 통한 판매에 수수료를 지급하면서 I2C커머스가 커지고 있는 상황이다.

주요 이슈를 살펴보면 다음과 같다. 첫째, 플랫폼 의존도 심화이다. 판매자들은 페이스북, 인스타그램, 틱톡 등의 알고리즘에 의존해야 하며, 노출 정책이나 수수료 구조 변화에 크게 영향을 받는다. 플랫폼의 "유료 광고 전환" 압력이 커지면서, 소규모 판매자의 진입 장벽이 점점 높아지고 있다. 둘째, 신뢰성과 소비자 보호 문제이다. 라이브 방송이나 SNS 기반 판매에서는 허위 · 과장 광고, 가짜 후기, 미배송 문제 등이 발생할 가능성이 높다. 제도적 규제가 전통 유통업에 비해 상대적으로 미비하여, 소비자 불만이 늘어나는 추세다. 셋째, MZ세대 중심 구매 패턴이다. MZ세

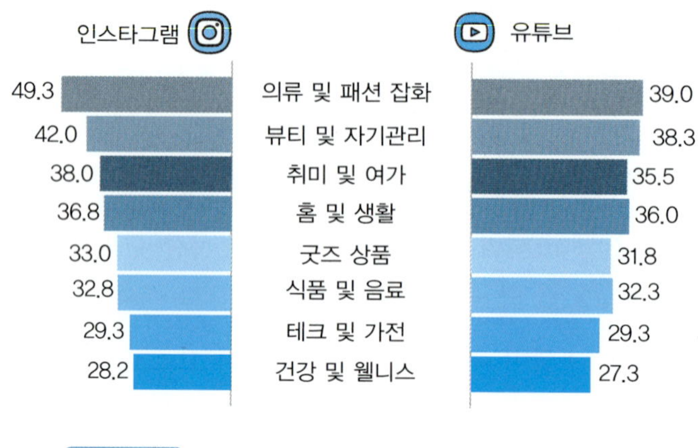

그림 6-3 **소셜커머스 유형별 구매 의향 카테고리 니즈**

출처: 오픈서베이(2024).

대 소비자는 친구 · 인플루언서의 추천, 실시간 소통, 재미있는 콘텐츠에 민감하게 반응한다. 따라서 소셜커머스는 단순 구매 채널이 아니라 엔터테인먼트 + 커뮤니티 + 쇼핑이 결합된 경험을 제공해야 한다. 넷째, 지속 가능성 · 장기 수익성 문제이다. 초기에는 빠른 성장세를 보였으나, 높은 마케팅 비용, 낮은 고객 충성도, 플랫폼 수수료로 인해 수익성 확보가 과제로 남아 있다.

5. 리커머스

1) 개념

리커머스(Recommerce)는 '재판매(re-sale)'와 '상거래(commerce)'의 합성어로, 소비자가 사용하던 상품을 다시 시장에 내놓아 판매 · 구매하는 거래 형태를 의미한다. 일반적으로 C2C(Consumer-to-Consumer) 플랫폼을 통해 개인 간 거래가 이루어지며, 의류 · 전자기기 · 가구 · 도서 등 다양한 품목에서 활성화된다.

리커머스는 전통적인 중고거래와 달리, 디지털 플랫폼 기반의 간편 결제 · 에스크로 서비스 · 배송 연계 등이 결합되면서 신뢰성과 편의성이 강화된 것이 특징이다. 또한 최근에는 기업 차원에서 순환경제(circular economy) 및 ESG 경영을 강조하면서, 리커머스가 지속 가능한 소비 패턴의 하나로 주목받고 있다.

2) 현황 및 특징

글로벌 리커머스 시장은 급성장하고 있으며, 특히 패션 분야에서 빠른 확산을 보인다. 미국의 ThredUp, The RealReal, 유럽의 Vinted 등이 대표적인 플랫폼이다. ThredUp 보고서에 따르면, 글로벌 중고 패션 시장은 2027년까지 약 350억 달러 규모로 성장할 것으로 전망된다.

국내 시장은 당근마켓, 번개장터, 중고나라가 대표적인 C2C 플랫폼으로 자리 잡았다. 특히 당근마켓은 지역 기반 거래를 통해 일상적 재판매 문화를 확산시켰으며, 번개장터는 한정판 스니커즈나 게임기기 등 취향 기반 · 특화 카테고리로 차별화하고 있다. 최근에는 한정판 운동화, 중고명품, 상품권 중고거래, 육아용품 등으로 중고거래 플랫폼도 전문화되고 있다. 무신사의 솔드아웃, 네이버 크림, 스톡X 등이 스니커즈 리셀플랫폼으로 MZ세대의 관심을 받고 있다.

주요 이슈로는 첫째, 신뢰성과 안전 문제가 있다. 개인 간 거래 특성상 사기, 허위 매물, 안전결제 미이용 문제가 발생하고 있으며, 이를 해결하기 위해 플랫폼은 에스크로 서비스, 실명 인증, 안전 거래 캠페인을 강화하고 있다. 둘째, 품질 관리와 보증 부재이다. 제품의 품질과 상태가 거래마다 달라, 표준화된 검증 체계가 부족하다. 따라서 럭셔리 리커머스에서는 정품 인증 서비스가 핵심 경쟁 요소로 부상하고 있다. 셋째, 법 · 세제 이슈이다. 개인 간 거래가 활발해지면서 부가가치세, 소득세 적용 여부가 새로운 논의로 떠오르고 있다. 일부 국가는 플랫폼에 거래 신고 의무를 부과하여 과세 기반을 마련하려는 움직임을 보인다. 마지막으로 지속 가능성과 ESG 차원이다. 리커머스는 자원 순환과 탄소 배출 절감에 기여하는 긍정적 효과를 가진다. 그러나 배송 · 포장 과정에서 발생하는 환경 부담, 저가 소비 촉진으로 인한 '리버스(reverse) 과소비' 문제도 제기된다. 원래 리커머스가 자원 절약, 순환경제, 지속 가능성을 위해 긍정적으로 평가되지만, 싼 가격이니 더 사도 된다는 심리가 작동하여 불필요한 소비를 오히려 늘리는 현상이 나타날 수 있기 때문이다.

| Case View |

올·다·무, 3대 성공 방정식

옴니채널: 온·오프 모두 공략

첫 번째 성공 방정식은 '옴니채널' 전략이다. 온·오프라인을 넘나들며 상품을 검색·구매할 수 있도록 서비스를 구축했다. 애초에 올리브영과 다이소는 오프라인, 무신사는 온라인을 기반으로 한 회사였지만 어느 순간 울타리를 허물었다. 옴니채널은 누구나 시도할 수 있는 전략이긴 하다. 하지만 모두가 성공하는 건 아니다.

올다무 성공 비결은 명확하다. 첫째, 일단 독보적 경쟁력을 구축한 뒤 다른 채널로 뛰어들었다는 점, 둘째, 온·오프라인 간 시너지를 낼 수 있는 방식으로 구조를 짰다는 점이다.

올리브영이 그렇다. 무작정 온라인만 외친 여타 기업과 전략이 달랐다. 전국에 갖춰진 기존 오프라인 매장을 활용해 시너지를 극대화했다. 오프라인 매장을 도심형 물류 거점으로 활용해 늘어나는 온라인 배송 수요에 발 빠르게 대응했다. 온라인 주문 시 인근 매장에서 전국 어디든 3시간 만에 배송하는 '오늘드림' 서비스가 대표적이다. 기존 물류센터를 경유하는 방식보다 훨씬 빠른 배송이 가능한 덕에 주문량이 급증했다.

덕분에 올리브영 온라인 매출은 매년 커지는 중이다. 온라인 진출 첫 해인 600억 원에서 지속 성장해 2023년에는 1조 원을 넘어섰다. 현재는 전체 매출 약 30%가 온라인에서 나온다.

오프라인에서 출발한 다이소 역시 비슷하다. 사실상 오프라인에선 적수가 없다시피 한 상황에서 느지막하게 온라인에 진출, 새 영토를 성공적으로 개척했다는 평가를 받는다.

지난 2023년 다이소몰 통합 개편 후 온라인 본격화에 나선 다이소는, 커머스 이용자 수를 빠르게 늘려가고 있다. 25년부터 '오늘배송'과 '휴일배송', 4만 원 이상 구매 시 '무료배송'도 도입했다. 다이소는 4000억 원을 투자해 다이소 최대 규모 물류센터인 '세종허브센터'를 짓기로 하는 등 투자를 확대 중이다.

무신사는 반대다. 기존 홈그라운드인 온라인을 벗어나 오프라인 진출에 적극 나서고 있다. 2021년 홍대 1호점으로 출발한 '무신사 스탠다드'는 지난해에만 신규 매장 14곳을 추가 출점했다. 국내 5대 백화점 유통사와 손잡고 대형 점포 중심으로 '숍인숍' 매장을 적극적으로 늘린 결과다.

온라인 기반 중소 디자이너 브랜드를 오프라인에서 소개하는 패션 편집숍 '무신사 스토어' 역시 성수·홍대·대구 등 핵심 거점 지역에 자리 잡고 존재감을 넓혀가는 중이다. 오프라인 제품 가격을 온라인과 동일하게 유지하고, 오프라인에서도 무신사 회원 혜택을 적용할 수 있도록 하는 등 쇼핑 경험을 통일시켰다. 최근엔 실험적인 디자인 브랜드를 소개하는 '무신사 엠프티'로까지 오프라인 브랜드를 확장했다. 편의점 GS25와 손잡고 '무신사 스탠다드 익스프레스'도 선보이는 중이다. 전국 3000개 편의점에서 바람막이, 티셔츠, 양말, 속옷 등을 판다"며 "기존 유통망을 활용해 보다 효율적으로 젊은 세대와 접점을 강화하는 전략"이라고 설명했다.

올라인(All-line): 제품군 확장

올리브영은 더 이상 '화장품 가게'가 아니다. 다이소는 '생활용품숍', 무신사는 '패션 전문점'이라고 단정하기 어려운 요즘이다. 저마다 취급하는 상품군과 카테고리를 빠르게 넓혀간 덕분이다. 온라인과 오프라인을 넘어 '올라인(All-line) 플랫폼'으로 거듭났다는 평가가 나온다.

올리브영은 뷰티에서 바디케어와 구강용품으로, 나아가 건강기능식품, 다이어트 간식, 펫 뷰티까지 취급군을 넓히고 있다. 최근 올리브영 매장에서 활발히 열리는 팝업스토어 역시 상품 구색을 넓히는 요인 중 하나다. 덕분에 K팝 앨범이나 '비비고' 등 브랜드 식음료도 팔 수 있게 됐다. 요즘에는 상품을 넘어 서비스 제공에도 나섰다. '체험형 매장'을 확대하면서다. '올리브영N 성수'에서는 두피·피부 진단과 함께 상품을 추천받는 운영하는 '스킨스캔', 메이크업을 수정해주고 화장법을 추천해주는 '퀵 터치업' 등을 운영한다.

카테고리 확장 면에서 보면 다이소도 만만치 않다. 5000원을 넘기지 않는 기존 생활용품 균일가 전략을 화장품과 의류, 최근엔 건강기능식품으로까지 넓혀가고 있다. 뭐니 뭐니 해도 '뷰티' 부문 성장세가 가파르다. 균일가에 맞추기 위해 용량을 줄이고 포장을 최소화한 제품을 내놓은 것이 1020 젊은 세대에 먹혔다.

2023년 다이소가 취급하는 뷰티 브랜드는 26개, 상품은 250여종이었지만 지난해에는 60여개 브랜드 상품 500여종을 판매했다. 요즘엔 '올리브영 최대 라이벌은 다이소'라는 얘기까지 나온다.

무신사도 '뷰티'에서 성과를 내는 중이다. '무신사 뷰티'는 2024년 기준, 첫해였던 2021년 대비 거래액이 10배 가까이 늘었다. 구매자 수 역시 5.6배 증가했다. 기존 주력인 패션 소비층을 분석한 결과, 뷰티와 시너지를 낼 수 있다는 판단이 먹혔다.

뷰티뿐 아니다. 무신사 자회사 29CM는 홈·리빙·문구 등 라이프스타일로 카테고리를 확장 중이다. 특히 홈·리빙 카테고리는 매년 두 자릿수대 이상 높은 성장률을 기록하는 모습이다. 2025년 1분기 전년 대비 거래액이 63% 늘었다. 최근 침체에 빠진 기존 가구 업계와 비교하면 더 값진 성과다.최근 '텍스트힙' 트렌드로 인기가 급증한 '문구' 사업도 공격적이다. 29CM는 올해 4

월 서울 코엑스에서 '인벤타리오: 2025 문구 페어'를 개최했다. 국내외 신진·프리미엄 문구 브랜드 69개를 한곳에서 만날 수 있는 큐레이션 전시 행사로, 5일간 총 2만 5,000명이 넘는 방문객이 현장을 찾으며 인산인해를 이뤘다. 한정 발매된 브랜드 협업 상품 일부는 1시간 만에 완판되는 등 뜨거운 반응을 얻었다.

록인 효과: 여기서만 살 수 있어

올다무를 상징하는 또 다른 키워드는 '가성비'다.
싸게 판다고 모두가 오는 건 아니다. 독창적인 콘텐츠와 기획이 없으면 고객 단속이 어려운 세상이다. 올다무는 각자 차별화된 전략으로 '록인 효과'를 극대화했다.
올리브영 경쟁력은 역시 '뷰티 만물상'이라는 점이다. 국내 중소 뷰티 브랜드 입장에서 가장 효과적인 광고판과 판매채널이 바로 올리브영이다. 숫자가 증명한다. 올리브영에서 100억 원 이상 매출을 올리는 중소 브랜드는 2020년 36곳에서 작년 100개로 늘었다. 인기 브랜드가 죄다 몰리다 보니 고객도 따라온다. 단순히 입점만 시키고 끝은 아니다. 올리브영은 우수한 MD 경쟁력을 활용해 중소 브랜드와 제품 연구개발 단계부터 협업, 단독 히트 상품을 연달아 탄생시켰다.
무신사의 차별화 핵심은 '단독 판매'다. 개성을 중시하는 요즘 세대를 겨냥해, 주요 브랜드 한정판 상품을 단독 판매하는 '무신사 에디션'이 인기몰이 중이다. 무신사 에디션에서는 지난해에만 900개 넘는 단독 상품을 발매했다. 무신사에 단독으로 입점한 상품 브랜드도 2019년 58개에서 올해 기준 194개로 네 배 가까이 늘었다.
다이소는 '초저가'라는 가격, 그 자체가 무기다. 그렇다고 초저가 제품이 하늘에서 뚝 떨어지지는 않는다. 부단한 상품 발굴 노력이 빛을 발했다.
사실, 중간 무역상을 통한 수입으로는 다이소가 원하는 가격과 품질을 맞추기 어렵다. 그러다 보니 직접 전 세계 제조 업체를 찾아다니며 국가·기업별로 강점이 있는 품목을 발굴한다. 대나무 상품은 베트남, 스테인리스 상품은 인도, 접시는 브라질에서 공급받는 식이다. 현재는 중국, 동남아, 중동, 유럽 등 전 세계 35개국 3,600여 업체에서 상품을 받고 있다.
다이소 관계자는 "10만 명에게 10%의 이익을 남기기보다는 100만 명 선택을 받는 좋은 물건을 만들어 이윤을 남기자는 게 기업 목표"라며 "원가가 올랐다고 덩달아 상품 가격을 올리기보다는, 유통 과정 거품을 없애고 비용을 최소화해 가격과 품질을 유지하자는 것이 다이소 전략"이라고 설명했다.

출처: 매경이코노미(2025.06.04.).

Chapter Summary

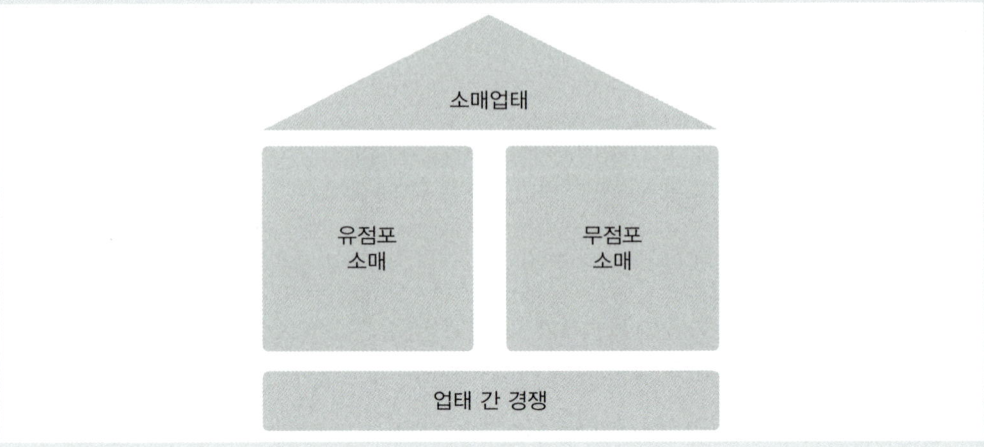

Key Words

점포 소매업, 무점포 소매업, 대형마트, 백화점, 대형 전문점, 편의점, 초저가숍, 복합쇼핑몰, TV 홈쇼핑, 온라인, 모바일쇼핑, 버티컬커머스, 소셜커머스, 리커머스

Discussions

1. 앞으로 3년간 고성장할 소매업태를 선택해 보세요. 그리고 유점포 소매업과 무점포 소매업에서 각각 하나씩 선택하고 그 근거를 이야기해 보세요.
2. 경기 침체기에 성장할 수 있는 소매업태는 무엇인지, 왜 그런지에 대해 토의해 보세요.

Reference

강준만(2007). **한국현대사 산책 1930년대편**. 인물과사상사.

김상훈, 김영찬(2020). 버티컬커머스의 성장과 한계: 무신사와 오늘의집 사례를 중심으로. **유통연구, 25**(4), 23-41.

김영찬(2015). 한국 백화점의 역사와 소비문화의 변천. **유통연구, 20**(3), 45-67.

김영찬, 이성호(2020). **소매경영론**. 박영사.

대한상공회의소(2011). 2011년 유통산업통계.

류세종(2011). **유통의 맥: 소매 시장과 소매 트렌드**. 새로운 제언.

박종현(2004). **장사를 잘 하려면 이마트를 배워라**. 무한.

박주영(2018). **유통관리론**. 무역경영사.

박진용, 김상훈(2020). 한국 소셜커머스 산업의 발전과 한계: 쿠팡 · 티몬 · 위메프 사례를 중심으로. **유통연구, 25**(4), 55-74.

서용구(2006). **시장에서 승리하는 마케팅의 기술**. 시대의 창.

신세계프라퍼티(2021). 스타필드 운영 전략 보고서.

아시아투데이(2015.04.06.). 한계 부딪힌 면세시장-해외로 눈돌린 롯데 신라 현황은.

정연승(2018). **유통학 원론**. 박영사.

정재은, 김상훈(2021). 국내 리커머스 시장의 성장과 한계: C2C 플랫폼을 중심으로. **유통연구, 26**(2), 45-68.

조선일보(2015.04.15.). [2015 유통산업] 국내 면세점 경쟁 과열- 롯데 호텔신라 성장동력 찾아 해외.

한국유통학회(2022). 국내 복합쇼핑몰 발전과 소비자 체류행태 분석. **유통연구, 27**(3), 45-67.

CBS노컷뉴스(2015.07.02.). 2009년에는 면세점 독점 우려하던 공정위— 이번에는?

Berman, B., & Evans, J. R. (2018). *Retail management: A strategic approach* (13th ed.). Pearson.

Berman, Barry and Joel R. Evans(2010). *Retail Management* (11th ed.)

Bostman, R., & Rogers, R. (2010). *What's mine is yours: The rise of collaborative consumption*. Harper Business.

Crossick, G., & Jaumain, S. (1999). *Cathedrals of consumption: The European department store*. 1850–1939. Ashgate.

Deloitte(2022). *The future of malls: Winning in a digital era*. Deloitte Insights.

Dunne, Patrick M. and Robert F. Lusch(2008). *Retailing*. Thomson South Western.

Elgin, Jeff(2005). Ready to Commit? About to buy a franchise but intimidated by the license agreement? Entrepreur.com at 10 August 2005.

Grewal, D., Roggeveen, A. L., & Nordfält, J. (2017). The future of retailing. *Journal of Retailing, 93*(2), 141–146.

Grewal, D., Roggeveen, A. L., & Nordfält, J. (2017). The future of retailing. *Journal of Retailing, 93*(2), 141–146.

Hajli, N. (2015). Social commerce constructs and consumer's intention to buy. *International Journal of Information Management, 35*(2), 183–191.

Hansen, Karsten and Vishal Singh(2009). Market Structure Across Retail Formats. *Marketing Science, Vol.28*(4).

Hawley, J. M. (2006). Digging for diamonds: A conceptual framework for understanding reclaimed textile products. *Clothing and Textiles Research Journal, 24*(3), 262–275.

International Council of Shopping Centers(2020). Shopping center definitions. ICSC Research.

Kim, S., & Park, H. (2013). Effects of social commerce factors on consumer behavioral intention. *International Journal of Information Management, 33*(2), 341-351.

Kotler, P., Kartajaya, H., & Setiawan, I. (2017). *Marketing 4.0: Moving from traditional to digital.* Wiley.

Kotler, P., Kartajaya, H., & Setiawan, I. (2021). *Marketing 5.0: Technology for humanity*. Wiley.

Kumar, V., Dixit, A., Javalgi, R. G., Dass, M., & Dass, P. (2021). Digital transformation of business-to-consumer markets: A framework for research. *Journal of Business Research, 122*, 556-566.

Levy, M., Weitz, B. A., & Grewal, D. (2019). *Retailing management*(10th ed.). McGraw-Hill Education.

Lotte Shopping(2023). Lotte World Mall Annual Report.

Malhotra, Jaideep(2007). *Retail Matrix: A Strategic Tool for Performance Analysis of Retail Formats, Vol.19*(4), pp.365-374.

Miller, M. B. (1981). *The Bon Marché: Bourgeois culture and the department store*. 1869-1920. Princeton University Press.

PwC(2023). *Retail & consumer report: The mall of the future*. PwC Global.

Statista(2023). Social commerce market size worldwide from 2021 to 2030. Retrieved from https://www.statista.com

The National Retail Federation. http://www.nrf.com

ThredUp(2023). 2023 Resale Report. Retrieved from https://www.thredup.com

Verhoef, P. C., Kannan, P. K., & Inman, J. J. (2015). From multi-channel retailing to omni-channel retailing. *Journal of Retailing, 91*(2), 174-181.

RETAIL MANAGEMENT

Chapter

Ⅶ

프랜차이즈 비즈니스

제1절

프랜차이즈 비즈니스

1. 프랜차이즈란 무엇인가?

1) 프랜차이즈 시스템의 개요

프랜차이즈 시스템(franchise system)은 프랜차이저(franchisor)가 가맹점(franchisee)에게 프랜차이즈 회사의 상표, 상호, 영업방법 등을 제공하여 상품과 서비스를 시장에 판매하거나 기타 영업을 할 수 있는 권리를 부여하고, 영업에 관하여 통제 및 지원을 하며 이러한 포괄적 관계에 따라 일정 비율의 로열티를 지급받는 지속적인 거래 관계를 말한다.

어원은 프랑스에서 유래하지만 오늘날과 같은 모습의 프랜차이즈는 미국에서 진화 · 발전되었다. 19세기 중반 미국의 소규모 제조업자들은 에이전트를 이용하여 소비자에게 팔았다. 그러나 특정 제품에 대한 수요가 증가하고 공장기술의 발달에 의해 대량 생산이 가능해지면서 제조사들은 소규모의 독립적인 에이전트들에 대해 점차 통제 수준을 높여나갔으며 판매점을 소유하지 않으면서도 강력한 통제를 할 수 있는 체제를 만들어나갔다. 이러한 제조사-에이전트 관계에서의 역할과 힘의 균형 관계 변화가 '프랜차이즈'로 진화 · 발전하게 되었다.

프랜차이즈 체인사업이란 일반적으로 가맹사업 체인점을 일컫는다. 프랜차이즈는 본사와 가맹점이 협력하는 형태를 가지므로 계약조건 안에서만 간섭이 성립된다. 프랜차이즈는 대자본이 투입되는 사업이 아니라 소규모 자본만으로 사업을 운영할 수 있는 오늘날 각광받는 첨단 마케팅으로 인식되고 있다. 국제프랜차이즈협회(International Franchise Association)에 의하면 프랜차이즈란 "가맹사업본부(franchisor)가 그 특유의 가치를 가진 브랜드는 물론 가맹점 조직, 교육, 상품 전시, 상품 관리 등 갖가지 경영기법을 공유하면서 가맹점들(franchisees)이 점포관리를 잘 하도록 도우면서 함께 더 나은 경영 성과를 얻으려는 동반자의 관계다"라고 정의하고 있다.

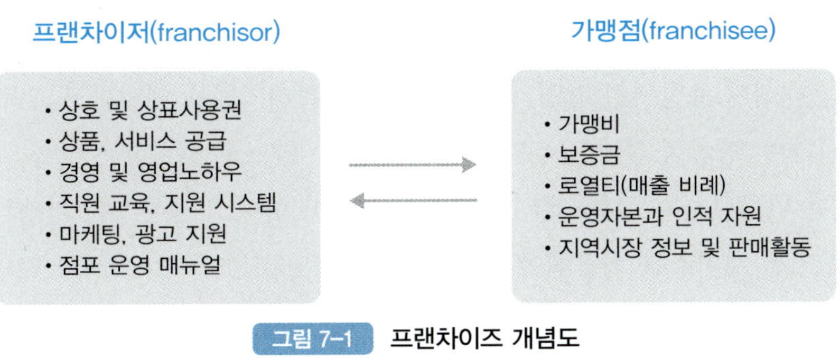

그림 7-1 프랜차이즈 개념도

가맹본부의 기능은 다음과 같다.

첫째, 프랜차이즈 시스템 및 원자재 개발이다. 가맹점을 관리하는 데 필요한 시스템 체계를 구축하고 인적 · 물리적 요인과 환경적 요인을 고려하여 상품을 개발하며 가격과 품질을 고려하여 원자재를 개발하는 데 있다.

둘째, 상품 및 서비스 개발이다. 프랜차이즈 산업은 가맹본부 및 가맹점 운영을 위해 소비자의 욕구에 즉시 제공될 수 있는 판매 가능한 제품을 생산하기 위해 제품의 차별화된 품질과 우수한 상품 개발, 원료 개발, 자체 브랜드 개발, 포장, 디자인 유통을 개발해야 한다.

셋째, 교육훈련 및 경영지도이다. 프랜차이즈 산업은 본부와 가맹계약 체결과 동시에 가맹점 영업을 위한 시스템 및 교육을 제공해야 한다. 이를 위해서는 가맹본부의 교육훈련이 절대적으로 중요하기 때문에 교육을 위한 커리큘럼을 작성하여 가맹점 담당자 교육을 지속적으로 해야 하며, 교육훈련을 위한 시설, 기구가 설치되어 있어야 한다.

넷째, 판매촉진기능이다. 홍보 및 판매촉진기능은 지속적으로 기획되고 실시되어야 하며 점포의 형태, 레이아웃, 간판, 진열대와 점포광고 등을 고려하여 판촉물, 기념품 등 각종 광고 및 홍보 활동을 통한 판매촉진 시기와 장소에 따라 진행되어야 한다.

다섯째, 금융기능이다. 프랜차이즈 가맹점은 순수한 자기 자본으로 개업 · 운영하는 것이 기본이나 일시적인 자금문제로 어려움을 겪게 될 때 본부의 지원을 받을 수 있는 것으로, 본부의 자금 지원방법과 금융기관 지원방법을 알선하는 것을 의미한다.

여섯째, 경영관리기능이다. 프랜차이즈 본부는 가맹점 영업을 위하여 장부기재에서 고객 응대까지 종합적인 경영기법과 표준화된 관리기법을 개발하고 교육할 수 있도록 지원하며, 영업점 관리 업무를 원활하게 할 수 있도록 지원하는 것을 의미한다.

가맹점은 가맹본사가 정한 방식으로 영업을 해야 하며 가맹본사는 가맹점에 대해 지속적인 지원 서비스를 제공해야 한다.

프랜차이즈 사업본부는 보다 나은 경영 시스템과 운영 매뉴얼을 갖추는 등 대기업과 같은 경제적 기능을 가진다. 영국의 한 컨설팅 그룹은 투자 가이드북에서 좋은 프랜차이즈 사업 및 브랜드는 다음과 같은 조건들을 갖추어야 한다고 하였다.

- 특유의 브랜드 가치와 합리적인 운영 시스템 마련
- 가맹점 투자자의 성공 지원과 폐업 방지를 위한 보호망
- 보다 많은 시장 수요 창조와 밝은 시장 전망
- 적정한 투자 보상과 안정적 자본 수익 지속
- 가맹점 투자자의 적정 투자금 마련
- 가맹점 점주들의 꿈과 그 실현을 위한 장기적인 계약기간 보장

본부와 가맹점 간의 계약에 의한 프랜차이즈 시스템은 프랜차이저와 가맹점 양방

에 많은 이점을 가져다준다. 본부 입장에서는 첫째, 효과적인 자본과 인력 운영을 통해 광범위한 지역에 걸쳐 단시간에 판매망 확보가 가능하고, 둘째, 가입금과 로열티 등의 고정 수입을 통해 사업을 일관성 있고 안정적으로 수행할 수 있으며, 셋째, 환경 변화에 따른 소비자 욕구의 변화에 신축적으로 대응하는 신축적인 경영이 가능하다. 그러나 본부의 가맹점에 대한 지속적인 투자와 관리가 요구되며, 가맹점의 수동적인 태도로 인하여 전체 시스템의 경쟁력이 약화될 소지가 있다는 단점이 있다.

가맹점 입장에서는 다음과 같은 장단점이 있다. 첫째, 프랜차이즈 본부로부터 입지선정 및 상품, 상표, 경영기법 등을 제공받아 사업을 체계적으로 수행하기 때문에 사업에 경험이 없거나 부족하더라도 사업을 수행할 수 있어 사업 실패의 위험이 적다. 둘째, 본부의 대량 구매를 통한 규모의 경제 실현 및 공동 광고 캠페인을 통한 판매촉진 활동으로 광고 효과가 크다. 셋째, 프랜차이저가 개발한 우수한 품질의 상품, 점포 디자인, 지명도가 높은 상품명을 사용하기 때문에 처음부터 소비자의 신뢰를 얻을 수 있다. 그러나, 가맹점의 본부에 대한 의존도가 높아짐에 따라 가맹점 스스로 문제 해결이나 경영 개선의 노력을 게을리할 가능성이 있으며, 또한 표준화되고 획일화된 운영으로 인해 시장 변화에 적극 대응하기 어렵다는 단점을 가진다.

2) 프랜차이즈 시스템의 유형

프랜차이징의 유형은 크게 제품-상표 프랜차이즈(Product-trademark Franchise)와 사업형 프랜차이즈(business format franchisie)로 대별할 수 있다. 첫째, 제품-상표 프랜차이즈는 역사적으로 가장 보편화된 유형으로서 가맹본부가 자사의 제품이나 상표 사용권을 가맹점에 부여하고, 가맹점은 해당 브랜드를 사용하여 제품을 판매하는 구조이다. 비싸고 복잡한 기계의 제조업자들이 운송이 힘들거나 많은 비용이 드는 지역에 제품을 유통하기 위해 사용했던 방식이다.

가장 전형적인 예로는 포드, 토요타자동차 딜러십 같은 형태나 코카콜라, 펩시 등의 주류 및 음료 대리점이 있다. 가맹본부는 주로 제품 공급과 브랜드 사용권 제공에 집중하며, 가맹점은 상대적으로 독립적인 운영을 유지한다. 포드자동차는 대량 생산 시스템을 구축하기 위한 막대한 설비자금을 조달하기 위해 독립적인 자동차판매 딜러를 모집하여 일정 지역에서 자사의 자동차를 독점적으로 판매할 수 있는 권한을 부여함으로써 자원의 충당과 전국적인 유통망 구축에 나설 수 있었다.

포드에 의한 자동차의 대량 생산 이후 모텔 및 식당, 주유소, 약국, 아이스크림, 화장품, 의류 등의 업종에서도 프랜차이즈 시스템을 활용한 체인들이 경제 활성화에 따른 소비의 증가와 맞물려 전국적으로 사업이 확대될 수 있는 계기를 마련하였다.

둘째, 사업형 프랜차이즈는 현대적 프랜차이즈에서 가장 보편적인 유형으로, 프랜차이즈 본부가 단순히 제품과 상표뿐만 아니라 경영 · 운영 매뉴얼, 마케팅 지원, 교육훈련, 물류 시스템까지 포괄적으로 제공한다. 즉, 가맹점은 가맹본부의 '사업 운영 방식'을 그대로 도입한다. 이러한 유형은 특히 레스토랑, 패스트푸드, 서비스 산업부문에서 활발히 운영되고 있다. 대표 사례로 맥도날드(McDonald's), 롯데리아, BBQ 등이 있다. 이 방식은 가맹본부와 가맹점 간의 통제와 협력이 밀접하며, 브랜드 일관성이 강하게 유지된다.

이 외에도 제조업자 기반 프랜차이즈와 투자형 프랜차이즈 등 확장된 형태도 존재한다.

제조업자 기반 프랜차이즈(Manufacturing Franchise)는 제조업자가 특정 상품을 생산하고 이를 가맹점에 독점적으로 공급하는 구조이다. 가맹점은 해당 제조업자의 상표를 사용하여 제품을 판매하며, 일반적으로 지역 독점권을 갖는다. 대표적인 예로는 음료, 정유업, 식음료 제조업 기반의 프랜차이즈가 있다. 투자형 프랜차이즈(Investment Franchise)는 최근 등장한 형태로, 대기업이나 투자자가 자본을 투입하여 대규모 가맹점을 운영하는 방식이다. 본사가 직접 관리하기보다 전문 경영인을 두어 체계적으로 운영한다. 대형 외식업체나 호텔 체인(예: Hilton, Marriott)에서 자주 볼 수 있는 유형이다.

2. 프랜차이즈 산업

1) 미국 프랜차이즈 산업

프랜차이즈 비즈니스의 본산이자 글로벌 모델의 원형을 제공한 미국은 세계에서 가장 큰 프랜차이즈 시장이며, 외식 · 개인 서비스 · 숙박 · 유통 · B2B 서비스 등 300여 산업 범주에서 폭넓게 활용된다. 프랜차이즈의 초기 형태는 유럽에도 존재했지만, 현대적 의미의 사업형 프랜차이즈(Business Format Franchise)는 20세기 중반 미국에서 정립되었다. 1950년대 맥도날드, KFC, 버거킹 등 외식 프랜차이즈는 대량 생산체제와 표준화된 매뉴얼을 도입해 전 세계 확산의 토대를 마련했다. 미국은 가맹본부 수, 가맹점 수, 매출액에서 세계 최대 규모이며 IFA(국제프랜차이즈협회)에 따르면 미국 내 프랜차이즈는 900만 명 이상 고용을 창출하고 GDP의 약 3%를 차지한다.

미국 프랜차이즈의 원조로 자주 인용되는 사례는 1850년대의 싱어 재봉틀의 대리점형 유통이지만, IFA의 사료 검토에 따르면 싱어는 오늘날 의미의 가맹사업이 아니라 자사 지점망에 가까웠다는 반론도 존재한다. 20세기 초에는 음료 · 자동차 등 제품-상표형(Product-Trademark) 프랜차이즈가 확산했고, 1919년 A&W 루트비어, 1930년대 하워드 존슨 레스토랑이 초기 외식 프랜차이즈의 대표 사례로 거론된다. 1940년 이후 고도성장기에 진입하여 제2차 세계대전 이후 주간(州間)고속도로(Interstate) 건설과 교외화가 급진전하며, 유통 · 외식 · 숙박 분야 프랜차이즈가 전국망으로 팽창했다. 이 시기부터 오늘날의 사업형 프랜차이즈(Business Format Franchise, 즉 상표뿐 아니라 매뉴얼 · 교육 · 마케팅 · 물류까지 포괄 제공하는 형태)가 표준으로 자리 잡는다. 미국 프랜차이즈 산업이 외식업 중심으로 급격히 성장한 시기였다. 이 시기에 KFC, 피자헛, 버거킹, 맥도날드, 웬디스 등 글로벌 외식 프랜차이즈의 원형이 탄생하였다. 특히 맥도날드는 대량 생산체제와 표준화된 운영 매뉴얼을 통해 패스트푸드 업종을 산업화하고, 가맹사업 확장의 기틀을 마련하였다. 이러한 혁신적 경영관리체제는 이후 프랜차이즈 산업의 핵심 성공 요인으로 자리 잡았다.

미국 일리노이주 데스플레인스 맥도날드 1호점

1960년대 이후 프랜차이즈는 외식업을 넘어 숙박업, 주유소, 소매업, 교육 서비스 등으로 확대되었다. 21세기에 들어와 프랜차이즈 산업은 단순한 확장을 넘어 소비자 취향과 사회구조 변화에 적응하며 진화하였다. 특히 편리함과 여가를 중시하는 신세대 소비자의 요구에 따라 편의점, 세탁, 배달 서비스 등 생활편의형 서비스업이 급성장하였다. 또한 고령화와 저출산 등 인구구조 변화는 실버케어, 교육 · 보육, 건강관리 등 새로운 업종의 프랜차이즈화를 촉진하였다. 한편 미국 본사는 해외 마스터 프랜차이즈를 활용해 세계 각지로 확장했고, 국내에서는 멀티유닛 · 멀티브랜드 오너십, 사모펀드의 브랜드 포트폴리오화가 보편화되었다. 배달 · 모바일 주문 · 고스트키친 등 디지털 수요에 맞춘 포맷 혁신은 외식과 개인 서비스군 전반의 운영 효율을 변화시켰다.

팬데믹 시기의 어려움을 극복하고 프랜차이즈는 더 이상 외식업 중심이 아닌, 교육, 헬스케어, 유통 서비스, 금융 등 생활 전반의 서비스업으로 확장되고 있다. 현재 미국 프랜차이즈 산업은 글로벌 확장성, 안정적 고용 창출, 소비자 생활 전반의 서비스화라는 특징을 보인다. 산업 규모 면에서 GDP 기여도가 크고, 고용 창출 효과가 막대하며, 새로운 사회적 요구에 신속하게 대응할 수 있는 혁신적 유통 · 서비스 시스템으로 기능하고 있다.

2) 국내 프랜차이즈 산업

한국에서 프랜차이즈 개념이 본격적으로 도입된 것은 1970년대 중반 이후이다. 1977년 롯데리아가 설립되면서 한국형 패스트푸드 프랜차이즈의 시작을 알렸으며, 이는 이후 외식업 중심으로 빠르게 확산되었다. 1980년대에는 KFC, 맥도날드, 피자헛 등 글로벌 외식 프랜차이즈가 국내에 진출하면서 산업 전반에 대한 인식이 확대되었다. 이 시기 한국은 외식 · 패스트푸드 중심의 프랜차이즈 도입기로 평가된다.

1990년대는 국내 기업들이 프랜차이즈 시스템을 적극적으로 활용한 시기로, BBQ, 교촌치킨, 이마트24, 파리바게뜨, 뚜레쥬르 등 외식과 유통 서비스업으로 다각화가 이루어졌다. IMF 외환위기 이후 자영업 창업 수요가 급증하면서 프랜차이즈는 안정적 창업 모델로 자리 잡았다. 이 시기에 편의점 산업이 급속히 성장하여 CU, GS25, 세븐일레븐이 전국적인 유통망을 형성하였다.

2000년대 중반 이후 프랜차이즈 산업은 본격적으로 제도적 틀이 마련되었다. 2002년 「가맹사업거래의 공정화에 관한 법률(가맹사업법)」 제정은 가맹본부와 가맹점 간 불공정 거래를 규제하고, 정보공개서 등록을 의무화하였다. 이는 가맹 희망자에게 사전 정보를 제공하여 창업 리스크를 줄이는 제도적 기반이 되었다. 또한, 2010년대 이후 편의점, 카페, 치킨, 베이커리 등 주요 업종이 과당경쟁 양상을 보이면서 출점 제한 규제, 본사-가맹점 간 수익 배분 문제, 최저임금 인상에 따른 비용 부담 등이 사회적 이슈로 부각되었다.

공정위 발표 기준 2023년 한국 프랜차이즈 산업은 약 8,000개 이상의 가맹본부, 25만 개 이상의 가맹점 수준으로 성장하였다. 산업 규모는 약 120조 원 이상으로 추산되며, 외식업이 전체의 절반 이상을 차지하지만, 최근에는 에듀테크, 뷰티, 생활 서비스, 플랫폼 기반 O2O 서비스로 다변화가 진행되고 있다. 특히 편의점 산업은 5만여 점포를 돌파하며 인구 밀도 대비 세계 최고 수준으로 성장하였다. 동시에 배달앱, 키오스크, 무인 매장 등 디지털 전환이 빠르게 이루어지며 운영 효율성이 강화되고 있다.

표 7-1 국내 시대별 프랜차이즈 특징 및 주요 브랜드

시대별	특징	주요 브랜드
1970년대	• 태동기	• 림스치킨, 난다랑, 롯데리아
1980년대	• 도입, 성장기 • 해외 프랜차이즈 국내 진출	• 페리카나, 장터국수 • KFC, 버거킹, 웬디스, 배스킨라빈스31 • 피자헛, 피자인 • 파리바게트, 투다리, 도미노피자, 놀부, 멕시카나
1990년대	• 성숙기 • 패밀리레스토랑 개념 도입	• 미스터피자, 원할머니 보쌈, 교촌치킨 • 맥도날드, TGI프라이데이스, 빕스, 아웃백스테이크, 칠리스 • 한솥도시락, 파파이스, 데니스, 던킨도너츠, 베니건스, 토니로마스, 씨즐러, BBQ, 김가네, 마르쉐 • 쪼끼쪼끼, 스타벅스 커피, 코바코
2000년대	• 해외 진출 초창기 – 국내 외식 브랜드 중국, 일본 진출 가속화, 치킨 프랜차이즈 붐업	• 미소야, 투다리 중국 청도 진출 • 뚜레쥬르 중국 진출 • 토디아, 놀부 일본 진출 • BBQ 싱가포르 진출 • 퀴즈노스, 매드포갈릭, 사보텐, 파스쿠찌, 파파존스, 본죽, 크리스피 크림 도넛
2010년대	• 저성장기, 해외 진출 가속화	• 채선당 인도네시아 진출 • 파리바게트 중국 200호점 • 미스터피자 중국 100호점 • 잠바주스, 망고식스, 투뿔등심, 모스버거, 바르다김선생, 고봉김밥, 설빙, 깐부치킨, 자연별곡, 올반, 계절밥상, 미스터피자
2020년대	• 디지털 전환, 비대면 서비스 확대 • 해외 진출 가속화 • F&B 브랜드 다변화	• 교촌치킨, BBQ, 설빙 해외 진출 확대 • 편의점 3사 해외 진출 다변화 • 빽다방, 새마을식당, 홍콩반점, 한신포차, 역전우동 • 메가커피, 컴포즈커피, 더벤티 • 노랑통닭, 60계치킨, 호식이두마리치킨, 고피자, 역전할머니맥주 등

국내 프랜차이즈 산업의 주요 특성은 다음과 같다.

첫째, 프랜차이즈 산업은 비교적 안정적인 창업 기회를 제공하며 고용 안정성 향상에 기여한다. 중소벤처기업부의 자료에 따르면 국내 프랜차이즈 산업이 전체 고용에서 차지하는 비중은 약 4.7%로 나타났으며, 특히 청년층과 중장년층의 일자리 창출에 긍정적인 영향을 미치고 있다. 이는 청년실업과 조기퇴직 등으로 어려움을 겪고 있는 계층에게 경험과 자본이 부족한 상황에서도 상대적으로 낮은 위험부담으로 창업을 시도할 수 있는 기회를 제공한다.

우리나라는 전체 자영업자의 비중이 OECD 국가들 가운데 가장 높은 수준이지만 생존율은 상대적으로 낮아 어려움을 겪고 있다. 프랜차이즈 시스템은 체계적인 경영 지원, 브랜드 인지도 활용, 운영 노하우 공유 등을 통해 창업 성공 가능성을 높이고, 결과적으로 경제 안정성 제고에 실질적으로 기여하고 있다.

둘째, 국내 가맹사업은 지속적인 성장을 통해 현재 시장 포화 상태이다. 2010년 국내 프랜차이즈 가맹본부 수는 2,042개, 가맹점 수가 148,719개였으나, 2023년 말 기준으로 가맹본부 수는 8,759개, 가맹점 수는 352,866개로 증가하였다. 주요국과 인구 100만 명당 본사 수와 점포 수를 비교할 때, 과다 경쟁상황임을 알 수 있다.

셋째, 외식업 편중의 특성을 가지고 있다. 프랜차이즈 본사가 특히 외식업에 과도하게 편중되어 있어 가맹본부는 평균적으로 영세하고 경쟁이 심한 특성을 보이고 있다. 외식업의 경우 가맹본부 수는 총 프랜차이즈의 79.9%를 차지하고 있다.

넷째, 브랜드 영세성이다. 일부 대형 프랜차이즈를 제외한 대부분 업체는 영세하고 사업 안정성도 불안정하다. 대부분의 중소 프랜차이즈 기업들은 상대적으로 영세하다. 가맹본부의 70% 이상이 10개 미만의 가맹점만 보유하여 시장 전체는 크지만 브랜드 생존율이 낮고 진입과 퇴출이 빠른 구조를 보인다. 프랜차이즈 특성상, 지속 성장성 및 투명성의 한계로 인해 투자 자본 유치에 불리하다. 프랜차이즈 기업 가운데 직접 IPO에 성공한 사례는 극히 제한적이어서 교촌치킨, 더본코리아 등 일부 외식, 편의점 유통계열사 정도에 불과한 상황이다.

다섯째, 해외 진출이 부진하다. 국내 프랜차이즈 기업들의 해외 진출이 늘고 있긴 하나, 아직은 걸음마 단계에 불과하다. 1990년대부터 외식 기업의 해외 진출이 시작되어 한식 세계화 및 외식 기업 해외 진출 지원과 함께 2011년도부터 급격히 증가하였다. 2023년 기준으로 해외 진출한 한국 외식 기업은 총 125개, 브랜드 수는 133개, 매장 수는 3,685개로 나타났다. 특히, 프랜차이즈 업체의 해외 진출 국가는 미국이 41개 기업으로 가장 많았으며, 매장 수 기준으로도 미국이 778개로 가장 많았다. 그러나 전체적으로 해외 진출 규모는 여전히 제한적이며, 특히 아시아 지역에 집중되어 있는 경향이 있다.

여섯째, 한국과 미국의 프랜차이즈 산업 경쟁력은 현저하게 큰 차이를 보인다. 한국과 미국은 매출액과 고용 인원 측면에서 그 경쟁력이 10배 정도 차이가 나며, 이는 1인당 GDP가 2배 정도인 것에 비해 현저히 큰 차이를 보인다.

프랜차이즈 산업의 발전에도 불구하고 광고비 분담, 물류 마진, 출점 경쟁 문제 등 본사, 가맹점 간의 갈등을 비롯해 치킨, 커피, 편의점 업종의 시장 포화로 인한 과당경쟁, 최저임금 인상, 인건비 · 임대료 상승은 가맹점주의 수익성을 위협하고 있다.

프랜차이즈 산업에서 갈등의 시작은 대부분 계약상 유리한 위치에 있는 가맹본사의 '갑질'에서 비롯되는 경우가 많다. 그중에서도 가맹본사가 계약을 일방적으로 해지하거나, 본사와 가맹점 간 상생협약 미이행, 필수물품 구매 강제를 통한 폭리 행위 등 3가지가 '3대 불공정 행위'로 꼽힌다. 그 외 로열티 요구, 인테리어 보수 비용 부담, 점포 환경 개선 공사 강요 등은 수직 구조상 발생될 수 있는 갈등이다. 이러한 갈등은 다음 절에서 나오는 대리인 이론(Agency Theory), 거래비용 이론(Transaction Cost Theory)으로 설명될 수 있다.

프랜차이즈 산업은 최근 배달 · 모바일 주문 · 로봇 서비스 등 디지털 영업과 비대면 영업 등 새로운 운영 시스템이 산업 경쟁력의 핵심이 되고 있다. 또한 사회적 가치와 ESG 경영 등이 주요 화두로 부상하고 있다.

제2절

프랜차이즈 갈등 이론

유통경로상에서의 갈등은 둘 이상의 사회적 실체들 사이에서 기대되는 반응이 양립할 수 없을 때 일어나는 긴장 상태를 말한다. 유통채널에서 발생하는 통제, 힘의 행사, 감시, 잠재된 갈등의 문제는 프랜차이즈 시스템에서도 동일하게 일어나지만, 관계지향적인 가맹점의 지위는 수직적 관계인 유통 갈등과는 다소 차이가 있다.

프랜차이즈 시스템의 만족과 갈등에 대한 연구는 Hunt와 Nevin(1974)이 처음 시행했는데 프랜차이즈 본부가 행사하는 힘에 따른 만족과 갈등 간의 관계를 연구한 결과, 프랜차이즈 본부의 비강압적 힘 행사는 가맹점 만족에 영향을 미친다는 것을 밝혀냈다. Frazer(2012)는 프랜차이즈 분쟁이 발생하는 주요 요인으로 낮은 수익성, 시스템 부실, 현장 적합성 미준수, 영업지역 침해, 의사소통, 로열티 문제 등을 꼽았다. 특히 가맹본부는 브랜드 통일성을 유지하기 위해 제품/서비스, 등록상표, 운영방식, 지속적인 경영지도 등 사업에 필요한 모든 요소를 가맹점에게 제공하는 대신 권한을 행사하는데, 이 과정에서 갈등(Conflict)이 발생할 수 있다. 갈등이 발생함에 따라 가맹점은 기대 수준과 다른 가맹본부의 서비스에 대해 불만족을 느끼게 되고 수익 공개 거부, 계약 규정상의 수수료, 로열티 미지급, 시스템 전체의 적용을 거부하는 계약 종료에 이르게 된다. 프랜차이즈 조직은 시장(market)과 위계(hierarchy)의 혼합형 조직 형태(hybrid organization)이며 가맹본부와 가맹점 간 목표 차이로 인한 구조적 갈등이 발생할 수 있다. 이러한 갈등은 조직경제학적 관점에서 대리인 이론과 거래비용 이론, 그리고 라이프사이클 이론에서 그 원인과 발생 배경을 분석해 볼 수 있다.

1. 대리인 이론

가맹점에 비해 상대적으로 우월한 가맹본부의 힘(Power) 행사는 갈등을 초래한다. 대리인 이론(Agency theory)에 따르면 프랜차이징은 의뢰인인 가맹본부가 대리인인 가맹점에 권한을 위임하는 일종의 대리관계로, 가맹점이 가맹본부의 이익을 위해 행위하도록 하기 위하여 인센티브를 제공하고 운영을 감독해야 한다. 가맹점은 가맹본부와 이익을 분배하는 독립된 사업자로 근본적으로 기업의 목적이 다르고 정보 불균형 등 환경적 요인에 따라 갈등 발생 가능성이 높아진다고 하였다. 특히 가맹본부는 가맹점의 협력 의도가 낮을 때 계약상의 의무 조항을 언급하여 불이익이나 서비스 지원 축소 등의 강압적인 힘을 행사하게 되며, 이로 인해 갈등이 심화될 수 있다. Eisenhardt(1989)는 대리인 이론이 이해 추구(self interest), 제한된 합리성(bounded rationality), 위험 회피(risk aversion) 성향, 정보(information)의 특성, 구성원 간 목표 불일치가 존재하는 조직의 특성을 가정한다고 하였다. 한편, 기업이 예측 불가능한 상황의 발생에 대하여 자사의 이익을 위해 행동하는 기회주의적 행위와 갈등은 B2B관계에 대리인 비용을 발생시켜 관계 성과를 저해한다.

Lusch(1976)는 가맹본부의 강압적 힘과 갈등 간 관계 연구에서 강압적 힘이 프랜차이즈 시스템의 갈등을 증가시킨다는 것을 검증했으며, Dant와 Gundlach(1999)는 가맹본부가 가맹점을 통제하는 데 강압적 힘을 빈번하게 남용하면 여러 가지 갈등 유발을 하게 된다고 밝혔다. 강압적 힘과 갈등의 상관관계에 대한 연구에서 프랜차이즈 시스템은 유통구조상 가맹본부와 가맹점 간 의존성이 높고 가맹본부가 가맹점보다 우월한 위치에서 계약 및 운영이 이루어지므로 힘의 불균형이 심해 갈등이 유발될 수 있다고 정리할 수 있다.

가맹본부와 가맹점주 간의 신뢰는 성공적인 프랜차이즈 시스템의 가장 중요한 요소라고 할 수 있다. 신뢰를 기반한 가맹점의 만족도는 결국 고객 충성도로 이어지기 때문이다. Dowell(2013)의 연구에 따르면, 가맹본부와 가맹점 간 신뢰는 소통, 시스템 역량, 교육의 질, 업무 경험, 전문지식의 교환 과정에서 발달한다고 하였다. 그러므로 가맹본부는 가맹점의 현지 상황 변화 등에 공동 대응을 하는 등 시장지향적인(market orientation) 의사소통을 하고, 가맹점과의 관계 성장을 위하여 프랜차이즈 정책에 관하여 가맹점의 견해를 반영해야 하며, 정책 변화에 대한 타당한 원인 설명 및 상호 의사결정을 위하여 합리적인 절차를 거쳐야 한다. 가맹본부와 가맹점 간 힘의 사용과 의존에 따라 서로의 자원이 교환되고, 가맹본부가 역할을 잘 수행하고 같은 상황이 반복될 때 가맹점은 가맹본부에 의존하게 되는데, 가맹본부의 역량은 가맹점의 자신감과 신뢰를 높이며 운영 기준, 교육훈련, 브랜드 홍보에 의존하게 만든다. 가맹본부의 지원과 브랜드 및 경제적 역량은 가맹점 성과를 올리고, 신뢰를 높이며 심리적 만족감을 높일 수 있다.

2. 거래비용 이론

프랜차이즈 갈등 발생 요인은 거래비용 이론(Transaction cost theory)에서도 찾을 수 있다. 거래비용은 시장 기반 시스템 운용비용, 협상 및 교섭 비용, 정보 탐색비용, 감시감독비용, 계약 체결비용 등이 포함된다. Windsperger와 Dant(2006)는 잠재적 수익을 창출할 수 있는 노하우 등의 무형 자산에 대하여 그 소유자에게 더 많은 이익 분배가 이루어져야 하는데, 암묵적 지식, 운영 경험, 현지 네트워크와 같은 노하우는 계약에서 상세히 문서화하기 어려워 프랜차이즈 초기에 가맹본부가 가맹점에게 제시하는 성공이나 향후 수익 분배에 관하여 정보 불일치가 발생한다고 하였다. Hendrikse(2015)의 연구에 따르면, 가맹점은 예상 매출 대비 실매출이 낮을 경우 가맹점의 투자와 노력에 비해 얻어진 결과가 불공정하다고 느끼고, 프랜차이즈 초기에 가맹본부에 의하여 형성되는 가맹점의 경제적 기대가 비현실적이거나 가맹본부의 기회주의적인 가맹점 선택은 프랜차이즈 시스템 부실로 이어진다고 했다.

목표가 불일치하여 발생하는 갈등은 구성원 간 목표와 효율적인 성과 달성을 방

표 7-2 프랜차이즈 갈등에 대한 연구

연구자	주제	주요 결과
Hunt and Nevin (1974)	프랜차이즈 본부가 행사하는 힘에 따른 만족과 갈등 간의 관계	프랜차이즈 본부의 비강압적 힘 행사는 가맹점 만족과 정(+)의 관계를 가짐
Lusch (1976)	강압적 힘과 갈등 관계	가맹본부의 강압적 힘은 프랜차이즈 시스템 갈등을 증가시키고 비강압적 힘은 갈등을 감소시킨다는 것을 밝힘
Frazer, Gary L. (1983)	가맹본부와 가맹점 간 갈등이 발생하는 원인을 4단계로 나누어 분석	실행과정(계약 체결 후 수행 단계)에서 가맹본부의 약속 불이행, 가맹본부의 시스템 통제 능력 부족 등
Dant and Gundlach(1999)	강압적 힘의 빈도와 갈등 유발 상관관계	강압적 힘을 빈번하게 남용하면 여러 가지 갈등 유발
Shane (2005)	갈등의 유형과 매출, 이익에 있어서 견해 차이, 상권에 대한 갈등, 본부의 집단조치에 대한 가맹점 반발, 기여도 평가에 대한 차이	프랜차이즈 관계에서 갈등의 유형이 본질적으로 내재된 목표의 불일치들이며 이는 본부와 가맹점 간의 매출과 이익에 있어서 견해 차이, 상권에 대한 갈등, 본부의 집단조치에 대한 가맹점 반발, 기여도 평가에 대한 양자의 차이
박경원 (2011)	본사의 시장지향성이 가맹점의 만족, 관계 지속 의지가 갈등에 미치는 영향	가맹점의 인식에 포커스를 맞춰 본사의 시장지향성이 가맹점의 만족, 관계 지속 의지 및 프랜차이즈 시스템 내에서 갈등에 각각 어떤 영향을 미치는지를 연구
Frazer et al. (2012)	프랜차이즈 분쟁의 갈등 원인에 관한 연구	낮은 수익성, 시스템 부실, 현장 적합성 미준수, 영업지역 침해, 의사소통, 로열티 등 가맹본부의 권한 행사
박종혁, 김태희 (2016)	외식프랜차이즈 환경 요인이 가맹점주의 의존성, 자율성 및 갈등 관계 만족에 미치는 영향	의존성은 갈등에 부(−)의 영향을 미친 반면 자율성은 갈등에 정(+)의 영향을 미치는 것을 연구
한상호 (2017)	가맹본부의 협동지향성과 관계 파워가 갈등 해결 전략, 신뢰, 관계 성과에 미치는 영향	가맹본부의 협동지향성이 갈등 해결 전략 중 회피, 강압 전략에 부(−)의 영향을 미치고 협동, 순응, 타협 전략에 정(+)의 영향을 미치는 것을 확인

해하는 경우 느낄 수 있는 욕구불만 상태이다. 유통경로상의 참여자가 목적 달성을 위해 관계규범이나 거래 절차를 위반했을 때 갈등이 발생하고 갈등이 해결되지 않으면 관계 해지를 할 가능성이 증가한다. 프랜차이즈 본부와 가맹점 간의 거래특성 차원에서 목표 불일치는 갈등을 유발시키는 가장 큰 요인이다. 프랜차이즈 계약 관계에서 본부의 강압적 · 보상적인 권력 행사는 갈등 발생 시 공격적이고 회피적으로 갈등을 해결하려는 결과로 나타날 수 있다. 반면 개인 자질에 근거하여 전문적이고 준거적인 권력을 행사하는 것이 협력적으로 갈등을 해결하는 긍정적인 결과가 나타날 수 있다.

프랜차이즈 본부와 가맹점 사이에서 발생할 수 있는 갈등에 대한 연구들은 **표 7-2**와 같다. 프랜차이즈 내 갈등에 대하여 가맹본부의 지원, 커뮤니케이션과 갈등, 만족 간의 상관관계에 대한 연구와 가맹점의 인식에 포커스를 맞춰 본사의 시장지향성이 가맹점의 만족, 관계 지속 의지 및 프랜차이즈 시스템 내에서 갈등에 각각 어떤 영향을 미치는지에 대한 연구가 있다. 이 외에도 프랜차이즈 시스템은 유통구조상 가맹본부와 가맹점 간 의존성이 높고 가맹본부가 가맹점보다 우월한 위치에서 계약 및 운영이 이루어지므로 힘의 불균형이 심해 갈등이 유발될 수 있다는 연구가 이루어졌다.

3. 프랜차이즈 발달주기

가맹본부는 독립 사업자인 가맹점의 운영을 개별적으로 확인하기 어렵기 때문에 프랜차이즈 가맹본부와 가맹점 사이의 발달주기를 관리할 필요가 있다. Dwyer(1987)의 연구 등에서 밝혀진 것처럼 기업의 발달주기는 형성기(formation), 탐구기(exploration), 성숙기(maturity), 종료기(termination)의 과정을 거친다. 프랜차이즈 발달주기에 대한 연구로는 Carney와 Gedajlovic(1991)가 규모, 분포, 성장률, 가격, 계약조항 등으로 급성장, 보수적 확장기, 변환기, 성숙기, 쇠퇴기의 5단계로 분류하였다. 그리고 이 연구를 기초로 Castrogiovanni, Bennett와 Combs(1995)는 프랜차이즈 발전 단계를 급성장, 변환기, 성숙기, 쇠퇴기의 4단계로 구분지었다. 이후 Markus(2011)는 역으로 신혼기(honeymoon), 일상기(routine), 교차기(crossroads), 안정기(stabilization)로 U커브 곡선을 나타내는 것을 제안하고 있다. 이러한 현상이 나타나는 이유로는 프랜차이즈 초기에는 가맹본부와 가맹점이 모두 큰 기대를 갖고 매장을 개설하지만, 가맹점은 반복되는 운영을 책임지는 반면 가맹본부는 브랜드와 제품 및 서비스 품질을 유지하기 위하여 가맹점을 지도, 감독하는 역할만을 하므로 가맹점은 냉정한 프랜차이즈 시스템 운영 및 준수 사항 이행 의무를 지게 됨으로써 기대가 환멸로 이어지기 때문이다. 이를 방지하기 위해서 가맹점주 관점에서 관계 초기부터 기대관리의 역할을 이해하는 것이 중요하다. 이러한 이유로 프랜차이즈 기업의 존속기간에 따라 발생되는 갈등 유형도 다를 것으로 예상할 수 있다.

| Case View |

푸드트럭서 시작… '피자 자동화'로 세계에 점포 1282곳

피자 프랜차이즈 스타트업 고피자의 임재원 대표의 노트북에는 한국·인도네시아·태국·싱가포르의 20여 매장서 지난 한 달간 구운 피자 3만판의 성적표'가 들어 있다. 예를 들면 인도네시아의 한 고피자 매장에서 지난달 크리스마스이브에 만든 불고기피자 다섯 판은 78점을 받았다.평가관이 각 나라의 매장에 상주하며 피자 굽는 과정을 일일이 살펴보고 점수를 매긴 것일까. 이러한 궁금증에 대한 답을 들려주겠다면서 임 대표가 노트북을 열고 인도네시아 한 지점의 피자 조리 영상을 클릭했다. 지난달 24일 오후 9시 30분 피자 도에 토핑을 얹고 있는 장면이었다. 영상에는 피자와 손 모양이 클로즈업돼 나왔고, 조리하는 동안 실시간으로 AI가 양파와 불고기 토핑이 적당량 얹어졌는지 등을 채점했다. 이 피자는 5조각 중 2조각에 토핑이 덜 들어갔고, 치즈도 균일하게 뿌려지지 않아 감점을 당했다. 임 대표는 "일부 매장에 시범 적용 중인 기능인데, 올해 모든 매장에 도입할 예정"이라며 "사람을 보내지 않고도 AI를 활용해 국내외 지점의 피자 맛을 고르게 유지할 수 있다"고 했다.

• AI로 '피자 테크' 구현

임 대표가 2016년 여의도 한강공원 야시장 푸드트럭으로 시작한 고피자는 한국·인도·태국·인도네시아·싱가포르·일본 등 6국 1282곳 지점을 가진 피자 패스트푸드 브랜드로 자리 잡았다. 지난달 31일 서울 종로구 고피자 본사에서 만난 임재원 대표는 "지난해 총 매출 500억원을 돌파했는데, 이 가운데 해외 매출이 100억원을 넘어섰다"고 했다.고피자는 타원형 도에 5조각이 나오는 1인용 피자를 주력으로 하는 회사다. 주문부터 피자 굽기까지 걸리는 시간은 단 5분. 이를 위해 임 대표는 창업 초기부터 피자 조리에 기술력을 결합하는 이른바 '피자 테크' 개발에 집중했다. 이 결과물이 피자 토핑 냉장고와 조리대, 소형 화면 등을 갖춘 'AI 스마트 토핑 테이블'이다. AI가 햄, 야채 등 각종 토핑을 피자 도 어느 부분에 얼마나 얹어야 하는지 화면을 통해 알려준다. 테이블 위에 설치된 카메라가 조리 과정을 찍고, 이를 AI가 분석해 실시간으로 안내하는 방식이다.토핑 이후 과정도 자동화했다. 오븐에 피자를 넣으면 로봇이 알아서 굽고 꺼낸 뒤, 커팅까지 자동으로 하는 '고봇 스테이션'을 개발한 것이다. 여기에 더해 로봇팔 '고봇'은 소스를 피자에 뿌려준다. 도는 국내외에 설립한 자체 공장에서 만들어 편 상태로 공급하고 있다. 임 대표는 "전문성이 없는 사람이 구워도 맛있고 누구나 저렴하게 피자를 즐길 수 있도록 하는 것이 푸드테크의 핵심이라고 생각한다"고 했다. 고피자의 1인용 피자 한 판 가격은 7,000~9,000원대다.최근에는 엔비디아의 소형 AI 컴퓨터 '젯슨'을 기존 냉장고와 조리대에 부착해 스마트 토핑 테이블을 구축한 '고비스 비전'을 출시했다. 화덕만큼 컸던 오븐을 에어프라이어 수준으로 확 줄인 '고븐 미니'도 개발했다. 이 오븐은 무게가 28㎏에 불과하지만, 250도 예열까지 7분이 채 걸리지 않고, 피자를 넣으면 4분 30초 안에 구워낸다. 고피자는 이와 같은 경량화를 통해 GS 편의점에도 입점했다. 임 대표는 "편의점 내 매장을 매달 300개씩 확장할 수 있었다"며 "고븐 미니와 고비스 비전을 해외로 확장할 계획"이라고 했다.

• "K컬처 위력 실감"

고피자가 해외에 처음 진출한 국가는 인도다. 2019년 인도에 첫 매장을 열었던 때에는 한국 음식에 대한 존재감이 거의 없다시피 했는데, 코로나 봉쇄 기간을 지내는 사이 '오징어게임' 등 K콘텐츠가 유행하면서 한류에 대한 호기심이 크게 늘었다고 한다.최근 5년 사이에 고피자의 인도 매장은 60개로 늘었다. 임 대표는 "예전에는 입점을 거부하던 인도 대형 쇼핑몰들이 요새는 먼저 고피자를 찾아와 '피자와 한식 메뉴를 같이 팔아 달라'고 한다"며 "인도에서 K컬처의 영향력을 실감하고 있다"고 했다.고피자는 올해 국내외 총 매출액 목표를 700억~800억 원으로 세웠다. 작년보다 50% 더 성장하겠다는 것이다. 임 대표는 "올해는 일본을 비롯해 2~3국에서 편의점 내 매장 확장 방식으로 지점 수를 더 늘리겠다"며 "창업 당시 목표인 '10년 내 1만 개 매장'을 실현하기 위해 적극 도전할 것"이라고 했다.

출처: 아카이브 조선(2025.01.06.).

Chapter Summary

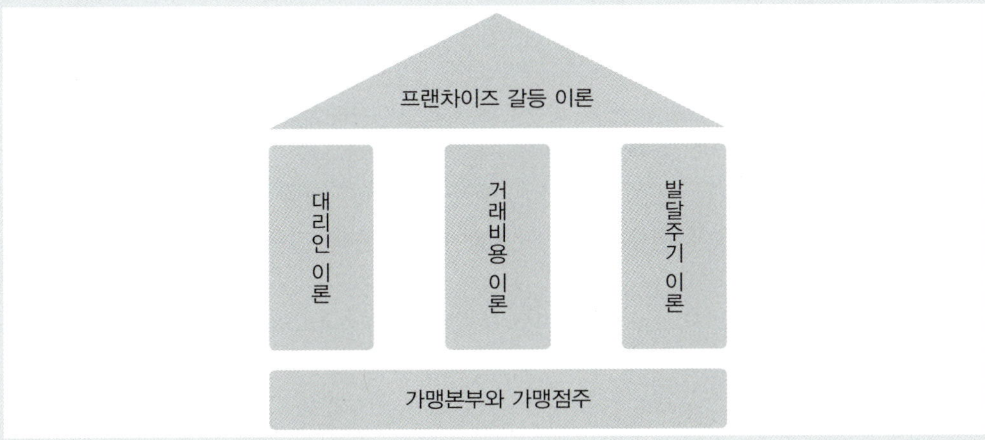

Key Words

프랜차이저, 프랜차이지, 프랜차이즈 갈등 이론

Discussions

1. 프랜차이즈 산업이 발전하기 위한 해결과제는 무엇인지 토론해 보세요.
2. 향후에 발전할 프랜차이즈 업종은 무엇이 있을지 토론해 보세요.

Reference

공정거래위원회(2023). 가맹사업 현황 보고서. 공정거래위원회.

김상조(2014). **프랜차이즈 산업의 발전과 규제정책**. 한울.

김효진, 서용구(2018). "외식 프랜차이즈 갈등 유형에 관한 연구", **관광학연구 42**(4), 111-131.

네이버 지식백과. 프랜차이즈와 프랑크족은 무슨 관계인가?.

설봉식(2014). **이젠 프랜차이즈의 스마트 경영 시대가 왔다**. 중앙대학교 출판.

Carney, M. and Gedajlovic, E.(1991). Vertical Integration in Franchise System: Agency Theory and Resource Explanations. *Strategic Management Journal Vol.12, No. 8*, 607-629.

Castrogiovanni, G., Bennett, N., & Combs, J. G. (1995). Franchisor types: Replication and Clarification. *Journal of Small Business Management, 33*, 45-55.

Combs, J. G., Ketchen, D. J., Shook, C. L., & Short, J. C. (2011). Antecedents and consequences of franchising: Past accomplishments and future challenges. *Journal of Management, 37*(1), 99–126.

Dant Rajiv P, Gundlach Gregory T. (1999). The challenge of autonomy and dependence in franchised channels of distribution. *Journal of Business Venturing, 14*(1), 35-67.

Dowell, David, Troy Heffernan, & Mark Morrison(2013). Trust Formation at the Growth Stage of a Business-to-Business relationship: A Qualitative Investigation. *Qualitative Market Research: An International Journal, 16*(4), 436–451.

Dwyer, F. R., Schurr, P. h., & Sejo Oh(1987). Output sector Munificence Effects on the Internal Political Economy of Marketing Channels. *Journal of Marketing Research, 22*, 397-414.

Eisenhardt, K. M. (1989). Agency Theory: An assessment and Review. Academy of Management. *The Academy Management Review, 14*(1), 57-74

Grace, Debra, Scott Weaven, Lorelle Frazer, & Jeff Giddings(2013). Examining the Role of Franchisee Normative Expectations in Relationship Evaluation. *Journal of Retailing, 89*(2). 219–230.

Hendrikse, George, Patrick Hippmann, & Josef Windsperger(2015). Trust, Transaction Costs and Contractual Incompleteness in Franchising. *Small Business Economics, 44*(4), 867–888.

Justis, R. T., & Judd, R. J. (1989). *Franchising*. South-Western Publishing.

Lafontaine, F., & Blair, R. D. (2009). *The economics of franchising*. Cambridge University Press.

Lusch R. F. (1976). Channel Conflict: Its Impact on Retailer Operating Performance, *Harvard Business Review 70*.

Markus, Blut, Christof Backhaus, Tobias Heussler, David M. Woisetschläger, Heiner Evanschitzky, & Dieter Ahlert(2011). What to Expect After the Honeymoon: Testing a Lifecycle Theory of Franchise Relationships. *Journal of Retailing, 87*(3), 306–319.

McDougall, Shane & Oviatt(1994). Explaining the formation of international new venture: the limits of international business research. *Journal of business venturing, 9*(Nov.)

Michaelis, M. (2019). *Franchising: Pathway to wealth creation*. Springer.

Oxenfeldt, Alfred R., & Kelly, Anthony(1969). Will Successful Franchise Systems Ultimately Become Wholly-Owned Chains. *Journal of Retailing*, 69-87.

Shane S. A., & Spell, C. (1998). Factors for New Franchise Success. *Sloan Management Review*, (Spring), 43-50.

Windsperger, Josef, & Rajiv P. Dant(2006). Contractibility and Ownership Redirection in Franchising: A Property Rights View. *Journal of Retailing, 82*(3), 259-272.

Chapter

VIII

상권분석과 출점 전략

제1절

상권분석의 이해

1. 소매 상권분석

1) 상권분석

상권분석은 매장의 입지를 결정하는 데 있어 가장 핵심적인 사전 단계로, 잠재적 입지 후보지를 체계적으로 비교 · 분석하여 최적의 위치를 도출하는 작업이다.

전통적으로 상권은 점포의 매출과 고객들이 창출되는 지리적으로 인접한 구역을 말하며 상권의 크기와 특성은 입지, 유동인구, 경쟁업체, 교통 접근성에 따라 달라진다.

그러나 디지털 기술의 확산과 소비자 행동의 변화에 따라, 상권의 개념과 분석 방식 또한 보다 역동적이고 복합적인 방향으로 진화하고 있다.

디지털 시대의 상권은 단순한 물리적 거리 개념을 넘어, 온라인과 오프라인의 접점을 통합한 '옴니채널 상권'으로 재정의되고 있다. 소비자는 더 이상 인근 매장만을 방문하는 것이 아니라, 모바일 검색, 소셜미디어, 지도 기반 앱, 쇼핑 플랫폼 등을 통해 물리적 거리와 무관하게 유입되는 경로를 활용하고 있다. 이에 따라 통신사 유동인구 데이터, 카드사 소비 이력, SNS 해시태그 분석, 네이버/카카오 검색 트렌드와 같은 디지털 데이터가 상권분석의 주요 자료로 활용되고 있다.

"상권분석 해 드립니다" 카드사들 지자체에 빅데이터 과외

지방자치단체에 대해 금융사가 컨설팅에 나섰다. 지난 23일 신한카드와 한국은행 제주본부, 제주특별자치도는 빅데이터를 이용해 제주 관광 인프라를 구축하는 내용의 업무협약을 체결했다. 제주도는 1300만 관광객의 데이터를 제공하고, 신한카드는 이를 관광 정책에 활용할 수 있는 데이터로 가공하겠다는 계획이다.

최근 금융권의 '핀테크' 사업이 진화하는 가운데 카드사의 빅데이터 사업이 주목을 받고 있다. 타깃 고객을 세분화해 맞춤형 상품을 제공하거나 타 업종과 연계한 새로운 사업을 진행하고 있다.

◆ 카드사 보유 데이터는 은행·증권 비해 질적·양적으로 우수

금융권의 빅데이터 사업에서 카드사가 눈에 띄는 이유는 보유한 데이터의 질이 다르기 때문이다. 숫자만 오가는 은행의 거래 데이터와 달리 카드의 결제 데이터는 장소나 시간, 이용자의 나이대 등 여러 정보를 담고 있기 때문이다. 카드업계 관계자는 "은행이나 증권은 돈을 넣고 빼는 거래 데이터만 있다"며 "반면 카드에는 누가·언제·어디서·무엇을 샀는지에 대한 정보가 있어 이를 통해 왜·어떻게 샀는지를 추측할 수 있다"고 설명했다.

카드사가 보유한 데이터의 양도 많다. 26일 여신금융연구소에 따르면 지난 1월 한 달 동안 이뤄진 카드결제만 해도 11억 6,000건이다. 카드사는 이런 데이터를 모아 성별·나이·장소 등으로 가공해 마케팅에 활용할 수 있는 데이터로 만든다. 이에 각 카드사도 자사의 빅데이터 조직을 강화하고 있다. 지난해 삼성·KB국민·신한·BC카드 등 카드사가 빅데이터 조직을 강화·신설했으며 신한카드의 경우에는 트렌드 연구소를 설립했다.

◆ 빅데이터로 외부 컨설팅·내부 사업 추진… 고객정보 공유 통해 더욱 탄력

카드사는 이 같은 빅데이터 정보를 통해 지방자치단체에 '컨설팅'까지 진행한다. 지자체는 데이터가 있어도 이를 분석할 도구가 부족하기 때문이다. 실제로 지난해 BC카드는 경기도 안산시 상권분석에 나서 업종 변경 유도·연령별 지원방안 등을 제안하기도 했다. 이 외에도 서울시·경북 안동시 등과 10여 개의 프로젝트를 진행하고 있다.

이 같은 공공기관의 데이터와 카드사의 빅데이터 분석 역량을 결합한 사례도 늘고 있다. 신한카드는 지난해 골목상권과 장애인 무료 셔틀버스의 최적 운행노선을 빅데이터를 통해 분석했다. 국민카드도 대중교통 현황 분석에 나선 바 있다.

장석호 BC카드 빅데이터센터장은 "흩어진 정보를 조합해 정확한 수치로 보여주면 현실의 정책이 된다"며 "공공 영역의 빅데이터 컨설팅은 또 다른 빅데이터의 영역이 될 수 있다"고 전망했다.

출처: 뉴스원(2016.02.28.).

상권분석은 단순히 현재의 수요 규모를 확인하는 것이 아니라, 고객의 변화 양상과 이동 경로, 그리고 향후 성장 잠재력까지 고려한 데이터 기반의 미래 예측 전략으로 기능해야 한다. 이를 위해 유통업체는 GIS와 AI 기반 예측 모델을 활용하여 소비자 흐름, 주간·야간 이용 패턴, 생활권 구조, 경쟁 점포의 온라인 평판까지 통합적으로 분석하고 있다.

상권분석은 다음과 같은 주요 목적을 달성하는 데 기여한다. 첫째, 인구통계학적 특성과 사회경제적 요인을 분석함으로써 수요 기반을 이해하고, 표적 시장의 특성을 도출할 수 있다. 둘째, 광고 및 프로모션 범위 설정에 있어 타깃 소비자가 실제로 존재하는 지역을 과학적으로 규정할 수 있다. 셋째, 업종 특성에 따라 경쟁자 밀집이 오히려 유리한 경우(의류, 외식 등) 또는 회피해야 할 경우(약국, 서점 등)를 구분하여 전략적 입지를 설계할 수 있다. 특히 디지털 시대에는 경쟁자의 수만큼이나 그들의 온라인 평판, 검색 점유율, 위치 기반 리뷰 수 등이 중요한 경쟁 지표로 활용된다.

또한 체인스토어의 경우, 상권 중복을 방지하고 브랜드 전체의 효율성을 높이기 위해 상권 간 거리, 고객 중복률, 유입 경로의 차이를 정량적으로 분석할 필요가 있다. 이때 POS 데이터, 멤버십 이력, 앱 접속 위치 등의 활용이 점점 보편화되고 있다.

마지막으로, 시간대·요일·계절에 따른 유동인구 변화, 생활 패턴의 이질성, 교통 접근성, 온라인과의 시너지 효과(클릭앤콜렉트 등), 그리고 배달/픽업 수요의 증가 등도 상권분석 시 반드시 고려되어야 한다. 나아가 해당 지역의 디지털 인프라 수준, 물류 거점과의 거리, 법적 규제, 금융 및 행정기관 접근성 등의 외부 환경도 함께 반영해야 한다.

요컨대, 디지털 시대의 상권분석은 기존의 물리적 위치 중심 접근에서 벗어나, 데이터 기반의 통합적 상권 해석과 미래 수요 예측 역량이 결합된 전략적 분석 행위로 자리 잡고 있다. 이는 유통기업이 고객 중심의 차별화된 입지 전략을 수립하고, 시장 변화에 유연하게 대응하는 데 결정적인 역할을 수행한다.

2) 상권의 크기

상권은 매장이 실질적으로 영향력을 행사할 수 있는 공간적 범위로, 고객 도달의 밀도와 거리, 그리고 유입 경로의 특성에 따라 계층적으로 구분할 수 있다. 전통적인 상권 개념은 일반적으로 지역상권(general trading area), 지구상권(district trading area), 개별점포상권(individual trading area)으로 나뉘며, 각각 도시 행정구역 단위, 상업 중심지 단위, 점포 단위로 설명된다.

먼저, 지역상권은 행정구역 또는 도시 단위에서의 상권을 의미하며, 대도시의 중심부에서는 공공기관, 금융기관, 주요 사무시설이 밀집된 도심지 중심으로 형성된다. 최근에는 온라인 소비, 원격근무 확산 등으로 도심과 교외 상권 간의 기능적 경계가 모호해지고 있으며, 지역상권은 단지 물리적 거리보다는 '정보 접근성'이나 '디지털 접점의 강도'에 의해 영향력을 확장 또는 축소하기도 한다.

지구상권은 종로, 강남, 영등포 등과 같이 도시 내에서 중심적인 소비 활동이 이루어지는 주요 상업 지구 단위를 의미한다. 이들 지역은 일반적으로 백화점, 대형 쇼핑몰, 전문점 등이 클러스터를 이루며, 상호 보완적인 경쟁 구도를 형성한다. 지방 중소도시의 경우는 지역상권과 지구상권이 거의 일치한다. 디지털 기반 분석을 통해 지구상권의 객단가 분포, 유입 동선, 소비 트렌드를 실시간으로 파악하는 것이 가능해졌으며, 유통기업은 이를 활용하여 입지 전략 및 점포 포트폴리오 최적화에

표 8-1 지역상권, 지구상권, 개별점포상권 비교

구분	지역상권	지구상권	개별점포상권
정의	도시 전체 또는 광역 단위의 상업 중심지	특정 지역 내 중심적 중간 규모 상권	단일 점포를 중심으로 형성된 소규모 상권
상권 규모	대규모	중간 규모	소규모
유형 예시	강남역, 명동, 홍대	신촌, 왕십리, 건대입구	주택가 내 편의점, 동네 미용실
고객 범위	외부 방문객 + 지역 주민	근거리 + 중거리 고객	도보권 고객
접근성 요건	대중교통 허브, 대형 상업시설	지하철/버스 정류장, 지역 중심지	주택가 근접성, 도보 접근성
상업 밀집도	매우 높음	보통 ~ 높음	낮음 ~ 보통
주요 업종	패션, 외식, 문화시설 등 다양	프랜차이즈, 카페, 생활형 매장	편의점, 미용실, 소규모 음식점
영향 요인	교통, 관광, 대형 개발	대학, 주거지, 업무시설	거주 밀집도, 접근성

나서고 있다.

개별점포상권은 특정 매장이 직접 유인할 수 있는 실질적 고객 범위로, 점포 유형, 규모, 브랜드 인지도, 온라인 영향력 등에 따라 매우 다양하게 나타난다. 최근에는 소비자의 이동 경로, 모바일 검색 이력, 앱 이용 데이터를 기반으로 개별점포의 '디지털 도달 범위'까지 함께 측정하며, 이를 통해 온·오프라인 통합 상권을 파악하는 시도가 증가하고 있다.

이와 함께, 전통적인 점포 중심 상권은 1차, 2차, 기타 상권으로 계층화된다.

1차 상권은 전체 고객 중 50~80%가 집중된 지역으로, 구매 빈도와 객단가가 가장 높게 나타나는 중심 상권이다. 2차 상권은 점포 외곽에 분포하며, 15~25%의 소비자가 포함된 범위로, 구매력은 다소 낮지만 성장 여지가 있는 유입층을 포함한다.

기타 상권은 전체 고객 중 5~15% 수준의 소비자가 위치한 범위로, 방문 빈도는 낮지만 특정 프로모션이나 제품군에 따라 반응할 수 있는 '확장 잠재 영역'으로 간주된다. 업체에 따라 1차 상권을 핵심상권, 2차 상권을 전략상권, 기타 상권을 광역상권으로 나눠 전략적 관점에서 고객의 중요성을 나누기도 한다.

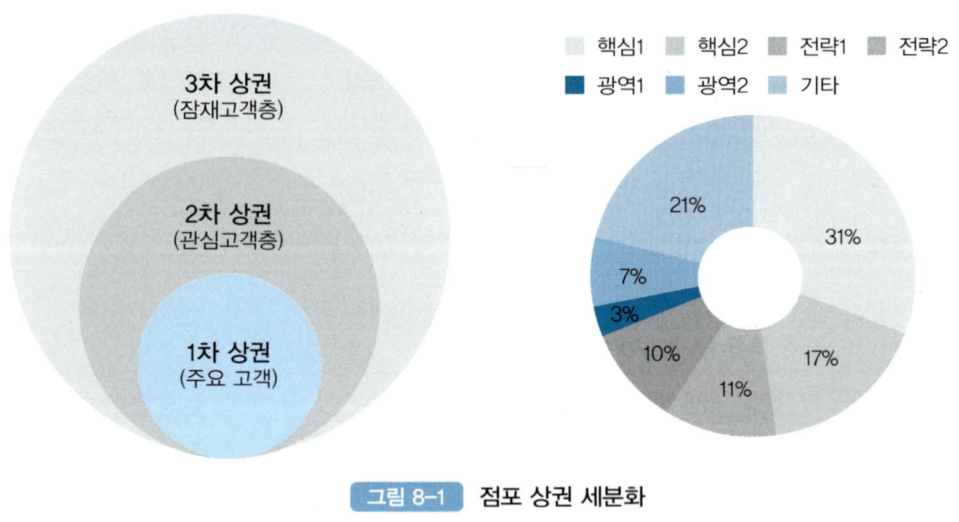

그림 8-1 점포 상권 세분화

디지털 전환 이후, 이러한 상권 계층은 단지 거리 기준이 아니라, 검색어 노출 빈도, 위치 기반 앱 사용률, SNS 언급량, 리뷰 생성 빈도 등 다양한 디지털 접점을 기준으로 보다 정교하게 계량화되고 있다. 예컨대, 1차 상권은 '물리적 거리 + 정기 방문 고객의 디지털 행동 데이터'로 정의되고, 2차 상권은 'SNS 노출 및 리뷰 비율', 기타 상권은 '광고 반응 데이터 기반의 유입 가능성'으로 분석될 수 있다.

결론적으로, 상권의 크기와 영향력은 더 이상 거리나 면적만으로 설명되지 않는다. 디지털 시대의 상권은 소비자의 실시간 행동 데이터와 디지털 접점의 강도를 중심으로, 온 · 오프라인을 아우르는 통합적 접근이 요구된다. 이는 유통업체가 효과적인 지역 전략과 고객 맞춤형 마케팅을 실행하는 데 필수적인 기초 자료로 활용된다.

2. 소매 상권분석 이론

1) 구매력 지수

구매력 지수(Buying Power Index: BPI)는 특정 지역의 소매시장 규모와 소비 여력을 종합적으로 평가하기 위한 지표로, 유통업체의 입지 선정 및 마케팅 전략 수립에 있어 중요한 기준으로 활용되어 왔다. 전통적으로 구매력 지수는 해당 지역의 인구 비중, 소매 매출액 비중, 가처분 소득 비중 등을 가중치 기반으로 결합하여 산출되며, 이는 지역 간 상대적인 시장 매력을 수치화하는 방식으로 사용된다.

BPI = 0.5×(그 지역이 한 국가의 효용구매소득에서 차지하는 비율)*
+ 0.3Y(그 지역이 한 국가의 소매 매출에서 차지하는 비율)
+ 0.2Z(그 지역이 한 국가의 인구에서 차지하는 비율)

* 소득에서 세금 및 보험 등 고정지출을 뺀 가처분 소득

구매력 지수는 그 지역의 효용구매소득 비중에 가중치를 50%, 소매 매출 비중에 가중치를 30% 그리고 인구에 가중치를 20% 둔 셈이다.

예를 들어보자. XYZ 기업은 일반적인 소비재를 판매하는 업체로 타깃이 25세에서 34세 미만에 $35,000 이상 소득을 가진 소비자이다. 기업 XYZ는 사업을 확장하려 하면서 상권이 다른 두 지역을 고려 대상으로 삼고 있다. 따라서 이 기업은 위의 공식에 따라 다음과 같이 BPI를 구할 수 있다.

A 지역 BPI = 0.5 (0.000386) + 0.3 (0.00083) + 0.2 (0.00012) = 0.000466

B 지역 BPI = 0.5 (0.000717) + 0.3 (0.00063) + 0.2 (0.000112) = 0.000570

위에서 두 지역은 0.00012와 0.000112로 인구가 비슷한 규모인 데 반해 구매력 지수로는 B지역이 A지역보다 구매력이 25% 더 높은 것이다. 따라서 전통적인 인구통계학적인 조사로만은 A와 B지역을 비교할 때, 한 지역에서 차지하는 인구 비중이 A지역이 조금 더 높다고 판단하여 A지역으로 진출을 고려할 수도 있겠으나, 실제적인 구매력 지수를 보면 그 결과가 달라야 한다.

구매력 지수는 철저하게 수요 수준에서 고려하는 지표이다. 다만 이 지수의 단점은 여기서 다루고 있는 지역적 경계들이 보통 매장의 상권보다 훨씬 넓은 지역을 포함하고 있다거나, 잘 변화하지 않는다는 점이다.

이러한 방식은 인구통계 기반 시장 추정에는 여전히 유용하지만, 디지털 소비환경이 빠르게 변화함에 따라 몇 가지 한계가 드러나고 있다. 특히 전통적 구매력 지수는 지역별 온라인 소비 활동, 디지털 소비자 유입 흐름, SNS 기반 제품 노출 빈도, 앱 기반 구매 전환 데이터 등을 반영하지 못한다는 점에서, 실제 구매력과는 괴리가 발생할 수 있다.

이에 따라 최근에는 확장형 BPI, 혹은 디지털 BPI의 개념이 부각되고 있다. 디지털 BPI는 기존의 인구 · 소득 기반 변수 외에도 다음과 같은 행동 기반 디지털 지표를 통합하여 분석한다.

- 모바일 기반 구매 전환률(지역 기반 모바일 트래픽 → 실제 구매 비율)
- SNS 언급 및 해시태그 노출량(특정 상품에 대한 지역별 디지털 관심도)
- 검색 트렌드 점유율(네이버/구글 검색 데이터에서 지역 키워드 분석)
- 지역 기반 광고 클릭률 및 반응률(검색광고 · 디스플레이 광고 반응)
- e커머스 플랫폼별 배송 주소 분포 및 재구매율

이처럼 디지털 BPI는 기존 정적 통계에 실시간 소비 행동 데이터를 융합함으로써, 보다 정교하고 실질적인 구매력 예측 도구로 진화하고 있다. 특히 온라인과 오프라인의 매출 흐름이 함께 분석되는 환경에서는, 단순히 소득과 인구만으로 수요를 예측하는 방식은 한계가 있다. 예컨대, A지역이 인구는 많지만 디지털 검색 및 리뷰 활동이 낮은 반면, B지역은 인구는 적지만 온라인 트렌드 중심지라면, 디지털 BPI는 후자를 더 높은 구매력 지역으로 평가할 수 있다.

향후 구매력 지수는 AI 기반 추천 시스템이나 입지 예측 모델에 내재된 형태로 더욱 정교화될 가능성이 높으며, 지역 기반 마케팅 전략, 옴니채널 출점 전략, 물류 최적화 등에 활용되는 핵심 기초 자료로서의 기능이 더욱 강화될 것이다.

2) 포화 이론

포화 이론(Saturation Theory)은 특정 지역 상권 내 소매점포 수가 지역 수요를 어느 정도 충족시키고 있는지를 판단함으로써, 해당 상권의 시장 매력도와 진입 가능성을 평가하는 이론이다. 이 이론의 핵심은 수요(구매력) 대비 공급(매장 수 또는 면적)의 균형 여부를 기준으로 미포화(understored), 적정포화(saturated), 과포화(overstored) 상태로 상권을 구분하는 것이다. 이 개념은 오프라인 유통 채널 중심의 상권 진입 전략에서 오랫동안 핵심적인 역할을 해 왔다.

포화 여부를 정량적으로 평가하기 위한 대표적인 지표는 소매포화지수(Index of Retail Saturation: IRS)이며, 다음과 같은 공식으로 산출된다.

IRS = (H × RE) / RF

H: 해당 지역의 가구 수

RE: 가구당 특정 업태에 대한 연간 지출

RF: 해당 업태의 총 매장 면적

소매포화지수가 높을수록 동일 업종 내 점포당 평균 수요가 크다는 뜻이며, 이는 아직 시장이 포화되지 않았고 진입 기회가 존재함을 시사한다. 반면 소매포화지수가 낮을수록 공급 과잉 상태로, 신규 진입 시 수익성 확보가 어려울 가능성이 높다.

하지만 디지털 전환 이후, 오프라인 점포만을 기준으로 하는 소매포화지수는 일부 한계를 보인다. 온라인 소비가 증가하고 옴니채널 전략이 확산되면서, '매장 면적'이라는 공급 단위만으로는 실제 시장 포화를 설명하기 어려워졌기 때문이다. 예를 들어, 동일 상권 내에 매장이 부족하더라도 해당 지역의 온라인 구매 비중이 높다면 실질적인 '디지털 포화 상태'일 수 있으며, 반대로 오프라인 경쟁이 치열하더라도 온라인에서 차별화된 접근이 가능하다면 여전히 시장 기회가 존재할 수 있다.

이에 따라 최근에는 디지털 소매포화 개념이 등장하고 있으며, 이는 온라인과 오프라인의 통합적 공급력을 고려하는 방식이다. 주요 보완 요소는 다음과 같다.

- 오프라인 공급력 + 온라인 채널 커버리지
- 지역별 e커머스 시장 점유율
- 소셜/콘텐츠 기반 접근도
- 배송 커버리지 및 물류 인프라 반경

또한 디지털 시대에는 정량적 면적 기준만큼이나, 고객경험의 질적 밀도도 중요해지고 있다. 동일 면적의 상권이라도 매장의 브랜드 충성도, 리뷰 평점, SNS 반응도, 리테일 미디어 영향력 등에 따라 체감 포화 수준이 달라질 수 있다. 이에 따라 최근 소매포화지수의 해석에는 소비자 행동 데이터 기반의 정성적 보정 요소가 포함되기도 한다.

결론적으로, 포화 이론은 여전히 유효한 상권 매력도 분석 도구이지만, 디지털 시대에는 오프라인 중심 지표에 디지털 경쟁력 요인을 결합하여 분석하는 것이 필수적이다. 유통업체는 상권 내 경쟁 정도를 단순 매장 수나 면적이 아니라, 총체적인 채널 운영력과 콘텐츠 기반 도달 능력으로 해석할 수 있어야 하며, 이는 보다 정밀한 입지 전략 수립의 기반이 된다.

3. 지리정보시스템

지리정보시스템(Geographic Information System: GIS)은 지리적 정보를 저장, 검색, 매핑, 분석하는 데 사용되는 하드웨어 및 소프트웨어 시스템으로, 상권분석과 입지 전략 수립에 필수적인 역할을 수행하는 고도화된 분석 도구이다. GIS는 지도 기반의 시각정보에 인구통계, 소비자 이동, 지역 경제지표 등 다양한 공간 데이터를 통합하여, 특정 지역의 상권 특성을 다각도로 분석할 수 있도록 지원한다.

최근 유통업계에서는 통신사 위치 기반 데이터, 카드사 구매 내역, SNS 활동 정보, 모바일 앱의 행동 로그 등 외부의 방대한 데이터 소스를 GIS와 연계함으로써, 보다 정교하고 통찰력 있는 상권분석이 가능해지고 있다. 이러한 데이터 융합을 통해 유동인구 흐름, 고객 분포의 밀도, 생활권 내 소비 성향, 경쟁 점포의 밀집도 등

표 8-2 GIS 활용 주요 분석 항목

분석 항목	내용
입지 타당성	주변 인구, 접근성, 경쟁점포 밀도 등을 종합 평가
유동인구	교통량, 시간대별 인구 흐름 분석
인구통계	연령, 성별, 소득, 거주지, 소비 성향
매출 예측	지역별 업종별 과거 매출 패턴 기반 예측
상권 구분	1차, 2차, 3차 상권의 경계 시각화 및 분석
경쟁 분석	경쟁 점포의 위치, 브랜드, 운영 형태 파악

복합적인 변수들을 통합적으로 파악할 수 있으며, 이는 입지 타당성 평가와 지역별 맞춤형 마케팅 전략 수립에 직접적으로 기여한다.

또한 최근에는 인공지능(AI) 및 머신러닝 기법이 GIS 플랫폼에 통합되면서, 단순한 과거 · 현재 분석을 넘어 미래 수요 예측, 상권 성장 가능성 추정, 잠재 고객 행동 예측 등의 고차원적 분석이 가능해지고 있다. 예를 들어, 고객 세분화 결과를 바탕으로 특정 지역 내 고이탈 위험군을 조기에 식별하거나, 신규 점포 입지에 따른 예상 매출과 전환율을 시뮬레이션할 수 있다.

과거에는 'gCRM'이나 'gMining'과 같은 개념이 사용되었으나, 현재는 위치 기반 고객관계관리(Location-based CRM) 또는 공간 데이터 마이닝(Spatial Data Mining)이라는 보다 세분화된 용어로 정교하게 구분하고 있다. 이들은 옴니채널 환경하에서 고객 접점을 강화하고, 상권의 특성에 기반한 정밀 마케팅 전략을 구현하는 데 핵심적인 기반으로 활용되고 있다.

결국 GIS는 단순한 지도 소프트웨어의 기능을 넘어, 복잡한 공간정보를 실시간 데이터와 결합하여 경영 의사결정에 전략적으로 활용할 수 있도록 하는 '지능형 공간분석 플랫폼'으로 진화하고 있다. 유통기업은 이를 통해 상권의 기회와 위협 요인을 입체적으로 파악하고, 고객 중심의 차별화된 유통 전략을 수립함으로써 지속 가능한 성장을 도모할 수 있다.

소매업체에서 활용할 수 있는 대표적인 GIS로는 ESRI와 Mapinfo professional 등이 있으며, 국내에도 소상공인진흥공단, 서울신용보증 재단의 상권분석시스템 등을 통해 누구나 손쉽게 접근할 수 있다.

표 8-3 소매업체 활용 GIS

	GIS	주요 특징	활용 사례
1	ESRI ArcGIS	세계적으로 가장 널리 사용되는 GIS 소프트웨어. 다양한 통계·공간 분석 도구 제공	월마트, 세븐일레븐, 스타벅스 등 글로벌 유통업체
2	MapInfo Professional	소매 입지 분석 및 고객 데이터 매핑에 특화, 데이터 시각화 강점	편의점 체인, 쇼핑몰 개발업체
3	QGIS	무료이지만 강력한 기능 제공, 커스터마이징 유연	중소 소매업체, 지자체 상권 육성 사업
4	Kakao Map API / 네이버 지도 API	로컬데이터를 활용한 위치 기반 상권	소상공인·프랜차이즈 상권분석, 유동인구·동선 분석
5	Retail Compass	상권분석 특화 GIS, 유동인구·매출·경쟁업체 정보 제공	소상공인, 창업 컨설팅업체
6	소상공인진흥공단 상권정보시스템	무료, 유동인구, 점포 수, 매출, 임대료 데이터 제공	창업자, 소상공인 맞춤형 분석

제2절

출점 전략

앞서 설명한 과정을 통해 상권분석이 끝났다면, 이제 어떤 타입의 입지가 적절한지 고려하고 입지를 정한 후 그 안에서 여러 대안을 비교하여 매장이 실제로 입지할 위치를 평가해 보아야 한다. 보통 출점을 위해서는 유동인구가 많은 적응형 입지를 선택해 출점하는 것이 보편적이나 최근에는 차별적인 콘텐츠가 있고 공간의 매력도가 있다면 외곽지역의 창출형 입지를 선택해 새로운 수요를 창출하기도 한다.

1. 입지의 대안

점포 소매업의 경우 입지는 기본적으로 업무지구(Business Districts)를 고려할 수 있는데, 역사적으로 대부분의 소매상은 중심업무지구(Central Business District: CBD)에 위치하였다. 중심업무지구는 국가나 도시의 경제 · 행정 기능이 집중된 공간으로, 과거 우리나라에서는 광화문, 종로 일대가 대표적인 예에 해당하며, 근래에는 강남의 테헤란로와 같이 금융 및 IT 산업 중심의 업무지구로 변화하고 있다. 이러한 지역은 직장 인구가 밀집해 있어 주간에는 활발한 소비가 이루어지지만, 야간에는 주거 인구가 적어 유동인구가 급감하는 이중 구조를 보인다. 이에 따라 도심은 교통이

표 8-4 수요에 따른 입지 비교

구분	적응형 입지(Adaptive Location)	창출형 입지(Creative/Generative Location)
정의	기존의 수요가 존재하는 곳에 점포를 입지시키는 방식	새로운 수요를 창출하거나 유도할 수 있는 곳에 점포를 입지시키는 방식
입지 전략	수요에 적응하여 안정적인 입지를 추구	수요를 창출하고 새로운 상권 형성을 유도
입지 조건	유동인구, 주거밀집, 기존 상권 등 이미 수요가 입증된 곳	신규 개발지역, 외곽, 복합시설, 유입 동기가 필요한 곳
위험도	비교적 낮음	상대적으로 높음
예시 업종	편의점, 프랜차이즈 카페, 미용실 등	대형 쇼핑몰, 테마파크, 플래그십 스토어 등
대표 사례	스타벅스가 역세권이나 상업지에 출점	이케아가 교외에 대형 매장을 세워 상권을 창출
장점	초기 매출 안정성 확보, 빠른 수익 회수 가능	시장 선점, 브랜드 이미지 강화, 장기 성장 가능성
단점	경쟁 심화, 차별화 어려움	초기 비용 부담, 고객 유입 불확실성

발달해 있음에도 불구하고 시간대에 따른 상권 역동성이 큰 편이다.

중심업무지구에 입지한 소매점포는 일반적으로 계획적 촉진 전략보다는 역사적·지리적 또는 '100% 입지'라 불리는 우연적 요소에 의해 성공 여부가 결정되는 경우가 많다. 최근에는 도심지의 공공재 개발(예: 서울 청계천 복원 사업)이나 문화재생 프로젝트 등을 통해 중심업무지구의 매력도를 재고하는 전략도 활발히 이루어지고 있다.

또한 도심의 기능 분산과 도시 확장에 따라, 인구 100만 명 이상 대도시에서는 중심업무지구 외에 교통망과 접근성이 우수한 지역에 부도심(Secondary Business District: SBD)이 형성되기도 한다. 예를 들어, 서울의 경우 종로 및 강남 일대가 중심업무지구이며, 신촌, 잠실, 영등포, 청량리 등은 부도심으로서 대형 유통시설과 전문점이 입지할 수 있는 잠재력을 지닌다. 부도심은 중심업무지구에 비해 소규모이지만 백화점 1~2개소를 중심으로 다양한 소매점이 클러스터를 이루며 상업 중심지

역할을 수행한다.

한편 근린영업지구(Neighborhood Business District: NBD)는 인근 주거지의 일상적 구매 요구를 충족하기 위한 소규모 점포들로 구성되며, 식료품점, 세탁소, 미용실, 편의점 등의 생활 밀착형 업태가 주를 이룬다. 일반적으로 반경 2~3마일, 차량 이동 기준 10분 이내의 소비자를 주요 타깃으로 하며, 높은 접근성과 장기 고객 확보가 특징이다.

최근에는 중심업무지구에서의 유입력이 디지털 소비 환경 변화로 인해 약화되거나 재구조화되는 양상이 나타나고 있다. 원격근무 확산과 온라인 쇼핑의 증가로 인해, 중심업무지구 내 유동인구 감소가 일부 업종의 출점 전략에 영향을 미치고 있다. 반면, 부도심 및 근린상권은 지역 기반 SNS 활용, 모바일 검색량 증가, 라스트마일 물류 대응성 등의 디지털 소비 조건이 복합적으로 작용하면서 디지털 상권의 실질적 거점으로 재조명되고 있다. 이에 따라 전통적인 입지 구분은 유지되되, 물리적 조건과 함께 디지털 채널상의 소비자 접점 분석이 병행되어야 한다는 점에서 현대적 재해석이 요구된다.

2. 입지의 종류

1) 독립매장

독립매장(Isolated Stores)은 인근에 동일 업종이나 보완 업종의 점포가 없이 단독으로 운영되는 입지 유형을 말한다. 대체로 교외에 위치한 아웃렛이나 대형 창고형 매장이 대표적 사례다. 경쟁이 적고, 지대가 비교적 낮으며, 점포 운영의 자율성이 높다는 점에서 전략적 유연성이 크다. 또한 원스톱 쇼핑의 장점, 넓은 주차 공간, 차량 접근의 용이성 등은 소비자 편의를 강화하는 요인이다. 다만, 고립된 위치로 인해 광고 · 마케팅 비용이 증가하며, 고정 고객 확보에 시간이 걸리고, 타 매장과의 트래픽 공유가 어렵다는 단점이 있다.

2) 비계획 경제지구

비계획 경제지구(Unplanned Business District)란 2개 이상의 매장이 근접하게 모여 있고 같은 고객을 공유할 수도 있으나 이러한 것이 계획되지 않은 지역을 말한다. 어떤 지역에는 4개의 신발가게가 있는데 약국은 1개도 없을 수도 있다. 이런 비계획 경제지구는 매장의 밀집도에 따라 도심(Central Business District: CBD), 부도심(Secondary Business District: SBD), 이웃지역(Neighborhood Business District: NBD), 스트링(String)으로 나눌 수 있다.

도심은 가장 많은 다양한 매장이 모여 있고, 각종 대중교통으로 연결이 가능한 곳이다. 여러 가지 서비스와 문화활동이 가능하며, 보행 비율이 굉장히 높은 곳이다. 하지만 주차공간의 협소와 배달의 불편함, 높은 임대료, 또한 최근 교외에 대형 쇼핑몰이 들어서면서 도시가 공동화되는 점이 약점으로 꼽힌다.

부도심은 대부분 도심의 역할을 나누어 가진 작은 지역이다. 한 도시 안에 부도심은 얼마든지 존재할 수 있다. 그렇기 때문에 도심의 장단점을 일부 공유한다.

이웃지역은 주로 주거지역의 편의를 위하여 들어서는 상가이다. 보통 세탁소, 편의점, 문구점, 슈퍼마켓, 미용실 등이 포함된다. 보통 대형 슈퍼마켓이 상권을 주도하는 경우가 많다. 고정된 소비자와 긴 영업시간, 낮은 임대료 등이 매력이다. 다이소의 경우는 대로변이 아닌 아파트 단지 인근, 학교, 병원 주변 입지 등에 출점하며 임대료를 절감하고 생활밀착형 점포로서 전국에 다점포를 확대하고 있다.

마지막으로 스트링의 경우 처음에는 독립매장으로 시작하나 시간이 흐르며 비슷한 규모의 매장이 몇 개 모인 형태이다. 이는 독립매장의 장점과 함께 불편함이나 높은 공동비 같은 단점을 보완한 측면을 띤다.

3) 몰/쇼핑센터

쇼핑몰 또는 복합 상업시설은 여러 상점과 서비스를 하나의 통합된 공간 안에 구성하여 소비자에게 편리하고 다양한 쇼핑 경험을 제공하는 대규모 상업 공간이다. 이러한 시설은 계획된 개발과 설계를 통해 조성되며, 핵심 점포(key tenant)를 중심으로 다양한 소매점, 외식업체, 문화시설이 집약되어 있다. 국내에서는 2000년 코엑스 몰의 개장을 계기로 복합 쇼핑몰의 시대가 본격화되었으며, 이후 스타필드, 롯데 월드몰 등 다양한 형태의 몰이 등장하였다.

쇼핑몰은 단순한 상점 집합을 넘어, 가족 단위 소비자들을 위한 여가 공간, 원스톱 쇼핑 환경, 효율적인 주차와 접근성 등 소비 편의를 극대화한 공간으로 기능한다. 입점 브랜드 간의 시너지 효과, 공동 마케팅, 시설 공동 운영을 통한 비용 효율성 등도 주요한 장점으로 평가된다.

하지만 운영 주체의 통제에 따른 전략적 제약, 높은 임대료, 입점 브랜드 간 경쟁 심화, 노후화된 쇼핑몰의 매력 저하, 과잉 공급 등의 문제점도 존재한다. 특히 핵심 점포에 대한 과도한 의존과 차별화 부족은 쇼핑몰 간 경쟁력을 약화시키는 요인이 된다.

이에 따라 최근의 쇼핑몰은 단순 소비 공간을 넘어 체험, 문화, 커뮤니티 기능을 포함한 복합 문화 플랫폼으로 진화하고 있다. 디지털 기술과의 융합, 지속 가능한 공간 설계, 지역사회와의 연계를 통해 새로운 부가가치를 창출하며, 오프라인 유통 공간의 미래를 재정의하는 중요한 역할을 수행하고 있다.

3. 점포 입지 평가의 고려사항

점포 입지를 평가하는 요소에는 경제적 환경, 경쟁, 표적시장의 전략적 적합성, 점포 운영비용 등이 있다.

점포 입지의 선택은 소매업의 성패를 좌우할 만큼 중요한 결정 요소이다. 효과적인 입지 평가를 위해서는 단순한 위치의 선호도나 유동인구만을 고려하는 것이 아니라, 경제적 환경, 경쟁 상황, 표적시장과의 전략적 적합성, 점포 운영비용 등 다양한 요인을 종합적으로 검토해야 한다.

1) 경제적 환경

점포가 위치할 지역의 경제적 환경은 소비자의 구매력과 직결되므로 입지 평가에서 가장 우선적으로 고려되어야 한다. 해당 지역의 평균 소득 수준, 인구 구성(연령대, 가족 구조 등), 고용률, 소비 성향 등은 소비자의 구매 의사결정에 중대한 영향을 미친다. 예를 들어, 고소득 거주지역에서는 고가의 프리미엄 브랜드나 전문화된 고급 서비스가 적합할 수 있으며, 중저소득 지역에서는 가격 경쟁력이 있는 상품이나 할인점 형태의 점포가 경쟁력을 가질 수 있다. 또한 지역 경기의 변동성이 클 경우, 경기 침체 시 점포 매출에 부정적인 영향을 미칠 수 있으므로 장기적인 경제 환경 변화까지 예측하는 것이 중요하다.

2) 경쟁 상황

해당 입지 주변의 경쟁 강도 또한 중요한 평가 요소이다. 동일 업종의 경쟁자 수, 브랜드 파워, 가격 정책, 마케팅 전략 등을 분석함으로써 시장 내 자사의 위치를 가늠할 수 있다. 경쟁자가 많을수록 고객을 유치하기 위한 비용과 노력이 증가할 수 있지만, 반대로 경쟁이 적당히 존재할 경우 해당 지역이 이미 일정한 수요를 형성하고 있는 것으로 판단할 수 있다. 예를 들어, 음식점들이 밀집된 '먹자골목'이나 패션 상점이 모여 있는 쇼핑 클러스터는 소비자에게 다양한 선택지를 제공함으로써 오히려 집객 효과를 창출할 수 있다. 그러나 차별화되지 않은 상태로 경쟁이 과열된 지역에 입점할 경우, 가격 경쟁과 수익성 악화로 이어질 가능성이 높다.

3) 표적시장과의 전략적 적합성

점포가 표방하는 브랜드 전략과 입지의 소비자 특성이 일치하는지의 여부도 중요하다. 이는 '전략적 적합성'의 관점에서 살펴볼 수 있으며, 특정 입지가 자사의 표적 고객층과 잘 부합하는지를 평가하는 것이다. 예컨대, 대학생을 주요 고객으로 삼는 캐주얼 의류 브랜드라면, 대학가 인근이나 유동인구가 많은 번화가에 위치하는 것이 적절하다. 반면, 고령층을 대상으로 하는 건강 관련 제품 판매점은 주거지 인근이나 병원 밀집 지역이 적합할 수 있다. 표적시장과 입지의 불일치는 매출 부진으로 직결될 수 있으므로, 소비자 라이프스타일, 연령, 이동 동선 등을 사전에 면밀히 분석해야 한다.

4) 점포 운영비용

입지 선정 시에는 초기 투자비용뿐만 아니라 지속적으로 발생하는 점포 운영비용을 함께 고려해야 한다. 대표적인 비용 항목으로는 임대료, 관리비, 권리금, 인건비, 유통비용 등이 있으며, 이는 점포의 수익성을 직접적으로 좌우한다.

입지가 뛰어난 도심 중심의 점포는 유동인구가 많아 매출 가능성은 높지만, 그에 상응하는 임대료나 운영비가 과도할 경우 손익분기점을 넘기기 어려울 수 있다. 특히 소규모 점포나 스타트업 형태의 사업일수록 초기 고정비 부담을 줄이는 것이 중요한 전략이 될 수 있다. 따라서 입지 평가 시에는 예상 매출과 운영비를 바탕으로 수익성 분석(BEP 분석, ROI 추정 등)을 병행해야 한다.

4. 100% 입지의 7가지 조건

제대로 된 입지를 위해서는 많은 분석이 필요하다. 이때 필요한 모든 조건을 충족시키는 완벽한 지역을 100% 입지(one-hundred percent location)라고 한다. 일반적으로 100% 입지에 고려되는 요소로는 다음 7가지 요인이 있다.

1) 보행자 트래픽

전통적으로 보행자 트래픽은 점포 앞을 지나는 사람의 수로 측정되며, 고객의 유입 가능성을 가늠하는 중요한 요소이다. 최근에는 오프라인 유동인구 외에도 디지털 접점 상의 노출도(예: 위치 기반 검색량, 지도 앱 클릭수, SNS 해시태그 사용 빈도 등)가 소비자의 방문 결정에 중요한 영향을 미치고 있다. 즉, 물리적 보행자 흐름과 함께 온라인 노출 트래픽의 밀도도 함께 고려되는 방향으로 평가 방식이 진화하고 있다.

2) 승용차 트래픽

차량 접근성과 도로 흐름은 특히 교외형 점포나 대형 매장에 중요한 입지 조건이다. 최근에는 내비게이션 경로 검색량, 자차 이용 고객의 모바일 앱 유입 분석 등 위치 기반 소비 흐름 분석이 병행되며, 매장 도달 가능성과 주차 편의성을 통합적으로 판단한다. 또한 디지털 지도를 활용한 자동차 경로 기반 리타기팅 광고 전략도 입지의 가치를 높이는 요인으로 작용한다.

3) 주차시설

충분한 주차공간은 소비자 편의를 위한 기본 요건이다. 디지털 전환 이후에는 단순 주차 여부를 넘어, 차량 픽업 가능성, 배달 차량 접근성, 주차 연계 앱 서비스 유무 등의 요소가 소비자 체감 편의성에 영향을 준다. 특히 '드라이브스루', '예약 후 픽업'과 같은 비접촉식 구매 형태의 확산은 주차시설의 기능적 범위를 더욱 확장시키고 있다.

4) 교통 편의성

대중교통 접근성과 물류 인프라 연결성은 소비자와 매장 간의 연결 효율성을 결정한다. 과거에는 도보 접근성과 버스 · 지하철 접근성이 중심이었으나, 현재는 모바일 경로 분석, 모빌리티 앱 기반 도달 시간 예측, 지오펜싱(Geo-fencing)을 활용한 위치 기반 마케팅 실행 가능성 등 디지털 기술 기반의 교통 편의 분석이 병행되고 있다.

5) 매장 구성

점포가 입지한 상권 내 다른 점포들과의 조화는 시너지 창출에 중요한 역할을 한다. 원스톱 쇼핑 가능성과 비교 쇼핑의 용이성이 높아질수록 소비자의 체류 시간이 증가한다. 최근에는 상권 내 브랜드의 온라인 평판, 리뷰 점수, 콘텐츠 노출 수준 등을 함께 분석하여 오프라인 집적도 + 디지털 브랜드 파워를 종합적으로 고려하는 추세이다.

6) 가시성

점포의 가시성은 소비자에게의 물리적 노출을 의미하며, 위치, 간판 크기, 외관 디자인 등이 주요 평가 요소였다. 그러나 최근에는 디지털 가시성(visibility)의 중요성도 커지고 있다. 검색 결과에서의 노출 순위, 지도 앱상의 위치 정확도, SNS상 콘텐츠 확산성 등은 소비자 인지 형성에 있어 물리적 가시성만큼 결정적인 역할을 한다.

7) 소유와 임대 문제

점포 운영자는 매장을 소유하거나 임대할 수 있으며, 그에 따른 비용 구조, 유연성, 투자 회수 기간이 달라진다. 디지털 시대에는 단기 팝업스토어, 임시 체험형 공간, 협업 기반의 임대 전략이 확대되면서, 소유 여부보다 공간 활용의 유연성이 더 중요한 변수로 부상하고 있다. 또한 임대 계약 결정에 앞서 위치 기반 유입 예측 데이터나 온라인 트래픽 분석 도구를 활용한 시뮬레이션 기반 검토가 활발히 이루어지고 있다.

100% 입지는 더 이상 오프라인상에서의 물리적 조건만으로 규정되지 않는다. 오히려 디지털 환경하에서는 소비자의 정보 탐색 경로와 유입 흐름을 반영한 복합 채널 기반 입지 판단 기준이 중요해지고 있으며, 온라인과 오프라인의 융합적 관점에서 최적의 접점을 구성하는 전략이 핵심으로 부상하고 있다.

| Case View |

관광산업 촉발과 브랜드의 상권 침해로 인해 발생하는 젠트리피케이션

성수동, 연남동, 익선동. 관광산업의 급성장으로 인해 우리가 익숙한 맛집과 카페들이 모여 있는 유명한 거리들은 지역 경제에 활력을 불어넣었지만, 동시에 '젠트리피케이션(gentrification)'이라는 복잡한 문제를 일으키고 있다. 이들 지역은 한때 지역 주민들이 즐겨 찾던 소박한 동네였으나, 관광객의 유입과 대형 자본의 침투로 인해 급격히 변모했다. 관광산업이 지역 경제를 활성화시키지만, 그 과정에서 지역 주민과 소상공인들이 떠나야 하는 부작용도 나타난다.

젠트리피케이션이란 무엇인가?

젠트리피케이션은 도심 근처의 낙후된 지역이 활성화되면서 외부 자본과 새로운 거주층이 유입되고, 임대료 상승 등으로 인해 원주민들이 밀려나는 현상이다. 초기에는 상권이 살아나는 긍정적 효과를 가져오지만, 시간이 지나면 지역의 고유한 문화와 정체성을 잃고 기존 주민들이 경제적 부담을 느끼며 이주하는 결과를 초래하게 된다. 그렇다면 낙후된 지역이 발전하고 이미지가 개선되는 것이 왜 문제로 이어질까? 아래 두 가지 사례를 살펴보자.

A. 관광산업과 젠트리피케이션: 성수동, 연남동, 익선동의 변화

성수동, 연남동, 익선동은 한때 조용하고 독특한 문화가 살아 숨쉬는 동네였다. 그러나 최근 몇 년간 관광산업이 급격히 성장하면서 이 지역들은 '핫플레이스'로 떠올랐다. 트렌디한 카페와 유명 맛집들이 줄지어 생기고, 소셜미디어에서 입소문을 타면서 국내외 관광객들이 몰려들기 시작했다.성수동은 과거 공장 지역이었지만, 현재는 젊은 예술가들과 창업가들이 모여들며 창의적인 에너지가 넘치는 공간으로 재탄생했다. 그러나 유명세가 높아지면서 대형 자본이 들어오고, 임대료가 급등했다. 그 결과 소규모 자영업자들은 감당할 수 없는 임대료 때문에 떠나야 했고, 성수동 특유의 개성은 상업화로 인해 점점 퇴색되고 있다.

연남동과 익선동도 마찬가지다. 연남동은 한때 조용한 주택가였지만, 관광객의 유입과 유명 맛집들의 등장으로 임대료가 폭등했다. 작은 카페와 상점들은 하나둘 문을 닫고, 그 자리를 대형 프랜차이즈가 차지했다. 익선동 역시 한옥의 고즈넉한 분위기를 살린 카페와 식당들이 관광객의 발길을 이끌었으나, 지금은 그 특색이 사라질 위기에 처해 있다. 젠트리피케이션이 가속화되면서, 결국 지역 주민들은 더 이상 그곳에서 살아가기 어려운 현실을 맞게 되었다.젠트리피케이션의 부작용을 명확하게 보여주는 대표적인 사례로는 경리단길과 신촌, 이화여대(이대) 상권이 있다.

B. 경리단길과 이대의 사례: 실패한 젠트리피케이션

경리단길은 한때 이국적인 맛집과 개성 있는 가게들로 인기를 끌었던 핫플레이스였다. 2000년대 중반부터 많은 사람들로 붐볐고, 이는 지역 상권에 새로운 활기를 불어넣었다. 그러나 시간이 지나면서 임대료가 급격히 상승했고, 소규모 가게들은 그 부담을 견디지 못하고 하나둘씩 문을 닫기 시작했다. 대형 프랜차이즈들이 그 자리를 차지하면서 경리단길의 독특한 매력은 사라졌고, 관광객들의 발길도 끊기며 상권은 쇠퇴했다. 경리단길은 젠트리피케이션이 어떻게 실패할 수 있는지를 보여주는 대표적인 사례가 되었다.
신촌과 이대 상권도 비슷한 길을 걸었다. 이대 주변은 한때 학생들과 젊은 층이 자주 찾던 활기찬 지역이었으나, 대형 브랜드들이 들어오면서 임대료가 급등했다. 이로 인해 소규모 자영업자들은 더 이상 버티지 못하고 문을 닫았고, 상권은 대형 프랜차이즈 중심으로 변모하며 지역의 고유한 매력을 잃었다. 경리단길과 이대 상권 모두 젠트리피케이션이 지역 경제를 활성화하는 데 실패한 사례로 남았다.

관광산업이 활성화된 지역에는 팝업스토어나 대형 브랜드가 진출하면서 상권이 빠르게 변모한다. 팝업스토어는 특정 상품이나 브랜드를 단기간 홍보하며 지역의 상업적 가치를 높이는 데 기여하지만, 지역 고유의 상권 특성을 해치고 상권 재편성을 촉진하는 부작용을 일으킨다. 성수동과 연남동에서 대형 브랜드들이 운영하는 팝업스토어는 이러한 변화를 가속화하는 역할을 하고 있다.

팝업스토어는 단기적으로 상업적 관심을 불러일으키지만, 대형 자본의 유입은 지역 소상공인들이 경쟁에서 밀려나는 결과를 낳는다. 성수동의 작은 카페와 공방들이 문을 닫고, 그 자리를 대형 프랜차이즈나 글로벌 브랜드들이 차지하는 모습이 반복되고 있다.
젠트리피케이션이 심화되면 지역의 독특한 문화와 정체성이 상업적 목적으로 변질되고 지역 사회는 점차 획일화된다. 연남동과 익선동의 경우, 관광객을 타깃으로 한 상점들이 늘어나면서 원래의 주민들은 경제적 압박을 견디지 못하고 지역을 떠나야 했다. 지역의 고유한 정체성은 사라지고 그 자리는 대형 프랜차이즈와 글로벌 브랜드들이 차지하는 모습이 반복되는 것이다. 결국, 젠트리피케이션은 지역 주민들 간의 사회적 갈등을 초래할 수 있으며, 기존 주민들은 변화하는 상권에 적응하지 못하고 경제적으로도 어려움을 겪게 된다

출처 : 소비자평가(2024.09.08.).

Chapter Summary

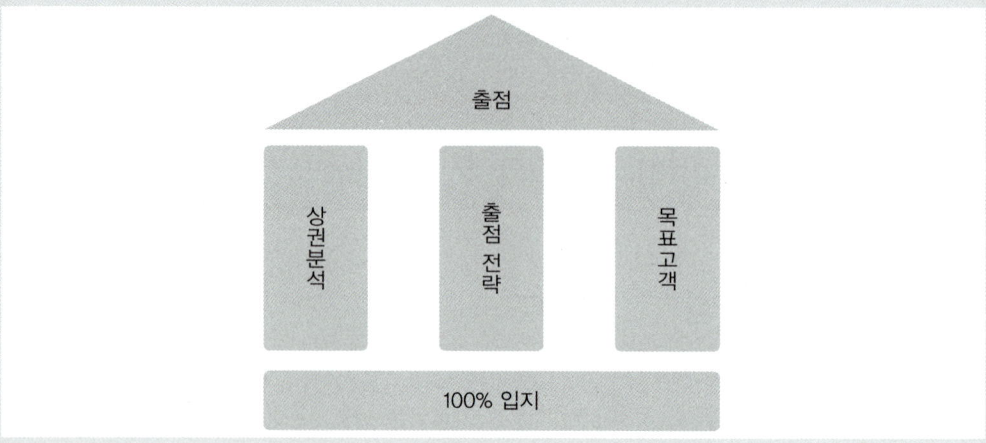

Key Wordsey Words

상권분석, 지리정보시스템(GIS), 포화 이론(Saturation Theory), 구매력 지수(buying power index), 100% 입지, 중심업무지구, 비계획경제지구, 보행자 트래픽, 승용차 트래픽

Discussions

1. 우리 대학이 입지하고 있는 상권의 특성을 분석해 보세요.
2. 당신은 미국의 한 드럭스토어 업체의 해외 진출 팀장입니다. 한국 진출 첫해 3개의 스토어를 오픈할 예정이라면 어느 상권에 진출해야 할지 결정해 보세요.

Reference

박강아(2012). 디지털세상에도 최적의 장소는 따로 있다. **동아비즈니스리뷰(DBR), No.108**, pp.90-98.

송규봉, 황선영(2012). GIS 경영자를 위한 항해지도. **동아비즈니스리뷰(DBR), No.10**8, pp.64-71.

Berman, Berry and Joel R. Evans(2010). *Retail Management* (11th ed.).

Business Week(1995). *Home Depot*. Feb.

Davidson, R., Daniel, J. Seeeny, and Ronald W. Stampfl(1984). *Retailing Management*. New York, John Wiley&Sons.

Dunne, Patrick M. and Robert, F. Lusch(2008). *Retailing*. Thomson South Western.

RETAIL MANAGEMENT

Chapter

IX

소매믹스 전략 1/2

제1절

스토어 브랜드(Store brand) 전략

소매믹스(retail mix)란 '고객의 니즈를 만족시키고 고객의 구매 의사결정에 영향을 주기 위해 소매업체가 활용하는 요소(factor)들의 콤비네이션(combination)'이다. 소매믹스에는 스토어 브랜딩(Store Branding), 머천다이징(Merchandising), 서비스(Service), 가격(Price), 커뮤니케이션(Communication) 전략을 포함하고 있다.

이상 5가지 요인을 SM SPC라고 칭하고 각각 살펴보기로 한다.

1. 스토어 브랜드의 개념과 중요성

소매산업이 급격히 성장하고 유통 신업태가 발달하여 제품과 서비스 수준이 상향 평준화되면서 '스토어 브랜드' 구축의 중요성이 부각되고 있다. 브랜드 가치를 결정하는 소비자의 브랜드 선호도, 친숙도, 충성도 등은 '브랜드 이미지'와 '매장의 개성'으로부터 많은 영향을 받기 때문에 향후 유통업체들은 소비자들의 스토어 브랜드에 대한 장기적인 선호와 브랜드 네임이 가지는 이미지, 즉 스토어 브랜드 자산(store brand equity)의 경쟁력을 구축하는 데 보다 신경 써야 할 것이다. 스토어 브랜드는 소매기업의 입장에서 수익 창출에 필요한 핵심 자산이며, 소비자에게는 제품의 구매뿐만 아니라 특별한 체험과 경험을 가져다주는 장소 브랜드(Place Brand)로도 인식되기 때문이다. 따라서 소매기업의 스토어 브랜드는 이들 유통기업의 기업 가치를 평가하는 중요한 잣대가 될 수 있을 것이다.

1) 스토어 브랜드의 개념

일반적으로 특정 소매기업의 브랜드(Retail Brand)는 기업의 브랜드 운영 형태에 따라 크게 3가지로 나누어 볼 수 있다. 소매업을 운영하는 지주회사인 기업 브랜드(Company Brand), 그 소매매장의 이름인 스토어 브랜드(Store Brand), 소매점에서 판매되는 유통업체 브랜드, 즉 PB(Private Brand)이다. 즉 스토어 브랜드는 상위의 기업 브랜드와 하위의 PB 사이에 위치해 있다고 볼 수 있다. 그러나 현실적으로는 소매업을 운영하고 있는 기업 브랜드 자체가 소매업의 스토어 브랜드가 되는 경우와 PB를 생산하지 않는 기업들도 많이 존재하고 있는 것이 사실이다. 세 차원의 소매 유통 브랜드 네임을 가진 예로 (주)롯데쇼핑이 기업 브랜드이고, 롯데마트가 스토어 브랜드이며, 와이즐렉이 PB인 경우를 들 수 있다. 과거 컴퍼니 브랜드인 신세계의 스토어 브랜드였던 이마트가 2011년 5월 단독법인으로 독립하여 주식회사 이마트로 출범하며, 기존 스토어 브랜드가 기업 브랜드로 발전되었다. 또한 월마트도 기존에는 기업 브랜드와 스토어 브랜드가 일치하였으나, 월마트가 성장하면서 디스카운트 스토어 월마트, 하이퍼마켓인 월마트 슈퍼센터, 지역 밀착형 소규모 슈퍼마켓 개념의 월마트 네이버후드 마켓 등 다양한 업태의 스토어 브랜드를 거느리며 월마트 주식회사라는 기업 브랜드와 스토어 브랜드가 분리되어 운영되고 있다.

월마트와 이마트의 경우처럼 스토어 브랜드의 발전은 그 브랜드를 소유하고 있는 모회사, 즉 기업 브랜드에 재정적 · 마케팅적 상승 효과를 가져온다. 스토어 브랜드의 자산이 증가하게 되면 그 브랜드를 소유하고 있는 상위 조직의 자산 또한 늘어나게 되고, 운영능력이 좋은 회사라는 긍정적인 이미지도 얻을 수 있기 때문이다. 스토어 브랜드의 위치와 영향력은 다음과 같이 정리될 수 있다. 첫째, 스토어 브랜드는 PB의 상위 브랜드로서 소비자와의 일차적인 접점 브랜드이며 PB 소비를 유발시

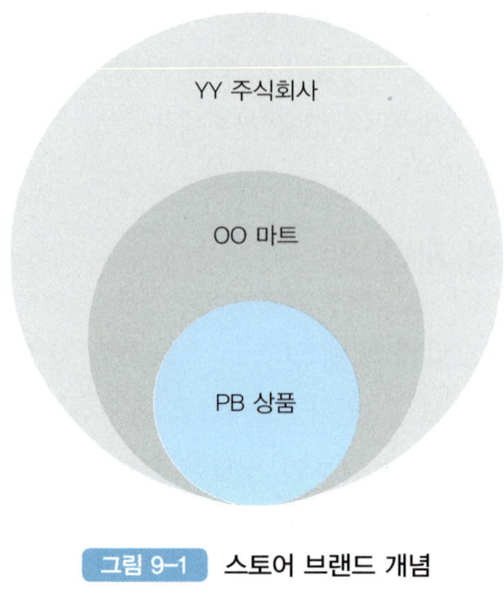

그림 9-1 스토어 브랜드 개념

키는 공간적 의미도 제공한다. 둘째, 스토어 브랜드는 기업 브랜드의 하위 개념으로서 매장을 찾는 고객들의 실질적 경제행위 공간이며, 경제적 · 마케팅적으로 긍정적인 이미지를 줄 수 있다. 마지막으로, 스토어 브랜드의 성장은 상 · 하위 쌍방향으로 동시에 긍정적인 영향을 미치는 브랜드 네임으로, 다른 2개의 브랜드보다 소비자에게 더 큰 파급 효과를 가지고 있다.

2) 스토어 브랜드와 기업가치

긍정적인 스토어 이미지는 시장 경쟁 속에서 경쟁 우위를 지속하게 해 주는 중요한 역할을 한다. 예를 들어, 미국 할인점 시장 1위인 월마트(Wal-Mart)와 2위인 타깃(Target)을 이용하는 소비자 간의 선호도가 다른데, 월마트는 가격과 서비스에 대한 신뢰성이 타깃에는 좀더 패션지향적이고 트렌디한 상품 구성에 대한 스토어 이미지가 내재되어 있다. 한국에서 할인점을 처음 도입한 이마트(e-Mart)는 한국 대표 할인점으로서 믿을 수 있는 상품과 가격에 대한 신뢰가 소비자들의 인식 속에 깔려 있다. 결국 소비자는 '스토어 브랜드'를 통한 연상작용을 통하여 매장 방문 의사결정을 하게 된다.

소매기업의 이익 원천은 제조업체의 제품을 판매하여 얻는 수익에 있지만 다른 경쟁업체가 모방하지 못하는 자기 자산 구축을 통한 이윤 획득은 소매기업의 장기적이고 가치 있는 경쟁요소가 될 수 있다. 무형적 자산의 대표격인 브랜드 자산을 이용한 브랜드 파워를 구축함으로써 유통업계는 보다 장기적이고 경쟁적인 경영우위를 누릴 수 있게 된다. 어떤 소매기업들은 다른 기업들보다 브랜드 관리를 잘 하는데, 이것은 기업의 성과에 잘 나타나 있다.

Fortune지가 선정한 Global 500의 매출 1위를 최근 3년 이상 고수한 기업은 과거 1등 산업이었던 제조, 정유 생산 제조업이 아닌 일상 소비자 생활용품을 판매하는 월마트이다. 월마트는 2002년 Fortune Global 500에 매출 1위 기업으로 선정된 이후 2014년부터 2024년까지도 글로벌 매출 1위를 연속해서 지키고 있다. 더 나아가서 2003년에는 100여 년 역사의 General Electronic을 제치고 '세계에서 가장 존경 받는 회사'로 지정되었다.

2. 스토어 브랜드 빌딩 전략

소매업체 브랜드 이미지를 창조하고 유지하는 과정은 복잡하고, 단계적이며, 지속적인 관리를 필요로 한다. 이는 소비자 입장에서 보면 점포의 '분위기'를 포괄하는 개념으로 이해할 수 있다. 쇼핑은 큰 즐거움이다. 즐거움은 소비자의 성향, 국적에 따라 다르게 정의 내릴 수 있다. 백화점을 예로 들면, 어떤 고객은 지하 1층의 식료품 코너에서 간단한 요리 강습을 받는 것을 즐기며, 어떤 고객은 화장품 코너를 돌며 여러 화장품을 시도해 보는 것을 즐긴다. 어떤 사람들은 백화점 안에 마련된 카페에서 조용한 휴식과 대화를 즐기기도 한다. 일부 선도 소매업체들은 그들의 이미지와 주요 제공 요소를 '경험'으로 탈바꿈시키기 시작했다. 이러한 엔터테인먼트 소매업은 소비자와 감성적 교감을 만들어가는 것에 주력한다. 즐거운 경험의 창조와 소비자들 간의 상호작용은 이에 중요한 요소로 작용한다.

소매업체의 이미지는 고객이 매장을 방문했을 때 느끼게 되는 심리적인 인상, 즉 '분위기'에 의해 좌우된다. 기업의 '이미지'는 단지 기업이 포지셔닝을 위해 설정하는 커뮤니케이션 전략보다 훨씬 넓은 범위에서 적용된다. 무점포 기업의 경우 웹 사이트나, 카탈로그, 자동판매기 등의 물리적 성격에 분위기가 투영되며 이는 소비자의 인식에 영향을 주는 소매업자의 시각적 · 청각적 · 후각적 요소들이 포함된 것이다.

소매업체의 분위기는 소비자의 쇼핑 행태에 매우 밀접히 영향을 끼친다. 사람들은 점포에 들어서면서 입구에서 느껴지는 짧은 첫인상으로 분위기를 인식하며, 상품과 가격으로 기업을 판단하게 된다.

스토어 브랜드이미지를 결정하는 요소는 매장 외관, 인테리어, 고객 동선, 매장 레이아웃, 비쥬얼 머천다이징 등으로 나누어 볼 수 있다.

1) 매장 외관

매장의 외관(Exterior)은 기업의 이미지에 매우 중요한 영향을 미치므로 사전에 면밀히 계획되어야 한다. 매장 전면은 매장의 물리적 외관에 대한 인식을 좌우한다. 이는 간판, 출입구, 창문, 조명, 건축 자재 등을 모두 포함하는데, 소매업자는 매장 전면을 통해서 '유행하는', '고급스러운' 혹은 '저가', '할인' 등의 이미지를 표현할 수 있다. 특히 익숙하지 않거나 잘 가지 않는 쇼핑센터나 번화가를 방문하는 소비자들은 매장의 외관을 보고 매장의 성격을 판단하는 경우가 많다. 또한 매장 전면에 나무나 분수, 벤치 등을 배치함으로써 매장이 전하고자 하는 분위기가 더 효과적으로 전달되기도 하는데 이러한 자연물은 소비자들에게 편안한 느낌을 준다.

간판은 매장의 이름을 알리는 사인이다. 이는 네온사인이나 프린트된 글자 등을 이용할 수도 있고 상표나 슬로건을 혼합하거나 다른 정보를 함께 게시할 수도 있다. 최근에는 시각적 요소인 캘리그라피를 활용해 다른 매장의 간판과 차별화된 고유 이미지를 전달하는 매장들이 늘고 있다. 세계에서 가장 널리 알려진 간판의 예는 맥도날드의 골든아치나 스타벅스의 인어 상징 등이다. 매장의 외관을 통해 브랜드와 상품의 아이덴티티를 한 눈에 알아볼 수 있게 표현하는 것이 가장 중요한 포인트라 할 수 있다.

차별화된 매장 외관

매장 입구의 설계에는 3가지 중요한 사항을 결정해야 한다. 첫 번째로 입구를 몇 개나 만들 것인지 결정해야 한다. 작은 매장의 경우에는 하나로 충분하지만 백화점이나 대형 할인점의 경우 여러 방향으로 입구를 설정하게 된다. 소매업체는 자동차를 이용하여 매장을 방문하는 소비자나 대중교통, 도보 등을 이용하는 소비자 등 매장을 방문하는 목적에 따라 구분되어 설계되어야 한다. 두 번째로 입구의 형태를 어떻게 할 것인지 결정해야 한다. 입구의 문은 회전문, 자동문, 미닫이, 여닫이 혹은 날씨에 따라 다르게 설정하는 등 여러 가지로 설계할 수 있다. 그리고 입구의 바닥 역시 시멘트, 타일, 카펫, 원목 또는 조명 등으로 다양하게 꾸밀 수 있다. 마지막으로 통로도 고려되어야 한다. 넓고 화려한 통로는 좁은 통로와는 완전히 다른 분위기를 전달한다. 널찍한 쇼윈도는 매력적일 수 있으나 고객의 입장에서 매장에 출입하기 힘들어진다면 이는 부정적인 영향을 끼칠 수 있다.

매장이나 쇼핑센터의 외관을 꾸미는 데 있어서 가장 중요한 목적은 쇼핑객의 눈을 끄는 것이다. 다른 매장과 구분이 갈 만한 입구라든지, 정교하게 디자인된 간판이나, 일반적이지 않은 건물의 높이나 크기, 혹은 독특한 콘셉트를 가진 장식들은 모두 독특함으로 고객을 유인하려는 것이다. 따라서 소매업자가 외관을 계획할 때는 매장을 둘러싸고 있는 환경에 대한 고려가 먼저 필요하다. 특히 주변 점포의 이미지가 매장에 영향을 줄 수 있다. 또한 인구통계학적인 면이나 지역주민의 라이프 스타일도 영향을 미칠 수 있다.

주차시설 또한 매장 주변 분위기에 영향을 미친다. 무료이며 가까운 주차공간은 비싸며 먼 곳에 위치한 주차장보다 훨씬 긍정적인 이미지를 줄 것이다. 일부 잠재 고객들은 주차시설이 여의치 않은 한 가게에 한 번도 들어가 보지 않을 수도 있다. 또한 고객 중에는 무료 주차 시간이 다 지나가기 전에 쇼핑을 마치려는 사람들도 있다.

이러한 여러 환경들이 복합적으로 작용하여 매장에 대한 고객의 인식 전반에 영향을 미칠 수 있다. 만약 주차장이나 주변 도로, 혹은 가게의 입구가 심하게 붐빈다면, 고객들은 피곤하다는 인상을 받을 수 있고 이는 편안하게 쇼핑할 수 있는 기분을 망칠 수 있기 때문이다.

2) 내부 인테리어

일단 고객이 매장 안에 들어오면 수많은 요소들이 매장을 인식하는 데 영향을 미치게 된다. 바닥은 시멘트일 수도 있고, 나무일 수도, 카펫일 수도 있는데 호화롭고 두꺼운 카펫이 깔린 바닥과 콘크리트 바닥이 주는 이미지는 매우 다르다. 95%의 할인매장은 비닐 타일로 바닥이 깔려 있고, 90%의 동네 슈퍼는 콘크리트 바닥이 깔려 있지만 명품 매장에는 거의 100% 카펫이 깔려 있다.

소매매장의 인테리어(Interior)에서 조명은 단순히 밝히는 기능을 넘어서, 고객의 감정, 구매 결정, 브랜드 인식에 직접적인 영향을 미치는 핵심 요소이다. 조명은 매장의 분위기를 형성하고, 제품의 매력을 부각시키며, 동선과 시선 유도까지 수행한다. 공간 전체에는 편안한 분위기를 조성하는 천장매립등, 레일등의 기본 조명(Ambient Lighting)을 사용하고 계산대, 피팅룸 등 특정 기능 공간에는 밝고 정확한 시야를 제공하는 태스크 조명(Task Lighting) 조명, 상품진열대, 브랜드 로고, 벽면 아트워크에는 액센트(Accent Lighting) 조명으로 강조한다. 주로 10~20대들을 위한 의류 매장은 밝고 활기찬 벽에 포스터를 붙이고 화사한 조명을 사용하겠지만 주로 30대 후반 이상이 이용하는 의류 매장은 차분한 파스텔 벽에 간접적인 조명을 사용함으로써 다른 분위기를 조성할 것이다.

최근에는 매장 간 경쟁이 치열해지며 공간 설계가 곧 브랜드 스토리텔링이 되며 차별화된 인테리어를 통해 브랜드 철학과 정체성을 나타내는 것이 큰 화두가 되고

런던 베이글 뮤지엄

있다. 런던 베이글 뮤지엄이라는 베이글스토어는 단순한 베이글 카페를 넘어 영국 감성의 공간 연출과 소품, 굿즈로 인해 MZ세대의 인스타그래머블(instagramable)한 대표적인 핫플레이스로 회자되었다.

향과 음악도 고객의 기분에 영향을 미친다. 레스토랑과 같은 경우는 음식의 아로마를 이용하여 사람들의 식욕을 자극할 수 있으며, 화장품 가게는 향수의 아로마로 고객을 유인할 수 있다. 미용실의 경우, 이를 주로 이용하는 고객들에 따라 다른 음악을 선택할 수 있는데 이는 클래식하고 조용한 음악이 될 수도 있고, 록이나 팝이 될 수도 있다. 슈퍼마켓에서 흘러나오는 느린 템포의 음악은 사람들이 더 천천히 쇼핑을 즐길 수 있는 분위기를 만들어 줄 것이다.

매장의 설비물도 매장의 인테리어를 구성하는 데 영향을 미친다. 파이프라든지 배관, 빔, 문과 창고, 진열장과 테이블 등은 인테리어 구성에 있어 중요한 파트로 볼 수 있다. 우아한 매장들은 될 수 있으면 패브릭 등이나 다른 장식물들로 이러한 설비물들을 덮거나 가려버리겠지만 할인 매장 같은 경우는 고객의 눈에 그대로 노출시킬 것이다.

밝고 활기 넘치는 색으로 칠해진 벽은 가벼운 파스텔 톤이나 흰 벽과는 다른 분위기를 풍긴다. 벽의 질감은 분위기를 강화할 수도 있고, 망칠 수도 있는데 일류 상점들은 고급 벽지를 사용하거나 그들 고유의 벽지를 사용한다. 또 고객의 기분은 매장의 온도에 따라서도 달라질 수 있다. 겨울에 난방이 제대로 되지 않는 매장이나 여름에 냉방이 제대로 되지 않는 매장은 고객이 매장에 머무르는 시간을 예정보다 훨씬 줄이게 된다.

넓고 붐비지 않는 통로는 좁은 통로보다 훨씬 나은 쇼핑환경을 만들어 낸다. 만약 쇼핑객이 좁은 통로에서 북적거리는 느낌을 받는다면 그 매장에 그리 오래 머무를 수 없을 것이다. 예를 들어, 백화점 고객 중에는 오히려 세일 기간을 피해 매장을 방문하는 사람들이 있는데, 그런 고객이 내세우는 이유는 다른 사람에게 방해 받지 않고 평화롭고 여유롭게 쇼핑을 즐기기 위해서이다.

여러 층을 가진 매장은 반드시 엘리베이터나 에스컬레이터를 갖추고 있기 마련이다. 전통적으로 백화점 등의 고급 매장은 에스컬레이터 주변을 분수나 나무로 장식하거나 유리로 된 투명 엘리베이터를 설치하고, 할인점이나 작은 가게의 경우 계단을 설치하거나 평범한 에스컬레이터를 설치하는 게 일반적이다.

매장 내에는 일반적으로 상품을 진열하거나 전시할 수 없는 쓸모 없는 공간인 죽은 공간(dead areas)도 존재한다. 그러나 소매업자들은 이러한 공간을 더 유용하게 이용하는 방법을 찾고 있다. 이를테면 거울을 이용한다든지, 자동판매기를 이용한다든지, 드레스 룸 안에 광고를 설치하는 등의 방법으로 이러한 공간을 효율적으로 이용한다. 에스컬레이터가 있는 매장들은 고객들이 에스컬레이터를 타고 가는 동안 진열된 상품을 볼 수 있게 하여 구매욕을 자극하기도 한다.

3) 매장 배열

소매점 레이아웃(Store Layout)의 목적은 고객 흐름의 정체를 막고 상품 운방이 용이하도록 통로를 조성하며, 관련 상품의 구매를 촉진하기 위해 연관성 있는 상품을 결합하는 데 있다.

각 매장은 매장별로 판매가 이루어지는 공간, 재고품이 있는 공간, 직원만 출입할 수 있는 공간과 고객을 위한 공간으로 구성되어 있다.

판매공간은 제품의 진열을 위하여 사용되며, 판매자와 고객 간의 상호작용이 생기는 공간이다. 셀프 서비스가 가능한 매장에서는 매장의 대부분을 판매공간으로 사용한다. 재고공간은 아직 진열되지 않은 제품들을 위해서 사용된다. 전통적으로 신발 가게의 경우 재고공간이 판매공간보다 훨씬 큰 비중을 차지하는 경우가 많다.

직원 전용 공간은 직원들이 옷을 갈아입고, 식사 혹은 다과를 할 수 있는 장소로 사용된다. 이러한 직원 전용 공간은 엄격하게 통제되어야 하며, 소매업자는 직원의 사기를 생각하여 공간을 설계해야 한다.

고객을 위한 공간은 고객들이 쇼핑하는 기분을 좌우할 수 있다. 이는 라운지와 같은 형식으로 되어 있을 수도 있고 벤치나 의자, 소파 등이 소수 배치되어 있을 수도 있다. 드레스 룸이나 화장실, 큰 할인매장의 경우 레스토랑이나 아이를 맡길 수 있는 곳, 주차공간, 넓은 통로 등이 매우 중요한 역할을 하기도 한다.

고객 동선에 따라서도 매장을 구분할 수 있다. 첫 번째로 직선으로 이어진 보행로(straight traffic flow)는 매장을 주로 직사각형으로 구성한 것이며, 곡선으로 이어진 보행로(curving traffic flow)는 매장을 직사각형과 곡선으로 혼합하여 구성한 것이다.

직선으로 이어진 보행로는 주로 식품점이나 할인점, 드럭스토어, 문구점 등에서 이용한다. 이는 다음과 같은 장점이 있다. 하지만 비인간적인 분위기를 만들 수도 있으며, 만약 불량고객이 발생할 경우 그로 인한 다른 고객의 피해를 쉽게 단속할 수 없다는 단점도 있다.

- 효율적인 분위기를 창출할 수 있다.
- 보다 넓은 공간을 제품 배치에 이용할 수 있다.
- 쇼핑에 걸리는 시간을 줄일 수 있다.
- 보안 관리가 편리하다.
- 셀프서비스가 용이하기 때문에 인건비를 줄일 수 있다.

곡선으로 된 보행로는 주로 백화점이나 의류매장과 같이 쇼핑 자체를 즐기는 매장에서 이용한다. 이러한 방식은 다음과 같은 장점이 있다.

- 친근한 분위기를 창출할 수 있다.
- 쇼핑객을 재촉하지 않으며, 물건을 찾느라 헤매지 않아도 된다.

- 쇼핑객이 매장의 아무 방향으로 걸음을 옮길 수 있다.
- 충동구매나 계획에 없던 구매가 자극될 수 있다.

하지만 고객의 혼란을 부추길 수 있으며, 공간이 낭비되거나 인건비가 높다는 것 등이 단점으로 꼽힌다. 또한 진열비용도 더 높은 경우가 많다.

매장의 레이아웃은 일반적으로 격자형, 경주로형, 자유형 등 3가지 유형을 사용하고 있다.

(1) 격자형 배치

격자형(grid) 레이아웃은 진열대와 통로가 직선과 직각으로 구성되어, 고객이 정해진 루트로 매장을 이동하며 물건을 고르게 만드는 방식이다. 모든 진열대가 규칙적으로 배치되어, 매장 내 이동 경로가 분명하고 예측 가능하다. 격자형 레이아웃의 특징으로는 공간 활용이 극대화되어 많은 상품을 진열할 수 있고 고객이 모든 통로를 쉽게 탐색할 수 있다. 대형 체인점이나 프랜차이즈 매장에서 표준화가 용이하고 직원들의 진열, 재고 관리 등 운영 편의성이 높다. 단점으로는 감성적 체험이나 독특한 분위기 연출에는 한계가 있다.

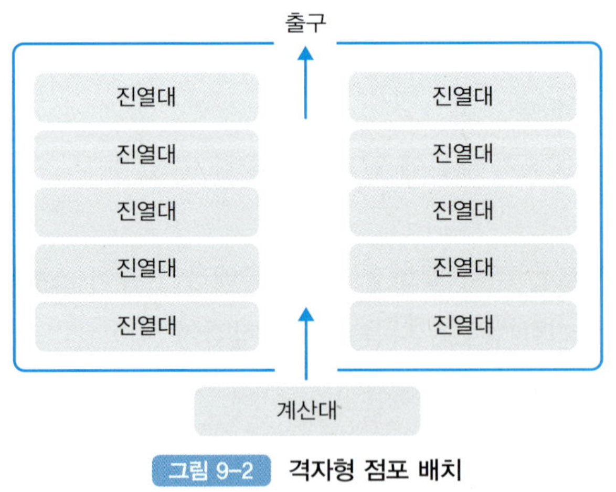

그림 9-2 격자형 점포 배치

(2) 경주로형 배치

경주로형(Racetrak) 레이아웃은 매장 내 하나의 주 동선을 고리처럼 연결하여, 고객이 입구에서 출구까지 매장을 일방통행처럼 따라 가며 전 상품군을 경험하도록 설계된 점포 배치 방식이다. 특징으로는 고객이 매장 전체를 돌아보게끔 하는 순환 동선이며 동선에 따라 특정 카테고리 순서를 고객에게 의도적으로 제시 가능하다. 고객이 전체 매장을 자연스럽게 탐색하며 체류시간이 증가하고 다양한 상품의 접촉 기회가 많다는 장점이 있으나 쇼핑 목적이 뚜렷한 고객에게는 비효율적이며 동선이 강제되어 불편함을 느낄수 있다. 이케아(IKEA)의 쇼룸을 따라 키친에서 시작해, 리빙, 침실, 욕실, 수납, 계산대까지 정해진 경로를 따라 쇼핑하는 형태가 대표적이다.

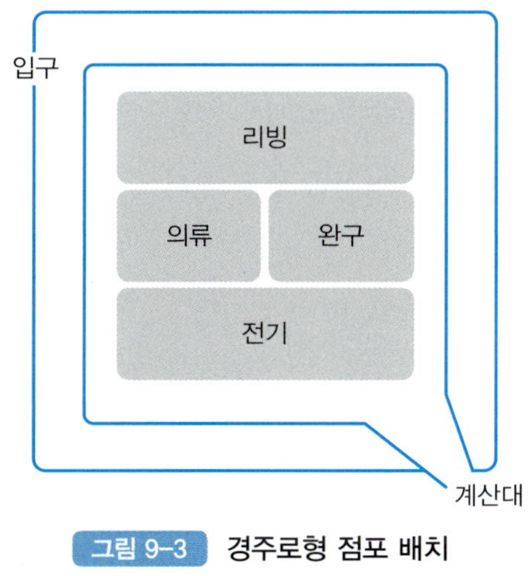

그림 9-3 경주로형 점포 배치

(3) 자유형 배치

자유형(free-form) 배치는 선반, 진열대, 디스플레이 등을 고정된 규칙 없이 비대칭적이고 개방적인 방식으로 배치하여, 고객이 자유롭게 이동하며 상품을 경험하도록 유도하는 레이아웃이다. 특징은 고객이 흥미에 따라 동선이 자유로우며 인테리어, 조명, 진열방식이 유연하다. 스토리텔링형 진열과 시즌존 운영이 용이하며 충동구매, 감각 자극에 강한 환경을 제공함으로써 고객의 상품 탐색 시간이 증가하여 매장

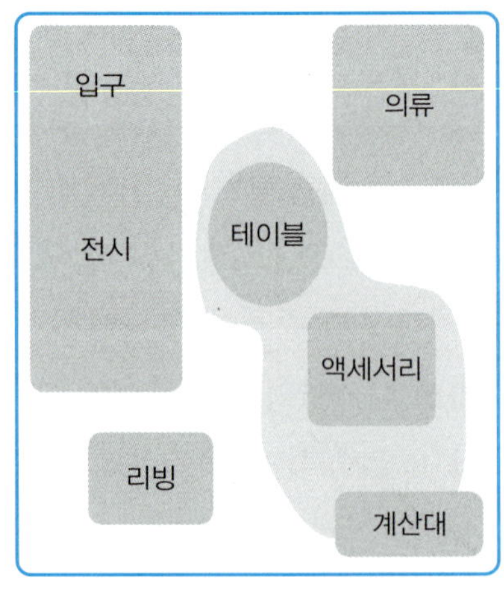

그림 9-4 자유로형 점포 배치

체류시간이 길어지고 브랜드경험이 강화된다. 단점으로는 고객 동선 예측이 어렵고 비효율적인 공간이 생길 수 있으며, 재고나 진열 관리가 어렵다. 이러한 배치방법은 규모가 작은 전문점이나 백화점 명품매장 등에서 주로 사용한다.

4) 매장 상품 진열

상품 진열(In-store product display)은 소매매장에서 고객의 구매를 유도하고, 상품의 가치를 효과적으로 전달하기 위한 핵심적인 매장 운영 전략이다. 진열은 단순한 배치가 아닌, 고객의 구매 행동과 동선을 고려한 전략적 시각 커뮤니케이션 수단이며, 매출 증대 및 고객경험 향상에 직접적인 영향을 미친다.

상품 진열의 목적은 크게 4가지로 나눌 수 있다. 첫째, 판매촉진 측면으로 시각적으로 매력적인 상품 배치를 통해 고객의 구매를 유도한다. 둘째, 고객 편의성 제고로 상품군의 분류 및 논리적인 배치를 통해 탐색 시간을 단축시킨다. 셋째, 브랜드 이미지 강화로 진열 방식을 통해 매장의 정체성과 분위기를 표현한다. 넷째, 고수익 또는 재고 과잉 상품의 노출을 강화하여 재고 회전율을 관리할 수 있다. 이러한 목적을 달성하기 위해 매장 내 상품 진열은 보기 쉬운 진열, 선택하기 쉬운 진열, 경제적인 진열이 되어야 한다.

상품 진열의 기본 원칙을 보면 먼저 관련성이다. 유사 상품 또는 함께 구매할 가능성이 높은 상품은 인접해서 배치한다. 또한 색상, 조명, 높낮이 등을 이용하여 팔고자 하는 특정 상품군의 주목도를 높이고, 매출 기여도가 높은 상품은 골든존(Golen Zone)에 진열한다. 골든존은 고객이 가장 먼저 시선이 머무는 눈높이에서 허리 높이 사이 구간으로 이 구역에 진열된 상품이 가장 높은 판매율을 기록하며, 마케팅 · VMD 전략에서 핵심이 된다. 일반적으로 바닥에서 75~135cm, 또는 60~140cm 구간에 해당하며, 소비자의 시선이 가장 먼저 머무르는 곳이라, 이 위치에 상품이 있을 때 구매 전환율이 급상승한다. 편의점 사례에 따르면, 이 구간에 제품을 배치하면 매출이 20~30%, 어떤 경우에는 4배 이상 증가한다는 연구도 있다.

따라서 신제품, 할인 상품, 주력 상품, 고마진 제품 등 고객에게 강조하고 싶은 상품을 골든존에 배치하는 것이 효과적이다. 프로모션 행사중에는 아일랜드 매대를 활용해 매출을 높일 수 있다. 넓은 통로 사이에 고객들이 선호하는 행사성 상품을 진열하여 매장 구석구석을 돌아다닐 수 있도록 유도한다. 대부분 가격 부담이 적은 충동 구매 상품을 진열하여 부담없이 담을 수 있게 한다.

카테고리 내 SKU진열과 관련해서는 대부분의 소비자들은 왼쪽에서 오른쪽으로 시선을 향하기 때문에 PB상품을 NB상품 오른쪽에 배치한다. 왜냐하면 소비자들이 먼저 가격이 비싼 NB상품을 보고 오른쪽의 PB상품을 보게 되면서 상대적으로 더 싼 PB상품을 살 가능성이 높아지게 된다. 유통업체 입장에서는 자사 상표인 PB상품을 더 많이 파는 것이 이익률에 도움이 되기 때문이다. 또한 매장 입구 부근에는 계절에 따라 출하되는 청과, 야채 등의 농산물 배치함으로써 색상, 향기, 풍성함으로 계절의 변화를 보여줌으로써 고객에게 신선함 구매 욕구를 불러일으키게 된다. 주력 상품이나 구매 빈도가 높은 상품은 점포 내의 깊숙한 곳에 배치하여 고객으로 하여금 점포 구석구석까지 순회하도록 유도하는 원칙을 구사하기도 한다.

표 9-1 진열 방식의 유형

구분	설명	예시
정면 진열 (Face-out Display)	상품 전면을 보여주는 진열로 브랜드나 디자인을 부각시킴	패션 소매점의 옷걸이
측면 진열 (Side-hang)	상품의 측면이 보이도록 걸거나 배열	대량 상품의 진열
스택 진열 (Stack Display)	박스 단위로 수직 또는 수평으로 쌓는 방식	창고형 매장, 할인점
테마 진열 (Thematic Display)	계절, 프로모션, 트렌드 등을 반영한 진열	크리스마스 선물 코너
엔드캡 진열 (Endcap Display)	매대의 끝단에 설치되는 진열로 고객 주목도가 높음	할인 상품 프로모션

소매업체들이 카테고리 내 아이템의 위치를 결정하기 위해 사용하는 도구로는 플래노그램(planogram)이 있다. 플래노그램은 상품을 선반, 진열대, 매대 등에 어떤 위치와 순서로 배치할지 시각적으로 표현한 다이어그램 또는 설계도를 말하며 매장 운영 표준화와 재고 관리 최적화를 도모한다. 상품 매출, 재고 기반의 ABC분석, 공간 효율성 등 다양한 정보를 활용하여 각 SKU가 놓일 자리를 배치한다. 팔림새 위치는 사진, 컴퓨터 출력물, 전문가의 렌더링을 사용하여 설명할 수 있다. 주로 슈퍼마켓이나 할인점의 진열대에서 주로 많이 사용되나 전문의류업체에서도 숍매니저들에게 상품이 어떻게 연출되어야 하는지 사진과 설명서로 제공되기도 한다.

할인점 슈퍼마켓 음료매대 플래노그램

5) 비주얼 머천다이징

비주얼 머천다이징(Visual Merchandising: VMD)은 상품의 진열, 매장 분위기, 조명, 색상, 디스플레이 도구 등을 통해 브랜드 이미지와 제품 매력을 시각적으로 표현하여 구매를 유도하는 전략을 말한다. 지나가는 고객의 이목을 끌어 매장 방문을 유도하기도 하고 상품의 가치와 용도를 강조하여 충동구매를 자극하기도 한다. 또한 매장 분위기를 통해 브랜드의 정체성과 메시지를 강화하기도 하면서 최근 공간 마케팅에서 중요한 역할을 담당하고 있다.

비주얼 머천다이징에서 매장 내 진열 및 연출 전략을 구체화하는 3단계 요소로 VP, PP, IP가 있다. 이들은 매장에서 고객의 주목을 끌고, 상품에 대한 관심을 유지하며, 실제 구매로 이어지게 한다.

VP(Visual Presentation)는 쇼윈도나 매장 입구에서 고객의 시선을 사로잡기 위한 시각연출을 말하며 상품보다는 이미지, 콘셉트, 계절감 중심의 연출이 이루어진다.

PP(Point of Purchase)는 고객이 매장 내에서 구매 의사를 갖게 만드는 상품 중심의 연출을 말하며 프로모션 존, 매장 기둥 주변, 벽면 등에 핵심 상품군을 테마로 묶어 스토리텔링 위주로 연출한다.

IP(Item Presentation)는 상품별 상세 진열을 말하며 개별 상품을 진열대나 선반, 바구니 등에 카테고리별로 진열 정돈하는 것을 말한다. 사이즈, 색상 등 비교 선택이 가능하게 진열한다. 즉 VP로 고객의 시선을 끌고 PP로 구매욕구를 자극하며 IP로 상품을 비교 선택이 가능하도록 유도한다.

표 9-2 VMD 구성요소

구분	의미	목적	예
VP (Visual Presentation)	시각적 연출	고객의 시선을 끌고 매장에 유입	백화점 쇼윈도
PP (Point of Purchase Presentation)	구매 유도 연출	상품의 매력을 부각시켜 관심 유도	캠핑 코너 텐트, 쿨러, 의자 테마 진열
IP (Item Presentation)	개별 상품 진열	구체적인 상품 선택과 구매 결정 유도	의류 매장 내 행거에 색상별 진열

제2절

머천다이징(Merchandising)

소매업에서의 머천다이징(Merchandising)은 소매 경쟁력을 결정하는 데 그 무엇보다 중요하다. 21세기에 이르러 유통산업의 경쟁이 치열해지면서 차별적인 머천다이징이 더욱 중요해지고 있다. 머천다이징이란 학자들에 따라 여러 의미로 해석되고 있지만 '고객이 필요로 하는 상품 또는 서비스를 적절한 만큼 구매하고, 그리고 이들을 해당 소매업체의 판매 전략에 맞추어 적절한 장소, 시기, 가격, 그리고 적절한 수량으로 준비될 수 있도록 관리하는 활동'이라고 정의된다. 따라서 머천다이징에는 상품의 구색 결정, 구매, 가격 결정을 포함하고 더 나아가 판촉방법 결정까지 포함한다고 할 수 있다. 그리고 머천다이징을 담당하는 자를 머천다이저(merchandiser)라고 하며 구색 결정, 구매, 가공, 가격 설정, 진열, 판매촉진 등에 대한 결정을 담당하는 역할을 한다. 업계에서는 머천다이저와 바이어를 동일한 의미로 사용하는 경우도 있는데, 사실은 바이어는 머천다이저의 일부 기능을 수행하고 있는 것으로 보아야 한다. 머천다이저는 시장정보와 소비자정보 등을 분석하고 예측하는 정보 분석력을 필요로 하며 이를 바탕으로 상품 기획 및 판매촉진 전략을 수립하고 수행 · 관리하는 소매업의 가장 중요한 업무를 수행하는 역할을 한다.

1. 상품구색 결정

소매업에서 상품구색의 중요성은 그 무엇보다 중요하다. 소매업의 시장 포지셔닝도 상품구색에 따라 결정된다고 보면 된다. 먼저 상품구색의 정의를 알아보도록 하자. 상품구색은 구색의 폭(Variety)과 깊이(Assortment)로 나누어 생각해야 한다.

상품구색의 폭은 한 소매점에서 취급하고 있는 상품군(merchandise category)의 수를 의미한다. 어떤 소매점의 상품구색 폭이 넓다는(large variety) 것은 다양한 상품군을 취급한다는 것으로 폭의 넓이의 정도에 따라 소매업태의 형태가 결정된다. 상품구색이 폭이 넓은 소매업태로는 백화점, 종합할인점 등이 있다.

그리고 상품구색의 깊이는 특정 상품군의 SKU의 수를 말한다. 상품구색의 깊이가 깊다는 것은 특정 상품군을 전문적으로 취급한다는 것을 의미하며 전문점이 이에 해당한다. 예를 들면 리바이스(Levi's) 매장은 청바지를 중심으로 관련 액세서리를 전문적으로 취급하는 상품구색의 넓이는 좁고 대신 특정 상품군(청바지류)의 상품구색의 깊이가 깊은 전문점에 해당한다.

소매업체는 상품구색을 결정하는 데 있어서 구색의 폭을 얼마나 넓게 혹은 좁게 할 것인가(broad or narrow in variety)를 결정해야 하고, 구색의 깊이는 깊게 할 것인지 아

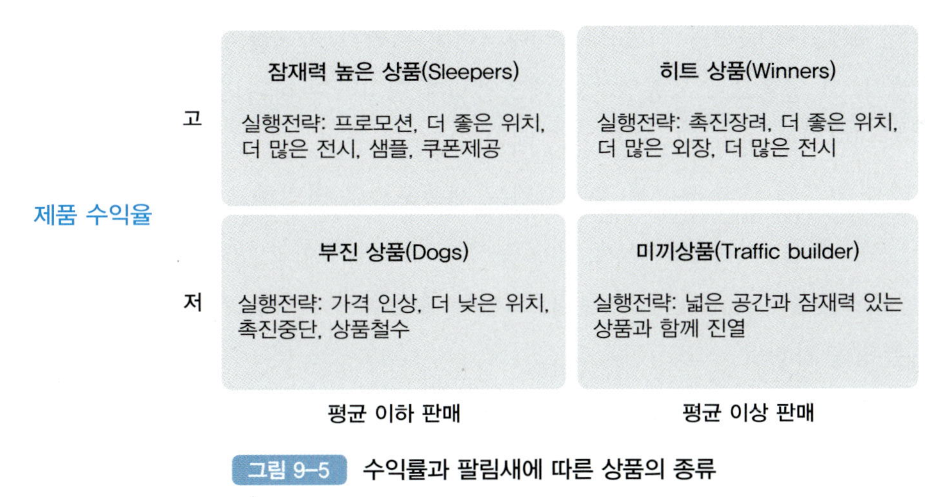

그림 9-5 수익률과 팔림새에 따른 상품의 종류

출처: Barry Berman and Joel R. Evans(2005).

니면 얕게 할 것인지(deep or shallow in assortment)를 결정해야 한다.

유통업체의 상품에는 제품수익율과 판매 팔림새에 따라 도표와 같은 4가지 종류로 나눌 수 있다.

2. 상품 카테고리 관리

카테고리(Category)란 유통업체가 소비자에게 제공하는 제품군을 소비자의 욕구를 충족시키는 기능적 단위로 묶은 것이다. 이는 단순히 상품의 종류별 분류가 아니라, 소비자의 구매 행태와 목적에 기초하여 같은 구매 의사결정 단위로 판단되는 제품들의 집합이다. 예를 들어 '아침식사 대용품' 카테고리는 시리얼, 요거트, 즉석죽, 두유 등 다양한 품목을 포함할 수 있다. 이러한 카테고리 개념은 제품 수준(Product Level)의 분류보다 상위 개념이며, 점점 더 소비자 중심의 구성 방식으로 진화하고 있다.

카테고리 분류가 잘 되어 있을 때 소비자 입장에서는 찾기 쉽고 고르기 쉬운 매장으로 인식하고 고객은 다양한 상품이 있다고 느끼게 된다. 유통사 입장에서는 효율적 운영이 가능하고 고객의 니즈를 충족시키게 된다.

카테고리 관리는 단순한 진열 방식이 아닌 전략적 사업단위(Strategic Business Unit: SBU)로서 각 카테고리를 독립적인 이익 단위로 접근하는데 이를 위해 유통업체는 소비자 구매데이터 분석을 기반으로 카테고리별 역할과 목표를 설정하고 운영 전략을 수립한다. 그 일환으로 유통업체와 제조업체가 협력하여 하나의 상품 카테고리를 전략적 사업단위로 관리하는 카테고리 매니지먼트가 중요 개념으로 부각되었다. 각 카테고리를 고객의 특정 욕구를 충족시키는 제품군으로 정의하고, 이 단위를 중심으로 상품 구성, 진열, 가격, 프로모션 전략을 수립하고 실행하는 방식이다. 이 방식은 단순한 SKU 중심의 재고 관리와 달리, 소비자 중심적이며 협업 기반의 마케팅 전략이라는 특징을 가진다.

카테고리 매니지먼트가 필요하게 된 배경으로는 제조업체가 일방적 마케팅의 한계를 느끼고 제조사, 유통사와의 협력 필요성이 확대되었으며, 소비자 정보를 이용한 매장 차별화 및 효과적인 머천다이징, 판촉 개선을 통한 매출, 이익 증대의 필요성이

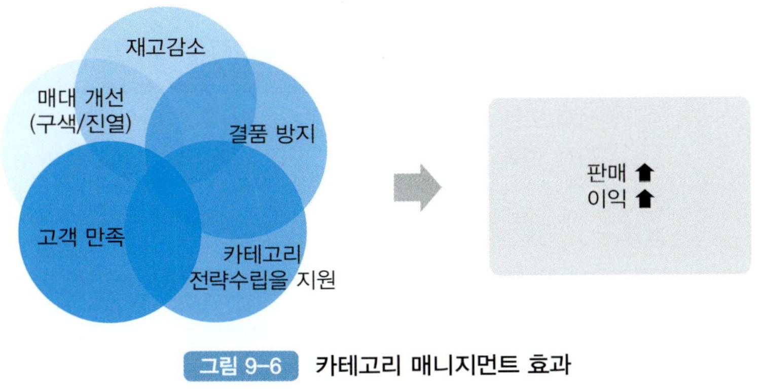

그림 9-6 **카테고리 매니지먼트 효과**

커졌기 때문이다. 1990년대 후반, 미국 및 유럽에서 P&G는 대형 유통업체인 월마트(Walmart), 테스코(Tesco)와 협업하여 '카테고리 캡틴(Category Captain)' 역할을 수행하며 카테고리 매니지먼트 체계를 도입했다. 이후 이 전략은 일본과 한국, 아시아 각국의 유통시장에서도 적용되었다. 예를 들어 P&G는 기저귀 카테고리를 단순 브랜드가 아니라 '유아용 피부 보호'라는 소비자 기능 중심으로 재구성하고 골든존(Golden Zone)에 브랜드 인지도가 높고 회전율이 높은 상품을 배치했으며 판매 기여도가 낮은 SKU는 축소, 수익성과 회전율 높은 상품을 중심으로 정비하였다. 또한 프로모션 전략을 통합하여 가격 할인 외에도 세트 상품, 체험 샘플 연계 프로모션을 기획하여 고객들에게 다양한 상품을 경험할 수 있게 하였다. 이를 통해 기저귀 카테고리 매출이 10~20% 증가하였으며 비효율 SKU 정비로 재고 효율이 개선되었다. 이러한 P&G사의 시도는 제조사와 유통사간 서로 윈윈(win-win)하는 협업구조로 정착되는 계기가 되었다.

3. 상품 카테고리별 매출 예측

리테일 매니지먼트에서 상품 카테고리별 매출 예측은 상품의 수명주기(Product Life Cycle: PLC) 분석을 바탕으로 이루어지며, 이는 각 상품 유형의 생애 단계별 매출 패턴을 이해하고 전략적으로 대응하기 위한 핵심 기반이 된다.

표 9-3 상품 유형별 수명주기

상품 유형	수명주기 패턴	예시	주요 전략
필수재형	안정적 또는 점진적 변화	생필품	안정적 재고 관리, 과거 수요 분석
기술재형	급성장 → 빠른 쇠퇴	스마트폰, 전자기기	단기 집중 마케팅, 신제품 교체 주기
패션형	유행성 반복적 수명주기	의류, 액세서리	시즌 기획, 리드타임 단축
계절형	특정 시기 수요 집중	크리스마스 용품, 김장재료	시즌 재고 적기 운영, 프로모션 집중
유행형(패드형)	매우 짧고 급격한 사이클	핫한 완구, SNS 인기상품	한정 출시, 빠른 리드타임
장기 전략형	긴 성숙기 유지	브랜드 대표 제품	브랜드 강화, 지속 품질관리

일반적으로 상품은 도입기, 성장기, 성숙기, 쇠퇴기의 4단계를 거친다. 그러나 상품의 유형에 따라 다양한 유형별 수명주기 패턴이 존재한다. 필수재의 경우는 거의 일정하거나 서서히 증가, 감소하는 매출곡선을 보이며, 기술재는 짧고 급격한 성장과 쇠퇴의 패턴을 보인다. 패션 제품과 같이 유행에 따라 수요가 급변하는 상품들은 짧은 사이클이 반복되며 특정 시즌에만 수요가 발생하는 계절형 상품들은 1년에 한 번 단기 급증 후 수요가 감소한다. 따라서 상품 유형별 수명주기를 분석하고 이를 통해 카테고리별 수요 예측 모델링의 기준으로 삼아야 한다.

이 가운데서 지속 가능성 상품과 유행성 상품으로 크게 나누어 매출을 예측하는 데 이용되는 방법을 살펴보자. 먼저 지속성 상품(staple products)은 일상생활에 필수적인 소비재로, 소비자에게 반복적이고 예측 가능한 구매 패턴을 보인다. 식품, 생수, 세제, 화장지와 같은 품목들이 이에 속하며, 수요의 변동성이 낮고 비교적 일정한 판매 흐름을 유지하는 것이 특징이다. 이러한 특성으로 인해 과거의 판매 데이터를 기반으로 한 계량적 예측 방법이 효과적으로 적용될 수 있으며, 동시에 외부 요인의 변화에도 주의를 기울여야 한다. 안정적 공급 계획과 재고 관리를 위해서는 과학적인 예측 접근이 필수적이다.

매출 예측에 사용되는 데이터의 유형으로는 월별, 주별, 일별 판매량과 카테고리별 판매 트렌드, 프로모션 전후 판매량 등의 과거 매출 자료(Historical Sales Data)가 활용된다.

과거 자료는 지속성 상품 예측의 출발점이 된다. 일반적으로 1~3년 이상의 시계열 데이터를 확보하는 것이 바람직하며, 예측 오차를 줄이기 위해 가능한 한 정제(cleaned)된 데이터를 사용해야 한다. 이외에 예측에 영향을 미치는 요인으로는 통제 가능한 요인과 통제 불가능한 요인이 있는데, 통제 가능한 요인으로는 가격 정책, 프로모션 활동, 진열 위치, 재고, 유통채널의 변화 등이 있다. 그밖에 계절성, 경기 변동, 경쟁사 활동, 정책 및 규제 변화, 자연재해 등은 통제 불가능한 요인이다. 이러한 요인들은 예측 모델 내에 보정 계수나 외부 변수로 고려되어야 하며, 이상값(outliers) 처리에도 유의해야 한다.

유행성 상품(fad products 또는 fashion products)은 단기간에 급격한 인기를 끌지만, 수요가 빠르게 하락하거나 예측하기 어려운 비정형적인 패턴을 보이는 제품군이다. 이들은 일반적으로 명확한 수명주기 없이 시장 내 소비자 반응에 따라 수요가 급증하고, 빠르게 사라지는 속성을 가진다. 따라서 전통적인 시계열 예측 방식이 아닌, 민첩하고 반응 중심적인 접근법이 필요하다. 따라서 소량의 제품을 일부 점포에서 선출시하고, 실판매 데이터를 분석하여 본격적인 공급 여부를 결정하고 재고 리스크를 최소화하면서 시장 반응을 수집하는 방법을 취한다. 보통 자라(ZARA), H&M 등 SPA(Specialty store retailer of Private label Apparel)로 언급되는 브랜드의 빠른 리오더 방식이 이에 해당된다. 또는 과거 유사한 유행 상품의 수명주기, 수요 곡선, 프로모션 반응 등을 벤치마킹하기도 하는데 단, 새로운 트렌드의 변동성이 높기 때문에 보조 자료로 사용하는 것이 바람직하다. 한편 디지털 미디어의 발달로 인해 소셜미디어 분석, 검색량 분석 등을 통해 실시간 인기 흐름을 추적하기도 한다. 해시태그, 키워드 검색량, 유튜브/틱톡 영상 조회수 등을 통해 트렌드 초입, 피크 시점, 쇠퇴 시점을 예측하는 초기 지표로 활용한다. 검색량이 특정 임계치 이상으로 급증 시 단기 수요의 피크 시점이 도래할 가능성이 있는 것으로 추정한다.

유행성 상품에 대해서는 예측을 넘어선 민첩한 대응이 필요한데, 초기 반응을 기반으로 한 적시 생산 및 빠른 리오더, 과잉 재고를 방지하기 위한 한정판 전략, 유통사와 제조사 간에 실시간 판매 데이터를 공유하여 동적 수요 예측 시스템 구축의 방법이 있다. 자라(ZARA)는 10~15%의 점포에서 신상품을 먼저 테스트하고 2~3일 내 판매율을 확인한 후 빠른 디자인 수정 후 2주 내 전국에 공급하는 전략을 통해 실패 상품은 조기 회수하고 성공 상품은 집중 생산하는 전략으로 지속적인 성장세를 이어오고 있다.

4. 상품 재고 보충

지속성 상품은 단종이나 유행 주기에 크게 영향을 받지 않기 때문에 정기적이고 예측 가능한 재고 보충 시스템이 핵심이다.

재고 보충 전략은 제품의 가용성 유지(Availability)와 과잉 재고 방지(Cost Efficiency)라는 2가지 목적 사이에서 균형을 맞추는 것이 중요하다.

먼저 정기주문 방식(Periodic Review System)이 있는데 보통 대형마트에서 주간 단위로 세제, 샴푸 등을 일괄 발주하는 방식이다. 이는 일정한 주기에 재고 수준을 점검하고, 목표 재고 수준까지 보충하는 것이다. 발주량 = 목표 재고 - 현재 재고 + 예상 리드타임 동안의 수요를 감안하며 수요가 비교적 일정할 때, 다품종 소량 관리에 적합하다. 다음으로 연속주문 방식(Continuous Review System)이다. 이는 재고가 미리 정한 재주문점(Reorder Point) 이하로 떨어지면 즉시 주문이 들어가는 방식이다. 세 번째로 공급사 관리 재고(Vendor Managed Inventory: VMI) 방식이다. 공급업체가 유통업체의 POS 데이터 또는 재고 정보를 바탕으로 직접 재고를 관리하고 보충하는 형태로 유통사는 재고 리스크를 줄이고, 공급사는 보다 효율적인 생산·배송 계획 수립이 가능하다. 예를 들어 P&G가 대형 유통사의 기저귀, 세제류 재고를 실시간 모니터링하고 직접 보충하는 형태이다. 이외에도 자동보충 시스템(Automatic Replenishment System)은 POS 데이터, 판매 트렌드, 재고 수준 등을 실시간으로 분석하여 ERP, SCM 시스템과 연동해 자동 발주가 수행된다. AI 기반 예측이 결합될 경우, 계절성이나 지역별 수요 차이도 반영 가능하다.

5. 머천다이징 성과 측정

소매점 또는 유통업체에서 수행한 상품 기획, 구색, 진열, 판촉 등 머천다이징 활동의 결과를 수치적으로 평가하여, 해당 활동이 매출, 수익성, 고객 반응 등에 어떤 영향을 주었는지를 측정하는 과정을 머천다이징 성과 측정(Merchandising Performance Measurement)이라고 한다. 상품 관리 성과 평가 및 조정을 위해서 쓰이는 주요 지표를 알아보자.

1) ABC 분석

ABC(Activity-Based Classification of Inventory or Products) 분석은 1951년 미국 GE사의 H. F. Dicky에 의하여 개발된 재고 관리 기법으로서 경제학자 Pareto가 고안한 파레토 곡선의 사고방식을 기본으로 하고 있다. 80 대 20법칙으로 잘 알려져 있는 파레토 법칙이 ABC 분석에 적용되고 있다. 소매업에서는 상품의 중점관리를 위한 분석기법으로 널리 사용되고 있다. 품목 수가 많은 상품의 경우, 매출액이 큰 순으로 ABC의 3개의 그룹으로 나눠서 중점 관리한다. 보통, 매출액에서 차지하는 비중 70~80%를 차지하는 A그룹, 20%를 차지하는 B그룹, 그리고 나머지 10%를 차지하는 C그룹으로 분류한다. 그러나 ABC 분석에서 3개의 그룹으로만 나누어지는 것은 아니고 D그룹이 하나 추가될 수 있다. 이때 D그룹은 매출이 전혀 발생되지 않는 상품군을 의미한다.

ABC 분석은 기법이 간단하고 쉬운 것이 장점이며, 부진 상품을 찾아내고 재고 회전율을 올리는 데 유효한 방법이다.

ABC 분석에서 상품 카테고리 내 단품들은 매출, 총이익, 재고 회전율, GMROI 등 몇 가지 성과지표에 의해 순위가 매겨진다.

표 9-4 ABC분석 분류 기준 및 유형

등급	비율(일반적)	기여도	설명
A등급	약 10~20% 품목	전체 매출의 70~80%	핵심 품목, 집중 관리 필요
B등급	약 30% 품목	전체 매출의 15~25%	중간 중요도, 선택적 관리
C등급	약 50% 품목	전체 매출의 5~10%	소량 기여, 단순 모니터링

2) 총자산수익률

총자산수익률(Return On Assets: ROA)은 기업의 당기순이익을 자산총액으로 나누어 얻어지는 수치이며 이는 기업의 순이익마진을 자산회전(asset turnover)으로 곱한 것과 같고 여기에 100(%)을 곱하여 얻어진다. 이는 특정 기업이 총자산을 수익활동 창출에 얼마나 효율적으로 운용했는지를 나타내는 수익성지표가 된다. 이때 총자산은 보통 취득원가에서 감가상각비를 차감한 가치로 평가하며 기말자산과 기초자산의 평균을 사용한다.

총자산수익률 = (순이익마진 × 자산회전) × 100(%)
= (순이익/총자산) × 100(%)
순이익마진 = 순이익/순매출액
자산회전 = 순매출액/총자산

3) 재고투자총이익률

총자산수익률은 특정 소매업체의 전체적인 수익성 지표가 되고 이는 머천다이저나 바이어의 성과 측정보다는 최고경영자의 성과 측정에 보다 적절한 지표이다. 그러나 머천다이저나 바이어는 그들이 구매하고 관리하는 상품들의 효과적인 관리가 중요하며, 이는 상품을 얼마나 잘 구매하여 얼마나 잘 판매하는가에 그 성과가 나타난다. 그래서 총마진(gross margin)의 관리가 이들에게는 중요한 성과가 될 것이다. 따라서 머천다이징의 성과를 측정하기 위해 활용되는 지표가 재고투자총이익률

(Gross Margin Return On Inventory Investment: GMROI)이다. 이는 소매업에서 재고 투자에 의해 얼마만큼의 총마진이 발생하는지 측정하는 지표가 된다. 재고투자총이익률은 총자산수익률과 비슷한 개념이지만 주된 차이는 측정을 위해 사용되는 구성요소들이 바이어의 관리하에 있는 것들이라는 점이다. 재고투자총이익률은 총마진율에 재고회전율을 곱하여 얻어지는데, 이는 바이어의 성과와 함께 머천다이징의 성과를 측정하는 데 중요한 지표로 사용된다.

재고투자총이익률 = 총마진율 × 재고회전율
= (총마진/순매출) × (순매출/평균재고) × 100(%)
= (총마진/평균재고) × 100(%)

4) 재고회전율

소매업 재고회전율(inventory turnover)은 일정 기간 보유하고 있는 제품의 재고 대비 순매출(net sales)의 비율을 의미한다. 이때 재고와 매출은 금액 혹은 수량으로 나타날 수 있으며, 평균재고는 월평균 재고 또는 기초와 기말의 평균재고에 의해 나타낸다. 재고회전율은 일정 기간(예를 들면 1년에 몇 회) 상품이 회전했는지의 속도를 나타내는 지표로서, 만약 500%라고 한다면 1년에 재고가 5회전 한 것을 의미한다. 이 비율이 높을수록 재고 관리의 효율이 좋거나 판매가 잘되고 있다는 것을 의미한다.

재고회전율(%) = (순매출/평균재고) × 100(%)

5) 판매추세 분석

판매추세 분석(sell-through analysis)은 고객의 수요에 부응하기 위해 가격 인하가 필요한지 또는 상품을 더 구입해야 하는 것인지를 결정하기 위해서 실제 매출과 매출 목표를 비교하는 방법이다. 어떤 특정 SKU에 대해 일정 기간을 두고 실제 매출과 매출 목표를 비교하여 목표 대비 실제 매출이 떨어지면 그 이유를 파악하여 가격 인하를 할 것인지 결정하고 재고가 쌓이지 않도록 한다. 그리고 만약 목표 대비 실제 매출이 많아지면 추가 구매를 할 것인지 결정하여 이를 이행한다. 그러나 이 방법은 바이어의 경험과 주관적인 판단에 많이 의존하게 되는 약점이 있다. 그리고 본 방법에 의한 의사결정에 앞서 목표 대비 실제 매출 증감의 발생이 왜 발생하는지에 대한 명확한 분석과 판단이 필요하다.

6. PB 브랜드의 성장

1) 가격 중심에서 품질 경쟁으로: 전략의 전환

PB(Private Brand)는 유통업체가 상품의 기획, 생산, 유통, 마케팅 전 과정을 주도하며 자사 브랜드명을 부착해 판매하는 제품을 의미한다. 이는 제조업체가 독립적으로 생산하고 운영하는 NB(National Brand)와 달리, 유통업체가 브랜드 오너로서 유통구조 전반을 통제한다는 점에서 전략적 가치가 높다.

PB는 유통업계의 구조적 변화와 소비자 트렌드의 변화에 의해 성장이 가속화되고 있다. PB가 성장하게 된 배경을 보면 먼저 소비자 인식 변화를 꼽을 수 있다. 과거 PB는 '저가 · 저품질' 이미지였지만, 최근에는 품질이 대폭 향상되며 '가성비 브랜드'로 재인식되고 있다. PB시장 점유율과 개인가처분소득과의 관계를 연구한 결과에 따르면, 개인 가처분 소득이 증가할 때는 PB시장 점유율이 감소하며, 반대로 가처분소득이 감소할 때는 PB시장 점유율이 증가하는 역상관 관계를 보이는 것으로 나타났다. 2008년 글로벌 금융위기와 코로나19팬데믹, 인플레이션의 영향으로 소비자 지출에 대한 민감도가 증가하며 경기침체기에는 특히 PB와 같은 저가제품 선호현상이 두드러지고 있다. 소비자는 브랜드보다 가격 대비 가치(Value for Money)를 우선시하며, 동일 품질의 NB(National Brand)보다 저렴한 PB를 선호하게 되었다.

유통업체의 관점에서는 유통업체는 PB 제품을 통해 중간 유통 마진을 줄이고, 제조원가를 통제함으로써 수익률을 높일 수 있다. PB는 브랜드 로열티 비용이 없고,

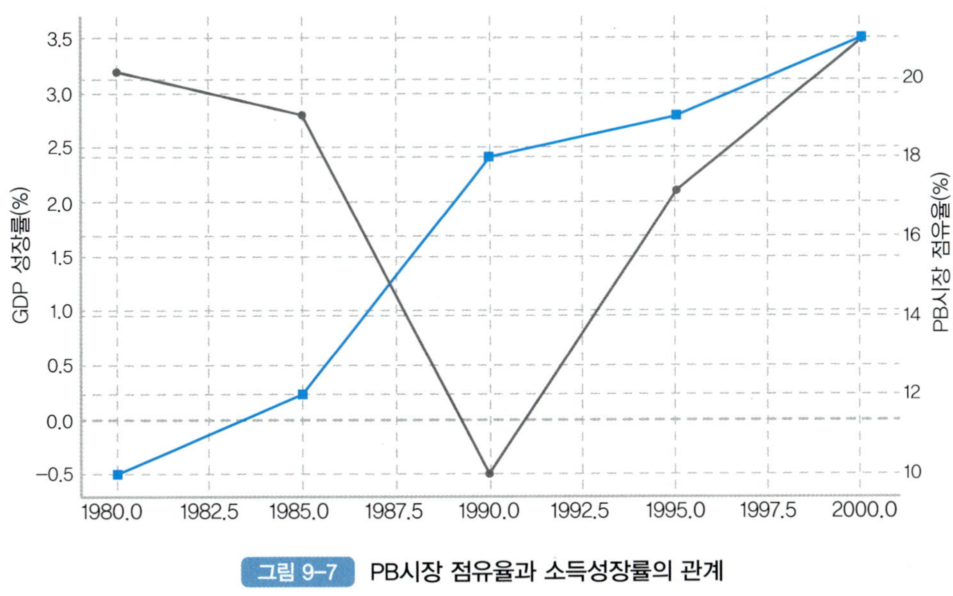

그림 9-7 PB시장 점유율과 소득성장률의 관계

출처: Lamey, L., Deleersnyder, B., Dekimpe, M. G., & Steenkamp, J. B. E. M. (2005).

자체 유통망에서 독점적 판매가 가능하므로 높은 수익 구조 형성이 가능하다. 온라인몰들이 수익성 제고 전략의 일환으로 쿠팡과 마켓컬리 등이 독자적인 PB브랜드를 확대하며 가시적인 성과를 내고 있는 것이 좋은 예이다. 유통업체들은 고객 구매 데이터를 기반으로 소비자의 미충족 니즈(Unmet Needs)를 빠르게 파악하여 PB 제품에 반영하기 쉽기 때문이다.

PB 개발의 대표적인 성공 사례로는 월마트의 그레이트 밸류(Great Value)를 들 수 있다. 1990년대 초 'Great Value'를 통해 가공식품, 생필품 등 일상재 중심의 PB 라인을 전개하였고, 이는 미국 소매시장 내 가격 경쟁 구도를 주도하는 역할을 했다. 미국 가구의 3분의 2 이상이 월마트의 그레이트 밸류 상품을 이용할 정도로 높은 상품 침투율을 보이고 있다. 2024년에는 20년 만에 젊은 층과 트렌디한 식품 수요를 겨냥한 "Bettergoods"라는 프리미엄 PB브랜드를 출시하였다.

표 9-5 월마트 주요 PB 현황

브랜드명(PB)	카테고리	출시 연도/시기
Ol' Roy	반려동물 사료	1983
Sam's Choice	음료 및 식료품	1991
Great Value	식료품, 생활용품	1993
Equate	건강 · 뷰티 · 의약외품	1993
Marketside	신선식품(델리, 베이커리 외)	2009
Freshness Guaranteed	제과 · 디저트	2013
Bettergoods	프리미엄 식품 · 신제품	2024

이마트는 2015년 'No Brand'를 출시하며 "브랜드가 아니다, 소비자다"라는 슬로건을 내세워 불필요한 마케팅 비용과 디자인을 제거한 실용주의 PB를 구현하였다. PB는 초기에 '저가 = 저품질'이라는 소비자 인식을 완전히 극복하지는 못했으며, 장기적 브랜드 자산으로 성장하기에는 구조적 한계가 존재했다. 하지만 점차 PB 전략은 품질 개선과 소비자 신뢰 확보에 방점을 두게 되었다. 유통업체는 자체 품질관리 기준을 강화하고, 제조사와의 OEM 협업을 통해 제품의 완성도를 높이며, NB 수준의 품질을 보장하는 구조로 전환하였다. 대표 사례로 미국 코스트코의 'Kirkland Signature'는 유명 제조사와의 협력으로 고품질 제품을 생산하면서도 합리적인 가격을 유지하여, 중상위 소비자층에서도 높은 충성도를 이끌어냈다. 국내에서는 이마트의 'Peacock'이 프리미엄 간편식 시장을 겨냥하여 고급 원재료, 외식 셰프 협업, 세련된 패키지 디자인 등을 결합해 품질 중심 PB의 새로운 기준을 제시하였다.

2) 브랜드 아이덴티티의 확립: 프리미엄과 감성 전략의 부상

PB 전략이 품질 개선에 성공하면서, 유통업체들은 PB를 단순한 NB 대체재가 아닌 독립적인 브랜드 단위로 성장시키는 전략을 본격화하였다. 이는 단순한 가격 · 품질 경쟁을 넘어 소비자와의 감성적 연결, 정체성 기반 소비, 프리미엄화를 핵심 가치로 하는 브랜드 전략으로의 전환을 의미한다.

영국 Tesco의 'Finest' 시리즈는 이 같은 프리미엄 PB 전략의 대표적 사례로, 고급 재료, 독창적 레시피, 고감도 디자인을 결합해 NB 이상의 브랜드경험을 제공하며 프리미엄 소비층을 겨냥하였다. 국내에서는 무신사가 운영하는 '무신사 스탠다드'가 PB의 영역을 패션으로 확장한 대표 사례다. 이 브랜드는 온라인 플랫폼 기반의 소비자 데이터를 활용해 실시간 피드백을 제품 개선에 반영하고, 자체 쇼룸을 운영함으로써 PB를 단순한 기능적 상품에서 벗어나 감성적 소비 경험의 일부로 구축하고 있다.

이러한 변화는 PB가 단순한 라벨이 아니라 고유한 브랜드 세계관과 소비자 정체성을 담는 전략적 수단으로 전환되었음을 보여준다. 유통업체는 PB를 통해 제품력과 가격 경쟁력을 기반으로 하되, 스토리텔링, 디자인, 문화적 콘텍스트 등을 접목함으로써 소비자의 심리적 · 감성적 만족을 추구하고 있다. 특히 MZ세대와 같은 가치 기반 소비층에게는 '누가 만드는가'보다 '무엇을 지향하는가'가 중요한 선택 기준이 되면서, PB는 정체성 중심 브랜드로서 새로운 기회를 확보하게 되었다.

| Case View |

“이 바지는 20달러입니다. 이 바지는 코스트코의 860억 달러 매출을 설명해 줍니다.”

미국의 대형 유통체인 코스트코는 자사 PB브랜드인 커클랜드 시그니처를 통해 놀라운 성장을 이뤘다. 해당 브랜드는 유기농 과일부터 화장지, 그리고 이제는 요가 팬츠까지 진출했다.
이 커클랜드 요가 바지는 룰루레몬의 대표 제품인 Align 팬츠를 모방한 것으로 보인다. 가격은 1/5 수준이다. 룰루레몬은 이 디자인 유사성을 이유로 코스트코를 상대로 디자인 침해 소송을 제기했다. 룰루레몬은 코스트코가 자사의 Align 팬츠를 모방했다고 주장하며 지식재산권 침해 소송을 제기했다. 그러나 코스트코 측은 “커클랜드 제품은 자체 품질검증 절차와 OEM 기반 생산을 거쳐 출시된 독립 제품”이라고 반박했다. 해당 소송은 아직 진행 중이며, 결과에 따라 PB브랜드의 디자인 모방 범위와 한계에 대한 법적 기준이 세워질 수 있다. 하지만 소비자들의 반응은 다르다. 많은 코스트코 회원들은 커클랜드 제품을 “가성비의 끝판왕”이라 여기며 애용한다. 룰루레몬 바지보다 저렴하면서도 충분히 만족스러운 품질이라는 것이다.
2023년 기준 커클랜드 브랜드 제품은 860억 달러 이상의 연 매출을 기록했다.
이는 나이키(520억 달러), 펩시코 일부 브랜드보다도 크며, 세계에서 가장 강력한 소비재 브랜드 중 하나로 성장했다. 코스트코는 커클랜드 제품을 출시할 때, 다음과 같은 전략을 고수한다. 유명 제조사와 OEM 계약을 맺어 고품질 제품을 커클랜드 브랜드로 유통하며 CEO 직속 승인제도를 통해 빠르게 출시하며 판매 성과가 낮은 제품은 즉시 철수하고 대량구매·직거래 방식을 통해 유통 비용 절감하고 가격 경쟁력을 확보한다.
저렴하면서도 품질 높은 제품으로 PB의 패러다임을 바꾼 커클랜드는, 소비자 충성도를 바탕으로 세계 최대 유통 브랜드 중 하나로 자리 잡았다.

출처: Wall Street Journal(2024.11.01.).

Chapter Summary

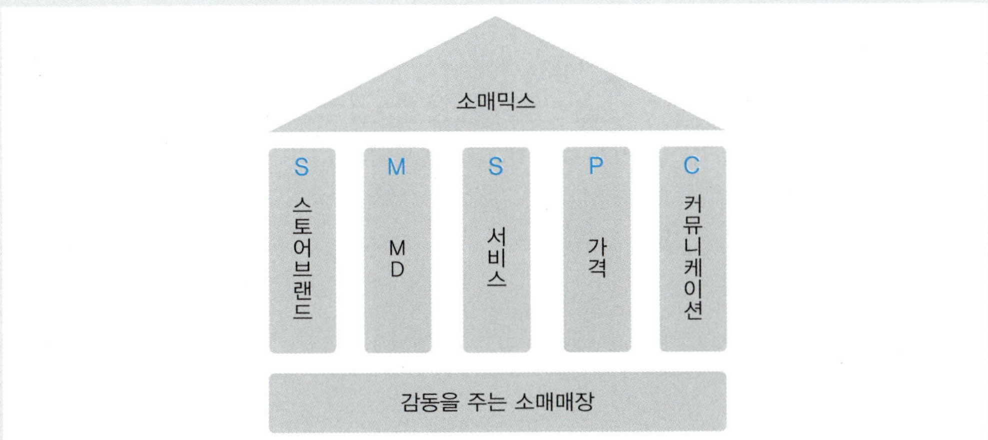

Key Words

스토어 브랜드, 머천다이징, 카테고리 매니지먼트, VMD, PB브랜드, ABC분석, 판매추세 분석

Discussions

1. 감동과 와우경험을 제공해 준 매장 사례에 대해 이야기해 보세요.
2. 스토어 이미지에 가장 큰 영향을 미치는 요소는 무엇인지 토의해 보세요.
3. NB와 PB의 차이는 무엇이고 PB를 선호하는 이유는 무엇인지 말해 보세요.

Reference

기노시타 야스시(2010). **손에 잡히는 머천다이징**. 박두규 역. 우용출판사.

김상용, 박종태(2020). **유통관리론**. 박영사.

김현지, 정연승(2024). 유통업체와 PB브랜드 간 신뢰 전이 메커니즘: 상호 강화 효과와 충성도에 미치는 영향. **경영학연구, 53**(6), 1567-1586.

머니투데이(2021. 11. 18.). “이곳에 놓으면 매출 20~30% 껑충”…편의점 ‘골든존’의 비밀.

삼성경제연구소(2012). 구매욕을 불러일으키는 매장 전략. **Seri 경영노트, 제149호**.

서용구, 구인경(2012). **브랜드마케팅**. 학현사.

정환, 이라경, 박진용(2020). 유통업체 브랜드와 점포 충성도의 관계에서 채널 유형의 조절 효과. **유통연구, 25**(3), 67-84.

진창현(2011). 유통업체 브랜드(PB)에 대한 소비자 인식이 브랜드 충성도 형성에 미치는 영향에 관한 연구. **대한경영학회지, 24**(6), 3461-3480.

허철무(2006). **소매업 머천다이징**. 한국체인스토어협회.

KOTRA(2024. 02. 27.). 미국 유통사의 PB(Private Brand) 전략 및 시장 현황. KOTRA 해외시장뉴스.

KOTRA(2024). 미국 프라이빗 라벨 시장 동향 및 진출전략. 대한무역투자진흥공사.

Atlanta Chosun(2024). 소비자 88%, '물가 상승으로 식료품 구매 방식 바꿨다.

Berman, B., & Evans, J. R. (2010). *Retail Management* (11th ed.). Pearson Education.

Berman, B., & Evans, J. R. (2018). *Retail management: A strategic approach* (13th ed.). Pearson.

Chopra, S., & Meindl, P. (2016). *Supply chain management: Strategy, planning, and operation* (6th ed.). Pearson.

Cox, R. W., & Brittain, P. (2004). *Retailing: An introduction* (5th ed.). Pearson Education.

Deloitte(2023). *2023 Retail Industry Outlook: Brands and Private Labels.*

Dunne, P. M., & Lusch, R. F. (2008). *Retailing*. Thomson South Western.

EclipseEdge(2025. 02. 06.). 매출이 4배 차이나는 진열의 마법, 골든존의 비밀 [The merchandising magic of the golden zone: Sales up to 4x]. EclipsEdge 블로그.

Huang, Q., Nijs, V. R., Hansen, K., & Anderson, E. T. (2012). WalMart's Impact on Supplier Profits. *Journal of Marketing Research, 49*(July), 131-143.

Hyndman, R. J., & Athanasopoulos, G. (2018). *Forecasting: Principles and practice* (2nd ed.). OTexts.

Ishii, H. (2010). *Visual Merchandising: Planning and Design*. Fairchild Books.

Kotler, P., & Keller, K. L. (2016). *Marketing Management* (15th ed.). Pearson Education.

Kwon, K. H., & Lee, J. S. (2020). Analysis of planogram compliance effect on product sales: Case of Korean hypermarkets. *Journal of Retail Marketing Research, 38*(2), 45-58.

Lamey, L., Deleersnyder, B., Dekimpe, M. G., & Steenkamp, J. B. E. M. (2005). The impact of business-cycle fluctuations on private-label share: What has marketing conduct got to do with it?. *Journal of Marketing, 69*(1), 1-15.

Levy, M., & Weitz, B. A. (2004). *Retailing Management*. McGraw Hill Irwin.

Levy, M., Weitz, B. A., & Grewal, D. (2019). *Retailing Management* (10th ed.). McGraw-Hill Education.

Makridakis, S., Spathis, C., & Wheelwright, S. C. (1998). *Forecasting methods for management* (5th ed.). Wiley.

MarketWatch(2024. 04. 30.). Walmart launches store-label food brand Bettergoods in bid to appeal to younger shoppers.

McKinsey & Company(2024). US Private Label Market Trends Post-Pandemic.

Mintel(2025). PB(Private Brand) 상품의 급성장: 미국 유통 시장의 판도를 바꾸다.

Mintel(2025). US Private Label Shopper Report.

Mintel GNPD(2024). Next-Generation Private Label Strategies.

Nielsen(2010). The fundamentals of category management. Nielsen Trade Academy.

NielsenIQ(2023). The Rise of Private Label: Global Trends and Insights.

NIQ(2023). Global FMCG Trends and Private Brand Growth.

Park, H., & Kim, J. (2020). Predicting fashion product sales using social media data. *Journal of Retailing and Consumer Services, 54*, 102010.

Simchi-Levi, D., Kaminsky, P., & Simchi-Levi, E. (2008). *Designing and managing the supply chain* (3rd ed.). McGraw-Hill Education.

Supermarket News(2024. 04 .16.). Walmart owns the top 5 private label brands in the U.S. Supermarket News.

Varley, R., & Rafiq, M. (2014). *Principles of retail management* (2nd ed.). Palgrave Macmillan.

Wall Street Journal(2024.11.01.). The Pants Cost $20. They Explain $86 Billion of Costco Sales.

東芝テック株式会社.(2023. 03. 01.). ゴールデンゾーンとは？高さや重要性、商品陳列方法も紹介 [What is the golden zone? Explanation of height, importance, and product display methods]. Toshiba Tec Corporation. https://www.toshibatec.co.jp/datasolution/column/20230301_02.html

RETAIL MANAGEMENT

Chapter

X

소매믹스 전략 2/2

제1절 소매가격(Price) 전략

제2절 서비스(Service) 전략

제3절 커뮤니케이션 믹스(Communication Mix) 전략

제1절

소매가격(Price) 전략

가격(Pricing)은 리테일 매니지먼트의 핵심 요소 중 하나로, 기업의 수익성과 소비자의 구매 의사결정에 직결되는 중요한 변수이다. 전통적으로 소매가격은 제품의 원가에 일정 수준의 마진(markup)을 더한 방식, 즉 비용 기반 가격(Cost-Based Pricing)을 통해 산정되어 왔다. 이 방식은 가격 결정의 객관성을 제공하며, 운영비용과 이윤 확보를 고려하는 실용적인 접근 방식이었다.

그러나 최근 리테일 환경은 급격한 변화 속에 있다. 소비자들은 단순히 '싸거나 비싼' 제품이 아니라, 지불하는 가격에 상응하는 '가치(value)'를 중시하는 경향을 보인다. 이러한 변화는 가격 전략이 단순한 계산의 결과가 아니라, 소비자 인식, 브랜드 이미지, 경험 품질, 경쟁 환경 등 다양한 요소를 반영해야 하는 마케팅 도구로 진화하고 있음을 의미한다.

이러한 배경에서 소매업체들은 점점 더 가치 기반 가격(Value-Based Pricing) 전략에 주목하고 있다. 이는 소비자가 지각하는 효용과 혜택을 기준으로 가격을 책정하는 방식으로, 동일한 제품이라도 타깃 고객에 따라 서로 다른 가격 전략이 적용될 수 있음을 의미한다. 더불어, 구독경제, 다이나믹 프라이싱, AI 기반 가격 최적화와 같은 신기술의 발전은 가격 전략의 다변화를 가속화시키고 있다.

소매업계에서 가장 널리 사용하는 대표적인 가격 전략은 EDLP(Everyday Low Price)

와 High/Low 가격 전략이다.

1. EDLP 전략

많은 소매업체들이 사용하고 있는 EDLP는 상시 저가격을 유지하는 가격 전략이다. EDLP는 연중 가격을 높이거나 낮추거나 하지 않고 경쟁관계에 있는 소매기업이 설정한 저가격과 동일하거나 더 낮은 가격에 가격이 설정된다. EDLP 가격 전략은 규모의 경제, 효율적 물류 시스템의 구축, 경영의 개선 등을 통한 종합적 저비용화의 결과물이라 할 수 있다. EDLP에서 저가격은 최저가격을 반드시 의미하는 것은 아니며 특별한 가격변동이 없는 'everyday stable price'를 유지하려는 정책이다. 미국의 거대한 소매업체인 Wal-Mart, Home Depot, 한국의 이마트와 같은 대형마트들이 EDLP 가격 전략을 채택하고 있다.

항상 최저가를 유지하기 어렵기 때문에, 저가격 보상 정책을 채택하기도 한다. 일반적으로 저가격 보상은 해당 지역에서 경쟁자보다도 저렴한 가격을 제공하겠다는 약속이며, 이는 일반적으로 가격 차액에 대한 환불까지 포함한다.

EDLP의 특징은 소비자가 언제 점포를 찾아가도 동일한 저가격이기 때문에 구입 시점을 지연시키지 않고 안심하고 구입한다는 점을 들 수 있다. 즉 자의적인 프로모션 정책을 실시하지 않기 때문에 매년 동일한 생산, 물류, 판매의 예측이 가능하고, 그 결과 제조 배급 판매를 통한 공급라인상의 재고 삭감이 가능해지며, 결국은 공급체인 전체의 비용을 줄이고 상품의 원가를 절감하여 저가격 상품의 판매 증대로 확산되게 됨을 의미한다.

EDLP 가격 전략은 High/Low 가격 전략에 비해 상대적으로 다음과 같은 3가지의 장점이 있다.

첫째, 가격 경쟁의 압박 감소 효과가 있다. 많은 고객들은 소매업체의 초기 가격에 의심을 한다. High/Low 가격 전략에서는 세일을 해야만 구매를 하는 경향이 있는데, 성공적인 EDLP 가격 전략은 경쟁자와의 지나친 가격 전쟁의 압박을 덜어주게 된다. 소비자의 입장에서도 매번 가격을 비교할 필요가 없어 소비자의 인지적 부담을 줄인다. 때문에 일단 가격이 적절하다고 느끼는 고객은 지속적으로 자주 내점하는 효과가 있다.

둘째, 광고비 감소의 효과이다. High/Low 가격 전략에서는 세일을 할 때 이를 알리기 위해 프로모션 광고를 해야 하는데, EDLP에서는 이러한 광고가 필요 없게 돼 전체 마케팅 비용을 절감할 수 있다. 세일 광고 대신에 소매업체는 이미지 형성을 위한 노력에 보다 초점을 맞출 수 있다.

셋째, 품절의 감소 및 재고 관리 개선의 효과가 있다. 프로모션 시 수요 급등 현상이 줄어들어 안정적인 재고 관리 및 수요 예측이 가능하며 재고 회전율을 향상시킬 수 있다. 품절이 적어지면 고객의 만족이 향상되고 매출이 증대될 수 있다.

EDLP는 특히 가격 민감도가 높은 소비자층을 타깃으로 하기에 효과적이며, 저비용 운영 구조와 결합될 때 강력한 경쟁 우위를 형성할 수 있다. 그러나 EDLP를 유지하기 위해서는 공급망 최적화, 고정비 절감, 규모의 경제 실현등이 뒷받침되어야 하며, 그렇지 않으면 수익성이 저하될 수 있다.

2. High-Low 가격 설정

High/Low 가격 설정(High-Low Pricing) 전략은 상품의 정가(High Price)를 먼저 제시한 후, 일정 기간 동안 할인(Promotion)을 적용하여 낮은 가격(Low Price)으로 판매하는 방식이다. 유행상품을 취급하는 소매업체가 정상가로 상품을 팔다가 시즌의 마지막에 저가격 전략을 사용하는 경우가 이에 해당한다. 이러한 전략은 특히 패션, 가전, 백화점 등에서 자주 활용되며, 소비자의 심리적 반응과 시기적 수요에 맞춰 판매를 극대화하는 데 초점이 맞춰져 있다.

이 전략은 가격 탄력성이 높은 고객과 프로모션을 중시하는 고객층을 타깃으로 하며, 주기적인 할인 이벤트를 통해 유통업체는 재고 소진, 트래픽 유도, 매출 증대 등의 효과를 기대할 수 있다.

High/Low 가격 전략은 다음과 같은 장점을 가지고 있다.

첫째, 동일한 상품으로 다양한 고객의 특성에 소구할 수 있는 장점이 있다. 패션

표 10-1 EDLP와 High/Low 가격 전략 활용 주요 유통업체

구분	유통업체	국가	EDLP 적용 특징
EDLP	월마트 (Walmart)	미국	EDLP의 대표적 사례, "Always Low Prices" 슬로건으로 글로벌 확산, 강력한 공급망과 IT 시스템으로 가격 경쟁력 확보
	코스트코 (Costco)	미국	회원제 기반의 도매형 매장, 상품 마진을 14% 이하로 제한하며 일상 저가 유지, 프로모션 대신 한정된 SKU로 운영 효율성 극대화
	알디 (ALDI)	독일	Private Brand 중심 운영과 최소 서비스로 비용 절감, EDLP 기반으로 유럽과 미국 시장 확대 중
	노프릴즈 (No Frills)	캐나다	로블로(Loblaw) 계열의 할인점, 최소 서비스와 저가 정책으로 EDLP 유지
	트레이더 조 (Trader Joe's)	미국	소수 브랜드 중심의 Private Label 구성, 할인·쿠폰 없이 상시 저가로 운영
High/Low	Macy's	미국	전형적인 백화점형 High-Low 전략 운영, 정기세일과 블랙프라이데이 등 대규모 이벤트 중심
	GAP	미국	시즌 오프 및 주기적 프로모션을 통한 가격 변동, 할인 쿠폰과 멤버십 연계
	Best Buy	미국	가전제품 중심, 세일 및 프로모션 기간 중 수요 집중 유도, 주말 할인, 블랙프라이데이 강조

상품은 일단 먼저 고가로 설정하여 매장에 선을 보이도록 한다. 가격에 비탄력적인 패션 추구 고객이나 비정상적인 체격의 고객들은 원하는 상품이 있으면 가격에 관계없이 먼저 구매하게 될 것이다. 그러다가 판매 시즌이 끝나가면 가격을 점차 내리고, 고객들은 점차 증가하게 된다. 이와 같이 High/Low 가격 전략은 가격에 탄력적인 고객과 비탄력적인 고객을 동일한 상품으로 상대할 수 있는 효과가 있는 것이다.

둘째, 세일은 고객을 흥분시키는 효과를 발생시킨다. 고객 사은행사, 정기세일, 빅세일 등 소매점의 세일 광고는 고객을 자극하고 고객을 모으는 효과가 있다. 소매업체들은 세일 가격과 함께 경품 제공, 공연, 이벤트 등을 병행하면서 세일 효과를 더욱 높일 수 있다.

셋째, 세일은 재고를 줄이는 효과가 있다. 부진 상품에 대한 재고를 줄이기 위해서는 세일이 효과적이다. 물론 이익은 줄어들 수 있지만 재고 부담을 줄이는 효과가 있다.

넷째, 고객은 가격이 품질의 척도라고 생각하고, 품질의 신뢰성을 가질 수 있다. 초기의 고가 전략은 고객들에게 높은 품질의 믿음을 제공하는 효과가 있을 수 있다. 그런 후, 세일이 진행되어도 고객들은 원래의 가격을 준거가격으로 고려하여 고품질을 기대하고 구매하는 효과가 있다.

3. 노세일 전략

세일을 통해 반짝 매출을 올리는 대신 처음부터 특정 가격을 내세워 할인을 하지 않음으로써 브랜드 경쟁력을 확보하고, 고객들에게 언제 사도 믿고 살 수 있다는 신뢰감을 심어주는 방식으로 고정 고객을 확보하는 가격 전략이다. 경기 불황으로 세일 때까지 기다리는 소비자들이 늘어나고 제값 주고 사면 손해 본다는 인식이 팽배해지면서 나타난 현상이다. 노세일(No Sale) 마케팅의 최대 장점은 물건을 언제 구입하더라도 가격이 변하지 않는다는 예측 가능성으로, 이 때문에 고정 고객을 확보하기 용이하다는 데 있다.

노세일 마케팅업체들은 충성 고객을 위한 프리미엄 마케팅을 전개한다. 특히 일부 기업들은 브랜드 가치를 보호하기 위하여 세일을 전혀 진행하지 않는 경우가 있다. 2018년 버버리는 지난 5년간 1천 300억 원치의 제품들을 소각하였다. 버버리와 같은 명품 브랜드는 제품이 암시장 등에 흘러들어가 헐값에 '엉뚱한 사람들'에게 팔리는 것을 방지하기 위하여 시장에서 팔리지 않거나 과잉 공급된 제품을 회수하여 소각하거나 버리는 전략을 취한다.

이 같은 고가 전략(EDHP)은 비교적 높은 수준으로 가격을 결정하는 방법이며, 고소득층을 표적으로 한다. 설계, 시공의 신기술이나 신자재를 사용하여 신상품을 출시할 때 이용한다. 고객층이 한정되고 시장에서 수용 속도가 늦고 경쟁기업이 급속히 진출할 가능성이 있기 때문에, 회사의 이미지가 높을 때 이용할 수 있고, 또 상품의 차별화가 효과적으로 나타날 때 이용할 수 있다. 마케팅은 일반 대중을 상대로 하지 않고 특정 잠재 고객을 대상으로 하며, 비공개로 하고 1 대 1 대면 개별 서비스가 유효하다.

4. 기타 가격 전략

1) 단수가격

단수가격(Odd Pricing)은 가격이 소비자에게 심리적으로 더 저렴하게 인식되도록 하기 위해 끝자리를 9, 99, 990 등으로 설정하는 전략이다.

소비자의 인지적 가격 인식(Perceived Price)을 조작하여 상품을 더 저렴하게 느끼도록 유도하는 심리적 가격 책정(psychological pricing) 기법이다. 이는 소비자가 가격을 왼쪽에서 오른쪽으로 읽는 경향에 따라, 처음 보이는 숫자(첫 자릿수)에 더 큰 영향을 받는다는 점을 활용한다. 제품의 가격을 1,000원, 10,000원 등과 같이 천 단위, 만 단위로 정확히 끝나는 것이 아니라 999원, 9,800원 등으로 가격을 책정하는 전략이다. 이렇게 되면 소비자들은 제품의 가격을 더 싸다고 생각하게 된다. 단수가격은 소비자에게 제품 가격이 최하의 가능선에서 결정되었다는 인상을 주어 판매량을 증가시킬 수 있다. 단위가 한 단계 더 낮기 때문에 심리적으로는 저렴하다는 인상을 소비자들에게 심어줄 수 있다. 미국의 소매점에 가보면 일반적인 소매점포의 가격은 거의 몇 달러 99센트로 끝나는 것이 보편화되어 있는 것을 볼 수 있다.

2) 로스리더 가격

로스리더(loss leader) 가격 전략이란, 일부 상품을 원가 이하 또는 매우 낮은 가격으로 판매하여 고객을 매장으로 유인하고, 이들이 다른 고마진 상품도 함께 구매하도록 유도하는 유인형 가격 전략이다. 때로는 손실을 감수하면서까지 고객을 끌어오는 미끼 상품을 활용하는데, 소매점의 내점고객 빈도를 높이고 소매점포 전체의 가격에 대한 인상을 저렴하다고 느낌을 준다.

대부분 브랜드 인지도가 있는 인기 있는 제품을 위주로 파격적인 가격에 판매하여 효과를 극대화한다. 예를 들면, 신라면과 같은 인기 제품의 가격을 평소의 1/3 가격에 판매한다고 하면 주부들은 저렴한 가격에 신라면을 구매하러 그 매장에 방문하게 될 것이다. 소매점은 라면 판매에서는 손해를 보지만 라면을 사기 위해 고객들의 방문이 늘 것이고 그로 인해 다른 상품의 매출까지 증대할 수 있다. 로스리더 가격은 가격 경쟁이 치열한 온라인이나 모바일 커머스 사업자들에게는 자사 제품의 가격이 경쟁력이 있음을 보여주는 시그널로 작용할 수 있다. 한 소셜 판매자는 육아용품 제품군 전체를 로스리더 상품으로 내세워 주부들의 가격에 대한 신뢰를 얻으면 서 다른 카테고리의 제품군까지 매출이 급상승했다. 이 가격 전략은 신라면처럼 소비자의 신뢰를 받는 공식 브랜드를 대상으로 하며, 수요탄력성이 높고 경쟁력이 강한 상품일수록 효과가 있다.

3) 번들링 가격

번들링 가격(Bundling Pricing)은 말 그대로 묶음판매 가격 전략이다. 이 가격 전략은 화장지나 생수와 같은 단위당 단가가 낮은 제품을 묶어 포장, 판매함으로써 대량구매를 촉진시키고, 운송비용 등 관련 비용을 줄이고자 사용된다.

또는 둘 이상의 제품이나 서비스를 하나의 패키지로 묶어 하나의 통합 가격으로 판매하는 가격 전략이다. 소비자에게는 가격 인하 효과와 구매 편의성, 기업에게는 매출 증대와 재고 회전율 개선 등의 효과를 제공한다.

4) 가격라인

가격라인(Price Lining) 전략은 유사한 제품군을 몇 개의 고정된 가격 수준(라인)에 따라 나누어 가격을 설정하는 전략을 말한다. 즉 다양한 상품을 세부적으로 각각 다른 가격으로 책정하는 대신, 상품 분류 안에서 한정된 수의 프라이스 포인트(price point)를 제공하여 모든 취급품목을 몇 개의 가격 단계로만 구분함으로써 가격 구조를 단순화하고 소비자 선택을 용이하게 만드는 방식이다.

제2절

서비스(Service) 전략

소매업의 고객 서비스란 고객에게 감동적인 쇼핑경험을 제공하기 위한 일련의 활동과 프로그램의 집합을 의미한다. 고객 서비스는 고객이 구매하는 상품과 서비스에 가치를 높여주는 역할을 하는 것이다. 고객 서비스는 매장 내에서의 고객의 쇼핑 불편을 줄여주는 동선 관리에서부터 반품, A/S 등 다양하고 포괄적이다. 소매환경에서 고객경험의 질은 매장이나 온라인 채널에서 제공되는 서비스 품질에 의해 결정된다.

리테일러는 서비스의 일관성과 효율성을 확보하는 동시에 고객의 다양하고 개별적인 요구에 대응해야 하는 이중 과제를 안고 있다. 이에 따라 소매기업은 서비스 맞춤화(service customization)와 서비스 표준화(service standardization) 전략 중 하나 또는 이 둘의 균형을 통해 고객 서비스를 설계한다.

1. 서비스 균형

1) 서비스 맞춤화

서비스 맞춤화(Service Customization)는 고객의 개별적 특성과 요구를 고려하여 서비스를 차별화하고 유연하게 제공하는 전략이다. 이는 고객 데이터를 활용하거나 직원의 재량권을 확대하여 개인화된 경험을 제공하는 데 초점을 맞춘다. 장점으로는 개인의 기대에 부합하는 서비스로 충성도와 만족도를 향상시킬 수 있고 프리미엄 서비스나 VIP 고객 대상 맞춤형 응대로 부가가치 창출이 가능하다. 또한 경쟁사와 차별화된 고객경험 제공이 가능하다. 하지만 고객별 응대 방식이 달라 프로세스가 복잡해질 수 있고 추가 인력, 교육, 기술 투자 등으로 인해 비용이 증가할 수 있다.

리츠칼튼 호텔은 고객 개인화 서비스로 유명하다. 미국의 한 가족이 어린 아들이 사랑하는 기린 인형 Joshie를 리츠칼튼 호텔에 두고 귀가를 하였다. 호텔 측이 인형을 발견하자 호텔 직원이 Joshie의 '휴가 사진'을 촬영하고, 여행 앨범과 Loss Prevention ID 카드 등 맞춤형 패키지와 함께 인형을 돌려주는 서비스를 제공하여 감동 사례로 회자되고 있다. 이 외에도 리츠칼튼 호텔은 직원들에게 최대 $2,000까지 즉각적으로 고객 이슈 해결을 위한 비용을 사용할 수 있는 권한을 부여하여 고객 감동을 위한 즉각적 · 창의적 대응이 가능하게 하고 있다.

2) 서비스 표준화

서비스 표준화(Service Standardization)란 고객에게 제공되는 서비스의 내용, 절차, 품질 등을 일정한 기준에 따라 통일하여 일관된 경험을 제공하는 방식이다. 이는 서비스 프로세스를 규정하고, 직원 교육과 운영 매뉴얼을 통해 반복 가능하고 예측 가능한 서비스 품질을 유지하는 데 중점을 둔다. 서비스 표준화의 장점으로는 어느 지점에서든 일관된 고객경험 제공이 가능하고 서비스 프로세스 자동화와 효율화로 인건비 및 운영비 등 비용 절감이 용이하다. 이로 인해 동일한 브랜드 이미지 제공이 가능하다. 단점으로는 개별 고객의 특수한 상황이나 요구에 유연하게 대응하기 어렵고 기계적 응대로 인해 고객과의 감정적 유대가 약화될 수 있다는 점이 있다.

소매기업은 서비스 맞춤화와 표준화 사이에서 균형 있는 전략적 선택을 해야 한다. 대량의 고객에게 빠르고 일관된 서비스를 제공해야 하는 경우에는 표준화 전략이 유리하며, 고객의 감성적 만족이나 차별화가 중요한 프리미엄 리테일에서는 맞춤화 전략이 요구된다. 최근에는 AI, CRM을 활용하여 표준화된 프로세스 내에서 맞춤화된 경험을 제공하는 하이브리드 전략이 주목받고 있다.

2. 서비스 품질 평가

서비스 품질(Service Quality)이란 고객이 기대한 서비스 수준과 실제로 지각한 서비스 수준 간의 차이를 말하며 소비자는 제공받은 서비스에 대한 이 둘의 비교를 통해 서비스를 평가한다. 이는 객관적 서비스가 아니라 고객의 주관적 인식(perceived quality)에 의해 결정되며, 평가 대상은 서비스의 결과뿐만 아니라 제공과정도 포함된다. Parasuraman, Zeithaml, & Berry(1985)에 따르면 고객이 서비스 품질을 판단할 때 "내가 기대한 만큼의 서비스를 받았는가?" 하는 질문을 스스로에게 던진다고 한다.

만약에 인지된 서비스가 기대보다 높을 때는 고객의 만족도가 높아지는 것이다. 고객의 기대는 주로 고객의 지식과 경험에 의해 결정된다. 고객의 기대는 소매업태

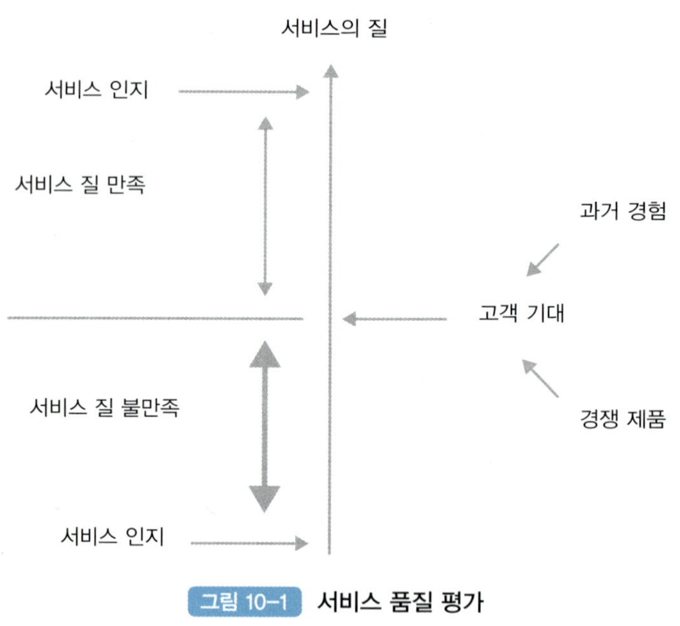

그림 10-1 서비스 품질 평가

에 따라 다르게 나타나게 된다. 고객은 백화점에 대해서는 그 서비스에 대한 기대 수준이 높고, 할인점은 낮은 기대 수준을 보이게 된다. 또한 고객의 기대 수준은 지역에 따라 다르게 나타날 수 있다. 도시와 농촌지역이 다르고, 국가에 따라서도 다르게 나타날 수 있을 것이다. 예를 들면 일본은 고객 서비스의 수준이 특히 높은 것으로 알려져 있으며, 고객들은 다른 나라 고객들보다 상대적으로 높은 기대 수준을 보일 수 있다.

3. 고객관계관리

고객관계관리(Customer Relationship Management: CRM)란 고객의 정보와 상호작용 기록을 체계적으로 수집 · 분석하여, 장기적인 관계 형성을 통해 고객 충성도와 수익성을 극대화하려는 전략적 접근 방식이다. 단순한 마케팅 활동이나 데이터베이스 관리가 아니라, 고객 생애가치(Customer Lifetime Value: CLV)를 증진시키는 고객 중심 경영 철학이다. Zeithaml et al. (2022)은 CRM은 "모든 고객을 동일하게 대하는 것이 아니라, 고객의 가치를 구분하고 이에 따라 차별화된 응대를 제공하는 것"을 의미한다고 주장했다. CRM은 고객 획득(Acquisition), 유지(Retention), 확장(Expansion)의 전 과정에서 관계를 강화하고 고객의 이탈률 감소 및 재구매율 향상이 목적이다. 또한 이를 통해 고객 생애가치(LTV)를 극대화하고 기존 고객 대상 캠페인 효과를 높임으로써 마케팅 비용을 효율화할 수 있다. 이와 함께 브랜드 충성도 및 긍정적 구전(Word of Mouth) 유도가 가능하다.

CRM은 일반적으로 다음의 4단계로 운영된다. 먼저 거래 기록, 접점 기록, 설문 응답, 웹 로그 등의 고객 데이터를 수집한다. 두 번째로 RFM(Recency, Frequency, Monetary), LTV(Life Time Value), 군집 분석 등을 통해 고객을 세분화하고 이를 토대로 개별 타깃 캠페인, 로열티 프로그램, DM/이메일 등을 통해 맞춤형 마케팅을 실행한다. 마지막으로 고객의 응답률 분석, 고객만족도 평가, 이탈률 추적을 통해 성과를 평가하고 관계를 강화한다.

표 10-2 소매업태 유형별 CRM 적용 사례

유형	사례 내용
대형마트	멤버십 카드 기반으로 구매 이력 분석 후 개인 맞춤 할인 쿠폰 제공
온라인 쇼핑몰	AI 기반 추천 알고리즘을 통해 구매 이력과 검색 패턴 기반의 상품 추천
백화점	VIP 고객 전담 매니저 운영, 등급별 혜택 제공 및 프라이빗 이벤트 초청
편의점	모바일 앱을 통한 쿠폰 발행, 이벤트 참여, 스탬프 적립 등

고객관계관리(CRM)의 핵심 목표는 고객의 생애가치(Lifetime Value)를 극대화하고, 충성 고객 기반을 확대하는 데 있다. 이 목표를 달성하기 위한 대표적 실무 도구로 다빈도 고객 프로그램(Frequent Shopper Program)과 고객 피라미드(Customer Pyramid)가 활용된다.

다빈도 고객 프로그램(FSP)은 고객의 반복적인 구매 활동을 장려하고 보상하기 위해 설계된 충성도 기반 리워드 시스템이다. 고객은 구매 빈도, 금액, 항목 수 등에 따라 포인트, 쿠폰, 상품, 등급 혜택 등을 받을 수 있으며, 기업은 이를 통해 고객 데이터를 확보하고 재방문을 유도할 수 있다. 주요 운영 방식은 구매 금액에 따라 일정 비율의 포인트를 적립하는 포인트 적립형이 있고 일정 횟수 구매시 리워드를 제공하는 스탬프형, 연간 구매 금액에 따라 등급을 부여하고 혜택을 차등화하는 등급별 멤버십형, 신용카드사, 모바일 플랫폼과 제휴해 범용 포인트 적립 및 사용이 가능한 제휴형 리워드 프로그램 등이 있다.

고객 피라미드는 고객의 수익 기여도를 기준으로 고객을 여러 층위로 구분한 구조적 분류 체계이다. 이는 기존의 단순한 고객 세분화(나이, 성별, 지역 등)에서 나아가, 실제 수익성과 행동 기반의 세분화를 통해 고객관계의 전략적 관리 방안을 도출하는 데 사용된다. 수익성이 높은 고객에게 집중적 혜택 제공하고 저수익 고객에 대한 관리 효율화 또는 제한적 대응을 하기도 한다. 또한 하위 고객을 상위 계층으로 이동을 유도하는 마케팅을 하는 데 사용되기도 한다.

고객 피라미드의 상단은 비교적 소수의 고객이 차지하지만 소매업체 매출의 상당

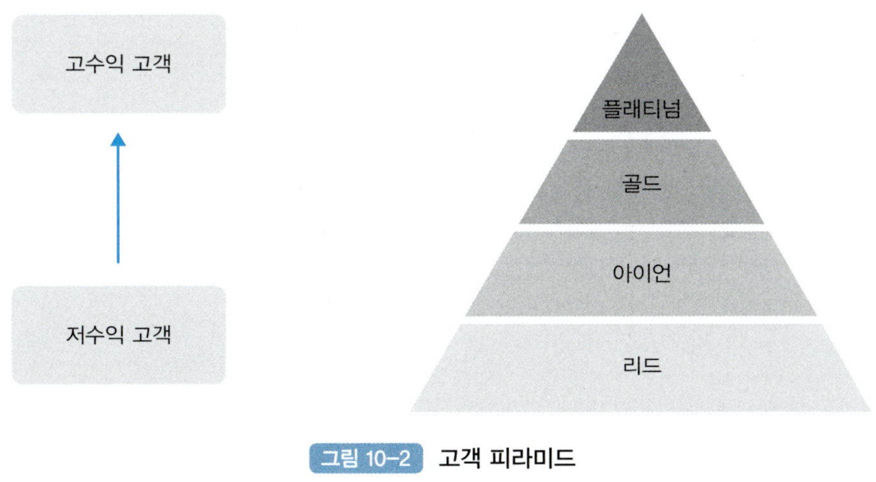

그림 10-2 고객 피라미드

부분에 큰 기여를 한다는 파레토 법칙(80:20 원칙)이 적용된다.

플래티넘(Platinum) 세그먼트 고객은 상위 25%에 해당하는 고객으로서 충성도가 높고 가장 높은 수익을 창출하는 핵심 고객층이다. 가격에 민감하지 않으며 가격보다 고객 서비스에 더 많은 가치를 부여한다. 골드(Gold) 세그먼트 고객은 차상위 25%에 해당하며 높은 수익을 내지만 일부 이탈 가능성도 존재한다. 골드 레벨 고객을 플레티넘 고객으로 올라갈 수 있게 하는 인센티브 제공이 중요하다. 아이언(Iron) 세그먼트 고객은 평균 수준의 활동과 수익을 보이는 일반 고객으로 특별한 대우를 받기에는 소비 수준, 충성도, 수익성이 충분치 않다. 가격 민감도가 크고 타 소매업체도 이용하기에 비용 대비 효과가 적은 편이다. 리드(Lead) 세그먼트 고객은 세일 상품 중심 구매, 반품 특권 남용 등으로 기업 수익에 부정적 기여를 하는 그룹이다.

이러한 고객 피라미드 분석을 통해 고수익 고객은 유지하고 중간 고객은 상위 등급으로 전환을 유도하며 저수익 고객에는 마케팅 자원을 축소하고 자동화 대응하는 등 전략적 차원으로 접근할 필요가 있다.

제3절

커뮤니케이션 믹스(Communication Mix) 전략

1. 소매 커뮤니케이션 프로그램의 목적

소매 커뮤니케이션 프로그램(retail communication program)은 소매기업이 고객과 효과적으로 소통하고, 자사 브랜드와 매장을 긍정적으로 인식하도록 유도하는 일련의 전략적 활동이다. 이 프로그램은 단순한 광고나 홍보 활동을 넘어서, 고객의 인식과 행동을 변화시키기 위한 통합적 마케팅 커뮤니케이션(Integrated Marketing Communications: IMC) 전략의 일환으로 이해되어야 한다.

커뮤니케이션 프로그램의 주요 목적 중 하나는 소매점이나 소매 브랜드에 대한 인지도(awareness)를 높이는 것이다. 고객이 매장이나 브랜드를 인식하지 못한다면 구매로 이어질 가능성은 없다. 특히 신제품이나 신규 매장 오픈 시 초기 인지도를 확보하는 것이 중요하다.

둘째, 커뮤니케이션은 고객의 마음 속에 일관된 브랜드 이미지를 구축하는 데 기여한다. 예를 들어, 고급스러운 이미지를 추구하는 백화점은 프리미엄 광고, 세련된 비주얼 머천다이징, 정제된 언어 사용 등을 통해 브랜드 포지셔닝을 강화한다. 이는 고객의 감정적 유대와 브랜드 충성도(brand loyalty)를 높이는 데도 연결된다.

셋째, 커뮤니케이션 활동은 고객이 실제 매장을 방문하거나 온라인 쇼핑몰에 접속하도록 행동을 유도하는 기능을 수행한다. 특별 프로모션, 이벤트, 세일 정보 등은 고객의 구매 행동을 직접적으로 자극하여 방문과 매출 증가를 이끌어낸다. 이 과정에서 명확한 콜 투 액션(Call to Action: CTA)이 동반되어야 하며, 측정 가능한 성과지표(KPI)를 통해 효과성을 평가해야 한다.

넷째, 제품 및 서비스 정보 전달이다. 소매점은 고객에게 제품의 특성, 가격, 사용법, 혜택 등을 명확히 설명해야 한다. 특히 소비자가 정보 탐색을 선호하는 고관여 제품(high-involvement product)의 경우, 풍부하고 정확한 정보 제공은 구매 결정에 핵심적이다.

마지막으로 고객과의 관계 구축 및 유지이다. 현대 소매업은 단기 판매보다 장기적인 고객관계 구축을 중요시한다. 커뮤니케이션은 고객과의 지속적 접점 유지, 로열티 프로그램 운영, 맞춤형 메시지 전달을 통해 관계마케팅을 실현한다.

2. 소매 커뮤니케이션 매체

소비자에게 제품에 대한 직접적인 정보 전달을 목적으로 하는 커뮤니케이션 활동 매체는 디지털 매체와 전통적인 매체로 나눌 수 있다. 디지털 매체는 웹사이트, 이메일, 모바일과 같은 온라인과 유튜브, 페이스북, 블로그, 인스타그램 같은 소셜미디어가 포함된다. 전통적인 매체는 TV를 포함한 대중매체, 홍보(publicity), 판매촉진(sales promotion), 점포 내 마케팅(In-Store Marketing), 인적 판매(personal selling) 등이 포함된다. 이러한 요소들을 전략적으로 결합하는 것을 소매 커뮤니케이션 믹스라고 한다.

1) 전통적 매체

대중매체 광고(Mass Media Advertising)는 TV, 라디오, 신문, 잡지 등의 매체를 통해 불특정 다수의 소비자에게 소매점 및 제품 정보를 전달하는 수단이다. 특징은 광범위한 도달력으로 대규모 청중에게 동시에 메시지를 전달할 수 있다. 하지만 직접적인 반응 측정이 쉽지 않고 노출당 비용(CPM)은 낮지만, 초기 투자 비용이 높다. 때문에 단기 매출보다 브랜드 인지도 및 이미지 형성에 효과적이다. 대형 할인점, 백화점, 전국 체인 브랜드가 텔레비전 광고나 신문 전면 광고를 통해 시즌 세일을 알리는 방식 등으로 많이 활용한다.

퍼블리시티(Publicity)는 언론을 통해 자연스럽게 노출되는 기사, 보도자료, 뉴스 보도 등을 의미하며, PR(Public Relations)은 조직의 대외적 이미지 향상을 위한 전략적 활동이다. 소비자는 광고보다 언론 보도를 더 신뢰하는 경향이 있기 때문에 신뢰도 제고에 효과적이며 보통 유료 광고에 비해 비용이 적거나 들지 않는다. 하지만 메시지 내용이나 노출 시점을 매체가 결정하여 통제에 한계가 있다. 위기 관리 및 CSR 활동과 연계하여 브랜드 평판을 관리하는 데 활용될 수 있다. 예를 들어, 신규 매장 오픈 보도자료를 배포하여 지역 언론에 기사화하거나, 친환경 활동을 소개하여 브랜드 이미지를 제고할 수 있다.

판매촉진(Sales Promotion)은 단기간 내 고객의 구매를 유도하기 위해 시행되는 인센티브 제공 활동으로, 할인, 쿠폰, 경품, 사은품 증정 등이 포함된다. 판촉을 통해 즉각적인 행동을 유도할 수 있고 쿠폰 회수율과 판매 증가율 등 측정이 용이한 장점이 있다. 단 즉시 매출 효과는 크지만, 장기 효과는 제한적이고 소비자가 할인에 익숙해지면 가격 민감도가 상승하는 부작용도 있다. 대형마트나 편의점에서 1+1 행사, 포인트 적립, 계절 세일 등의 형태로 자주 활용된다.

표 10-3 전통적 매체 비교

구분	커버리지	반응 유도	메시지 통제	비용 수준	관계 구축
대중매체 광고	높음	낮음	높음	높음	낮음
퍼블리시티/PR	중간	낮음	낮음	낮음	중간
판매촉진	중간	높음	높음	중간	낮음
인스토어 마케팅	낮음	높음	높음	낮음~중간	중간
인적 판매	낮음	매우 높음	높음	높음	매우 높음

인스토어 마케팅(In-Store Marketing)은 매장 내에서 고객의 구매 의사결정에 직접 영향을 미치기 위한 커뮤니케이션 수단으로, POP(Point of Purchase) 디스플레이, 디지털 사이니지, 매장 방송, 시식, 매장 분위기 등이 포함된다. 구매 시점 커뮤니케이션으로 고객이 실제로 구매하는 순간에 영향력 있고 특정 브랜드나 신상품을 부각시키는 데 효과적이다. 고객 동선을 고려해 전략적으로 배치할 경우 충동구매로 연결돼 구매율이 증가할 수 있다. 예를 들어, 슈퍼마켓 계산대 앞에 제품 전시나 표시를 할 경우 소비자들은 계산을 기다리는 동안 POP전시를 보고 구매로 이어질 수 있다.

인적 판매(Personal Selling)는 소매 직원이나 판매원이 고객과 1:1로 직접 커뮤니케이션하여 제품을 설명하고 구매를 유도하는 활동이다. 고객의 요구에 따라 맞춤형 정보를 제공할 수 있고 판매원과 고객 간 신뢰 형성이 충성도 증가로 이어질 수 있다. 하지만 인건비 부담으로 고관여 제품에 적합하다. 예를 들어, 백화점 명품관, 전자제품 전문 매장 등에서 제품 비교 설명과 시연을 제공하는 방식이다.

2) 디지털 매체

디지털 커뮤니케이션 매체는 인터넷 기반 기술을 활용하여 소비자와의 실시간 상호작용을 가능케 하는 현대적 소매 커뮤니케이션 수단이다. 전통적 매체가 일방향적 정보 전달 중심이라면, 디지털 매체는 쌍방향 커뮤니케이션, 데이터 기반 타기팅, 고객 참여를 특징으로 한다. 디지털 매체는 특히 MZ세대 소비자와의 연결성 강화, 퍼포먼스 마케팅, 옴니채널 전략 구현의 핵심 수단으로 활용되고 있다.

먼저 소셜미디어 마케팅(Social Media Marketing)은 페이스북, 인스타그램, 유튜브, 틱톡, 트위터(X) 등 소셜 플랫폼을 통해 브랜드 콘텐츠를 게시하고 고객과의 상호작용을 유도하는 커뮤니케이션 활동이다. 특징으로는 콘텐츠 공유를 통한 고객참여 중심의 바이럴 효과가 높다. 또한 정서적 연결성이 강화되어 공감 기반의 브랜드 이미지 형성이 가능하다. 도달률, 전환율, 참여율 등 정량적 분석이 가능한 것도 장점이다. 버거킹(Burger King)의 '볼디 와퍼' 캠페인은 보존료 없는 햄버거의 부패과정을 타임랩스로 공개해 파격적 비주얼로 주목을 유도하고 크로스 플랫폼 전략으로 14

억 회 이상의 노출을 달성하여 성공 사례로 회자되고 있다.

검색 엔진 마케팅(Search Engine Marketing: SEM)은 구글, 네이버, 다음 등의 검색엔진에서 특정 키워드 기반으로 유료 광고 또는 검색 최적화를 통해 고객 유입을 유도하는 전략이다. 클릭당 비용 지불(Pay-per-click) 형태로 성과 기반 비용 구조의 특징이 있고 구매 의도가 높은 고객이 유입되며 지역, 시간, 기기 기반 정밀 타기팅이 가능하다. 예를 들어, '가을 원피스' 검색 시 자사 브랜드 광고 노출 및 쇼핑몰로 바로 연결되는 형태이다.

이메일 마케팅(Email Marketing)은 고객의 동의를 바탕으로 뉴스레터, 쿠폰, 신상품 소개 등을 이메일로 발송하여 지속적인 관계를 유지하는 직접 마케팅 수단이다.

고객명, 관심사, 구매 이력 기반 개인 맞춤 콘텐츠 제공이 가능하며 대규모 발송에도 비용 부담이 적다. 또한 오픈율, 클릭률, 전환율 등 분석이 가능하다. 쿠팡의 생일 쿠폰 이메일, 마켓컬리의 장바구니 리마인드 메일 등을 예로 들 수 있다.

모바일 마케팅(Mobile Marketing)은 스마트폰과 태블릿을 기반으로 한 문자, 앱 푸시 알림, 위치 기반 마케팅 등 모바일을 활용한 커뮤니케이션을 말한다. 시간 · 장소 구애 없는 즉시성이 특징이며 개인화 마케팅에 최적화되어 있다. 또한 앱 알림으로 고객 충성도를 유도할 수 있다. 이마트 앱의 할인 알림 푸시 메시지, 카카오톡 채널을 통한 마케팅 메시지 발송 등이 있다.

브랜드 웹사이트 및 이커머스 플랫폼(Brand Website & E-commerce)은 소매 브랜드가 자사 상품 및 브랜드 정보를 통합 제공하고 직접 판매까지 연계하는 디지털 플랫폼이다. 가격, 콘텐츠, 디자인 등 자율적 운영이 가능하고 옴니채널 거점 역할을 할 수 있다.

자사몰을 통하면 고객 데이터를 축적하여 데이터 기반 마케팅이 가능하다. 무신사 스토어, 아모레퍼시픽몰, 나이키닷컴 등을 예로 들 수 있다.

전통적 매체든 디지털 매체든 상관없이 고객 타깃의 특성에 맞게 다양한 소매 커뮤니케이션 믹스가 통합적 전략하에 운영되어야 하며, 고객여정(customer journey)의 각 단계에서 적절한 메시지를 제공하는 것이 중요하다.

표 10-4 디지털 커뮤니케이션 매체 현황

매체 유형	핵심 강점	측정 지표	주된 활용 예시
소셜미디어	참여 유도, 확산성	참여율, 공유 수, 도달률	인스타그램 챌린지
검색엔진 마케팅	타기팅, 구매 전환 유도	클릭률, 전환율, CPC	구글 광고
이메일 마케팅	개인화, 유지 마케팅	오픈율, 클릭률, 구독 해지율	뉴스레터
모바일 마케팅	실시간성, 위치 기반 타기팅	푸시 반응률, 재방문율	앱 푸시
브랜드 웹사이트/몰	통합 채널, 직접 판매	방문자 수, 체류시간, 구매율	자사몰

| Case View |

1% 모십니다…100% 특별한 백화점 VIP의 세계

한 명품 브랜드의 '주문자 맞춤 생산(made-to-order)' 행사에 초청된 롯데백화점VIP. 퍼스널 쇼퍼와함께 나타난 이 VIP는 1억 원 상당의 고급 모피를 구매한 뒤 VIP만 입장 가능한 라운지로 자리를 옮겼다. 롯데백화점부산본점이 VIP를 위해 만든 '에비뉴엘라운지'는 감각적인 인테리어, 4,000만 원을 호가하는 우아한 하이엔드 가구들과 유명 작가의 대형 그림이 전시돼 마치 프랑스의 고급 갤러리를 연상시켰다. 하이엔드급 오디오에서는 유명 재즈 칼럼니스트가 선곡한 음악이 흘러나오고 있었다. 이 라운지에 입장할 수 있는 최상위 고객 등급 '에비뉴엘'이 되려면 연간 1억 원 이상을 롯데백화점에서 써야 하는 것은 물론이고, 백화점이 자체적으로 선정한 각종 기준을 통과해야만 한다.

"상위 20%가 전체 시장의 80%를 책임진다"는 파레토법칙이 가장 잘 들어맞는 곳이 바로 백화점이다. 한 번에 수천만 원, 혹은 수억 원대 제품을 구입하는 '큰손'을 잡기 위해 백화점들은 VIP에게 명품 브랜드 신제품을 가장 먼저 만날 수 있는 이벤트나 요트 투어 참여 기회를 주는 것은 물론 미래 고객이 될 가능성이 높은 VIP의 자녀까지 공략하는 각종 제도를 운영하고 있다. 백화점이 특별 관리하는 VIP가 되는 기준은 업체마다 천차만별이다. 롯데백화점에는 7개 등급으로 이뤄진 우수고객(MVG) 제도가 있다. 구매액 기준으로 연 400만~800만 원은 가장 낮은 등급인 'VIP', 1억 원 이상일 경우 '레니스' 등급을 부여받는다. 올해 새로 만든 최상위 VVIP인 '에비뉴엘' 등급은 1년간 구매액 1억 원 이상과 함께 외부에 공개되지 않은 각종 기준을 만족한 고객만 받을 수 있다. 최하위 '레드'부터 최상위 '트리니티'까지 6단계의 VIP 등급을 운영 중인 신세계백화점은 연간 구매액과 구매 횟수 두 가지를 따져 VIP를 선정한다. 2번째로 높은 '다이아몬드'의 경우 연 구매액 6,000만 원 이상과 구매 횟수 연 12회를 만족해야 하는 식이다. 최상위 등급인 '트리니티'는 전체 VIP 중 구매액과 횟수 양쪽에서 가장 우수한 999명에게 부여된다.

현대백화점은 백화점 카드로 연간 최소 4,000만 원 이상을 구입하고 각종 기준을 만족한 고객에게 상위 3위 VIP 등급인 '쟈스민블랙' '쟈스민블루' '클럽쟈스민'을 부여한다. 갤러리아백화점은 상위 0.1%만 엄선한 'PSR블랙', 연 1억 원 이상을 쓴 'PSR화이트' 등 총 7개 VIP 등급을 운영 중이다. 백화점 VIP가 되면 누릴 수 있는 대표적인 혜택이 퍼스널 쇼핑 서비스다. 롯데백화점의 경우 예약 MVG 고객에 한해 전문 퍼스널 쇼퍼가 동행하면서 1대1 맞춤 쇼핑을 제안하고, 각종 백화점 행사도 안내한다. 고객이 원하는 상품뿐 아니라 호텔, 공항, 공연 등을 대신 예약해주는 '집사' 역할도 도맡는다. 신세계백화점 VIP가 되면 신세계사이먼 프리미엄아울렛, 면세점, 까사미아 등 이 백화점 관계사 매장에서도 상시 할인과 VIP 라운지 이용 등 똑같은 VIP 혜택을 받을 수 있다. JW메리어트, 그랜드조선호텔 등 특급호텔 숙박에 쓸 수 있는 프라이빗포인트도 지급된다.
VIP만 드나들 수 있는 전용 공간도 주목된다. 갤러리아백화점은 대전에 백화점 밖 VIP 살롱인 '메종갤러리아'를 운영 중이다. 대부분 백화점 안에 있는 VIP 공간을 백화점 밖에 연 것은 이곳이 처음이다. 총 5개 층, 연면적 310평으로 문을 연 메종갤러리아에서는 다양한 테마를 주제로 갤러리아가 직접 큐레이션한 제품을 VIP에게만 공개한다. VIP를 위한 문화센터도 따로 있다. 메종갤러리아가 다양한 브랜드와 손잡고 선보이는 VIP 전용 문화 클래스는 매번 이용 예약이 조기에 마감될 정도로 인기다. 현대백화점은 최고 등급 '쟈스민' 고객만 들을 수 있는 프라이빗문화 강좌인 '더 스튜디오 클래스'를 열고 있다. VIP만을 위한 이벤트도 잇따른다. 롯데백화점은 지난해 12월 MVG 고객만을 위한 언택트 연말 콘서트를 열었다. 서울 MVG 고객을 부산으로 데려가 요트 체험을 하게 하고, 이후 고급 레스토랑에서의 식사와 현지 초고가 호텔 숙박을 경험한 뒤 롯데백화점 부산본점의 새 브랜드를 둘러보게 하는 '요트 투어'도 열었다. MVG 고객 20~30명에게는 미쉐린 인증 레스토랑에서 '아트클래스'를 즐길 수 있는 기회도 줬다. 백화점이 VIP에 공을 들이는 이유는 이들의 씀씀이가 주요 수입원이기 때문이다. '명품 1번지'로 꼽히는 갤러리아백화점의 경우 연 1억 원 이상을 쓰는 VIP 고객의 올해 1~4월 매출이 작년 같은 기간보다 70%나 늘었다. 전체 매출에서 상위 10% VIP가 차지하는 비중은 60%에 달할 만큼 절대적이다.
백화점의 관리 대상은 VIP뿐만이 아니다. 롯데백화점은 MVG 고객의 자녀를 잠실 '키자니아'로 초청해 프라이빗 핼러윈파티를 열었다. VIP의 자녀들도 향후 미래의 VIP가 될 가능성이 높은 만큼 일찍부터 공을 들이는 것이다. 최근에는 새로운 명품 '큰손'으로 떠오른 2030 VIP를 잡기 위한 노력도 이어진다. 롯데백화점은 서울 잠실 시그니엘호텔과 롯데백화점 잠실점 에비뉴엘에서 연간 6억 원 이상을 소비하는 롯데백화점 2030 VVIP 50명을 위한 '영앤리치' 행사를 열었다.
신세계백화점은 2030을 타깃으로 한 새로운 VIP 등급을 운영 중이다.

출처: 매일경제(2021.05.28.).

Chapter Summary

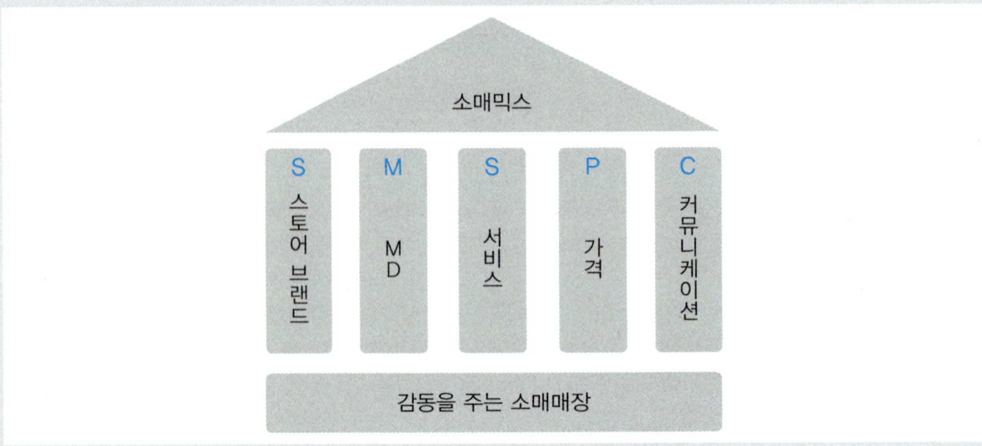

Key Words

High-Low, EDLP, 고객관계관리, 서비스 품질 평가, 커뮤니케이션 믹스

Discussions

1. 소매업 가격 전략에 있어서 EDLP와 High/Low 가격 전략의 장단점을 비교하고 이에 대해 토의해 보세요.
2. 서비스 맞춤화와 서비스 표준화를 각각 비교하고 장단점에 대해 토의해 보세요.

Reference

Belch, G. E., & Belch, M. A. (2017). *Advertising and promotion: An integrated marketing communications perspective* (11th ed.). McGraw-Hill Education.

Berman, B., & Evans, J. R. (2018). *Retail management: A strategic approach* (13th ed.). Pearson.

Berry, L. L., & Parasuraman, A. (1991). *Marketing services: Competing through quality*. Free Press.

Chaffey, D., & Ellis-Chadwick, F. (2019). *Digital marketing* (7th ed.). Pearson.

Clow, K. E., & Baack, D. (2020). *Integrated advertising, promotion, and marketing communications* (9th ed.). Pearson.

Dunne, P. M., & Lusch, R. F. (2008). *Retailing*. Thomson South Western.

Fassnacht, M., & El Husseini, S. (2013). EDLP versus Hi-Lo Pricing Strategies in

Retailing – A State of the Art Article. *Journal of Business Economics, 83*(3).

Fitzsimmons, J. A., & Fitzsimmons, M. J. (2014). *Service management: Operations, strategy, information technology* (8th ed.). McGraw-Hill.

Gwinner, K. P., Gremler, D. D., & Bitner, M. J. (1998). Relational Benefits in Services Industries: The Customer's Perspective. *Journal of the Academy of Marketing Science, 26*(2), 101–114.

Huang, Q., Nijs, V. R., Hansen, K., & Anderson, E. T. (2012). WalMart's Impact on Supplier Profits. *Journal of Marketing Research, 49*(July), 131–143.

Kotler, P., Kartajaya, H., & Setiawan, I. (2021). *Marketing 5.0: Technology for humanity*. Wiley.

Kotler, P., Keller, K. L. (2016). *Marketing management* (15th ed.). Pearson Education.

Kumar, V., & Reinartz, W. (2018). *Customer relationship management: Concept, strategy, and tools* (3rd ed.). Springer.

Levy, M., Weitz, B. A., & Grewal, D. (2019). *Retailing management* (10th ed.). McGraw-Hill Education.

Levy, M., Weitz, B. A., & Grewal, D. (2022). *Retailing management* (11th ed.). McGraw-Hill Education.

Li, X., Gu, B., & Liu, H. (2013). Price Dispersion and Loss-Leader Pricing: Evidence from the Online Book Industry. *Management Science, 59*(6), 1290–1308.

Lovelock, C., & Wirtz, J. (2022). *Services marketing: People, technology, strategy* (9th ed.). Pearson Education.

Parasuraman, A., Zeithaml, V. A., & Berry, L. L. (1985). A conceptual model of service quality and its implications for future research. *Journal of Marketing, 49*(4), 41–50.

Payne, A., & Frow, P. (2005). A strategic framework for customer relationship management. *Journal of Marketing, 69*(4), 167–176.

Reiley, D., Dreze, X., Hoch, S. J., & Purk, M. E. (1994). EDLP, Hi-Lo, and Margin Arithmetic. *Journal of Marketing, 58*(4), 16–27.

Ryan, D. (2016). *Understanding digital marketing: Marketing strategies for engaging the digital generation* (4th ed.). Kogan Page.

Taleizadeh, A. A., Babaei, M. S., Akhavan Niaki, S. T., & Noori-daryan, M. (2020). Bundle pricing and inventory decisions on complementary products. *Operational Research, 20*(2), 445–462.

Tomas, M., & Morwitz, V. (2005). Penny wise and pound foolish: The left-digit effect in price cognition. *Journal of Consumer Research, 32*(1), 54–64.

Tuten, T. L., & Solomon, M. R. (2020). *Social media marketing* (4th ed.). Sage Publications.

Zeithaml, V. A., Bitner, M. J., & Gremler, D. D. (2022). *Services marketing: Integrating customer focus across the firm* (8th ed.). McGraw-Hill Education.

R E T A I L M A N A G E M E N T

Chapter XI

새로운 고객경험

제1절

고객경험

1. 고객경험의 개념과 등장 배경

고객경험(Customer Experience: CX)은 소비자가 기업과 접촉하는 전 과정에서 인식하고 체감하는 모든 감정적 · 인지적 반응의 총체를 의미한다. 이에는 마케팅 활동, 제품 탐색, 구매, 서비스 응대, 디지털 인터페이스와의 상호작용 등 다양한 접점에서 발생하는 경험이 포함되며, 고객의 기대, 인지, 감정, 행동을 유기적으로 반영한다.

과거의 전통적 마케팅이 제품의 품질이나 가격과 같은 기능적 요소에 초점을 맞췄다면, 현대의 마케팅은 고객의 주관적 경험과 정서적 반응을 중심으로 기업 경쟁력을 설명한다.

물건을 만들 때 디자인 관점의 사용자경험(User Experience)에 집중한다면, 팔 때는 브랜드경험(Brand Experience), 경영의 관점에서는 고객경험(Customer Experience)이 중요하다. 애플의 아이폰이 세계적 브랜드가 된 배경에는 아이폰의 기술력과 세련된 디자인, 콘텐츠 플랫폼이 있었지만 애플스토어라는 공간을 애플 타운홀(Apple Town Hall)로 재정의하고 단순한 제품 구매공간이 아닌 브랜드 철학과 커뮤니티를 공유하는 장소를 구현한 데 있었다. 애플 지니어스가 제공하는 최고의 서비스를 받고 이동형 POS단말기를 통해 편안한 결제 프로세스를 구현하고 마음껏 제품을 체험할 수 있는 고객경험을 통해 비로소 완성되었다.

이러한 패러다임 전환은 '경험경제(Experience Economy)'라는 이론을 통해 구조화된다. 경험경제는 고객이 단순히 제품이나 서비스를 소비하는 것이 아니라, 해당 과정을 통해 느끼는 몰입적이고 기억에 남는 경험에 더 높은 가치를 부여한다는 전제에 기반한다. 특히, 소비자는 자신이 참여하고 감정적으로 반응한 경험에 대해 더 큰 지불 의사를 가지며, 이는 가격 경쟁력을 뛰어넘는 감성적 차별화 요소로 작용한다.

Bernd H. Schmitt는 체험 마케팅(Experiential Marketing)의 개념을 정립하고, 이를 감각체험, 감성체험, 인지체험, 행동체험, 관계체험의 5가지 전략적 체험 모듈(Strategic Experiential Modules: SEMs)로 분류하였다.

첫째, 감각체험(Sense Experience)은 시각, 청각, 촉각, 후각, 미각 등 오감을 자극하는 체험으로 구성된다. 이는 소비자에게 심미적 즐거움과 브랜드 인지의 강화를 제공하며, 제품이나 서비스에 대한 긍정적인 첫인상을 유도한다.

둘째, 감성체험(Feel Experience)은 소비자의 감정적 반응을 유발하는 체험이다. 이는 주로 감동적인 스토리텔링, 음악, 이미지 등을 통해 이루어지며, 브랜드와 소비자 간의 정서적 유대감 형성에 기여한다.

셋째, 인지체험(Think Experience)은 소비자의 창의적 사고와 문제 해결 능력을 자극한다. 이는 독창적인 광고, 지적 호기심을 자극하는 콘텐츠 등을 통해 제공되며, 지적 몰입과 브랜드에 대한 깊은 관심을 유도한다.

넷째, 행동체험(Act Experience)은 소비자의 행동, 라이프스타일, 상호작용 방식의 변화를 유도하는 체험이다. 직접적인 체험 참여, 워크숍, 행동 기반 캠페인 등을 통해 소비자가 제품이나 브랜드를 행동적으로 내면화하게 만든다.

다섯째, 관계체험(Relate Experience)은 사회적 정체성, 소속감, 공동체 의식을 기반으로 한 체험이다. 이는 커뮤니티 마케팅, 소비자 간 상호작용, 사회적 가치 제안을 통해 실현되며, 소비자 간 공유 경험과 브랜드 충성도 형성에 중요한 역할을 한다.

Schmitt의 전략적 체험 모듈(SEMs)에서 각 모듈은 독립적으로도 작용하지만, 통합적으로 활용될 때 브랜드의 체험 가치와 소비자 몰입도를 극대화할 수 있다. 체험 마케팅은 단기적 판매를 넘어서, 소비자와의 장기적인 관계 형성과 브랜딩 전략에

그림 11-1 **체험 마케팅의 6가지 전략적 모듈**

출처: Schmitt, B. H. (1999).

핵심적인 역할을 수행한다.

대만 타이페이의 스타벅스 매장 고객을 대상으로 조사한 연구에 따르면, 감성(feel), 인지(think) 체험을 통해 형성적 감성적 · 기능적 체험가치가 고객만족도를 높이며 이로 인해 충성도가 높아지는 것으로 나타났다. 이 외에 많은 연구에서 체험 마케팅은 고객만족도를 매개로 충성도에 유의미한 영향을 미치거나 고객충성도에 직접적인 영향을 미치는 핵심 요소로 나타나 소매업의 영역에서도 그 중요성이 높아지고 있다.

경험 마케팅의 개척자들로 일컬어지는 파인앤길모어(Pine & Gilmore)는 경제적 가치의 진화를 상품-제품-서비스-경험으로 이어지는 4가지 단계로 설명하고 있다. 상품 비즈니스(Commodities Business)는 자연에서 채취하거나 생산된 원재료(밀, 커피원두, 원유 등)를 판매하는 단계로 대체 가능성이 높고 가격 경쟁이 심하다. 제품 비즈니스(Goods Business)는 원재료를 가공하여 만든 물리적 제품(커피분말, 자동차, 가전제품)을 판매하는 단계로 차별화된 디자인이나 기능으로 경쟁한다. 서비스 비즈니스(Service Business)는 제품을 기반으로 한 편의성 중심의 활동을 제공(커피를 내려주는 서비스, 호텔 숙박 등)하며 고객의 시간과 노력을 줄여주는 것이 핵심이다. 경험 비즈니스(Experience Business)는 고객이 기억에 남는 몰입형 경험을 하도록 설계된 비즈니스(스타벅스 매장에서의 분위기와 경험 등)로 감정, 감각, 스토리텔링 중심의 차별화가 특징이다.

사람들은 더 이상 단순히 제품을 사지 않으며 그 제품이 주는 경험을 산다. 기업의 제품이 혹은 브랜드가 더 높은 가격의 가치를 얻기 위해서는 그들의 고객을 위해 기억에 남을 만한 이벤트를 마련해야 하는 새로운 경험경제 시대의 경계선에 서 있

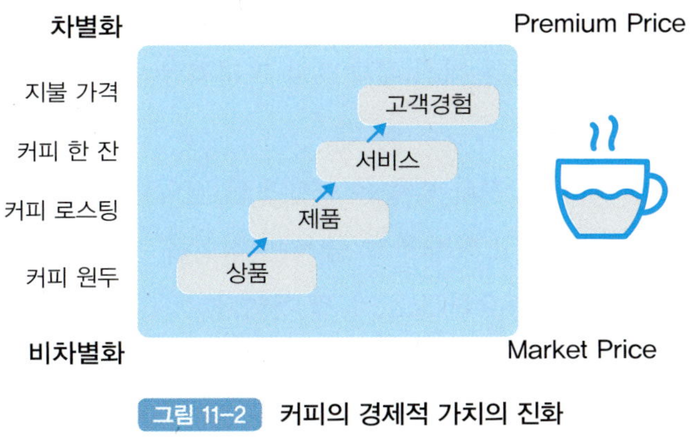

그림 11-2 커피의 경제적 가치의 진화

출처: Pine & Giomore(1999).

다고 볼 수 있다.

2. 오프라인 소매업 생존의 열쇠: 고객경험

1) 오프라인 소매업의 진화

아마존을 필두로 한 이커머스가 급성장하고 모바일 쇼핑이 대중화되며 시작된 오프라인에서 온라인 유통으로의 파워 시프트(power shift) 현상은 코로나 팬데믹으로 인해 지각변동을 일으켰다. 사회적 거리두기로 인해 매장 방문이 제한되면서 백화점, 쇼핑몰, 전통시장의 방문객 수는 급감하고 소비자들은 비대면 쇼핑을 선호하면서 이커머스는 폭발적으로 성장하게 되었다. 반면 오프라인 매장들은 임대료와 인건비 등의 고정비를 감당하지 못하고 매장을 철수하거나 폐업하기에 이른다. 2019년 한 해에만 미국에서 9,300개 매장이 폐점했으며 토이저러스, 시어스, JC페니, 니만마커스 등이 파산보호 신청을 하는 등 소매유통의 종말을 일컫는 리테일 아포칼립스(Retail Apocalypse) 현상이 오프라인 소매업을 대표하는 단어가 되었다. 하지만 오프라인 소매업은 온라인 유통에서 제공하지 못하는 감각적 · 사회적 힐링공간으로서의 아이덴티티(Identity)를 강화하며 Charles Darwin의 진화론처럼 환경에 적응하며 진화해 가고 있다. 단순한 쇼핑을 넘어 감정적 위로와 심리적 만족을 제공하는 리테일 테라피(Retail Therapy)의 핵심 무대로서 파격적인 공간 구성과 매장 내 체험형 콘텐츠를 강화하고 있다.

앞으로의 오프라인 매장의 진화 방향은 콘텐츠를 담아내는 미디어로서의 역할과 오락과 체험 요소를 결합해 소비자에게 즐거운 경험을 제공하는 리테일테인먼트(retailtainment) 역할이 가장 중요한 요소가 될 것이다.

콘텐츠 미디어(Contents Media)의 역할은 스포츠 경기에서 스타디움 전광판이나 펜스에 스폰서가 광고를 거는 것처럼 오프라인 매장을 다양한 브랜드의 경험 공간으로 일정 기간 빌려주며 수익모델화 하는 것이다. 2019년 갤러리라파예트(Galeries Lafayette) 백화점은 로저비비에(Roger Vivier)에게 1층 전체를 빌려주고 유리로 둘러쌓인 박스형 구조의 스카이 박스 공간을 조성해 로저비비에의 브랜드 세계관을 체험하는 공간으로 조성하였다. 리테일테인먼트(retailtainment) 매장으로서 가장 대표적인 쇼필즈(Showfields)백화점은 "세상에서 가장 재미있는 백화점(The Most Interesting Store in the World)"이라는 수식어가 붙을 정도로 단순히 물건을 파는 공간이 아니라 예술, 체험이 결합된 몰입형 경험을 제공하고 있다. 온라인의 트렌디한 브랜드를 유치해 갤러리처럼 꾸며진 별도의 독립된 테마룸에서 제품을 전시하고 360도 체험해 볼 수 있는 재미있는 장치들을 배치하고 있다. 하지만 코로나 충격과 수익구조 문제로 파산을 신청하면서 체험형 매장의 수익화 장치 마련이 중요한 과제로 떠오르고 있다.

표 11-1 오프라인 매장의 리테일 테라피 역할

역할	내용
감각자극의 공간	조명, 향기, 음악, 촉감 등 오감 자극으로 감정적 몰입 유도
사회적 교류의 장	직원과의 대화, 동행자와의 경험 공유를 통해 정서적 유대 형성
디지털 디톡스 공간	아날로그적 경험을 통한 실제 체험의 시간
브랜드경험의 무대	브랜드 세계관을 체험하는 공간
심리적 위로 제공	나를 표현하고 감정 치유

2) 브랜드경험

브랜드들은 특정한 공간 디자인으로 자신들의 포지셔닝과 브랜드 가치를 표현한다. 도시사회학의 개념에서 제기된 제3의 장소(Third Place)는 사람들이 가정과 직장 외에 자유롭고 비공식적으로 어울릴 수 있는 공간을 말한다. 제3의 장소는 다양한 사회경제적 배경을 가진 방문객들이 대화를 하고 친분을 나누는 포용적인 공간, 소셜허브로서의 기능을 하는 공간을 말한다. 현대 소비자, 특히 Z세대와 밀레니얼 세대는 브랜드가 제공하는 내러티브와 정체성에 감정적으로 공감하며, 이러한 가치를 직접 체험할 수 있는 제3의 공간을 선호한다. 이들은 제품의 기능적 가치를 넘어서, 매장에서의 공간 구성, 시각적 연출, 인터랙티브 기술 등을 통해 경험하는 브랜드의 세계관에 더 높은 충성도를 보이는 경향이 있다. 이에 따라 많은 브랜드들은 오프라인 매장을 단순 판매 장소가 아닌, 고객과의 정서적 접점을 강화하는 '스토리텔링 기반 체험 공간'으로 전환하고 있다.

대표적인 사례로 나이키(Nike)는 미국 뉴욕의 'House of Innovation' 플래그십스토어에서 디지털 인터페이스와 AR 기술을 활용해 고객이 자신만의 운동화를 디자인하고 바로 구매할 수 있도록 하는 'Nike Maker's Experience'를 운영하고 있다. 이 매장은 단순한 제품 전시를 넘어, 운동 문화와 혁신 브랜드 이미지를 경험할 수 있는 장으로 설계되었으며, 온라인 앱(Nike Run Club)과 연동되어 온·오프라인 경험의 일관성을 유지하고 있다.

스타벅스(Starbucks)는 집과 직장을 벗어난 현대인의 제3의 공간을 실제적으로 구현한 대표적인 사례로서 최근에는 프리미엄 라인업인 '리저브(Reserve)' 매장을 통해 감각적 공간 구성과 기술 체험을 결합한 오프라인 경험을 제공한다. 예를 들어, '리저브 로스터리' 매장에서는 증강현실(AR) 기술을 활용해 커피 원산지 정보 및 로스팅 과정을 실시간으로 시각화함으로써 고객의 몰입감을 높인다. 이는 커피라는 일상재를 감각적 체험의 대상으로 전환하는 전략으로 해석할 수 있다.

국내에서도 유사한 시도가 활발히 전개되고 있다. 젠틀몬스터(Gentle Monster)는 '공간 예술 브랜드'라는 콘셉트에 맞춰 매장을 단순 판매 공간이 아닌, 예술 전시와 같은 콘셉트 쇼룸으로 운영한다. 서울의 주요 매장에서는 시즌별 테마 전시와 오브제를 통해 브랜드의 미학과 감성을 표현하며, 소비자가 브랜드 세계관에 몰입할 수 있도록 한다. 이와 같이 브랜드 스토리와 공간 경험을 결합함으로써, 가격 경쟁을 피하고 감성적 차별화로 승부하는 전략을 구사하고 있다.

이러한 브랜드의 플래그십 스토어 외에도 2020년 이후 팝업스토어가 소비자와의 감성적 접점을 창출하는 브랜드경험(Brand Experience: BX) 공간으로 각광받고 있다. 팝업스토어(Pop-up Store)란 짧은 기간 동안 한시적으로 운영되는 임시 매장을 의미한다. 전통적인 소매점이나 대형 플래그십 스토어와 달리 고정된 위치와 장기 임대계약 없이, 다양한 장소에서 빠르게 설치 및 철수가 가능하다는 유연성이 특징이다.

팝업스토어의 브랜드경험 공간으로서 역할은 다음과 같다.

첫째, 감각적 체험의 극대화이다. 브랜드는 시각, 청각, 촉각 등 다중감각 자극을 통해 소비자의 몰입을 유도한다. 팝업스토어는 독특한 인테리어, 음악, 향기 등을 활용하여 소비자에게 감각적 브랜드경험을 제공함으로써 인지도를 높일 수 있다.

둘째, 참여형 마케팅 구현이 가능하다. 기존의 수동적 관람 중심에서 벗어나, 팝업스토어는 소비자가 직접 제품을 체험하고, 콘텐츠에 참여하는 방식을 취한다. 이는 브랜드에 대한 정서적 유대감을 강화하는 효과가 있다.

셋째, 한정성과 희소성에 기반한 기대심리를 자극한다. 팝업스토어는 기간 한정 운영이라는 특성상 소비자에게 FOMO(Fear of Missing Out) 심리를 유발하여 방문과 구매를 유도한다. 이는 이벤트성 마케팅의 일환으로 높은 주목도와 화제성을 창출한다.

넷째, SNS 공유를 통한 확산 효과이다. 경험 중심의 팝업스토어는 인스타그래머블(instagrammable)한 공간을 조성하여, 소비자 스스로가 브랜드 홍보자가 되도록 유도한다. 이는 자발적 콘텐츠 생성(UGC)을 통해 브랜드 노출을 극대화하는 효과를 낳는다.

이러한 역할로 인해 팝업스토어는 브랜드와의 물리적 접점이 줄어들고 있는 디지털 환경 속에서 브랜드의 실체감을 회복시키는 수단으로 각광받고 있다. 또한 신상품일 경우는 제품 반응, 소비자행동, 브랜드 선호도 등을 단기간에 분석할 수 있는

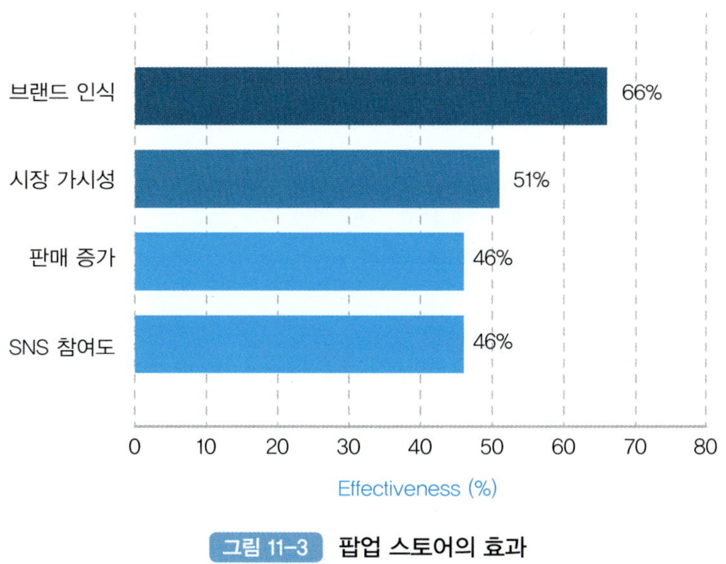

그림 11-3 팝업 스토어의 효과

출처: Zendesk & Google Survey(2022).

시장 테스트 공간으로서 활용되어 마케팅 전략 수립에 실질적인 데이터를 제공하기도 한다.

이처럼 오프라인 공간은 물리적 접점의 기능을 넘어, 브랜드 세계관의 구현, 기술 기반 상호작용의 장, 그리고 고객충성도를 형성하는 감정적 교류의 공간으로 진화하고 있다. 이러한 공간 전략은 단순한 점포 확대가 아닌, 고객 체류시간의 증가, 브랜드 상호작용 빈도 향상, 긍정적 구전(Word of Mouth) 효과를 통해 브랜드 에쿼티(Brand Equity) 강화로 이어진다.

디지털 고객경험

1. 온라인 소매업과 디지털 고객경험

디지털 고객경험(Digital Customer Experience: DCX)은 웹사이트, 모바일앱, 소셜미디어, 챗봇, IOT기기 등의 디지털 접점에서 고객이 브랜드와 상호작용하는 전반적인 경험을 말한다. 디지털 기기의 발전으로 소비자의 쇼핑 구매접점은 점점 분화되고 있어 다양한 구매채널별로 고객경험을 일관되고 효과적으로 관리할 필요성이 높아지고 있다. 유통의 패러다임은 오프라인 점포 등의 싱글채널에서 소비가 이루어지던 형태에서 온·오프라인이 경쟁하는 멀티채널을 거쳐 온·오프라인이 유기적으로 결합된 옴니채널로의 진화가 이루어지고 있다.

시간과 장소에 구애받지 않고 다양한 채널에서의 통합된 경험을 제공하는 옴니채널 전략은 고객경험의 공간적·채널적 범위를 획기적으로 확장시켰다. 고객은 오프라인 매장에서의 체험을 바탕으로 온라인에서 구매를 하거나, 반대로 온라인에서 탐색한 제품을 오프라인 매장에서 직접 확인·구매하는 방식의 유연한 쇼핑 경로를 선호한다. 이에 따라 기업은 각 접점마다 일관된 메시지, 통일된 서비스 품질, 매끄러운 구매 전환 흐름을 설계해야 하며, 고객경험은 단순 마케팅 요소가 아닌 경영전략의 중심축으로 재정립되고 있다.

특히 팬데믹 이후 디지털 채널 의존도가 급증하면서, 고객은 온라인과 오프라인을 넘나드는 복합적 경험을 일상화하였고, 기업은 이에 대한 체계적인 설계와 관리 역량을 확보하는 것이 지속 가능성과 경쟁력의 핵심 과제로 대두되고 있다.

고객은 제품이나 서비스를 인지하고 관심을 갖고 구매로 이어지는 구매여정에서 브랜드에 대한 인상을 형성하거나 구매 결정을 내리는 결정적인 순간을 경험하게 되며 이를 진실의 순간(Moments of Truth)이라고 한다. MOT에는 4가지가 존재하는데, 디지털 환경하에서는 ZMOT가 FMOT보다 더 중요한 결정적 순간으로 여겨지고 있어 ZMOT 단계에서의 긍정적 디지털 고객경험을 선사하는 것이 무엇보다 중요하다.

표 11-2 MOT의 종류

MOT명칭	정의	주요 시점	예시
ZMOT (Zero Moment of Truth)	소비자가 제품 구매 전 온라인에서 정보를 탐색하고 비교하는 순간	• Advertising 구매 전 검색 · 조사 단계	검색엔진에서 리뷰, 블로그, 유튜브 후기 검색
FMOT (First Moment of Truth)	소비자가 제품을 처음 대면하고 구매 여부를 결정하는 순간	• Buying 제품을 처음 마주한 시점	오프라인 매장 진열대, 온라인몰에서 제품 이미지나 정보 확인
SMOT (Second Moment of Truth)	제품을 실제 사용하면서 경험하게 되는 순간	• Using 제품 구매 후 사용 단계	제품 사용 후 성능 확인, 품질 체험
TMOT (Third Moment of Truth)	제품 사용 후 소비자가 경험을 공유하는 순간	• Using 제품 구매 후 사용 단계	SNS 후기, 블로그 리뷰, 입소문

디지털 고객경험(DCX)을 설계하는 과정은 먼저 고객경험여정을 분석하고 디지털 접점에서 고객만족 요소가 무엇인지 발굴하는 등 고객에 대한 이해가 선행된다. 그 다음 단계로 기업 목표나 채널 특성을 고려해 VR, AR, 챗봇, APP, ICT 등 적합한 디지털 접점을 개발한다. 마지막으로 최적화의 단계에서는 고객행동 데이터를 수집하고 분석하여 만족도 제고방안을 도출하는 순서로 이루어진다. 기업이 디지털 고객경험을 설계하고 고도화하는 데 중요한 핵심 구성 요소는 다음과 같다.

1) 개인화

디지털 고객경험의 핵심은 개별 고객의 선호, 행동, 맥락에 기반한 맞춤형 경험 제공이다. 인공지능(AI)과 머신러닝 기술의 발전은 고객의 검색 이력, 구매 패턴, 위치 정보 등을 실시간으로 분석하여 개인화(Personalization)된 상품 추천, 콘텐츠 노출, 알림 메시지를 가능케 한다. 예를 들어, 고객이 이전에 조회한 상품에 대한 재입고 알림이나 관련 할인 쿠폰 제공은 구매 유도 효과를 극대화한다. 개인화 전략은 고객 만족도뿐만 아니라, 전환율과 장기 고객 가치를 높이는 주요 요인으로 평가된다.

2) 옴니채널 연결성

현대 소비자는 오프라인과 온라인, 모바일과 데스크톱, 앱과 웹사이트를 자유롭게 넘나들며 쇼핑 여정을 수행한다. 이에 따라 기업은 각 채널 간의 연속적이고 일관된 경험 흐름을 보장해야 한다. 예를 들어, 고객이 오프라인 매장에서 제품을 확인한 후, 온라인 장바구니에 담아두고 나중에 집에서 결제하거나, 온라인에서 예약한 상품을 오프라인 매장에서 수령하는 등의 방식은 채널 간의 단절 없는 연결성(Omnichannel Integration)을 전제로 한다. 이러한 통합 전략은 고객 편의성을 증대시키며, 브랜드에 대한 신뢰와 만족도를 강화한다.

3) 적정 디지털 도구의 선택

기존의 FAQ 수준을 넘어선 고도화된 챗봇과 가상 컨시어지 시스템은 고객과의 실시간 상호작용을 통해 문제 해결뿐 아니라, 상품 추천, 주문 상태 안내, 교환 · 반품 등 다양한 서비스를 수행한다. 특히 과거 대화 기록과 구매 이력에 기반한 개인화된 응대는 고객의 만족도를 높이며, 상담 대기 시간 단축과 운영 효율성 향상에도 기여한다. 이러한 자동화된 상호작용은 고객의 '즉각적인 정보 요구'를 충족시키는 디지털 환경의 핵심 인프라로 작용한다.

이외에도 증강현실(Augmented Reality: AR), 가상현실(Virtual Reality: VR), 확장현실

(Extended Reality: XR)로 고객의 흥미와 몰입도를 높일 수 있다. 이케아 가구 배치 앱처럼 현실 위에 디지털 요소를 '증강'(AR)시키거나 가상 게임공간처럼 현실을 완전히 차단하고 가상의 세계로 '몰입'(VR)시키거나, AR, VR, MR(Mixed Reality)을 모두 혼합(XR)시키는 것이다.

4) 터치포인트의 통합 및 일관성

고객이 브랜드를 경험하는 디지털 접점은 웹사이트, 모바일 앱, 이메일, 푸시 알림, SNS 등으로 다변화되고 있으며, 각 접점에서의 경험이 일관되고 연결성 있게 제공되어야 CX의 단절을 방지할 수 있다. 예컨대, 한 채널에서 중단한 쇼핑을 다른 채널에서 자동으로 이어갈 수 있는 기능, 실시간 재고 연동, 연속 로그인 유지 등은 고객 편의성을 제고하는 핵심 전략이다. 이처럼 디지털 터치포인트를 유기적으로 통합(Multi-touchpoint Orchestration)하는 것은 디지털 시대 고객충성도 구축의 기반이 된다.

이 4가지 요소는 각각 독립적으로 중요할 뿐 아니라, 상호 유기적으로 작용함으로써 고객여정 전체의 만족도와 지속적 관계 형성에 영향을 미친다. 디지털 전환 시대에서 DCX는 기술 중심의 운영 효율성에서 나아가, 감성 기반의 관계 구축 전략으로 진화하고 있다.

마케팅 그루 Kotler 교수도 AI 시대에 디지털 공간과 물리적 공간의 경계를 뛰어넘어 완전히 몰입 가능한 진화된 고객경험의 시대를 마켓 6.0으로 정의하고 마케팅도 옴니채널 마케팅에서 한 단계 진화한 물리적 영역과 디지털 영역이 완벽히 혼합된 메타 마케팅을 강조하고 있다.

2. 고객경험 실행 전략의 키포인트

고객경험(Customer Experience: CX) 전략을 체계적으로 실행하기 위해서는 고객

표 11-3 무신사, 고객여정지도 기반 고객경험 개선

단계	고객 행동/경험	접점(Touchpoint)	실행한 전략
인지	SNS에서 스타일 콘텐츠를 접함	인스타그램, 유튜브 광고	인플루언서 마케팅, 트렌디 룩북 콘텐츠 제공
탐색	앱에서 상품 탐색, 가격 비교	무신사 앱, 추천 알고리즘	AI 기반 개인화 추천, 실시간 랭킹, 후기 강조
구매	쿠폰 적용 및 간편결제 사용	장바구니, 결제 시스템	원터치 간편결제 도입, 한정 특가 · 시즌 쿠폰 전략
배송	제품 수령 대기, 배송 추적	배송 알림톡, 마이페이지	당일배송 서비스 도입, 배송 상태 실시간 알림 강화
사용/리뷰	착용 후 만족도 판단, 리뷰 작성	후기 페이지, 포토 리뷰	포토리뷰 리워드제 도입, 후기 기반 레코멘드 시스템 운영
재방문/로열티	신상품 · 기획전 확인, 커뮤니티 활동 참여	앱 푸시, 무신사 커뮤니티	전용 멤버십 혜택, 챌린지/룩북 공유 이벤트 운영

출처: 김태형 외(2023).

의 여정을 중심으로 한 단계별 접근과 조직 전반의 실행 체계가 마련되어야 한다. 이를 위해 기업은 먼저 고객경험여정(Customer Journey)을 분석하고 고객여정지도(Customer Journey Map)를 작성해야 한다. 고객여정지도는 고객이 브랜드와 상호작용하는 전체 과정을 '인지-고려-구매-사용 및 지지'의 단계로 구분하여 시각적으로 표현하는 도구로, 각 접점에서의 기대, 감정, 행동을 구조화하는 데 효과적이다. 이를 통해 기업은 고객의 이탈 지점이나 불만 요소를 조기에 파악하고, 전략적 개입이 필요한 지점을 도출할 수 있다.

둘째, 터치포인트(Touchpoint)의 정교한 관리가 요구된다. 고객여정의 각 단계에서 발생하는 터치포인트는 고객경험의 질을 결정짓는 핵심 요소로 작용한다. 예를 들어, 인지 단계에서는 소셜미디어, 디지털 광고, 콘텐츠 마케팅 등을 통해 브랜드의 첫인상을 형성하며, 고려 및 구매 단계에서는 오프라인 매장 직원의 응대나 온라인

상의 상품 정보, 리뷰, 챗봇 상담 기능 등이 전환을 유도하는 주요 수단이 된다. 구매 후 단계에서는 감사 메시지, 만족도 조사, 개인화된 이메일, 로열티 프로그램 등을 통해 고객과의 관계를 지속적으로 강화할 수 있다.

셋째, 고객의 목소리(Voice of Customer: VOC)의 실시간 수집과 반영이 필수적이다. 고객경험의 개선은 고객 피드백을 기반으로 한 데이터 중심의 의사결정에서 비롯된다. 이를 위해 통합된 고객경험관리 플랫폼(Customer Experience Management: CEM)을 도입하여 VOC를 실시간으로 수집하고 분석하는 시스템을 마련해야 한다. 고객 응대, 상품 평가, 후기, 서비스 관련 요청 등 다양한 형태의 피드백은 CX 전략의 실효성을 평가하고, 개선 방향을 구체화하는 데 활용된다.

넷째, 데이터 기반의 개인화(Personalization) 전략이 요구된다. 디지털 기술의 발전으로 고객의 행동 로그, 구매 이력, 선호도 등의 데이터를 실시간으로 수집하고 분석하는 것이 가능해졌으며, 이를 기반으로 한 맞춤형 상품 제안, 콘텐츠 추천, 타이밍 기반 프로모션이 고객경험의 만족도를 제고하는 핵심 수단으로 자리 잡고 있다. 국내 대표 플랫폼 기업인 네이버나 쿠팡은 고객의 검색 및 구매 데이터를 활용하여 추천 시스템을 실시간으로 운용하고 있으며, 이는 전환율 향상에 직접적인 기여를 하고 있다.

다섯째, 성과 측정을 위한 핵심성과지표(KPI)의 설정과 지속적 개선 활동이 중요하다. 고객경험은 정성적 · 정량적 지표를 통해 객관적으로 평가될 수 있어야 하며, 대표적인 정성 지표로는 NPS(Net Promoter Score: 순추천지수), CSAT(Customer Satisfaction Score: 고객만족도) 등이 있으며, 정량 지표로는 웹사이트 방문자 수, 페이지당 체류 시간, 구매 전환율, 장바구니 포기율, 고객 획득률, 이탈률, 평균 응답 시간 등이 활용된다. 글로벌 CX 솔루션 기업인 Zendesk는 '고객 획득-참여-유지'의 단계에 따른 10가지 KPI 항목을 제시하며, 이들 지표를 통해 전략의 실효성을 정기적으로 점검하고 개선할 것을 강조하고 있다.

| Case View |

"How Nike's New Flagship Is Transforming the Way You Shop For Sneakers"

나이키는 창립 이래로 액티브웨어 시장을 한 발 앞서 이끌어왔다. 첫 번째 셀럽 협업 제품부터, 여성 중심 디자인, 올 초 본격적인 트렌드가 되기 전 '어글리 스니커즈' 붐까지 나이키는 모두 선도했다. 그리고 이제 2018년 말, 또 하나의 인상적인 첫 시도로 돌아왔다. '제품을 구매하는 방식' 자체를 재창조하는 것이다.

11월 14일 목요일, 나이키는 뉴욕시에 새롭게 오픈한 플래그십 스토어, Nike House of Innovation의 문을 열었다. 매장의 이름은 단지 브랜드 제품을 파는 곳이 아니라, 쇼핑 경험 전체를 혁신하는 거대한 사명을 반영한다. 브랜드 담당자와 소통하는 방식부터, 매장에서 운동화를 원하는 대로 커스터마이징하는 과정까지 바뀌었다. 결론적으로 말하자면 이제 나에게 꼭 맞는 러닝화나 스포츠 브라를 더 빠르고, 더 쉽게, 더 재미있게 찾을 수 있게 된 것이다.

나이키 글로벌 플래그십 매장 및 고객 서비스 총괄 부사장 캐시 스파크스(Cathy Sparks)는 Glamour와의 인터뷰에서 이렇게 말한다.

"이 6층 규모, 6,800㎡ 매장은 나이키의 브랜드 DNA를 엿볼 수 있는 창입니다. 가장 몰입감 있고 경험적인 브랜드 표현이죠. 우리의 목표는 디지털 플랫폼만큼이나 실용적이고 반응이 빠른 오프라인 환경을 구축하는 것이었습니다."

이 매장은 단순히 상품군으로 분류되는 게 아니라, 러닝 대회, 주말 운동 등 '고객의 일상 상황'에 따라 구성되어 있다. 스파크스는 이렇게 설명한다.

"우리는 고객이 러닝도 하고, 헬스장도 가고, 주말에는 편안한 옷을 입는다는 걸 알아요. 그래서 그런 라이프스타일별로 상품이 한눈에 보이게 구성했어요."

또한, 매장을 직접 방문하기 전에 Nike 앱을 다운로드하면, 'Shop the Look' 기능을 통해 매장 내 마네킹이 입고 있는 의상을 그대로 찾아볼 수 있고 앱에서 사이즈를 선택하면 해당 제품이 자동으로 피팅룸으로 배달된다. 상품의 바코드를 스캔하면 모든 색상/사이즈 정보와 설명도 확인 가능하다. 원하는 제품을 찾으면, 'Instant Checkout' 기능으로 줄 서지 않고 앱 안에서 바로 결제할 수 있다. 즉, "지금 보고 → 바로 구매"가 어느 때보다 빠르게 실현된다.

플래그십 매장답게, 운동화 섹션도 특별하다. 4층에는 나이키의 전 제품이 전시되고, 1층에는 고

객이 직접 커스터마이징할 수 있는 공간이 마련되어 있다.
스파크스는 말한다.
"우리는 몇몇 대표적인 신발을 고급 화이트 소재로 재해석하고, 커스터마이징 키트를 구성했습니다. 예약을 하면 매장에 와서 하이드로 딥(hydro-dip)기법, 스우시 교체, 신발끈 꾸미기 등을 직접 할 수 있어요. 나이키는 고객이 원하는 어떤 스타일이든 실현할 수 있도록 돕습니다. 여러분의 스포츠 목표에 맞춰 혁신하죠."
매장은 하루 종일 머물 수 있을 정도로 크지만, 나이키는 '빨리 사고 나가고 싶어 하는 고객 심리'도 잘 알고 있다. 그래서 고객이 앱으로 미리 예약한 상품은 매장 내 디지털 픽업 락커에서 쉽게 찾을 수 있다. 또한, 나이키는 30일 무조건 반품 정책을 제공한다. 스파크스는 말한다.
"고객은 제품을 집으로 가져가 자신의 환경에서 직접 체험해 보고 싶어 합니다. 그래서 영수증만 있으면, 아무 이유 없이도 30일 안에 언제든지 반품 가능합니다."
지금 새 운동화나 운동복을 구매할 계획이라면, 뉴욕에 있는 이 매장에 가볼 가치가 충분하다. 나이키는 이번에도 시장의 흐름보다 한 발 앞서 있으며, 매장 내 기술 덕분에 고객은 정확히 원하는 제품을 더 빠르고 재미있게 찾을 수 있게 되었다.

출처: Glamour(2018.11.16.).

Chapter Summary

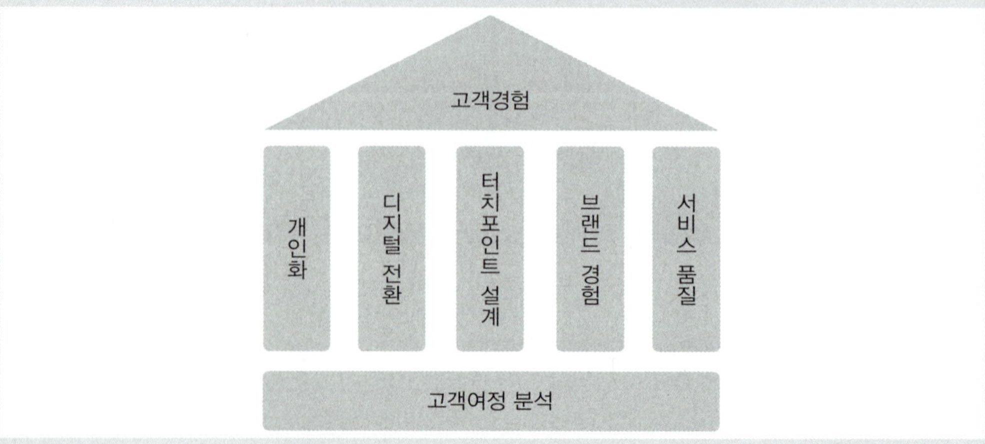

Key Words

고객경험(CX), 경험경제(Experience Economy), 감성적 가치, 디지털 전환, DCX(Digital Customer Experience), UI/UX, 개인화, 옴니채널, 고객여정(CJ), 터치포인트, VOC, KPI

Discussions

1. 오프라인과 온라인 고객경험의 차이를 터치포인트 중심으로 비교해 보세요.
2. 쿠팡이나 무신사와 같은 국내 사례를 통해 디지털 고객경험의 핵심 전략을 분석해 보세요.
3. 고객여정지도(CJM)를 활용해 특정 브랜드의 고객경험을 분석해 보세요.

Reference

김태형 외(2023). 고객여정지도를 활용한 온라인 쇼핑몰 고객경험 전략. **유통과 소비자연구, 제26권 제3호.**

Chatterjee, S., Rana, N. P., Tamilmani, K., & Sharma, A. (2021). The omnichannel retailing and customer satisfaction: A meta-analytic review. *International Journal of Information Management, 57*, 102278.

Glamour(2018. 11. 16.). How Nike's new flagship is transforming the way you buy sneakers.

Grewal, D., Roggeveen, A. L., & Nordfält, J. (2017). The future of retailing. *Journal of*

Retailing, 93(1), 1-6.

Holmlund, M., Van Vaerenbergh, Y., Ciuchita, R., Ravald, A., Sarantopoulos, P., Villarroel Ordenes, F., & Zaki, M. (2020). Customer experience management in the age of big data analytics: A strategic framework. *Journal of Business Research, 116*, 356-365.

Kotler, P., Kartajaya, H., & Setiawan, I. (2024). *Marketing6.0: The Future Is Immersive*. Wiley.

Lemon, K. N., & Verhoef, P. C. (2016). Understanding customer experience throughout the customer journey. *Journal of Marketing, 80*(6), 69-96.

Medallia(2020). *State of Customer Experience Management Report*. Medallia Inc.

Mehmetoglu, M., & Engen, M. (2011). Pine and Gilmore's concept of experience economy and its dimensions: An empirical examination in tourism. *Journal of Quality Assurance in Hospitality & Tourism, 12*(4), 237-255.

Opensurvey(2023). 2023 소비자 트렌드 리포트.

Pine & Giomore(1999). *The Experience Economy*. Harvard Business Review Press,

Pine, B. J., & Gilmore, J. H. (1998). Welcome to the experience economy. *Harvard Business Review, 76*(4), 97-105.

Rawson, A., Duncan, E., & Jones, C. (2013). The truth about customer experience. *Harvard Business Review, 91*(9), 90-98.

Ray Oldenburg(1989). *The Great Good Place*. DaCapo Press.

Schmitt, B. H. (1999). *Experiential Marketing: How to Get Customers to Sense, Feel, Think, Act, and Relate to Your Company and Brands*. New York: The Free Press.

Verhoef, P. C., Kannan, P. K., & Inman, J. J. (2015). From multi-channel retailing to omnichannel customer experience. *Journal of Retailing, 91*(2), 174-181.

Yuan & Wu(2008). Relationships Among Experiential Marketing, Experiential Value, and Customer Satisfaction. *Journal of Hospitality & Tourism Research, 32*(3), 387-410.

Zendesk(2022). *CX Trends 2022: The top five customer experience trends*. Zendesk Inc.

Zendesk(2022). Pop-up stores: Making the most of omnichannel retail. Zendesk Blog. Retrieved from https://www.zendesk.co.uk/blog/pop-up-stores-omnichannel-retail/

R E T A I L   M A N A G E M E N T

Chapter XII

다가온 미래 유통

제1절 소매업의 국제화

제2절 뉴커머스와 리테일의 미래

제1절

소매업의 국제화

1. 소매업 국제화 전략

소매업의 국제화 전략이란, 유통업체가 자국을 넘어 다른 국가 시장에 진출하여 상품과 서비스를 제공함으로써 시장 확대, 수익 증대, 경쟁우위 확보를 추구하는 성장 전략이다. 국제화는 일본의 다이소가 미국이나 동남아 시장에 진출하는 것처럼 자국 내 시장 정체 또는 내수 시장에서 벗어나 새로운 성장 기회를 모색하기 위한 목적이 가장 크다. 그 외에도 경쟁업체의 해외 진출에 대응해 시장 지위를 방어하고자 하는 목적도 있다.

소매업의 국제화는 대개 점진적이며 단계적인 방식으로 전개된다. 대표적으로 업살라 모델(Uppsala Model)은 소매기업이 해외 시장에 진출할 때, 심리적 · 지리적으로 가까운 시장부터 점차 확대해 점진적이고 단계적으로 해외 시장에 진입하는 과정을 설명한 이론이다. 이 모델은 원래 제조업체의 국제화에 적용된 것이지만, 소매업에도 효과적으로 적용되어 왔으며, 특히 경험 축적, 리스크 회피, 경험을 통해 시장에 대한 이해도를 높이고 전략을 수정한다는 조직 학습의 차원에서 매우 유의미하다. 예를 들어, 이케아(IKEA)는 북유럽에서 시작해 서유럽, 북미, 아시아 순으로 진출하며 단계별로 현지 적응도를 높였으며 H&M은 문화적 유사성이 높은 유럽 국가부터 진출한 후 아시아, 미국시장으로 진출하였다.

운영 전략은 크게 표준화 전략(Standardization)과 현지화 전략(Localization)으로 나누어진다. 표준화 전략(Standardization)은 본국에서 성공한 경영방식과 포맷 즉 동일한 브랜드, 상품 구성, 매장 디자인 등 본국의 운영 시스템을 해외 시장에 동일하게 적용하는 것으로 규모의 경제, 브랜드 일관성 확보 등의 장점이 있으나 현지 문화와 소비자 니즈와의 괴리를 유발할 위험이 있다. 현지화 전략(Localization/Adaptation)은 현지의 소비자 니즈에 맞는 상품 구성, 가격 전략 등 그 나라의 문화, 제도에 맞춘 운영으로 현지 시장 적합성을 제고할 수 있으나 운영 복잡성과 브랜드 일관성 약화, 비용 상승 등의 단점이 있다. 이러한 맥락의 타협점으로 글로컬라이제이션(Glocalization) 전략이 제시되고 있다. 글로컬라이제이션(Glocalization)은 세계화(Globalization)와 현지화(Localization)의 합성어로 세계적 기준과 전략을 유지하면서도 현지 시장에 맞게 적응하는 전략이다. 즉 규모의 경제를 유지하면서도 현지 시장의 문화, 소비자행동, 규제 등에 맞춰 전략을 조정하는 복합적 접근방식으로 소매기업이 국제화 과정에서 직면하는 과제를 효과적으로 대응할 수 있도록 한다. 예를 들어, 스타벅스는 브랜드, 점포 디자인, 메뉴의 품질 기준 등은 글로벌 요소로 가져가고 한국에서 "말차라떼", 일본에서 "벚꽃라떼" 등 현지 특화 음료를 개발했다. 맥도날드도 운영 매뉴얼이나 주방 시스템, 브랜드 로고는 글로벌 요소를 도입하고 인도 시장에 진출할 때는 소고기를 제외한 베지버거 메뉴을 도입한 것 등이다.

국제시장의 매력도는 그 나라 소매시장의 잠재시장 규모, 경쟁환경 및 산업구조, 정치 · 경제 · 사회적 국가 위험 요인 등 3가지 요인이 존재할 수 있다. 이러한 요인들을 복합적으로 평가하여 나라별 우선순위를 정하는 것도 하나의 전략이 될 것이다.

국제 소매시장 진출 시 진입방식(Entry Model)의 선택은 기업의 전략적 성공 여부를 좌우하는 핵심 요소이다. 진입방식은 기업이 외국 시장에 어떻게 접근하고, 어느 정도 통제권을 유지하며, 어느 수준의 자원을 투입할지 결정하는 전략이다. 조직적 · 계약적 접근방식과 자본투자 규모, 위험 수준, 통제력, 수익성에 따라 선택이 달라질 수 있으며 해외시장 진출 시 중요한 의사결정 요인이다.

표 12-1 국제시장 매력도 평가 3가지 기준

시장규모와 잠재력 (Market Size & Growth Potential)	경쟁환경 및 산업구조 (Competitive & Industry Environment)	정치, 경제, 규제환경 (Political, Economic & Regulatory Factors)
- 인구, 소비규모, GDP 등 - 중산층의 증가율, 구매력 수준 - 산업, 소매구조의 성장 속도 - 유통인프라 발달 정도	- 기존 경쟁자 수와 강도 - 유통업의 집중도 및 진입장벽 수준 - 물류, 공급망 등 유통파트너의 존재 여부 - 소비자충성도, 브랜드 전환 용이성	- 정치 안정성, 정부 정책의 예측 가능성 - 외국인 투자 규제 수준 - 관세, 수입 제한, 인허가 제도 - 문화적 적합성 및 사회 수용성

표 12-2 해외시장 진입 방식

전략 유형	특징	장점	단점
직접투자 (Direct Investment)	자체 자본으로 해외에 점포 운영	통제력, 브랜드 일관성	초기 비용 큼, 리스크 큼
합작투자 (Joint Venture)	현지 파트너와 공동 출자	현지 지식 활용, 리스크 분산	경영권 분쟁 가능
프랜차이즈 (Franchising)	브랜드와 운영 시스템 제공, 현지업체 운영	빠른 확장, 투자 부담 낮음	브랜드 통제 어려움
라이선싱 (Licensing)	지적재산권 · 상표권 사용 허용	진입 장벽 낮음	수익 한정, 이미지 관리 어려움

자본 여력이나 국제화 경험 등 기업 내부 요인을 분석하고 취급 상품의 표준화 가능성과 브랜드 통제의 필요성, 투자규제와 법적 제약 등을 복합적으로 고려하여 진입방식을 신중히 결정해야 한다. 글로벌 대표적 유통업체들의 해외 진출 전략 사례를 통해 이러한 진입 전략들의 차이를 살펴볼 수 있다.

2. 글로벌 소매기업의 해외 진출 전략

월마트는 소매산업의 세계화 흐름을 대표하는 기업으로, 1991년 멕시코 시장 진출을 기점으로 글로벌 확장을 본격화하였다. 월마트는 시장 진입 방식으로 인수합병(M&A), 합작투자(JV) 등 다양한 경로를 활용해 왔으며, 영국 진출 시에는 현지 2위 유통업체인 ASDA를 인수하여 단기간 내 시장 점유율을 확보하였다. 반면 독일과 한국 시장에서는 현지 소비환경과 유통 관행에 대한 이해 부족, 고비용 구조, 경쟁우위 확보 실패 등의 요인으로 철수하는 결과를 낳았다. 특히 독일에서는 노동 규제 및 가격 정책과의 충돌, 한국에서는 기존 토착 유통업체 대비 경쟁력 부재로 인한 시장 부적응이 철수의 주요 배경으로 지적된다.

이러한 경험을 바탕으로 월마트는 이후 중남미, 아시아 일부 지역에서는 현지 파트너와의 전략적 제휴를 강화하고, 상품 구성 및 서비스 운영을 현지화하는 방식으로 전략을 수정하였다. 이는 초기에는 글로벌 표준화 전략을 추구했지만, 점차 현지화 요소를 가미한 글로컬라이제이션 전략으로 전환하며 국제화 전략의 유연성을 확보한 대표 사례로 평가된다.

까르푸 또한 20세기 후반 유럽 및 아시아, 남미 지역에 활발히 진출한 프랑스 기반의 다국적 소매기업이다. 중국에는 1995년 진출하여 한때 업계 선두를 차지한 바 있으며, 진출 전략으로는 현지 파트너와 합작법인을 설립하고 운영 노하우를 공유하는 방식을 채택하였다. 이는 비교적 유연한 현지화를 가능케 했으며, 일정 기간 경쟁 우위를 유지하는 데 기여하였다. 그러나 경쟁 심화와 수익성 저하로 인해 2010년대 후반에는 중국 사업 철수와 유럽 중심 재편을 선택하게 되었다. 이러한 사례는 글로벌 소매기업이 지속적으로 시장 포트폴리오의 최적화와 사업 철수 판단을 병행함으로써 리스크를 관리하고 있음을 보여준다.

유니클로는 일본의 대표적인 SPA(Specialty store retailer of Private label Apparel) 브랜드로, 제조부터 기획, 유통, 판매까지 전 과정을 통합 관리하는 체계를 바탕으로 성장해 왔다. 글로벌 확장을 위해 유니클로는 자사의 핵심 역량을 유지하면서, 각국 시장에 맞는 글로컬라이제이션 전략을 효과적으로 구현하였다. 유니클로는 해외 진출 시 국가별 시장 특성과 리스크 수준에 따라 다양한 진입방식을 채택하였다. 한국과 중국, 대만 등 동아시아 시장에는 직접투자 또는 합작법인 방식을 주로 사용하였고, 초기 진입 시장에서는 현지 파트너와 협력하는 합작투자(JV) 방식을 통해 리스크를 최소화하였다. 미국이나 유럽 일부 시장에는 직영점을 중심으로 진입하면서 브랜드 통제력을 유지하고 있다.

전반적으로 이들 글로벌 기업의 행보는 국제화 이론이 제시하는 시장 선정, 진입 방식, 현지화 전략의 유효성을 실증적으로 검증하며, 동시에 각 전략의 성공과 실패 요인을 비교하는 데 유용한 사례를 제공한다. 특히, 성공적인 글로벌 전략은 시장 특성에 따라 전략을 조정하고, 반복적 학습을 통해 전략을 진화시켜 나가는 과정임을 시사한다.

3. 한국 소매기업의 해외 진출 전략

한국의 소매기업들도 1990년대 후반 이후 본격적으로 해외 시장 개척에 나섰으며, 다양한 진입 방식과 전략을 통해 글로벌 유통 경쟁에 참여해 왔다. 이 과정에서 얻은 성과와 실패 경험은 향후 소매업의 국제화 전략 수립에 있어 유의미한 시사점을 제공한다.

1) 이마트: 선도적 진출과 전략적 전환

이마트(Emart)는 1997년 중국 상하이에 1호점을 개점하며 한국 유통기업 가운데 최초로 해외 시장에 진출한 대형 할인점이다. 초기에는 중국의 고도 성장과 도시화 흐름을 활용하여 빠르게 점포 수를 확대하였으며, 한때 20개 이상의 점포를 운영하는 등 가시적인 성장을 이루었다. 그러나 중국 유통시장의 경쟁 심화, 임대료 및 운영비 증가, 현지 소비자의 가격 민감성 확대 등에 대한 적절한 전략적 대응이 부족했던 결과, 경영 환경이 악화되었고 결국 2017년 모든 점포의 철수를 결정하게 되었다.

이마트의 중국 철수 경험은 이후 베트남 시장 진출 시 전략 수정의 계기가 되었다. 2015년 호찌민에 1호점을 개점하며 동남아 시장에 진입했으나, 베트남 소비자들의 생활 패턴 및 구매력과 이마트 고유의 대형 점포 운영 포맷 사이에 괴리가 존재하면서 기대만큼의 성과를 내지 못하였다. 이에 따라 이마트는 자본 투입과 리스크를 최소화할 수 있는 마스터 프랜차이즈(Master Franchise) 방식으로 사업 구조를 전환하였다. 본사는 브랜드, 상품 소싱, 운영 매뉴얼, 유통 시스템을 제공하고, 현지 파트너는 실질적인 매장 운영을 담당하는 구조이다. 현재 이마트는 몽골, 필리핀, 라오스, 인도 등 추가 신흥 시장에도 동일한 방식으로 진출하고 있으며, 직접 운영 방식에서 제휴 기반 확장 모델로의 전략적 전환을 통해 보다 보수적이고 효율적인 글로벌 확장 전략을 구사하고 있다.

2) 롯데마트: 대규모 투자와 브랜드 통제 전략

롯데마트(Lotte Mart)는 2008년 베트남 남사이공점 개점을 시작으로 하노이, 다낭 등 주요 도시에 점포를 확장하였으며, 2023년 기준 15개 점포를 운영하고 있다. 롯데는 그룹 차원의 자본력과 정책 대응력을 활용하여 직접투자(FDI) 방식으로 베트남 시장에 진출하였고, 대규모 복합쇼핑몰 중심의 점포 개발과 입지 선점을 통해 시장 점유율을 안정적으로 확보해 왔다. 이러한 전략은 단기적으로는 운영 리스크가 크지만, 브랜드 통제력 유지 및 장기적 수익 회수 측면에서 경쟁력을 갖춘 구조로 평가된다.

롯데는 베트남 외에도 인도네시아에서 30개 이상의 점포를 운영하며 현지화 전략과 브랜드 고급화를 병행하고 있으며, 이는 고소득층 및 도시 소비자를 타깃으로 한 다층적 전략의 일환이라 할 수 있다. 반면, 중국 시장에서는 사드(THAAD) 사태에 따른 정치적 불확실성과 반한 감정 확산으로 인해 사업을 전면 철수하여 정치 · 외교 리스크가 글로벌 유통 전략에 미치는 영향을 체감한 대표적인 사례이다. 이는 단순한 사업적 판단만이 아니라 국가 간 관계 변화와 비가격 요인이 기업 성과에 심대한 영향을 미칠 수 있음을 보여준다.

3) GS25: 프리미엄 편의점 모델의 확산과 K-콘텐츠 활용

GS리테일은 2018년 베트남 호찌민에 1호점을 개점하며 GS25 브랜드로 해외 진출을 본격화하였다. 이후 하노이 등 주요 도시를 중심으로 매장 수를 빠르게 확대하였으며, 2024년 기준 250개 이상의 점포를 운영 중이다. GS25는 진출 초기부터 마스터 프랜차이즈 방식을 채택하여, 현지 파트너사의 유통망과 운영 노하우를 활용하면서 자본 리스크를 분산시켰다. 동시에 한국형 편의점 운영 시스템, 상품 소싱, 고객 응대 방식 등을 일관되게 이식하여 브랜드 정체성 유지에 주력하였다.

GS25의 특징은 단순한 유통 거점으로서의 편의점이 아니라, 한류 기반 콘텐츠를 접목한 프리미엄 소매공간으로서의 포지셔닝이다. 젊은 소비자층과 도시 중산층을 주요 타깃으로 설정하고, 차별화된 상품 구성과 매장 환경을 통해 기존 로컬 편의점과는 다른 브랜드 이미지를 구축하였다. 이는 편의점 업태의 '일상 밀착형' 속성과 '감성 소비자' 트렌드를 결합한 전략으로, 고객 충성도 제고에 긍정적인 영향을 미쳤다.

2021년부터는 몽골 시장에도 진출하여 울란바토르를 중심으로 출점을 확대하고 있으며, 역시 마스터 프랜차이즈 모델을 기반으로 표준화된 운영 시스템과 유연한 현지화 전략을 병행하고 있다. 다만 GS25 역시 인플레이션, 규제 리스크, 환율 변동, 파트너십 안정성 등 외부 환경 요인으로부터 자유롭지 않으며, 브랜드 통제력과 현지 자율성 간의 균형이 향후 지속 가능성의 핵심 과제가 될 것으로 보인다.

4) 쿠팡: 디지털 플랫폼의 글로벌 진출과 한계

쿠팡(Coupang)은 전통적인 점포 기반 소매업체와는 달리, 전자상거래 플랫폼 기업으로서의 국제화 모델을 제시한 사례이다. 쿠팡은 대만에서 로켓배송과 로켓직구 등의 서비스를 빠르게 확대하며 높은 성장세를 기록 중이다. 현지에서 자체 물류망 및 풀필먼트 센터 투자를 확대하며 현재 배송 속도, 서비스 품질을 강화하면서 글로벌 매출 부문을 견인하고 있다.

한편 쿠팡은 뉴욕 증시 상장을 통해 글로벌 자본을 유치함으로써 투자 유연성과 글로벌 인지도 확대라는 측면에서 주목할 만한 전환점을 만들어냈다. 그러나 플랫폼 기업 역시 진출 국가의 제도, 경쟁구조, 물류 인프라 등의 현실적 제약을 고려한 시장 맞춤형 전략 설계와 실행력 확보가 필요하며, 이는 향후 디지털 유통기업의 국제화 전략의 핵심 과제로 떠오르고 있다.

4. 성공적인 글로벌 진출을 위한 핵심 요소

글로벌 유통 환경에서 성공적으로 안착하고 장기적인 경쟁력을 유지하기 위해서는 단순한 해외 진출을 넘어, 구조적이고 전략적인 조건을 충족해야 한다. 아래에 제시된 7가지 요소는 성공적인 글로벌 소매기업이 갖추어야 할 핵심 요건으로, 각 요소는 상호 연계되어 있으며 전체적인 글로벌 경영 성과에 직결된다.

1) 지속 가능한 경쟁우위 확보

성공적인 글로벌 소매기업은 본국 시장을 넘어 해외 시장에서도 통할 수 있는 핵심 역량을 보유해야 한다. 이는 저가격 전략, 차별화된 상품 구성, 탁월한 운영 효율성 등 기업 고유의 경쟁력으로 구체화되며, 외국 시장에서도 차별화된 가치 제안(value proposition)을 제공할 수 있어야 한다. 예컨대, 이케아(IKEA)는 자체 디자인의 모듈형 가구를 저렴한 가격에 제공하는 독자적 유통 포맷을 통해 전 세계 시장에서 성공을 거두었다. 이처럼 글로벌로 확장 가능한 경쟁우위가 없다면 현지 유통업체와의 가격 경쟁이나 서비스 품질 경쟁에서 생존하기 어렵다.

2) 현지 시장 적응력

글로벌 리테일러는 진출 국가의 문화, 소비자 행동, 생활방식에 대한 깊은 이해를 바탕으로 전략을 현지화해야 한다. 언어, 식습관, 구매 패턴, 쇼핑 문화 등 다양한 요소를 고려한 제품 구성, 매장 디자인, 서비스 방식이 요구된다. 예를 들어, 맥도날드는 인도 시장에서 소고기 대신 채식 기반의 메뉴를 선보였고, 까르푸는 국가별 매장 규모와 진열 방식을 달리하며 시장에 적응(Adaptability)하였다. 전략의 핵심은 일관성과 유연성의 균형이며, 현지화 전략이 없을 경우 시장 내 신뢰와 브랜드 충성도를 확보하기 어렵다.

3) 글로벌 마인드와 조직문화 구축

성공적인 글로벌 유통기업은 다문화 수용성과 포용적 조직문화를 기반으로 본사와 해외 법인 간 일관된 비전과 운영 체계를 수립한다. 글로벌 기업은 현지 인력에게 권한을 부여하고 그들의 목소리를 전략에 반영할 수 있는 글로벌 거버넌스 체계를 마련해야 하며, 본사 조직 역시 다양한 문화적 배경을 이해하고 존중하는 태도를 갖추어야 한다. 예컨대 유니클로는 글로벌 리더십 프로그램을 통해 각국의 핵심 인재를 육성하고, 조직 내 업무 언어를 영어로 전환하는 등의 글로벌 문화 내재화 전략을 실행해 왔다.

4) 풍부한 재무자원과 장기 투자 의지

해외 시장 개척은 단기적 성과보다는 중장기적인 관점에서 접근해야 한다. 초기 시장 진입 시에는 인프라 구축, 브랜드 인지도 확보, 제도적 장벽 대응 등에 상당한 시간과 비용이 소요되며, 손익분기점에 도달하기까지 장기간이 걸리는 경우가 많다. 월마트, 코스트코 등은 장기적인 관점에서 손실을 감수하며 시장 학습과 유통망 확장을 시도한 사례이다. 이러한 전략은 재무적 내구성과 조직 차원의 인내심, 그리고 투자자와의 신뢰 기반이 전제되어야 실현 가능하다.

5) 효율적인 글로벌 공급망과 정보기술 역량

글로벌 소매기업은 국가 간 공급망 관리(SCM) 및 정보기술 통합 역량이 요구된다. 상품을 적시에 공급하고 판매 데이터를 실시간으로 분석하기 위해서는, 각국 물류센터 및 배송 시스템의 최적화와 함께 IT 시스템의 글로벌 통합이 필수적이다. 아마존(Amazon)은 AI 기반 재고 관리, 자율 물류 시스템, 글로벌 풀필먼트 네트워크를 통해 고객에게 빠르고 신뢰할 수 있는 배송 경험을 제공하고 있으며, 이는 경쟁우위를 창출하는 주요 요인으로 작용하고 있다.

6) 현지 파트너십 및 네트워크 역량

진출 국가의 제도, 문화, 시장 구조를 신속하게 이해하고 적응하기 위해서는 현지 기업과의 전략적 제휴 또는 프랜차이즈/합작법인 설립이 효과적인 방법이 될 수 있다. 예컨대 세븐일레븐(7-Eleven)은 해외 진출 시 마스터 프랜차이즈 제도를 통해 현지 파트너의 역량을 활용하고 있으며, 이를 통해 인허가, 부동산, 고용, 유통망 등에서 현지 적응력을 제고하였다. 또한 글로벌 기업 간 공동 상품 개발, 공동 소싱 등도 글로벌-로컬 네트워크 구축의 일환으로 주목된다.

7) 전략적 기획과 실행력

마지막으로, 글로벌 진출에 있어 가장 중요한 요소는 전략 수립과 실행의 일관성이다. 진출 시장의 선정, 진입 방식(직접 투자, 합작, 인수합병 등), 가격 전략, 브랜드 포지셔닝 등 초기 전략 기획이 명확해야 하며, 진출 이후에는 조직 운영, 브랜드 관리, 인재 육성, 규제 대응 등 모든 관리 기능에서 강력한 실행력이 요구된다. 글로벌 시장에서는 예측 불가능한 리스크가 수시로 발생하므로, 이에 유연하게 대응할 수 있는 문제 해결 능력과 본사-현지 간의 원활한 커뮤니케이션 체계도 필수적이다. 전략과 실행이 분리되지 않고 통합적으로 작동해야 글로벌 사업의 성공 가능성을 높일 수 있다.

제2절

뉴커머스와 리테일의 미래

1. AI와 리테일테크

유통산업은 생산자와 소비자를 연결하는 핵심 역할을 수행하며 전통적으로 인력과 시간이 많이 소요되는 산업이었다. 하지만 21세기의 유통산업은 인공지능(AI)을 포함한 첨단 정보기술의 발전에 따라 다양한 측면에서 혁신적인 변화를 맞이하고 있다. 특히, '리테일테크(RetailTech)'라 불리는 소매업 분야의 기술 혁신은 오늘날 유통기업이 경쟁력을 확보하고 지속 가능한 성장을 달성하는 데 핵심적인 역할을 하고 있다. 이러한 기술 중에서도 인공지능은 리테일테크의 중심축으로 자리 잡고 있으며, 고객경험 개선, 운영 효율화, 매출 증대에 기여하고 있다.

AI 기술은 전통적인 오프라인 매장에서부터 전자상거래 플랫폼에 이르기까지 다양한 영역에서 활용되고 있다. 예를 들어, 대형 유통기업들은 AI 기반의 추천 시스템을 통해 소비자에게 맞춤형 상품을 제안하고 있으며, 수요 예측 알고리즘을 활용해 재고를 효율적으로 관리함으로써 품절과 과잉 재고 문제를 줄이고 있다. 또한, 매장 내 고객의 동선을 분석하여 최적의 동선 설계를 도출하거나, 컴퓨터 비전 기술을 활용한 매대 진열 분석 등 오프라인 매장 운영의 효율성도 향상되고 있다. 이러한 변화는 단순한 기술의 도입을 넘어 고객의 쇼핑 경험 전반에 영향을 미치는 중요

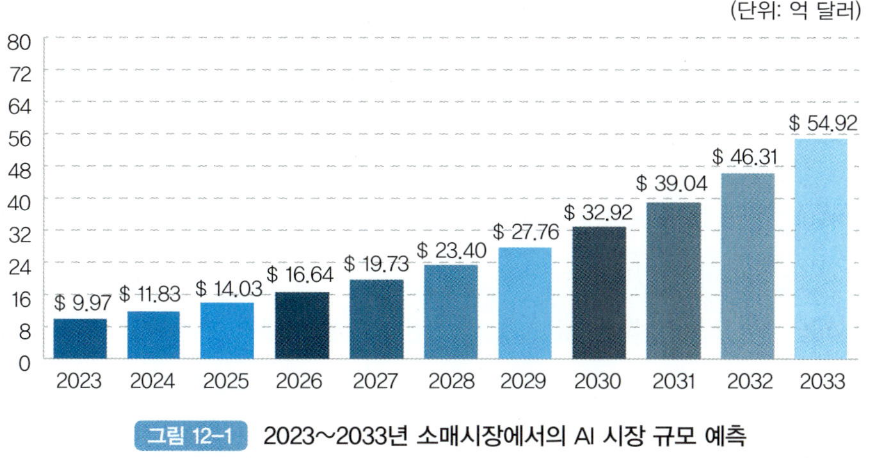

그림 12-1 2023~2033년 소매시장에서의 AI 시장 규모 예측

출처: Precedence Research.

한 전략으로 작용하고 있다.

글로벌 유통산업에서 AI시장 규모 변화를 보면 2023년 약 99억 7천만 달러였던 글로벌 AI 시장 규모는 매년 꾸준히 성장하여 2033년에는 약 549억 2천만 달러에 이를 것으로 예상된다. 이는 10년 동안 약 5.5배 성장할 것으로 예측된다는 점에서 AI가 유통산업에서 얼마나 중요한 기술로 자리매김할지 잘 보여준다.

특히 전자상거래와 오프라인 매장을 융합하는 옴니채널 전략과 같은 새로운 비즈니스 모델이 AI 기술과 결합하며 시장 성장을 가속화하고 있다.

현장에서는 AI 기술을 접목한 인터랙티브 디스플레이, 무인점포, 자동결제 시스템 등의 도입이 활발히 이루어지고 있다. 대표적으로 아마존이 선보인 '저스트 워크 아웃(Just Walk Out)' 기술은 센서와 AI 알고리즘을 기반으로 소비자가 매장에서 상품을 집어 들고 걸어나가면 자동으로 결제가 이루어지는 시스템으로, 구매 과정을 획기적으로 단축시킨 사례로 평가된다. 이와 함께 AI 기반 챗봇이나 가상 쇼핑 도우미는 고객 문의 응답, 주문 처리, 제품 추천 등 다양한 고객 서비스 영역을 자동화하며 유통기업의 운영 효율성을 제고하고 있다.

월마트는 어댑티브 리테일(Adaptive Retail) 전략을 강화하고 있다. 급변하는 소비자 행동, 기술 발전, 물류 환경, 마케팅 채널의 다변화 등에 능동적으로 대응하는 유연하고 데이터 기반의 리테일 운영 전략을 의미한다. 제품의 발견(discovery), 구매(purchase), 수령(receive)하는 전체 쇼핑여정이 기존의 옴니채널 전략을 넘어 유기적으로 상호 연결되며 어떤 채널을 이용하든, 쇼핑의 어떤 단계에 있든 최상의 경험을 제공하겠다는 전략이다. 월마트는 이 전략을 통해 오프라인 기반의 전통 유통 구조에서 벗어나, AI와 머신러닝 기반의 초개인화 쇼핑 경험, 공급망 최적화, 스마트 매장 운영 등을 실현하고 있다.

2025년을 기점으로는 특히 AI 쇼핑 에이전트의 중요성이 부각되고 있다. 이는 AI 기술이 소비자의 검색 의도와 선호를 실시간으로 파악하고, 퍼스널 쇼퍼처럼 최적의 상품을 제안하는 형태로, 디지털 소비자 경험의 핵심 기술로 부상하고 있다. 실제로 최근 조사에 따르면 전체 유통 매출의 60% 이상이 디지털 기술의 영향을 받고 있으며, 유통기업의 76%가 향후 AI 관련 투자를 확대할 계획이라고 밝혔고, 유통 임원의 75%는 AI 기술이 향후 경쟁우위 확보에 필수적이라고 인식하고 있는 것으로 나타났다.

더불어, 최근 AI 기술 중 가장 주목받는 분야는 생성형 AI(Generative AI)이다. 이는 대규모 데이터 학습을 기반으로 텍스트, 이미지, 영상 등의 콘텐츠를 자동 생성하는 기술로, 리테일 분야에서는 상품 설명 자동화, 마케팅 콘텐츠 제작, 가상 착용 이미지 생성 등에 활용되고 있다. 예를 들어, 패션 유통기업은 다양한 체형과 인종의 가상 모델에 자사 신상품을 착용시켜 소비자에게 보다 현실감 있는 쇼핑 경험을 제공하고 있으며, 전자제품 유통사들은 제품 매뉴얼과 홍보 문구를 AI로 자동 생성하여 효율을 높이고 있다.

이러한 AI 기반 기술의 발전은 소비자의 과거 구매 이력, 검색 패턴, 소셜미디어 상의 행동 등 비정형 데이터까지 분석하여, 소비자가 필요를 인식하기도 전에 상품을 제안할 수 있는 예측적 유통(predictive commerce)을 가능하게 한다. 이처럼 AI는 맞춤형 마케팅, 동적 가격 결정(dynamic pricing)과 함께, 개인화된 발견 기반 쇼핑 경험까지 가능하게 함으로써 유통기업이 제공할 수 있는 고객 가치의 범위를 획기적으로 확장하고 있다.

하지만 AI 기술 도입의 확산은 동시에 데이터 윤리와 개인정보 보호에 대한 사회적 요구를 수반한다. AI 알고리즘의 투명성, 설명 가능성(explainability), 편향성 제거, 개인정보 보호 등의 과제는 유통산업이 신뢰 기반의 지속 가능한 성장을 위해 반드시 해결해야 할 핵심 이슈이다. 기술 혁신이 소비자 편의성과 경험 품질을 향상시키는 동시에, 책임감 있는 방식으로 도입되어야 함은 자명하다.

종합하자면, AI와 리테일테크는 단순한 운영 효율의 개선을 넘어, 고객 중심의 디지털 전환과 감성적 소비 경험의 확장을 촉진하는 핵심 동력으로 작용하고 있다. 향후 유통산업은 음성 인식 비서, 로보틱스, 생성형 AI, 예측 분석, 디스커버리 쇼핑 등이 융합된 지능형 유통(Intelligent Retail) 환경으로 진화할 것으로 전망되며, 이에 대한 유통기업의 전략적 대응이 요구된다.

2. AI로 인한 고객여정의 변화

AI 기술의 확산은 소비자의 의사결정 방식, 정보 탐색 행태, 구매 경험, 그리고 구매 이후의 관계 관리 전반에 걸쳐 고객여정을 근본적으로 재구성하고 있다. 최근 연구(Gouveia & Santos, 2025)는 AI가 고객여정의 모든 단계를 자동화 · 지능화하며, 고객의 인지적 부담을 줄이고, 초개인화된 경험을 제공함으로써 유통산업의 패러다임을 변화시키고 있음을 강조한다. 본 절에서는 고객여정의 세 단계(구매 전, 구매, 구매 후)에서 AI가 미치는 영향을 체계적으로 살펴본다.

1) 구매 전 단계: 탐색·평가의 자동화와 초개인화, 그리고 신뢰의 문제

전통적으로 소비자는 제품 구매 전 상당한 시간과 노력을 들여 정보를 탐색하고 대안을 비교하였다. 그러나 AI의 등장으로 탐색 · 평가 과정은 자동화(automation)와 초개인화(hyper-personalization)를 중심으로 구조적 변화를 겪고 있다.

(1) 탐색과정의 자동화와 인지적 부담 감소

AI는 고객의 행동 데이터와 선호 정보를 분석하여 필요한 정보를 선제적으로 제시하므로, 탐색 과정이 '능동적 검색'에서 '수동적 정보 수신'으로 전환되고 있다. 챗봇, 음성비서, 추천 알고리즘 등 다양한 AI 기반 인터페이스는 고객의 질문에 즉각적으로 반응하며, 기능 비교 · 가격 안내 등의 복잡한 판단을 보조함으로써 인지적 과부하를 크게 줄인다. 특히 음성 기반 AI 비서는 자연어 이해 능력을 통해 고객의 의도와 맥락을 정교하게 반영함으로써, 고령층 및 디지털 취약 계층에게 보다 높은 접근성과 포용성을 제공한다.

(2) 쇼핑 AI 에이전트의 등장

쇼핑 AI 에이전트는 자연어 기반 대화형 인터페이스를 통해 소비자의 탐색 · 비교 · 평가 과정을 자동화하고, 방대한 상품 데이터와 외부 정보를 결합하여 전문가 상담과 유사한 조언을 제공하는 지능형 시스템이다. 특히 아마존의 'Rufus'는 이러한 기술의 대표적 사례로, 사용자의 질문을 맥락적으로 이해하여 상황 · 예산 · 취향에 적합한 제품을 제시하고, 수많은 리뷰와 Q&A를 요약해 핵심 정보만을 구조적으로 전달한다. 또한 제품 간 기능 · 사양 · 가격을 자동 비교해 주는 기능을 통해 소비자의 탐색 비용과 인지적 부담을 크게 줄인다.

루퍼스는 사용자의 행동 패턴과 선호도까지 지속적으로 학습함으로써 초개인화된 구매 여정을 구축하며, 소비자가 직접 정보를 검색하는 기존 구조를 AI에게 탐색을 위임하는 모델로 전환시킨다. 이러한 변화는 소비자의 의사결정 방식을 근본적으로 재편하고, 유통기업에게는 AI 기반 탐색 경험을 경쟁우위 요소로 관리해야 한다는 새로운 과제를 제시한다.

(3) 신뢰와 프라이버시 문제

탐색과정이 자동화될수록 신뢰(trust)와 프라이버시(privacy)는 고객 수용성에 영향을 미치는 핵심 요소로 부상하고 있다. 고객은 알고리즘의 투명성 부족, 개인정보 활용 방식에 대한 불안, 데이터 보안에 대한 우려로 인해 AI 기반 추천 시스템을 완전히 신뢰하지 않을 수 있다. 또한 지나치게 정교한 개인화는 고객에게 "감시받는다"거나 "조작당한다"는 인식을 제공하여 서비스 이용을 저해할 수 있다. 이에 따라 기업은 알고리즘의 기본 원리와 추천 기준을 투명하게 공개하고, 개인화 수준을 고객이 직접 조절할 수 있는 기능을 제공하는 등 신뢰 형성 메커니즘을 구축해야 한다.

2) 구매 단계: 구매 행위의 재구성 및 감정적 상호작용의 확대

구매 단계에서 AI는 단순한 정보 제공자를 넘어 의사결정 설계자, 구매 대리자, 감정적 상호작용자로 역할이 확장되고 있다.

(1) 구매 의사결정의 설계자

음성비서나 대화형 챗봇은 고객의 요구를 실시간으로 해석하고, 업셀링(upselling)과 크로스셀링(cross-selling) 전략을 자동으로 실행한다. 이는 AI가 고객의 선택 구조에 직접 개입하여 구매 의사결정을 설계하는 존재로 기능하고 있음을 의미한다.

(2) 구매 대리자로서의 AI

최근 등장한 'Operator'(OpenAI), 'Buy with Pro'(Perplexity) 등 AI 브라우저 · 에이전트는 고객을 대신해 웹사이트를 탐색하고 결제 절차를 수행한다. 소비자는 단순 대화만으로 구매를 완료할 수 있어, AI는 정보 제공 단계를 넘어 실제 거래를 실행하는 구매 대리자(Purchase Agent) 역할을 담당한다. 이는 향후 무마찰(frictionless) 구매 환경의 확산을 예고하는 변화이다.

(3) 감정적 상호작용의 확대

디지털 휴먼과 매장 로봇은 시각적 · 물리적 존재감을 바탕으로 고객의 감정적 반응을 유도하며, 사회적 존재감(social presence)을 높인다. 이러한 상호작용은 친근감과 신뢰를 강화하여 구매 의도를 높이는 중요한 요인으로 작용한다.

(4) 부정적 측면: 불편한 골짜기

AI의 인간 유사성이 높아질수록 고객은 친밀감을 느끼지만, 완전한 인간과는 미묘하게 다른 외형이나 행동을 보일 경우 오히려 강한 불편감과 거부감을 느낄 수 있다. 이를 '불편한 골짜기(Uncanny Valley)'라고 한다. 특히 디지털 휴먼의 표정 변화가 부자연스럽거나 로봇의 움직임이 인간의 기대와 어긋날 때 이러한 현상이 두드러진다. 따라서 기업은 기술의 사실적 완성도뿐 아니라 고객의 감정적 수용성(emotional acceptability)을 고려하여 적정 수준의 인간 유사성을 설정하고, 사용자 경험을 지속적으로 검증할 필요가 있다.

3) 구매 후 단계: 관계 관리의 자동화와 충성도의 강화

AI는 구매 이후 단계에서도 고객 만족과 충성도 형성에 중요한 역할을 수행하며, 고객관계관리의 패러다임을 변화시키고 있다.

(1) 고객지원의 지능화

AI 챗봇과 자동화 고객지원 시스템은 문의 응답 속도를 향상시키고 문제 해결 정확도를 높여 고객 불편을 최소화한다. McKinsey(2025)의 분석에 따르면, AI 기반 고객지원 시스템은 고객만족도를 15~20% 향상시키고, 서비스 운영 비용을 20~30% 절감하는 것으로 나타났다.

(2) CRM의 알고리즘 중심 전환

AI는 고객 데이터를 분석하여 이탈 가능성(churn)을 예측하고, 이에 기반한 개입 전략을 자동으로 실행한다. 일부 기업에서는 위험 고객에게 수수료 면제나 맞춤 혜택을 자동 제공함으로써 연간 이탈률을 최대 20% 낮춘 사례가 보고되었다. 이는 고객관계관리가 인간 중심에서 알고리즘 중심으로 전환되고 있음을 보여준다.

(3) 감정적 상호작용을 통한 관계 기반 강화

AI는 고객의 과거 대화 · 선호 · 패턴을 기억하고 이를 바탕으로 공감적 언어를 활용하여 지속적인 관계를 형성한다. 공감(empathy), 따뜻함(warmth), 인간 유사성(anthropomorphism) 등 감정적 요소는 재이용 의도와 충성도에 긍정적 영향을 미치는 것으로 확인되었다. 따라서 AI는 단순한 문제 해결 도구를 넘어 고객과의 관계를 유지 · 관리하는 관계 주체(relational actor)로 기능하고 있다.

AI는 고객여정의 모든 단계에서 탐색의 자동화, 구매의 무마찰화, 관계관리의 지능화를 통해 기존 유통 구조를 근본적으로 변화시키고 있다. 동시에 신뢰 · 프라이버시 · 감정적 수용성 등 새로운 관리 과제가 등장하고 있어, 기업은 기술적 효율성과 고객경험의 균형을 고려한 통합적 고객여정 설계가 요구된다.

| Case View |

"퍼플렉시티, AI 검색에 온라인쇼핑 붙였다"

생성형 인공지능(AI) 기반 검색 서비스 퍼플렉시티가 검색에 온라인 쇼핑 서비스를 결합하며 이커머스 시장에 진출했다. 외신과 퍼플렉시티 공식 블로그 등에 따르면 퍼플렉시티는 미국 유료 고객을 대상으로 검색 결과 내에서 쇼핑 추천 상품을 보여주고, 해당 제품을 판매하는 이커머스 업체의 홈페이지로 이동하지 않고도 주문할 수 있는 기능을 선보였다. 이용자가 쇼핑 관련 검색어를 입력하면 가장 관련성이 높은 상품과 가격, 판매자 정보를 비롯해 해당 제품의 세부 정보를 알 수 있는 카드 형태 시각물을 보여준다.

상품 사진을 찍으면 관련 제품을 보여주는 시각적인 검색 도구인 스냅 투 쇼핑(Snap to shopping)도 도입해 제품 설명이나 이름이 없어도 원하는 제품을 쉽게 찾을 수 있게 했다. 특히 이용자의 주소와 신용카드 정보를 저장하면 바로 상품을 구매할 수 있는 원클릭 결제 시스템을 도입했다. 해당 서비스를 이용하는 퍼플렉시티 유료 구독자에게는 무료 배송 혜택도 제공한다.

판매자를 위한 프로그램도 도입했다.

이 프로그램에 등록한 판매자 상품은 검색 결과에서 추천될 확률이 높아지고, 이용자의 원클릭 결제 대상이 된다. 특히 판매자는 자체 웹사이트에서 검색 기능을 강화할 수 있는 퍼플렉시티의 무료 응용 프로그램 인터페이스(API) 접근 권한도 갖게 된다.

퍼플렉시티는 일단 서비스 제휴사들에게 별도의 수수료를 받지 않기로 했다. 이를 통해 많은 판매자를 확보해 빠르게 시장을 선점하려는 의도로 풀이된다. 퍼플렉시티의 참전으로 AI 검색과 이커머스를 결합하려는 빅테크들의 시장 쟁탈전은 더욱 치열해질 전망이다. 올해 초 아마존은 미국에서 AI 기반의 쇼핑 어시스턴스 루퍼스를 출시했고, 구글은 지난 10월 쇼핑탭에 AI를 결합했다.

출처: 매일경제(2024.11.19.).

Chapter Summary

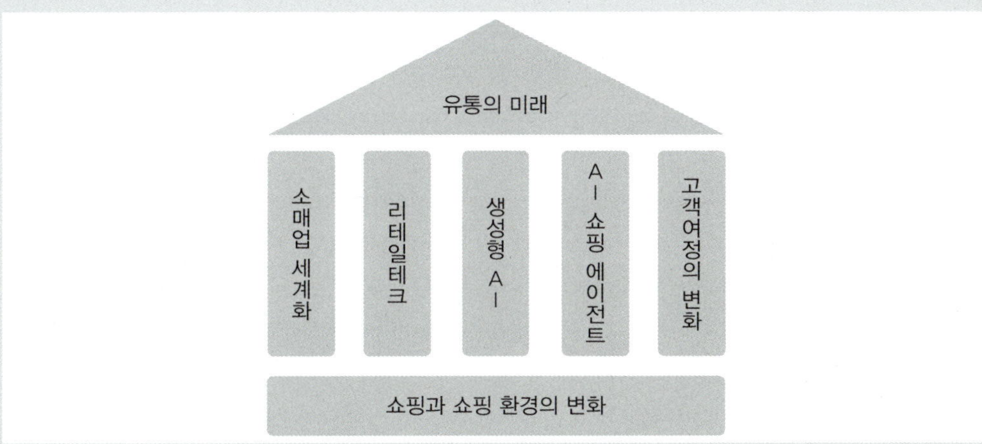

Key Words

국제화 전략, 인공지능, 디스커버리 쇼핑, AI 쇼핑 에이전트

Discussions

1. 향후 2030년대 한국 유통기업이 글로벌 시장에서 어느 지역에서 어떤 업태로 진출해서 성공하고 있을지 예상해 보세요.
2. AI 기반 디지털 기술이 리테일 비즈니스 모델을 어떻게 변화시키고 있는지 토론해 보세요.

Reference

김성수(2022). 이마트의 글로벌 전략과 베트남 철수 결정의 배경. 녹색경제신문.

대한상공회의소(2024). 2025 유통산업백서.

박태영(2023). 롯데마트의 베트남 시장 전략 분석: 현지화와 직접투자의 조합. 아시아경제.

송지은(2023). 쿠팡의 일본 시장 철수 사례와 시사점. 디지털데일리.

이정민(2024). AI 도입에 따른 국내 유통업 변화 트렌드. 매일경제 산업연구팀.

전진영(2023). 옴니채널 전략이 소매업 성과에 미치는 영향: 국내 백화점 사례 중심으로. **한국유통학회지, 48**(2), 89-108.

한국무역협회(2024). 글로벌 유통시장 현황과 국내 기업의 대응 전략. KITA 산업리포트.

Appetite Creative(2024.12.23.). The rise of voice search: Optimising your content for

2025. Little Black Book. https://www.lbbonline.com

Bartlett, C. A., & Ghoshal, S. (1989). *Managing across borders: The transnational solution*. Harvard Business School Press.

Burt, S., Dawson, J., & Sparks, L. (2008). *International retailing*. Routledge.

Cateora, P. R., Gilly, M. C., & Graham, J. L. (2020). *International marketing* (18th ed.). McGraw-Hill Education.

Cavusgil, S. T., Knight, G., & Riesenberger, J. R. (2014). *International business: The new realities* (3rd ed.). Pearson.

Deloitte(2012). *Retail globalization: Navigating the maze*. Deloitte Touche Tohmatsu Limited.

Deloitte(2024). *2025 global retail industry outlook*. Deloitte Insights.

Dube, S. (2023). *Global online retail spending statistics and trends for 2024*.

Euromonitor International(2024). *Top 10 global consumer trends 2024*.

Fast Retailing(2024). *Annual Report*.

Forbes Technology Council(2024. 10. 31.). Augmented reality in retail: The future of shopping experience. Forbes.

Gao, Youjiang, and Hongfei Liu(2023). Artificial Intelligence-Enabled Personalization in Interactive Marketing: A Customer Journey Perspective. *Journal of Research in Interactive Marketing, 17*(5), 663–680.

Goldman Sachs(2016). Virtual & augmented reality: The next big computing platform.

Gouveia, Jorge, and Susana Santos(2025). Rethinking the Customer Journey: Impact of AI for Consumers and Businesses—A Systematic Literature Review and Research Agenda. International Journal of Consumer Studies.

Hollensen, S. (2020). *Global marketing* (8th ed.). Pearson Education.

Insider Intelligence(2024). Smart speaker usage statistics worldwide.

Johanson, J., & Vahlne, J. E. (1977). The internationalization process of the firm: A model of knowledge development and increasing foreign market commitments. *Journal of International Business Studies, 8*(1), 23–32.

Juniper Research(2023). Global conversational commerce market 2023–2028: Market trends & strategies. Juniper Research Ltd.

Keegan, W. J., & Green, M. C. (2020). *Global marketing* (9th ed.). Pearson.

Kim, H., & Lee, S. (2023). *Digital transformation in retail: Future commerce trends*. Seoul: Retail Insight Publishing.

Marketing Dive(2023. 03. 17.). IKEA's AR app reduces returns while boosting customer satisfaction. Marketing Dive.

McKinsey & Company(2022). The future of retail: How technology is reshaping commerce. https://www.mckinsey.com

McKinsey & Company(2023). The state of fashion technology 2023. Business of Fashion and McKinsey Report.

National Retail Federation(2024). Top 50 global retailers 2024. NRF & Kantar Research.

NielsenIQ(2023). Future of commerce 2030: Global consumer outlook.

Park, J. Y. (2022). The rise of meta-commerce and its implications. *Journal of Distribution Science, 20*(4), 45–58.

Reda, S. (2025. 01. 08.). 25 predictions for the retail industry in 2025. National Retail Federation.

Salesforce(2024). AI agents & retail trends for 2025 – Connected shoppers report insights. Salesforce News.

Statista(2023). Augmented and virtual reality (AR/VR) market size worldwide from 2020 to 2030.

Sudhakar, M. (2023). The future of retail: Turning to AI and automation in 2023. Total Retail.

Verloop(2023). 30+ voice AI stats for 2025. Verloop.io Blog.

Vida, I., & Fairhurst, A. (1998). International expansion of retail firms: A theoretical approach for future investigations. *Journal of Retailing and Consumer Services, 5*(3), 143–151.

Walmart Inc. (2024). AI in Retail Operations: Adaptive Technologies. Retrieved from https://corporate.walmart.com

WebProNews(2025. 08. 05.) ChatGPT Checkout:Direct Purchases Reshape E-Commerce.

Zhang, Y., & Kumar, V. (2022). AI applications in retail: A framework for customer-centric adaptation. *Journal of Retailing, 98*(4), 520–538.

Zhang, Y., & Zhang, Z. (2022). Artificial intelligence and consumer engagement in retailing: A systematic review. *Journal of Retailing and Consumer Services, 65*, 102879.

Zhou, L., Dai, L., & Zhang, D. (2007). Online shopping acceptance model — A critical survey of consumer behavior in online retail. *International Journal of E-Business Research, 3*(3), 61–79.

찾아보기

ㅇ

ㅈ

ㅊ

ㅋ

저자 소개

서용구

2000년부터 현재까지 숙명여대 경영학부 교수로 재직 중이다. 영국 옥스퍼드 대학교(University of Oxford) 경영학 박사학위를 취득했다. 숙명여대 미래교육원장, 경영전문대학원장, 한국 유통학회 회장, 한국상품학회 회장을 역임하였다. Cultural appropriation and the country of origin effect(Journal of Business Research), '브랜드 마케팅'과 '유통'을 주제로 110여 편의 논문을 국내외 학술지에 게재했고 2021년 상전유통학술상(최우수상)을 수상했다. 저서로는 『보이지 않는 기업 성장엔진: 디자인·브랜드·명성』(2006), 『불황에 더 잘나가는 불사조기업』(2017), 『빅블러 시대 유통 물류 글로벌 미래비전』(2021), 『X마케팅』(2022) 등 16권이 있다.

노은정

삼성그룹 입사 후 삼성인력개발원을 거쳐 신세계 유통산업연구소 소장 및 이마트 전략기획, 마케팅, 상품본부 총괄 매니저로 유통 최전선에서 활동하였다. 한국유통학회 최우수논문상을 수상(2008)하였고 국내 학술지에 총 14편의 논문을 게재하였으며 저서로는 『머천다이징』(공저, 2010), 『한국 유통산업 흐름』(공저, 2012)가 있다. 현재는 대학에서 후학 양성에 힘쓰며 한국유통학회 이사, 한국상품학회 부회장, 대한상의 및 서울경제진흥원 심사위원 등 다양한 활동을 이어나가고 있다.

리테일 매니지먼트

서용구 노은정 공저

1판 1쇄 인쇄 2026년 2월 1일
1판 1쇄 발행 2026년 2월 5일

발행인 회장 박 철 용
대표 박 세 원

발행처 **학현사**
우. 10881 경기도 파주시 직지길 522 파주출판도시
전 화 031) 955-8700(대표)
팩 스 031) 955-8705
메 일 yswgroup@naver.com
hhspub@daum.net
http://www.hakhyunsa.com

출판등록 1992년 6월 20일
등록번호 제 406-2004-000033호
I S B N 978-89-5853-614-7
정 가 30,000원